高等院校"十三五"工商管理规划教材

战略管理
（第二版）

邓富民　唐建民　梁学栋　主编

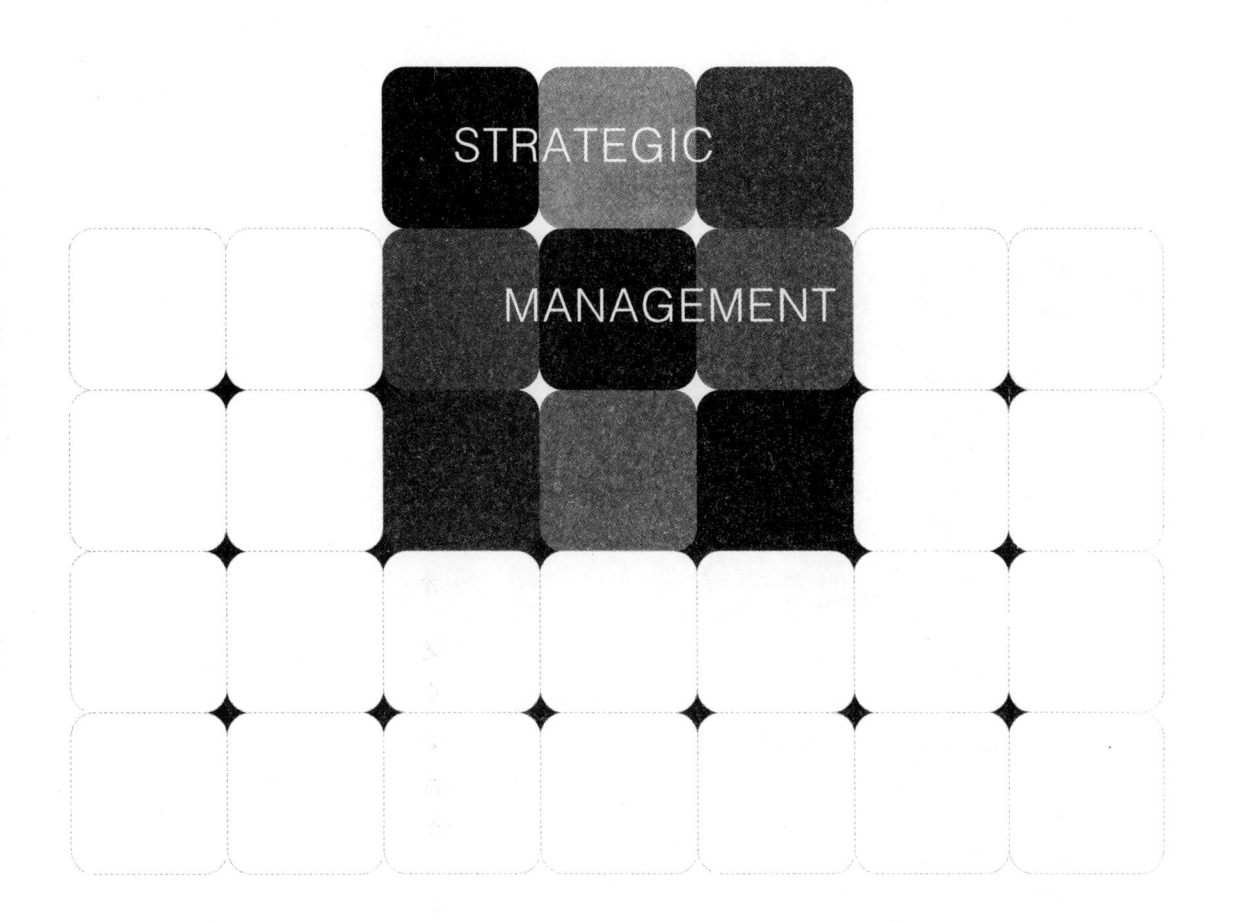

STRATEGIC

MANAGEMENT

经济管理出版社

图书在版编目（CIP）数据

战略管理（第二版）/邓富民，唐建民，梁学栋主编. —北京：经济管理出版社，2018.6
ISBN 978-7-5096-5763-8

Ⅰ.①战… Ⅱ.①邓… ②唐… ③梁… Ⅲ.①企业管理—战略管理 Ⅳ.①F272

中国版本图书馆 CIP 数据核字（2018）第 082676 号

组稿编辑：王光艳
责任编辑：许　兵
责任印制：司东翔
责任校对：王淑卿

出版发行：经济管理出版社
　　　　　（北京市海淀区北蜂窝 8 号中雅大厦 A 座 11 层　100038）
网　　址：www.E-mp.com.cn
电　　话：(010) 51915602
印　　刷：三河市延风印装有限公司
经　　销：新华书店
开　　本：787mm×1092mm/16
印　　张：18.25
字　　数：421 千字
版　　次：2018 年 8 月第 1 版　2018 年 8 月第 1 次印刷
书　　号：ISBN 978-7-5096-5763-8
定　　价：58.00 元

·版权所有　翻印必究·

凡购本社图书，如有印装错误，由本社读者服务部负责调换。
联系地址：北京阜外月坛北小街 2 号
电话：(010) 68022974　邮编：100836

前　言

当前经济全球化、社会信息化深入发展。国际金融危机冲击和深层次影响在相当长的时期内依然存在，世界经济在深度调整中曲折复苏、增长乏力。国际金融市场动荡不稳，全球贸易持续低迷，贸易保护主义强化，新兴经济体困难和风险明显加大。我国经济长期向好的基本面没有改变，发展前景依然广阔，但提质增效、转型升级的要求更加紧迫。企业如何透过纷繁复杂的内外部环境分析、借助于战略分析与选择方法和手段的运用，来培育和强化企业自身的核心竞争力，已成为企业关注的重要问题。企业的高层管理者应该以怎样的战略思维与战略视角来审视外部形势，利用战略分析的工具从危机中挖掘到机会，变"危"为"机"，充分利用自己的优势扬长避短，变"机"为"现"。战略管理在这种情形下对企业管理实践更加具有重要的现实意义。

本书内容按照战略分析、战略选择、战略实施和战略评价的基本逻辑思路来展开。全书从战略管理的基础知识着手，对战略管理学科所涉及的概念、术语、发展历程等进行了介绍，而后就战略管理的若干环节展开了具体论述。书中既有战略管理的理论阐述，又有实际的战略管理案例剖析。这对于从事战略管理的实际工作者和该专业的学生来说具有较强的针对性、系统性、理论性和实用性。

本书为第二版，在原版的基础上更新了各章节的内容、案例，增加了战略变革与互联网时代的企业战略两章内容。

本书可以作为管理类专业的高年级本科生、研究生以及大专院校其他专业学生的战略管理课程教材，同时还可以作为自学读本。

本书的写作过程中，得到了经济管理出版社的大力支持。同时，四川大学商学院研究生江河、刘洪侠、何园、张小云、焦磊磊为本书的资料收集与整理做了许多有益的工作，在此一并表示谢意。本书的编写参考了众多文献资料，在此向这些文献的作者表示由衷的谢意。

由于本书第二版增加了新的内容，书中疏漏和不当之处在所难免，恳请广大读者和专家学者不吝赐教、指正并提出宝贵的建议，以利于今后该书的修改和完善。

编者
2018 年 8 月

目 录

第一章 战略管理概述 ... 1

第一节 战略 ... 1
一、战略的定义 ... 2
二、企业战略的特点 ... 4
三、企业战略的层次 ... 5
四、企业战略的功能 ... 6
五、战略制定的原则 ... 6
六、企业战略的本质 ... 8

第二节 战略管理 ... 11
一、战略管理的定义 ... 11
二、战略管理的特点 ... 11
三、战略管理的过程 ... 13
四、战略管理的任务 ... 14
五、战略管理的历程 ... 22

第三节 战略管理者 ... 29
一、构成 ... 29
二、特点 ... 30
三、任务 ... 31

第二章 使命、愿景与战略目标 ... 33

第一节 企业的使命与愿景 ... 33
一、使命 ... 34
二、愿景 ... 35

第二节 企业战略目标 ... 38
一、含义及特点 ... 38
二、制定过程 ... 40
三、基本要求 ... 42

· 1 ·

第三章 外部分析 ………………………………………………………… 46

第一节 宏观环境 …………………………………………………… 46
一、政治和法律环境 ……………………………………………… 47
二、经济环境 ……………………………………………………… 49
三、社会环境 ……………………………………………………… 49
四、科技环境 ……………………………………………………… 51
五、分析工具 ……………………………………………………… 51

第二节 行业分析 …………………………………………………… 52
一、生命周期 ……………………………………………………… 53
二、结构分析 ……………………………………………………… 54
三、战略集团分析 ………………………………………………… 63

第三节 市场分析 …………………………………………………… 65
一、结构分析 ……………………………………………………… 65
二、需求分析 ……………………………………………………… 68

第四节 分析工具 …………………………………………………… 70
一、KSF 分析法 …………………………………………………… 70
二、EFE 矩阵分析法 ……………………………………………… 72
三、CPM 分析法 …………………………………………………… 75

第四章 内部分析 ………………………………………………………… 80

第一节 资源分析 …………………………………………………… 80

第二节 能力分析 …………………………………………………… 81
一、生产能力分析 ………………………………………………… 82
二、营销能力分析 ………………………………………………… 82
三、科研与开发能力分析 ………………………………………… 83
四、核心能力分析 ………………………………………………… 84
五、动态能力分析 ………………………………………………… 85

第三节 核心竞争力分析 …………………………………………… 86
一、核心竞争力 …………………………………………………… 86
二、企业核心竞争能力的源泉 …………………………………… 86
三、建立核心竞争力要素的模仿障碍 …………………………… 87

第四节 分析工具 …………………………………………………… 89
一、内部因素评价（IFE）矩阵 …………………………………… 89
二、企业财务分析法 ……………………………………………… 90
三、价值链（VC）分析模型 ……………………………………… 91
四、企业潜力分析法 ……………………………………………… 93

第五章 战略选择 …… 98

第一节 公司战略 …… 98
一、一体化战略 …… 99
二、加强型战略 …… 102
三、多元化战略 …… 105
四、防御型战略 …… 109
五、并购战略 …… 113
六、转型战略 …… 117
七、全球化战略 …… 121

第二节 竞争战略 …… 123
一、成本领先战略 …… 123
二、差异化战略 …… 125
三、集中化战略 …… 127

第三节 战略选择方法 …… 129
一、SWOT 矩阵 …… 129
二、SPACE 矩阵 …… 133
三、BCG 矩阵 …… 137
四、IE 矩阵 …… 139
五、GS 矩阵 …… 141
六、QSPM 矩阵 …… 143

第六章 战略实施 …… 152

第一节 概述 …… 152
一、性质 …… 152
二、任务 …… 153
三、模式 …… 153
四、主体 …… 156

第二节 职能战略 …… 156
一、特点 …… 156
二、制定 …… 157
三、内容 …… 158

第三节 资源配置 …… 158
一、资源配置与战略的关系 …… 159
二、资源配置的原则和方法 …… 160
三、资源积蓄和善用 …… 161

第四节 组织变革 …… 164

一、调整的依据和标准…………………………………………………164
　　　二、结构模式……………………………………………………………166
　　　三、变革趋势……………………………………………………………169
　　　四、模式的选择…………………………………………………………171
　第五节　文化建设……………………………………………………………173
　　　一、内涵和特点…………………………………………………………173
　　　二、文化与战略实施……………………………………………………176
　　　三、建设…………………………………………………………………177

第七章　战略评价与控制………………………………………………………186
　第一节　概述…………………………………………………………………186
　　　一、性质…………………………………………………………………187
　　　二、过程…………………………………………………………………187
　第二节　战略评价标准………………………………………………………188
　　　一、伊丹敬之的优秀战略评价标准……………………………………188
　　　二、斯坦纳·麦纳的战略评价标准……………………………………188
　　　三、战略地图……………………………………………………………189
　第三节　战略评价框架………………………………………………………189
　　　一、检查战略基础………………………………………………………190
　　　二、度量企业绩效………………………………………………………190
　　　三、采取纠正措施………………………………………………………191
　第四节　战略控制……………………………………………………………192
　　　一、战略控制的含义……………………………………………………193
　　　二、战略控制的原因和目的……………………………………………193
　　　三、战略控制的因素……………………………………………………194
　　　四、战略控制的方法……………………………………………………195
　　　五、战略控制的内容……………………………………………………197
　　　六、战略控制的特点……………………………………………………198
　　　七、战略控制的意义……………………………………………………199
　　　八、战略控制的要求……………………………………………………200

第八章　战略变革………………………………………………………………206
　第一节　战略变革的界定……………………………………………………210
　　　一、战略变革的内涵……………………………………………………210
　　　二、战略变革的类型……………………………………………………210
　　　三、战略变革的动因……………………………………………………211
　第二节　战略变革的内容……………………………………………………215

一、战略制定阶段的变革 ……………………………………………………… 215
　　二、战略实施阶段的变革 ……………………………………………………… 217
　　三、战略评价阶段的变革 ……………………………………………………… 219
　第三节　战略变革的支撑 …………………………………………………………… 220
　　一、动态能力的内涵及作用 …………………………………………………… 221
　　二、战略变革和动态能力构造的企业成长模型 ……………………………… 222
　　三、基于动态能力的企业战略变革实现途径 ………………………………… 224

第九章　互联网时代的企业战略 …………………………………………………………… 232
　第一节　外部环境发展趋势 ………………………………………………………… 235
　　一、宏观环境发展趋势 ………………………………………………………… 235
　　二、用户的消费发展趋势 ……………………………………………………… 238
　第二节　组织结构与商业模式发展趋势 …………………………………………… 243
　　一、企业组织结构发展趋势 …………………………………………………… 243
　　二、企业商业模式发展趋势 …………………………………………………… 249
　第三节　互联网时代的企业战略类型 ……………………………………………… 252
　　一、企业柔性战略 ……………………………………………………………… 252
　　二、企业平台战略 ……………………………………………………………… 258
　　三、生态系统战略 ……………………………………………………………… 264

参考文献 …………………………………………………………………………………… 274

第一章
战略管理概述

【管理名言】

没有战略的企业就像一艘没有舵的航船一样只会在原地转圈,它又像个流浪汉一样无家可归。

——乔尔·罗斯和迈克尔·卡米

【学习目标】

1. 了解战略的定义、特点、层次和功能。
2. 掌握战略制定的原则以及战略的本质。
3. 理解战略管理的定义、特点。
4. 了解战略管理的过程和任务。
5. 了解战略管理的历程。

战略管理自 20 世纪 60 年代作为一门科学正式诞生后,便对企业管理产生了重要影响。此后,企业管理的所有问题,如果不首先提升到战略的高度来把握,便会失去解决的方向。战略管理不仅决定了企业的发展方向,还决定企业的生死存亡。本章将对战略与战略管理的基本概念进行界定,并对战略管理的发展流派和演化历史进行简单的介绍。

第一节 战略

人类社会自从有了战争,就逐渐形成了战略。"战略"一词,在中国最早的记载见于西晋初史学家司马彪所著的《战略》一书,后屡见于《三国志》《廿一史战略考》等众多史籍中。19 世纪末,中国开始用"战略"翻译西方的"Strategy"一词。英文"Strategy"一词源于希腊语"Stratego",本是军事学中的术语。古罗马军事理论家弗龙蒂努斯早在公元 84~96 年就撰写了《谋略》(The Strategems) 一书,分析战略上成功的战例,以供将军们提高运筹和指导战争的能力。随着战略理论的发展,西方有的国家出现了更高层次的大战略、国家战略、国防战略及有关的发展战略。"战略"这一概念,已扩大延伸到军事领域之外,为其他许多领域所借用。在商业活动中,由于激烈的市场竞争和企业管理实践的发展,企业经营者不得不从战略上思考和把握企业的经营活动,确定企业发展的长期目标,进行资源整合,选择机动灵活的企业竞争策略,以形成企业的竞争优势。因此,军事学上的战略概念和战略思想便很自然地被引入到企业管理实践中了。

一、战略的定义

随着战略研究在企业经营领域的兴起,关于战略的概念也众说纷纭。许多学者与企业家都分别赋予企业战略不同的含义,有人认为企业战略应当包括企业目标、宗旨、愿景等层次的内容,即广义的企业战略;有人则认为企业战略不应当包括这些内容,应指较纯粹的策略或战术的组合,即狭义的企业战略。这里向读者介绍一些关于战略定义的主流观点,读者可以通过思考和根据企业实际情况,确定哪种定义更合适。

1. 安德鲁斯的定义

美国哈佛商学院教授安德鲁斯(Kenneth Andrews)认为,企业战略其实是一种决策模式。它决定和指导企业发展的方向和目标,提出实现目的的最佳策略与计划,确定企业应该从事的经营业务,明确企业的经济类型与组织类型,以及决定企业应对员工、顾客和社会做出的经济与非经济的贡献。

按照安德鲁斯的定义,战略决策是在较长时间里有效地影响企业资源配置的管理行为,这种决策的某些方面在相当长的时期里不会发生变化。但是,战略模式的某些方面可能会随着时间的推移而有所变化。因此,在制定企业战略和实施企业战略时,管理人员要树立权变的思想,辩证地处理变与不变的关系,在保证企业充满活力的前提下,提高战略的相对稳定性。本质上,安德鲁斯关于战略的定义是要战略将企业的目标、方针、政策以及相关经营活动有机结合起来,从而形成企业独特的战略属性和核心竞争力,提升对复杂多变环境的适应能力,从而实现企业的长期可持续发展。

2. 魁因的定义

美国达梯莱斯学院管理学教授魁因(J. B. Quinn)认为,战略应当是一种模式或计划,它将一个组织的主要目的、方针、政策与活动按照一定的顺序有机结合成一个紧密的整体。一个制定完善的战略能够有效地帮助企业根据自身优劣势、环境中的预期变化,以及竞争对手可能采取的行动合理地配置自己的资源,获得资源最大化利用。魁因对此定义作过进一步的解释,认为战略应包括以下几方面内容。

(1) 有效的正式战略包括三个基本要素:第一,可以达到的最主要的目的或目标;第二,指导或约束经营活动的重要政策;第三,可以在一定条件下实现预定目标的主要活动程序或项目。

在魁因的定义中，确立组织的目标是战略制定过程中一个不可或缺的部分。

（2）有效的战略是围绕着重要的战略计划与推动力而制定的。所谓战略推动力是指企业组织在产品和市场这两个主要经营领域里所采取的战略活动方式。不同的战略计划与推动力会使企业的战略产生不同的内聚力和侧重点。

（3）战略不仅要处理不可预见的事件，也要处理不可知的事件。战略的实质是建立一种强大而又灵活的态势，为企业提供若干个可以实现自己目标的选择方案，以应对外部环境可能出现的例外情况，不管外部力量可能会发生哪些不可预见的事件。

（4）在大型组织里管理层级较多，每一个有自己职权的层级都应有自己的战略。

3. 安索夫的定义

美国著名战略学家安索夫（H. Igor Ansoff）指出，企业战略是一个组织打算如何去实现其目标和使命，包括各种方案、方案评价以及实施计划等。它是贯穿于企业经营的"共同经营主线"。这条主线决定企业目前所从事的或者计划要从事的经营业务的基本性质。安索夫提出的这条主线由以下几个要素所构成：

（1）产品与市场范围。产品与市场范围主要是企业所处的行业、经营的产品与细分市场。一些企业将自己的经营范围定得过宽，造成企业经营的产品与市场过于宽泛，结果造成共同的经营主线不明确。一般来说，为了清晰地表述企业共同的经营主线，企业应该清晰地对产品线宽窄和市场范围加以描述。

（2）增长向量。增长向量指出了企业经营发展的方向和趋势，具体来说，就是指企业所生产的产品及竞争所在的市场。其中，市场渗透是在目前市场上，通过现有产品实现市场份额的（不断）增长；市场开发是为企业当前产品开拓新的市场；产品开发是在现有市场基础上推出代替现有产品的新产品；另辟蹊径则是另外开辟新的市场领域或新的产品。

（3）竞争优势。竞争优势是指那些可以使企业处于强有力竞争地位的产品和市场的特性。企业竞争优势的形成源自两个方面。一是具有优越的客观条件，指企业所在地区的自然条件、资源状况、交通运输、信息交流、通信工具、经济基础和公共关系；二是企业内部形成的高层管理的决策能力、工程技术人员的创新能力、市场营销人员的营销能力、员工的素质等。

4. 明茨伯格的定义

明茨伯格（Henry Minzberg）对企业战略概念进行了比较综合性的论述，他提出了"战略的5P"。即战略是计划（Plan）、模式（Pattern）、定位（Position）、观念（Perspective）和计谋（Ploy）。

（1）计划。战略是一种有意识的、有方向的行动，是一种处理某种或多种局势的方针。组织根据未来制订计划，战略具有"行动之前"的含义，即通常指预先构想的战略。

（2）模式。战略是一种随着时间推移与行为保持一致的模式。组织根据过去形成的

· 3 ·

模式制定战略，即已实现的战略。

（3）定位。定位是指一个企业在环境中所处的位置。企业要确定自己在市场中的位置，来寻求产品与顾客需求的结合点以及其与外部市场的契合点。

（4）观念。战略是高层领导者在分析了企业外部环境及内部条件后得出的一种主观判断。尽管战略是一个抽象的概念，但却可以通过一定的方式被企业成员拥有和共享，从而变成一种集体意识，并可能成为组织成员保持行为一致性的思想基础。

（5）计谋。在特定的环境下，企业把战略作为威胁和战胜竞争对手的一种"手段"。

以上介绍的明茨伯格关于企业战略的五种定义，并不意味着它们是彼此独立的，介绍这些不同的定义旨在帮助读者加深对企业战略的深刻理解，避免造成对其片面理解并对行为产生误导。实际上，与其说以上对企业战略的几种描述是定义，倒不如说是企业战略的某种含义，而且这些定义彼此之间存在一定的内在联系或冲突。

5. 钱德勒的定义

钱德勒（Alfred D. Chandler）在《战略与结构》一书中给战略下的定义："确定企业长期目标，选择行动途径和为实现这些目标进行资源分配。"钱德勒的战略定义包含以下几层意思：其一，确定企业的长期目标；其二，选择实现目标的途径和方法；其三，进行资源配置。

钱德勒认为，战略是组织与环境之间的纽带，通过对组织环境的分析来确定组织发展方向，使组织与环境要求相一致，组织对战略的跟随就保证了组织与环境的匹配。

在一般情况下，战略主要涉及组织的远期发展方向和目标；在理想情况下，战略应使资源与变化的环境，尤其是企业所面临的市场、消费者或客户相匹配，以便达到预期的希望。虽然战略是由管理者立意设计的，但它都要通过一些设计过程，并最终形成对战略方向、战略目标和战略内容的清晰的、明示性的文字表达。综合以上分析并考虑到军事战略的内涵，企业战略是指企业在某一段时间内有关经营方向的目标、线路、措施和经营重点的选择，为寻求和维持持久竞争优势而做出的有关全局的重大筹划和谋略。

二、企业战略的特点

企业战略不仅具有发展性这个本质特点，而且还具有其他的一般特点。企业战略的一般特点有四个：

第一个是整体性。整体性是相对于局部性而言的，企业战略是系统性工程，涉及领域和内容众多，因此，任何企业战略谋划的都是整体性问题，而不是局部性问题。

第二个是长期性。长期性是相对于短期性而言的，企业战略追求的是长期可持续发展，因此，任何企业战略谋划的都是长期性问题，而不是短期性问题

第三个是基本性。基本性是相对于具体性而言的，企业战略是企业发展的根本问题，具有基本性和宏观性特点，因此，任何企业战略谋划的都是基本性问题，而不是具体性问题。

第四个是计谋性。计谋性是相对于常规性而言的，任何企业战略都是关于企业问题的计谋而不是常规思路。

企业战略必须同时具备上述四个特征，缺少其中一个特征就不是典型的企业战略了。

三、企业战略的层次

在军事上，习惯于用战略和战术（或称为策略）来区分不同等级和范围的决策，前者一般指最高统帅对某次战略或重大战役的整体部署，而后者常指某将领或指挥人员对某一次战斗行动的具体策划。而在企业战略范畴内，通常不是用战略和战术对不同类型决策进行区分，而是将战略分为三个层次：公司战略、业务战略（竞争战略）和职能战略。

1. 公司战略

公司战略，又称总体战略或经营战略。在大中型企业，特别是在多元化经营的企业，公司战略是企业最高层次的战略，也是最重要的战略。它需要根据企业的发展目标，选择企业具有竞争优势的经营领域，高效配置企业经营必需的各种资源，使各项经营业务相互支持、相互协调，达到整体性可持续发展。公司战略常常涉及整个企业的财务结构和组织结构方面的问题。

2. 业务战略

公司的二级战略常常被称作业务战略或竞争战略。业务战略常常涉及各业务单位的主管以及辅助人员。这些管理人员的主要任务是将公司战略所包括的企业目标、发展方向和相关措施加以具体化，形成本业务单位具体的业务与竞争战略。业务战略要针对不断变化的外部市场环境，在各自的经营领域中有效竞争，并且配合各同级单位实现整体协同，成为支撑企业战略的重要基础。为了保证企业的竞争优势，各经营单位要有效控制资源的分配和使用。

3. 职能战略

职能战略，又称职能层战略，一般涉及企业中各职能部门，如市场、人力和供应链部门等，使他们更好地为公司战略和业务战略服务，从而有效提高组织效率，降低组织运营成本。

各职能部门的任务目标不同，关键指标也不同。另外在经营条件的变化下，同一职能部门的任务目标和关键指标也会处于不断变化中，因此难以归纳出具有一般性的职能战略。

在职能战略中，协同作用具有非常重要的意义。这种协同作用首先体现在单个职能中各个活动的协调性与一致性上，如采购中供应商管理、订单管理、质量管理等活动的协调配合。其次体现在各个不同职能战略和业务流程或活动之间的协调性与一致性上，如企业中生产、储存、配送、营销、售后等不同职能的整体协同。

三个层次的战略都是企业战略管理的重要组成部分，但侧重点和影响的范围有所不同，只有整体考虑三个层次战略的布局和配合，才能有效实施企业战略管理。

四、企业战略的功能

从战略的类型和特点可以看出，制定出正确、科学、合理的战略对企业发展具有重要的价值和意义。具体来说，企业战略具有以下几个主要功能：

1. 保证企业和企业决策者始终能够保持明确的前进方向

战略具有很强的指导功能，能够让企业决策者在风云变幻的市场环境中明确自我定位，按照既定的方向前进，从而集中优势资源聚焦战略目标，实现企业有限资源最大化利用，为企业可持续发展奠定基础。

2. 对具体策略或计划进行指导、评估和控制

战略总体规划是企业所有策略、计划和部署的总方针和总规划，只有遵循战略宗旨规定下的各层次战略，才能实现结构耦合、功能互补，才能步调一致地实现企业战略总目标。战略规划和战略目标也可以对具体的策略及后续结果进行相应评估，帮助企业决策者对不同策略和计划进行优化选择。战略规划还可以对策略、计划实施的具体情况和过程进行控制，校正那些偏离战略总体规划和方针的策略或计划，保证企业按照既定的战略目标不断前行。

3. 对企业资源进行系统性整合和部署

战略制定的过程，也是对企业各项资源进行有效整合和部署的过程。企业正常运营过程中存在各种资源，如人力、物力、财力等，这些宝贵资源原本处于离散状态。战略规划的实施，将会有效整合资源，实现各项资源的有机组合和功能互补，达到"$1+1>2$"的效果，因此，极大提升企业运行效率和综合竞争优势。

4. 提高企业和企业经营者参加市场竞争和推进企业发展的自觉性

战略的制定过程是企业决策者对市场变化趋势、企业自身发展状况的研究和把握过程，战略的内容反映了企业决策者对上述情况和发展趋势的认识与把握程度。科学的战略是对企业自身实力和市场竞争情况的正确反映，也是对企业经营与运行状态客观规律的科学反映。因此，战略在指导企业运作和发展时，可以提高企业领导者和员工的自觉性，克服盲目性，制定适宜的策略，开展各种经营活动，推动企业发展。

五、战略制定的原则

在战略制定的整个过程中，有一些原则会对所制定战略的正确性、科学性和合理性起

到至关重要的作用。总体来说，主要有以下六个原则需要特别关注。

1. 在战略分析阶段，要科学准确地研究内部环境、外部环境

战略规划和方案的形成，不是靠战略制定者的凭空想象，而是建立在对内部环境、外部环境科学分析的基础上。因此，战略制定的准备工作就是进行大量的内部环境、外部环境情况的调查。外部环境的调查包括宏观的政治、经济、文化等情况的调查，还包括中观的产业、行业情况调查和微观的市场情况调查；内部环境的调查包括企业自身的经济实力、技术水平和企业文化等方面的调查。只有在掌握充分的资料和数据并采用科学的战略分析方法的基础上，才能进行战略目标的确定和战略规划的制定。否则，制定出的战略方案便缺乏科学的基础。

2. 在设计阶段应注意使战略规划形成一个严密的体系

战略规划是一个有机的整体，有严密的结构和体系。首先是要有严密的目标体系，总目标与子目标、子目标与子目标之间要相互匹配、相互支撑，实现最佳的功能互补。其次是目标要与实施措施相匹配，没有具体措施支撑的战略规划只能是空谈。最后是总体规划要与阶段性规划相匹配，总体规划必须分解和落实为阶段性规划，而阶段性规划的滚动实施必须能够使总体规划所设定的目标不断变为现实。

3. 在确定战略目标时，要注意战略目标的科学性和战略制定的规范化

在确定战略目标时，要进行科学的内部环境、外部环境分析，在外部环境条件许可的范围内和自身实力的基础上确立战略目标。在确定战略目标时，切忌脱离实际的空想，更要忌情绪化、感情化。要进行科学的分析，密切结合企业的实际情况，注意战略目标的可行性和可操作性，这才是唯一的科学态度。为了保证战略制定的科学性，就要注意遵循战略制定的规范。运用科学的战略思维方式，采用科学的战略分析方法，遵循严格的战略制定流程和步骤，这样才能保证战略方案的质量。

4. 在选择战略模式的阶段时，要树立全新的战略意识

制定战略要具有创新意识：一是防止走老路。拘泥于过去的成功经验，忽视环境条件的变化，会使战略方案缺乏新意，导致企业停滞不前。二是防止简单模仿。脱离自己的实际情况，简单模仿别人的成功经验，是不可能成功的。时间的不可逆性和企业个体的差异性是客观存在的，因此，无论是拘泥于自己过去的成功经验还是拘泥于别人的成功经验，都是靠不住的。战略制定者必须具有最新的战略理念，审时度势，形成富有特色的战略新思路，才能制定出一个成功有效的战略方案。

5. 在制定战略的全过程中，要以企业核心能力为基础

因为战略规划的实施不可能脱离企业的核心能力，因此在制定战略时必须根据企业的核心能力水平和特点确定战略的总体目标和具体的阶段性目标，以及竞争策略与营利模

式。抛开企业的核心能力制定的战略方案，只能是空中楼阁。

6. 在战略实施与变革阶段，要注意企业文化的连续性

战略的实施往往受制于企业文化，企业文化是企业在长期的成长过程中逐渐形成的，具有很强的稳定性。因此，在制定战略时必须考虑到现有企业文化对将要实行的战略的可能影响。为了减少企业文化的负面影响，最好的办法是提炼出现有企业文化的适宜要素，将其融会到新的战略基础上来，并以此为基础再注入新的文化要素，形成支撑新战略的企业文化。

六、企业战略的本质

关于战略的本质问题首先要理解的是战略的基本问题、企业如何行事以及企业为什么存在差异。在理解了这些问题之后再结合这些理解来看诸多大师对于战略本质的分析和观点。

1. 战略的基本问题

战略的中心问题是企业的成长方向与自然演化。项保华在《战略管理——艺术与实务》中类比哲学与宗教，提出战略的基本问题：业务是什么？应该是什么？为什么？

进而他又提出战略理论的本质就是由三个基本假设构成：其一，企业战略会受到人们对外部环境认识的影响；其二，企业战略会受到人们对使命目标认识的影响；其三，企业战略会受到人们对内部实力认识的影响。

鲁梅尔特（Rumelt）、申德尔（Schendel）与蒂斯（D. Teece）在其主编的《战略的基本问题》中指出，要回答战略的本质是什么这个问题，就必须回答以下几个基本问题：其一，企业如何行事？其二，为什么企业存在差异？其三，集团公司总部的功能与价值是什么？其四，什么决定企业在国际竞争中的成败？

因为传统的理性与优化思想导致企业必然走向同一，但企业千差万别。是市场不完善、信息不对称、因果关系模糊，还是其他原因？什么原因使这种差异长期持续存在？这些都是战略必须回答的问题。

2. 企业如何行事

企业战略研究的基本单位是单个的企业，企业理论主要解释了企业为什么存在，而战略主要解释企业为什么存在差异。长期以来，战略的基本假设如下：

（1）市场条件。假设市场不完善（其中信息不对称尤其重要）：竞争者数量有限，规模不等；资源分布不均，不可完全流动；信息不完善；产品存在差异；进入与退出存在成本；存在交易成本。

（2）企业行为。目标是生存与发展，利益最大化；重视利益转换，短期利益与长期利益的转换，局部利益与总体利益的转换；有限理性，根据不完全的信息作决策，不断

试错。

传统的经济学假说把企业的行为看成是一种利益最大化的理性人的行为，但大多数管理学家对此坚决反对。企业的个人可能是理性行为，但企业作为一个人的集体就不是利益最大化的理性行为。现实中，许多企业的管理层根本没有追求企业的利润最大化，而是在一定的利润水平约束下追求自身的效用最大化。这方面的经典理论包括鲍莫尔（Baumol W. J.）的销售收入最大化模型、马里所（R. Marris）的经理型企业模型以及威廉姆森（O. Williamson）的经理自由处置权模型。许多企业疯狂兼并不是为了企业利润最大化，而是为了让总经理有更大的权利。

巴尼指出：把企业看成一个"理性的个人"会把注意力集中到一些大的战略决策上，但企业的成功往往来源于许多小的正确决策。这些小的决策主要是集体做出的，受企业文化的影响。尼尔森与温特在他们的研究中重视惯例对企业行为的影响，认为惯例往往决定企业的行为。

后来，许多学者应用博弈论来解释企业行为。博弈论对行为人的假设就是理性人，即具有明确定义的偏好，在给定的约束条件下追求自己的偏好最大化。在博弈中，选手的行为不仅取决于他的偏好，而且取决于他的信息数量与质量。企业的战略行为过程由于受信息的制约，正常的战略行为是尝试性的、逐步适应与逐步演化的。战略行为是互相竞争企业之间的一种互动。

企业的行为在一定情况下受制于管理层的强弱，若管理层是由一个独裁的、攻击性强的、具有绝对权威的领导者把持，那么企业的行为就类似于一个人的行为，这个企业的行为就类似于企业经理人的行为。而当企业管理层较民主、领导层较软弱时，企业的行为就更像团体行为，利益平衡就成为企业行为的根本准则。

3. 企业为什么存在差异

（1）按照亨德森（Bruce D. Henderson）关于竞争战略的经验曲线理论，企业之所以存在经营效率上的差异，是因为企业生产的历史有差别。有经验的企业平均单位产品的生产成本要低。因此，效率来源于难以购买难以复制的无形资产。你"做"了什么远比你"知道"什么重要。现在许多学者认为企业的差异主要源于企业活动历史的差异，而非资源配置的差异。

（2）把企业的差异同市场地位与进入市场的时间结合起来，如果市场规模、规模经济以及专用性投资的持久性三者都合适，最先投资于专用性资产的企业将能够较长时间主宰这一细分市场。按照波特（Michael E. Porter）关于竞争战略的观点，企业之所以成功是因为它选择了有吸引力的行业，并在这一行业中取得了有利的竞争地位。因此，企业的成功一方面要选择有吸引力的行业，另一方面要通过成本领先或产品差异来获得竞争优势。产业组织学派基本上都持这种观点。

（3）因果关系模糊或不可模仿。学习与模仿是导致企业趋同的重要原因，由于许多成功的因素是难以说清楚的，即使是成功企业自身也不知自己为什么成功，因此，不可能完全模仿。而按照资源基础论的观点，企业的差异源于企业掌握的资源不同。不同的资源能够带来不同的租金，那些有价值的、稀缺的、难以模仿的、难以替代的资源能够给企业带来竞争优势，因此，能够在竞争中取胜。

（4）由于企业存在不同的信念、价值判断、战略组织结构，不同的管理过程，因此，企业就会不同。按照威廉斯（Kevan Willams）的观点，不同的环境导致企业差异的因素不同。在变化缓慢的环境中，个人的技能是企业差异的根本因素；在中度变化的环境中，团队协作技能是决定企业差异的核心因子，而在快速变化的环境下，创新与适应能力决定了企业的差异。卡罗尔（Cynthia Carroll）企业差异源于适应的障碍，具体内容：不同期望，不可模仿性，物质、法律与财务上的限制，组织的抵制以及变革的风险。

4. 战略学大师论战略的本质

（1）亨德森的观点。波士顿顾问公司的奠基人亨德森认为："任何想长期生存的竞争者，都必须通过差异化而形成压倒所有其他竞争者的独特优势。勉强维持这种差异化，正是企业长期战略的精髓所在。"按照亨德森的说法，战略的本质就是维持企业的独特竞争优势。亨德森（Bruce Henderson）在他1980年所著的《战略与自然竞争》（*Vnderstanding the forces of Strategic and Natural Competition*）中提出了一系列关于战略的假设：

其一，生存条件。能够生存的竞争者必定具备有别于其他所有对手的独特（时间、地点、产品和顾客组合）优势。

其二，力量对比与冲突频率。竞争能力势均力敌时，冲突无休止；而一方占绝对优势时，冲突很少发生。

其三，竞争变量与竞争者数量的关系。关键的竞争变量越少，竞争者的数量也就越少，竞争者的规模就越大。反之，竞争的变量越多，共存的竞争者数量也就越多，竞争者的规模就越小。当关键的因素只有一个时，则最多只有两三个竞争者能够共存。市场若出现萎缩，最后只有一个竞争者能够存活下来，这就是"三四律"。

其四，环境与生存能力要求。环境变化越频繁，能够生存的竞争对手越少，应对变化的能力就成为生存的决定性因素。

其五，市场进入。集中力量，以强击弱。新进入者必须在某个方面建立压倒现有竞争者的绝对优势。

（2）波特的观点。波特在其名篇"战略是什么"的论文中强调战略不是经营效率。企业经营效率是指企业经营活动过程中资源投入与产出之间的比例关系，或者说一家企业在从事完全相同的经营活动时比竞争对手利润更高。通过提高质量、优化流程、组织重构、授权经营、业务外包以及企业联盟等方法会导致生产边界外移。这些都可以提高企业的经营效率，也是获取利润的必要条件，但这远远不充分。这些策略不具有很高的门槛，竞争对手可以迅速复制和模仿其在资源投入、管理制度、产品配置以及营销手段等方面的策略，从而实现反超。它可以提高整个行业的经营效率，但对企业之间的相对水平变动没有太多影响。由于各企业在生产改进、产品周期、营销渠道等方面的相互模仿引发的战略趋同，导致市场中众多企业在同一起跑线上赛跑，极易引发恶性竞争。

波特认为战略应该是建立在独特的经营活动上的，战略就是要做到差别化和专一化。

它要求选择一系列与众不同的经营活动来提供它的独特价值。战略的本质在于选择与众不同的方式来从事相应的活动，或者从事与竞争对手不同的经营活动。

波特认为，战略就是创造一个独特的、有特殊价值的涉及一系列不同经营活动的位置。

战略要求企业的所有活动有机结合，相互强化。各种活动有机结合既能够提高资源的协同率和利用率，同时也能够保持竞争优势的持久性。因此，战略就是在经营活动中创造适应性，战略的成功要求做好很多事——而非几件事，并且要把它们有机协调起来。

第二节 战略管理

战略并不是"空的东西"，也不是"虚无"，而是直接左右企业能否持续盈利和持续发展的最重要的决策参照系。战略管理则是依据企业的战略规划，对企业的战略实施过程加以监督、分析与监控，特别是对企业的各项资源配置与发展方向加以指导、约束，最终促使企业顺利达成企业目标的过程管理。

安索夫最初在其1976年出版的《从战略规划到战略管理》一书中提出了"企业战略管理"。他认为，企业的战略管理是指将企业的日常业务决策同长期计划决策相结合而形成的一系列经营管理业务。

一、战略管理的定义

早期学者对战略管理的认识是从战略的概念构建开始。但随着认识的深入，学者们逐渐认识到战略管理与战略是有区别的。安索夫所提出的战略概念演变过程最能说明两者的区别。安索夫最初提出战略的概念认为战略是贯穿于企业经营与产品及市场之间的一条共同主线，包括产品与市场范围、增长向量、竞争优势和协同作用四个要素。在这个定义中，安索夫把战略视为一个方案。但他随后提出了战略管理的概念，倾向于把战略管理视为一个过程，而且是一个根据实施情况不断修正目标与方案的动态过程。因此，从概念上进行区分，可以认为战略是一个静态的概念，是战略管理的对象；而战略管理则是对战略的管理过程，是制定、实施和评价使组织达到其目标的跨功能决策的艺术和方法。具体来讲，战略管理是由战略制定、战略实施和战略评价三个部分构成的企业管理过程以及相应的方法和技术。

二、战略管理的特点

战略管理是一种新的企业管理方式，它是继科学管理理论和行为科学管理理论之后伴随系统科学的发展而产生和日渐成熟的一种新的管理方式。因此，战略管理不是与营销管理、生产管理、人力资源管理和财务管理等同等层次上的职能技术层面上的管理，而是管理实践和管理科学发展到一定阶段的产物，是管理理论和思想在更高层次上的升华和总结。它与科学管理方式、行为科学管理方式相比具有以下几个不同之处。

1. 着眼点和目标不同

科学管理方式和行为科学管理方式更多着眼于微观局部和现实情况下的具体管理实践活动，追求现实和当下的效率；战略管理方式则着眼于宏观整体和未来的长远管理实践活动，追求企业的长期可持续发展。

2. 运作内容不同

科学管理方式侧重于对员工操作工艺、技术标准、方案流程等科学设计和制度规范能力的发挥，行为科学管理方式侧重于对员工行为动机的研究和激励方法的运用，而战略管理方式则更侧重于对企业各项资源的有效整合以及核心竞争力的培育。

3. 运作方法不同

科学管理方式和行为科学管理方式在方法论上主要是对企业内部微观局部的具体问题进行科学实证，通过调查和实证数据等提出具体的工作方法和技术指导，从而提高工作效率。战略管理方式既要研究科学的实证数据，更要进行理性的分析，从企业与环境双向互动上动态把握企业的经营方向和运作过程。战略管理在一定程度上也关注生产效率和员工的积极性等科学管理方式和行为科学管理方式所关注的问题，三者之间具有一定的共性。但是，战略管理总是把这些问题提升到整体和全局的高度上进行认识和把握，而不仅仅是"头痛治头、脚痛治脚"就事论事地讨论这些问题。在将战略管理作为一种管理方式时，必须明确以下几个问题：

首先，战略管理不是职能管理。很多学者将战略管理作为一种职能管理，认为战略管理像财务管理一样是由特定部门（如战略规划部）所负责的一种企业日常管理工作。这是一种不全面的看法，其实质是将战略管理仅仅视为一种规划，这种看法不能反映战略管理科学发展的现实和企业战略管理实践的情况。战略管理并不是由某一固定部门负责的日常工作，而是由企业高层负责的、对企业长期发展或事关全局问题的掌控和运作。

其次，战略管理是一种系统管理。与其他职能管理只负责企业某一方面事务的情况不同，战略管理是对整个企业所有事务的系统管理。当然，这并不意味着战略管理可以代替所有的其他管理，但战略管理涵盖了企业管理的所有方面，在服务于企业整体目标的宗旨下进行整体的协调和配置，是对企业整个系统的管理。

最后，战略管理统率其他管理。如果将战略管理看作整个企业的"宪法管理"，那么可以将其他管理视为在"宪法"框架下的各个"法律"。其他管理将服务和统一于企业战略管理，与战略管理相匹配并保持一致。任何与企业战略管理相矛盾的其他管理活动都是不可接受的。

三、战略管理的过程

战略管理是一个动态的过程，这个过程包括三个重要的组成部分，即战略制定、战略实施和战略评价。

1. 战略制定

战略制定主要包括确定企业任务，认清企业外部的机会与威胁，识别企业内部的优势与弱点，建立长期目标，制定可供选择的战略方案，选择可供实施的战略方案。战略制定过程中所要决策的问题包括：企业要进入哪些新的业务领域？企业需要放弃哪些业务？如何有效地配置资源？是否需要扩大经营规模？是否需要采取多元化经营？是否需要采取并购行动？如何防止潜在的恶意接管？是否需要展开跨国经营？等等。

战略制定要对以下问题进行认真分析：相对于竞争对手的优势和弱点；管理决策层主要人员的价值标准和管理能力；外界经济、技术上的机会与威胁；社会、政治、政府关注和文化等因素的影响；尤其需要对竞争性质、竞争市场环境、竞争对手等有关信息进行有效的分析，并要以相应的情报工作系统作支撑。

（1）对竞争性质的信息分析。首先分析竞争作用力信息，要以基本竞争作用力的来源与强弱为基点，分析现有竞争对手的竞争信息、潜在竞争者的威胁信息、替代品的威胁信息、供方讨价能力的信息以及客户还价能力的信息；其次分析竞争战略特征信息，包括分析竞争战略差异信息和内部强弱信息。

（2）对竞争市场环境的信息分析。首先分析市场信号信息，识别竞争者提前宣告的行动、事后宣告的行动；其次分析产业环境信息，主要以产业的集中度、成熟度和所面临的竞争状况为基础，重点分析产业的基本环境信息。

（3）对竞争对手的信息分析。需要了解每个竞争对手可能采取战略行动的实质和成功的可能性，以及他们对可能发生的产业变迁和更广泛的环境变化等所能做出的反应。这要求：分析对手的未来目标信息；分析对手的设想信息，即分析竞争对手对自身的一般看法或做出的一般规定；分析对手的现行战略信息，列出竞争对手的现有实际行动；分析对手的能力信息。

战略制定要求通过细致、全面的分析，综合掌握与企业生存发展相关的有用信息，在企业现行资源约束条件下选择最能使企业获利的战略。战略制定过程一经完成，企业未来很长一段时间的经营方向、经营模式和资源配置等都将在一定程度上被确定下来，除非有重大变化，否则一般不会有大的改变。战略制定过程中的决策质量将对企业的整体经营产生长远的影响，决定企业经营的最终成败。

2. 战略实施

战略实施要求企业依据战略制定的决策明确企业经营宗旨、建立年度目标、制定政策、激励企业员工和合理配置资源，以便使制定的战略得以贯彻执行。战略实施活动包括培育支持战略实施的企业文化、调整企业的经营方向、建立适应战略需要的组织机构、配备合适的人力资源、有效调配各种资源、科学制定企业预算和建立有效的信息沟通渠道，以保证战略实施。如果说战略制定是战略管理中的计划阶段，那么战略实施则往往被称为战略管理的行动阶段，是战略制定者组织和动员企业员工将已制定的战略规划付诸实现的过程。战略实施最主要的是要做到将战略目标分解到每个组织单元甚至个人，使他们真正了解和认同自己在企业战略中的位置，并积极主动地付诸行动。企业中的每个单元都必须回答下面的问题："在企业战略中，我们的责任是什么""为实施企业战略中属于我们的责任部分，我们必须做什么"以及"我们能将工作做得多好"。战略实施是对企业的一种挑战，它要求激励整个企业的管理者和员工以一种追寻事业成功的态度来为实现已明确的目标去奋斗。战略实施是战略管理过程中难度最大的阶段，它的成功与否取决于管理者对员工的激励能力和对资源的配置能力，这最能体现管理者的管理艺术，也是对管理者最大的考验。

3. 战略评价

由于企业外部和内部环境处在不断的运动变化中，因此，要保证战略管理过程的顺利进行，战略管理者就必须随时掌控战略进程信息，对企业战略进行动态的调整。这就要求通过战略评价指标体系对战略实施的效果进行评价，以便采取相应措施。战略评价主要从三个方面进行：一是重新审视外部与内部因素，这是决定现行战略的基础；二是度量业绩，发现战略实施进展与预先设计的业绩目标之间的差异；三是采取纠正措施。通过不断分析环境和企业自身因素，及时获取战略反馈信息，对战略实施过程中存在的问题采取有力的纠正措施，以保证战略的有效贯彻和动态运行。

战略制定、战略实施和战略评价活动在大型企业中通常发生在三个不同层次：公司层次、战略事业部或分公司层次、职能部门层次。公司层次，特别是公司的战略委员会或执行委员会负责企业战略制定工作；而战略事业部或分公司层次则是战略实施的骨干，它们承担着企业战略实施的重任；职能部门层次则往往通过发挥各自的特定职能作用来有效开展战略评价工作，监控和纠正企业战略。企业战略的有效贯彻实施将促进企业各层次管理者与员工之间的沟通交流与相互认同，有助于通过战略管理将整个企业融为一个战略整体，实现公司层次、战略事业部层次和职能部门层次的一体化。

四、战略管理的任务

战略制定和战略实施过程中包括五项相互独立且紧密联系的管理任务：

第一项，提出公司的未来战略展望，指明公司的未来业务构成和公司前进的具体目标，从而为公司提出一个长期可行的发展方向，清晰地描绘公司将倾斜重要资源所要进入的事业，从而使整个组织实施和协调所有活动时有一种目标感。

第二项，建立目标体系，将公司的战略目标逐层分解，转换成公司要达到的具体业绩标准，成为各部门和岗位可执行的具体目标。

第三项，制定战略，在充分洞悉内外优劣势的前提下，制定具有竞争力和可行性的战略布局，达到期望的结果。

第四项，高效、有效地实施和执行选择的公司战略。通过有步骤、有顺序地执行企业战略，灵活高效配置各项资源，实现各部门和各活动有效协调配合，从而有效执行企业既定的公司战略。

第五项，评价公司的经营业绩，采取完整性措施，参照公司实际的经营情况、复杂变化的经营环境、新的经营思维和新的市场机会，灵活调整公司的战略展望、长期发展方向、目标体系、公司战略以及公司战略执行。

1. 制定企业的战略展望和业务使命

在战略制定的最初阶段，企业管理者需要思考这样一个问题：我们企业的战略展望是什么呢？或者说企业未来将如何发展？企业拼尽全力所要进行的事业到底是什么？企业未来的核心业务是什么？对企业未来发展方向进行深度、仔细的思考，分析寻找出周全缜密的结论，将极大地推动企业管理者认真研究和分析企业当前业务，对企业在今后 5~10 年中是否需要进行变革以及如何进行变革有一个更加清醒、准确的认识。企业管理层对下列问题所具有的观点实际上就规划出了企业的事业发展路线、组织的目的、组织的形象：我们的计划去往何方——我们要开展的核心业务是什么？我们将要满足什么样的客户的哪些实际需求？我们要具备什么样的能力才能实现这样的计划？

企业寻求为其顾客所做的一切活动通常被称作企业的业务使命。企业使命宣言常常有利于清晰地表达企业现在所从事的业务以及企业竭尽全力想要满足的顾客需求。但是，这仅仅在一定程度上清晰地表达了企业目前的业务，而没有对企业的未来做出必要的说明，也没有阐述企业未来的必要变革和长期发展目标。实际上，相比于使命宣言还有一个更加关键和必须完成的管理任务，即要解决这样一些问题：明天，企业为了更好地满足顾客的需求必须要做些什么？为了企业未来的发展和繁荣，企业的业务组合是否需要优化？如何优化？因此，公司管理者必须跳出现在业务使命的束缚，战略性地思考新技术将会如何影响企业的业务内容、多变的客户需求和市场期望、新市场出现和竞争环境的演变等。他们必须做出一些有效的决策，决定企业的经营方向，确立他们企业生存所必须进行的事业。换句话说，企业管理者对企业现有业务使命的设想还需要加上企业管理者对企业未来业务组成、产品线构成和顾客群的设想等。企业的业务环境变化得越快，企业局限的业务现状就越有可能成为灾难的征兆，企业管理层就越有必要考虑企业应该在未来执行什么样的战略路线以适应变化着的外部环境和新出现的市场机会。

战略展望是企业未来的前进蓝图——企业前进的方向，企业竭尽全力意欲占领的业务位置，企业计划发展的核心能力。

在未来的时光中，企业竭尽全力到底要成为什么类型的企业？企业究竟需要占据怎样的市场位置？企业管理层对这两个问题的思考和回答实际上就构成了企业的战略展望。如果企业的业务使命（或使命宣言）不仅清晰地表述了现在的业务，而且阐明了企业未来的前进方向和业务范围，那么企业的业务使命和战略展望就合二为一了。换句话说，企业的战略展望和企业定位于未来的企业业务使命本质上是一样的。在实践中，实际的企业使命宣言更多地涉及"我们现在的业务是什么"，而较少涉及"我们未来的业务是什么"，因此企业战略展望和企业使命宣言两者在概念上的区别是显而易见的。确定企业未来的战略展望是实现企业有效战略管理的前提条件。因为如果首先不对下列几个问题有一个完美、合理的结论，企业管理者在管理企业和制定企业战略时就不可能获得成功：企业的未来前进方向是什么？企业未来应该提供哪些业务组合满足客户不断变化的需求？为了在市场竞争中击败对手取得成功，企业需要具备哪些方面的核心能力？如果企业管理者能够对上述问题进行深入思考并且能够提出一个缜密周全、清晰明了的战略展望，企业就有了一个真正能指导企业决策方向的灯塔，企业管理者就能够不断调整企业发展航向，也就有了一个制定企业战略和经营策略的基础。

2. 建立目标体系

建立目标体系的目的是将抽象的企业战略展望和业务使命转换成具体明确的业绩目标，从而在企业战略实施过程中有一个客观、同一的测度标准。成功的企业管理者建立业绩目标常常需要执行者付出较大努力才能实现。积极、大胆和进取的业绩目标所带来的挑战往往促使企业变得更加具有创造力，更加迫切需要提升和改善企业财务指标和市场位置，在采取各项行动时目标会更加明确、精力会更加集中。企业所建立的目标体系如果具有一定的挑战性，就有助于建立一条护城河，有效抵御企业中骄傲自满等负面情绪，防止企业在经营业绩方面停滞不前或低度提高。如摩尔·杰克所说："如果您想获得卓越的结果，那么就制定卓越的目标吧！"

完善合理的目标体系是跟踪、评价企业业绩和发展进度的标尺。企业目标体系的建立需要各层次管理者的共同参与。企业中的每一个业务单元都必须有一个具体的、明确的、可测度的业绩目标。其中，各个单元的子目标必须实现有效配合，从而对总目标的实现具有相应的价值和意义。如果把企业整个目标体系不断分解成各个业务单元和中低层管理者的明确、具体的子目标，那么就有利于在整个企业中形成一种以结果为导向的环境氛围。假如企业内部对各自任务和目标混沌无知，那么企业因为一事无成而被市场无情淘汰。最理想的情形是在目标体系的指导之下，建立企业团队工作精神，使组织中的每个单元都努力完成其职责范围内的任务和目标，从而为企业最终业绩目标的完成和企业战略展望的实现做出应有的贡献。

从整个企业的角度来看，需要建立两种类型的业绩标准：和财务业绩有关的业绩标准以及和战略业绩有关的标准。高质量的财务结果对于企业发展至关重要，如果企业没有足够的盈利，那么企业所追求的业务发展、战略展望，甚至企业自身生存都会受到一定威胁。无论是企业管理者还是股东，都希望能够投资一个具有良好财务结果的企业，因此令人满意的财务结果是获取投资者持续注入资本的前提。即使如此，仅仅获取良好的财务业绩本身还不够。我们还必须密切地关注企业战略的健康性——企业的核心竞争力以及企业的长远业务发展状况。如果企业的经营业绩不能反映出企业不断提高的核心竞争力和日益强大的市场位置，那么企业的进展就不能获得赞赏，企业可持续产生优秀财务业绩的能力也将受到一定怀疑。

获取良好的财务业绩和战略业绩，要求企业管理层必须既要建立财务目标体系又要建立战略目标体系。财务目标体系表明公司必须竭尽全力实现下列目标：收益增长率、股利增长率、股票价格评价、满意的投资回报率、良好的现金流以及公司的信任度等。战略目标体系则不同，它的目的是为公司赢得下列成果：抓住诱人的成长机会，获取足够的市场份额，在产品质量、服务或产品革新等方面获取竞争优势，大幅降低企业各项成本，提高企业运营效率，提高公司在客户中的声誉，在国际市场上建立更强大的立足点，建立技术上的领导地位，获得持久的竞争优势等。战略目标体系的建立意在表明，公司管理层不但着眼于提高公司的财务业绩，同时还要提高公司的核心竞争力，改善公司长远的业务发展前景。

财务目标体系和战略目标体系都应该有一个共同的实际基础——同时具有短期和长期的目标。一般情况下，企业短期目标体系主要是集中精力努力提高公司的短期经营成果和经营业绩。相对于短期目标体系，企业长期目标体系的作用似乎更有价值，它主要是促使公司管理者思考现在应该采取哪些行动才能使公司能够实现在相当长的一段时期内可持续发展的良好状态。如果企业管理者必须在长期目标和短期目标之间做出协调和平衡，那无疑应该优先选择长期目标，这应该作为一条基本准则。历史经验表明，公司的繁荣往往总是来自这种管理行为：先考虑提高长远的经营业绩，然后再考虑提高短期的经营业绩。

3. 制定战略

企业的战略就是企业管理层对如下重要业务问题的回答：究竟是实施单业务组合策略还是建立多元化业务组合策略？究竟是满足多群体、多种类的顾客需求还是应该聚焦于某一个特定的单一顾客需求？究竟是发展广阔的产品线还是发展狭窄的产品线？究竟是将企业的核心竞争力建立在低成本战略上还是建立在质量优先战略上，抑或是建立在创新的组织能力之上？在变幻莫测的市场中如何对顾客偏好及时做出反应？企业产品或服务的市场覆盖情况应该如何把控？如何在新技术和新模式中准确发现蓝海市场？如何实现企业长期可持续成长？因此，企业战略实际上反映了企业管理者所做出的各种判断和决策，向内外表明这家企业将要致力于某些特定的产品或服务、市场行业、竞争策略和公司经营之道。

（1）制定一个能够取得胜利的企业战略必须成为每一个组织最优先的管理任务。首先，预先规划出企业业务展开的方式和途径是企业管理者必须解决的问题。企业的管理层必须承担起这个责任，进行战略领导，使企业以某种特定的方式经营它的业务。如果没有战略，企业管理者对企业业务的经营就不会有一个明确的指导，就不会有一幅获取竞争优势的经营图景，就不会有一个满足顾客要求、达到目标的策略计划。企业战略的缺乏毫无疑问会导致企业随波逐流，市场竞争成效平平，经营业绩暗淡。而且还有另一个必要性，即企业必须将企业各个部分所做出的各种决策和采取的各种行动变成一种协调一致、相互兼容的经营运作模式。一个企业的各种活动必然会牵涉许多的部门、管理者和职员。所有在下列部门中采取的行动必须是具有支持性的：生产、市场营销、顾客服务、人力资源、信息系统、研究与开发以及企业财务。唯有如此，企业才能形成一个有着良好商业意义的整个企业的策略计划。企业如果缺乏战略，管理者就会缺乏一个将不同的决策编织成一个完整整体的框架，就会缺乏一种整体将各个部门的经营运作统一成一种团队力量的业务原则。

企业战略一部分是对外公开的，另一部分对外界是保密的。企业战略关心的是几个"如何"：如何增长业务量？如何满足客户？如何超越竞争对手？如何对变化的市场环境做出反应？如何对管理企业的职能单元建立必要的组织能力？如何达到企业的战略目标和财务目标？战略的这几个"如何"根据具体情况不同而各有其具体答案，以适应该企业本身的情况和业绩目标。在商业世界中，企业有很大程度的战略自主权。它们的多元化经营范围可以很宽也可以很窄，可以进入相关或不相关的行业，可以通过购并、合资、战略联盟，也可以自己重新开始，以达到这些目的。即便是一家企业选择单业务经营，其所面临的单一的、主要的市场条件通常已为其提供了足够的战略制定自主权，非常相近的竞争者之间也可以很容易地避免实施完全一样的战略——有的追求低成本领导地位，有的强调其产品或服务具有某些特定的性质，还有的集中精力发展独特的能力满足某一狭窄细分市场上顾客的特殊需求和偏好。有的企业只参与当地或地区性的竞争，而有的企业则参与全国范围内的竞争，还有的企业则参与全球性的竞争。所以，详细地阐述企业战略的内容必须避免对业务进行宽泛的叙述，而要进行完整详尽的阐释。

战略制定从根本上来说是一项以市场和顾客为推动因素的企业家活动：具有冒险精神，具有创造性，具有发现新型市场机会的眼力，具有敏锐洞察顾客需求的洞察力，有承担风险的兴趣，这些都是制定企业战略的本质要求。

（2）制定战略实际上是一项锻炼企业家精神和从外到内的战略思维的一项活动。在战略制定中，企业的管理者所面临的挑战是将所制定的战略同以下一些外部推动因素紧密联结起来：顾客的偏好，竞争对手最近所采取的行动，最新的技术能力，新出现的有吸引力的市场机会，最新出现的业务环境。如果企业管理者不具有优秀的企业家精神，不去研究市场趋势，不去倾听顾客的需求，不去提高企业的竞争力，不去调整企业的活动，不将企业的活动瞄准在由市场环境和顾客偏好决定的方向上，那么，企业战略就不能同企业现时和未来的环境很好地协调起来。因此，优秀的战略制定工作和企业管理者的企业家精神是不可分割的，两者缺一不可。

如果企业管理者在制定战略时不表现出企业家的精神，那么，企业将面临两个危险：

第一，战略陈旧。企业业务环境变化得越快，就越要求企业管理者成为一位优秀的企业家，仔细地研究变化着的各种环境，做出各种必要的战略调整。一味地遵从现状的战略往往比做出某些调整和修正要更危险。如果一个作为管理者的企业家技能很弱，他通常憎恶风险，只要他认为当前战略还可以在一段时间内产生可以接受的结果，就不愿意采取一个不同的战略。他们往往会误解市场的趋势，几乎不注意顾客需求和行为的微妙变化。一般来说，他们要么忽视一些眼前的发展变化情况，认为它们无关紧要；要么是缓慢地采取措施，以至于企业家总是对市场做出反应时落后于市场的变化。对大胆的战略变革有一种普遍抵触，如不是迫不得已，企业家都很谨慎，都远远地躲开试错型的企业业务。如果一个企业的战略越来越偏离市场的实际状况和顾客需求的实际状况，那么，企业所制定的战略就会削弱企业的竞争力和经营业绩。

第二，从内往外的战略思维。如果企业的管理者缺乏企业家技能或者在这方面保持一种谨慎的态度，那么，他们往往将绝大多数时间和精力放在企业内部事务上：解决内部的问题，改善组织过程和程序，关注日常的管理杂务。他们决定采取的战略行动往往在很大程度上由企业的内部考虑决定：从哲学和价值观的角度来看，企业内令人舒畅的东西是什么？对于企业内部的各种政治关系来说，什么样的制度是可以接受的？从组织和职业两个角度来看，采取什么样的制度安全可靠？在很多情况下，外部考虑往往服从内部考虑，所制定的战略与其说是对外部的市场和顾客需求做出的反应，还不如说是对集中于企业内部事务的战略思维的反应。从内往外形的战略，虽然没有割断对外部发展态势的考虑，但都不是真正以市场和顾客为战略制定的推动因素，这几乎无一例外。这实际上会削弱企业的竞争力，损害企业成为行业领导力量的能力，使企业的经营业绩处于平均水平以下。

企业的管理者接纳新战略机会的大胆程度，强调以创新战胜竞争对手的程度，以及提倡采取适当行动来改善企业业绩的程度，是企业管理者企业家精神最好的晴雨表。企业家型的战略制定者往往愿意成为某种行动的首倡者，愿意做第一个吃螃蟹的人，对新的市场和顾客需求的最新发展态势做出最快反应，并且表现出一种机会主义的风格。他们愿意谨慎地冒风险，制定开先河式的战略。相反，不情愿冒险的企业家往往厌恶风险，他们往往是行动的后发者，他们期望能够很快赶上先发者，并且非常留心如何才能避免他们认为先发者会犯的那种所谓的"错误"。他们更欣赏累进式的战略，而不太喜欢大胆彻底的战略。

在制定战略时，所有的管理者都必须谨慎地对待风险，施展企业家风范，而不只是高层经理。假如一家企业的地区客户服务经理所采取的战略是将服务电话及时回应的时间减少25%，斥资1500美元在所有的服务卡车上安装移动电话，当然这也是企业对改善客户服务的承诺，那么这时，该企业和该企业的这位经理实际上就展现了所谓企业家风范。假如一家企业所采取的战略强调产品的总质量，而该企业仓储经理采取了恰当行动对企业这个战略做出应有的贡献，将客户订单出错率从每100份有1个错误减少至每1000份有1个错误，那么这时，该企业和该企业的这位仓储经理就展现了企业家风范。如果一家企业的销售经理决定推动一场特别的促销运动，产品削价5%，从竞争对手中夺回市场份额，那么这时这位销售经理也展现了企业家风范。如果一家企业的战略强调成本优势方面的竞争力，而该企业生产经理决定同一家低价位的韩国供应商建立某个关键零部件的寻源关系，而不进行公司内部制造，那么这时这位生产经理也展现了企业家风范。如果整个企业管理者的管理风格和与企业战略相关的管理活动不具有那种旨在提高顾客满意度和获得持久竞争优势的企业家精神，那么企业战略就不可能真正以市场和客户作为战略的推动因素。

企业战略演进的原因。企业的战略是动态的、一点一滴形成的，然后企业的管理者是在寻找到改善的方式之后再进行改造，或者当企业的管理者认为必须调整企业的经营途径以适应外界变化的环境时，再对企业的战略进行改造。

（3）一家企业需要经常对企业战略进行精细的调整。首先在一个部门或职能领域，然后推广到另一个部门或职能领域,这是很正常的。有时候必须对企业战略"动大手术":当竞争对手采取了某种戏剧性的行动时,当出现了某种巨大技术突破时,当危机出现时,企业管理者必须对企业战略尽快做出根本性变动。因为在整个企业范围内采取战略行动和新的经营方式是不间断的,所以在企业内战略往往要经过一段时间之后才能形成,然后随着环境的变化对形成的战略进行变革。现行的战略往往是一个"混血儿",包括:过去战略框架下的经营方式,新增加的行动方案和对新情况的反应,尚处于计划阶段的潜在战略行动。一般来说,除非是在危机情况下(此时,通常需要迅速采取战略行动,从而几乎是在一夜之间就制定了一个全新的战略),或该企业是一家新企业(此时,公司战略的存在形式多数情况下往往是计划和预谋行动),企业战略的关键要素通常是随着环境的不断变化和企业不断追求改善其经营状况和经营业绩而逐步形成的。

公司战略制定得非常出色,以至于它可以经久不衰,长期不需要变革,这种情况几乎不存在。即便是最好的业务计划也需要进行调整以适应变化的市场环境,变化的顾客需求和偏好,竞争对手的战略行动,公司本身经历过的和未曾经历过的、最新出现的机会和威胁,未预见的情况,以及改善战略的新思维。这就是为什么战略的形成是一个不断进行的过程,为什么企业的管理者必须不断地评价企业的战略,同时在必要的时候对战略进行改进。不过,如果企业管理者对企业战略所做的变革非常快而且非常彻底,以至于他们的策略计划每年都要进行大的改动,那么,完全可以说他们的企业家水平不高、对形势分析有问题、不擅长于战略。对企业战略"动大手术"有时完全是必要的,特别是在危难之时,在异常的行业快速变动之时。但是,对战略的变动绝不能是经常性的,否则,就会使企业在市场上的经营活动摇摆不定,在顾客和员工之中产生巨大的混乱,削弱企业的业绩。精心制定好的战略通常至少几年内不会有大的变动,只需做一些小的变化以使企业的战略同变化的外界环境协调起来。

(4) 战略和战略计划。提出企业的战略展望和组织使命,建立企业的目标体系,以及制定企业的战略是根本地确立企业发展方向的任务。企业的这些工作确定了公司的去向,确定了公司的长期和短期经营业绩目标,以及用来达到预定目标的竞争行动和内部经营方式。总之,所有这些实际上就确立了公司的战略计划。有些公司,特别是那些经常评估战略效度并制定明确战略计划的公司,战略计划往往用文件的形式明确地表达出来,分发给全公司管理者和职员(当然,其中有些部分一般会因为其在真正实施前非常容易被泄露出去而被有意略去)。而在有些公司中,战略往往不诉诸文字,不广泛分发,而是在公司管理者之间以口头的形式存在,只要公司管理者理会并对公司的发展方向、公司的发展目标和公司的经营方式做出应有的承诺就行了。

组织目标体系通常是战略中予以清晰地表达并同公司管理者和职员进行广泛交流的部分。有的公司在递交给股东的公司年度报告中或在给新闻媒体的材料中清晰地将战略计划的关键要素写出来,而有的公司则往往因为竞争敏感性而故意回避对公司战略进行公开讨论。

不过,战略计划很少能够预见到在以后岁月出现的在战略上具有重要意义的所有事件。未预见到的事件、未预见到的机会和威胁以及不断出现的各种有益的建议往往会促使公司管理者改变计划好的行动而做出一些在计划中没有的反应。将战略的再制定工作推迟到下一个战略计划年度不但是愚蠢的，而且是完全没有必要的。如果公司的管理者将公司的战略工作狭隘地定义为有着固定日程安排的计划周期（实际上在这种所谓的计划周期中他们避免不了吸收一些新的东西），那么，他们对公司管理者的战略制定责任完全是一种误解。"不得不"做情形下的一年一度的战略制定工作并不能保证取得管理上的成功。

4. 战略的实施和执行

实施和执行一个既定的战略包含的一个重要管理任务是对此做出评估：如果要使战略能实施起来并且按照相应的日程达到期望的业绩目标，究竟需要采取哪些措施？这里，管理者的职能就是要规划出一定的必须要做的工作，使战略在公司中有着应有的位置，成功地执行公司的战略并产生良好的结果。对战略的实施和执行过程的管理是一项必须脚踏实地亲临一线的管理任务，主要包括下列一些层面：

第一，建立一个能够成功执行和实施战略的组织或机构。

第二，制定相应预算，将公司各项资源优先分配给对公司战略起着关键影响的活动。

第三，建立一套完善的对公司战略起支持作用的政策和运作程序。

第四，加强和完善激励机制，从物质、精神等各方面鼓励公司的职员，引导他们努力地向公司所建立的共同目标而不懈奋斗。

第五，将达到既定的结果作为目标，制定相应的奖惩制度。

第六，营造一种有利于战略实施以及执行的工作环境和公司文化。

第七，建立完善的公司信息系统、交流系统和运作系统等，确保所有的公司职员都能够高效和快速地完成他们的战略任务。

第八，将员工或部门的优秀做法和项目制度化，强化组织学习能力，以便不断积累提高。

第九，在公司内部实行领导制度，使公司的战略实施和执行能够权责结合，从而不断地提高企业战略的实施效果和成功概率。

战略执行者的目标必须是，在执行战略过程中所采用的内部运作方式与战略成功的必要条件之间创建强大的"协调性"。战略实施的方法越能满足战略的必要条件，战略的执行就越好，就越有可能完成既定的目标。其中，最重要的协调是战略和组织能力之间的协调，战略和奖惩制度之间的协调，战略和内部支持体系之间的协调，战略和组织文化之间的协调（其中，后者指组织成员共有的价值观和信仰，公司对人的管理制度，以及公司长久以来养成的行为、工作惯例和思维方式）。将组织的内部运作方式同战略成功的必要条件协调起来有助于将整个组织统一起来去实施战略。

从本质上说，战略实施的目的是"让事情发生"，具有以行动为导向的特点：例如提高公司的战略能力与组织能力，进行精确预算，制定完善政策，建立系统激励制度，塑造企业文化，建立公司的领导制度等。

显而易见，战略的实施是战略管理中最复杂、最耗时的工作。这项工作实际上包括了管理的所有要素，必须从组织内的很多层次着手。战略实施的各项行动日程实际上是公司管理者对这样一个问题深入思考的结果：公司应该如何另辟蹊径，应该如何采取更好的措施，才能成功地实施公司的战略？公司的每一个管理者都必须仔细思考这些问题的答案：要完成我的战略计划，在我的领域里我应该做些什么？应该怎样做到这些事情？使公司战略成功执行的内部变革程度依靠下列要素：战略的变化程度，公司的内部行为和能力偏离战略成功必要条件的程度，战略和组织文化之间已经建立起来的协调程度。一旦确定了必要的组织内部变革，公司的管理层就必须严格地监管战略实施的各个细节，施加压力，使组织将目标转换成结果。由于战略的实施依靠内部的变革程度，所以，战略实施的时间从几个月到几年不等。

5. 评价业绩，监测新的发展情况，采取矫正性调整措施

公司的战略展望、目标体系、战略及战略的实施途径从来都是无终点可言的。评价业绩，监测周围环境的变化，进行适当的调整，这些都是战略管理过程正常和必需的要素。

评价组织的业绩和进展是该管理部门义不容辞的责任。公司的管理层必须驾驭公司的整个局势，从而判断公司内部事情的进展程度，同时密切关注外部的发展情况。如果战略执行的业绩低于一般水平，或者战略执行的进展很小，必须采取纠正性措施进行调整；如果外部出现了新的情况，也要采取相应的措施进行调整。可能需要调整公司的长期发展方向，可能需要重新界定公司的业务，公司管理者为公司的未来制定战略展望可能需要缩小，可能需要扩大，也可能需要进行彻底的改变。同时，公司的业绩目标也可能根据过去的实践和未来前景有所提高或降低。公司战略也可能由于以下原因需要进行修改：公司的长期发展方向改变了，公司建立了新的目标体系，战略中的某些要素已不再适用，市场环境和顾客的需求偏好发生了变化。

同样，战略实施和执行的某些环节也可能不会如预计的那样进行。为了加速和改善战略的执行，公司的管理者往往不得不采取下列行动：修订预算，改变政策，组织重建，人事变动，重新设计和制定活动和工作过程，改造公司的文化，变革公司的工薪制度。成功的战略实施永远是组织学习的结果。战略的执行并非一帆风顺，在有些领域里可能一蹴而就，而在有些领域里则非常棘手。因此，不断地对战略执行的进度进行评价，不断地寻求新的途径改善战略的执行，以及在战略的执行过程中采取纠正性措施就很正常了。

五、战略管理的历程

在战略规划出现以前，各种预算是企业应对长期发展最重要的一种手段，如长期预算、差距分析、趋势分析等方法在当时较为流行。塞尔兹尼克大约在1957年研究了制度承诺的角色，并提出了"独特竞争力"这一新概念，构建了现代战略的基本雏形。20世纪60年代初，安东尼、安索夫和安德鲁斯三人奠定了战略规划的基础，他们重点阐述了如何有效地匹配公司资源和抓住商业机会以及战略规划的重要作用。三者的研究成果构成了战略思想的"三安范式"。"三安范式"在1978年匹兹堡大学国际战略规划研讨会上得到与会专家普遍的认可，之后经申德尔和霍弗在1979年合著出版的《战略管理》一书向

世界广泛传播。20世纪80年代是通用战略理论阶段，人们试图总结成功企业的共性从而找到一种普遍模式。这一段时期由波特领头重点研究如何预测市场商机、创造市场商机从而建立和保持公司的核心竞争优势。人们对战略的思考和实施给予了充分重视，价值链及构架等新理论被广泛用于研究如何构造企业的内部关系从而实现公司目标。20世纪80年代后期至90年代，人们越来越认识到战略的制定不是一个简单机械的过程，不同的组织应该有不同的战略，战略规划与实际结果间存在一定差距。企业的战略需要根据社会、政治、经济等外界条件的变化而不断地修改调整以适应未来的发展需求。现在，越来越多的学者希望结合企业内部的资源、能力和外界环境变化来制定战略。

1. 20世纪60年代战略规划理论诞生

在20世纪60年代到70年代初，规划思想占据着战略的核心地位。

（1）系统战略理论的诞生。战略管理的三部开创性著作是：1962年钱德勒出版的《战略与结构》，1965年安德鲁斯出版的《商业政策：原理与案例》以及同年安索夫出版的《公司战略》。钱德勒的《战略与结构》阐述了大企业的成长并详细分析了企业的管理结构如何随企业的成长而不断改变，分析了美国众多大企业的管理人员如何判断和确定企业的成长方向，作出投资决策并调整企业组织结构，从而确保战略的贯彻实施。钱德勒发现企业内管理的变化主要是战略方向的改变而非只是为了提高企业效率。

安德鲁斯继承了钱德勒的战略思想，同时增加了塞尔兹尼克的独特竞争力概念，并强调成功的企业必须适应不确定的外部环境。安德鲁斯区分了战略的制定与实施，他认为战略包括四个关键要素：市场机遇（企业可能做什么，might do）、个人激情（企业想做什么，wants to do）、公司能力（企业能够做什么，could do）以及社会责任（企业应该做什么，should do），企业战略就是实现四者的有机契合（Fit）。按照安德鲁斯的观点，环境不断变化将持续产生机遇与威胁，因此组织的优势与劣势应不断地调整以避免威胁并利用机遇。对企业内部优势和劣势的评估确定企业的竞争能力，对外部环境的客观分析可以确定潜在的成功因素。这两种分析是战略的构成基础。安德鲁斯把战略制定看成是"分析性的"，而把战略实施看成是"管理性的"。

战略管理最早称为"战略"或简单地叫"策略"。它是关于企业未来发展方向的问题。哈佛大学首先开辟商业政策的课程，当时是作为企业管理的最高层课程，主要针对企业高管面临的实际问题，并且依然沿用哈佛大学最传统的案例研究教学方法。20世纪60年代，安德鲁斯和克里斯滕森使用单向法形成了战略规划的基本理论体系，该基本理论体系包括资料的收集与分析、战略制定、评估、选择与实施四个基本步骤。这种方法的本质是认为战略应该思考如何匹配（Match）公司能力（Capability）与其市场竞争中的商机。伦德（Learned）等的SWOT分析方法是这一时期战略态势分析工具的经典，并且一直沿用到现在。

当时的战略规划包括四个步骤：第一步是研究外部市场环境条件与发展趋势及公司内部区别于其他竞争对手的独特能力。其中外部环境的分析包括国家与世界政治、经济发展、社会与技术等对公司经营有重大影响的相关因素。内部能力分析主要包括公司的财务情况、管理制度、组织方面的能力以及公司的品牌影响和成长历史等因素。第二步是客观判断外部机遇与风险及公司内部资源的优劣势并且把它们结合起来。第三步是通过评估来决定机遇与资源的最佳匹配策略。第四步是作出战略选择。传统战略规划的致命缺陷是它是一个单向静态过程，战略规划随着环境不断变化，同样也应该不断灵活调整，否则难以适应新环境。因此战略规划应是一个循环动态而非单向静态的过程。安索夫是在对传统战略规划感到失望后提出其战略管理概念的，并且建立了自己的战略决策过程。

安索夫认为战略为以下五种选择提供"共同思路"：产品与市场范围、竞争优势、成长方向、协同、自产还是购买。安索夫认为环境、市场定位以及内部资源能力是战略的核心因素。在战略的各因素中，安索夫更加强调协同的作用。比较而言，安索夫侧重公司战略，而安德鲁斯更侧重业务战略。

（2）经验曲线等实证规律的发现。世界著名咨询公司波士顿管理顾问公司对战略的两大发现是经验曲线与成长—份额矩阵。经验曲线发现，随着市场份额扩大和产量增加，员工劳动熟练程度提高会导致生产成本不断下降。"每当经验翻一番，增值成本就会下降20%～30%。"波士顿管理顾问公司后来还发现了一系列规律，包括市场份额论、定价悖论、三四率等。

波士顿管理顾问公司最重要的发现是成长—份额矩阵。成长—份额矩阵是将企业的产品或市场依据当前的现况与未来的潜力进行分类，区分出明星、问号、瘦狗和现金牛业务，为企业提供决策依据。后来通用电气公司在波士顿矩阵的基础上又提出了以市场吸引力与企业优势为变量的 GE 矩阵。目前这两种矩阵都已成为战略的经典分析工具。

2. 20 世纪 70 年代转向研究导向：环境适应理论横行

1970～1977 年 GE 矩阵大量使用战略规划才使战略思想正式登上历史中心舞台。战略规划最初主要在业务战略层次，1976 年后开始出现在公司层次。矩阵方法得到广泛承认并大量使用，尤其 BCG 的增长速度与相对竞争地位矩阵更是风靡一时。20 世纪 70 年代战略管理走向实证研究，分流为两大流派，一派重视过程，重点描述战略是如何形成的，而另一派则重视内容，追求战略决策与经营业绩之间的关系。

20 世纪 60 年代后期与 70 年代早期，战略规划与长期规划在战略领域扮演重要角色。这主要起源于"二战"中战争计划的丰富经验被应用到公司经营中。按照战略规划的观点，一切事物都在意料之中，一切资源都在控制之下。1973 年的世界石油危机开始动摇战略规划的垄断地位，企业发现战略规划难以应对现实中普遍出现的环境巨变与激烈的国际竞争。最根本的是未来无法有效预测，现实的战略往往是企业不断试错的结果。环境不确定因素必然导致企业不断调整与修改自己的既定策略，这些策略的逐步积累就形成了战略。因此，战略是事后产物，事前难以描绘与系统化。

由于理论与实践出现巨大反差，在 1979～1983 年美国经济衰退时，战略规划出现反向革命。企业战略规划向战略管理演变，战略管理把战略规划与战略问题有机结合。它不仅包括技术发展、经济信息等变量，也着重关注社会与政治力量，融入了组织社会学，注意了背景（Context）、内容（Content）与过程（Process）的相互作用。

20 世纪 70 年代是环境适应学派的时代，战略家越来越把环境的不确定性因素作为战略研究的重要内容。他们更多地关注企业如何适应复杂多变的环境。激烈的国际竞争与市场不确定性因素使战略研究引进了脚本分析，即假设若干不同的市场环境，从而制定出各种不同的策略来应对这些变化。管理不确定性变成了企业的核心能力。奎因的"逻辑渐进主义"、林德布罗姆的"摸着石头过河"以及明茨伯格和沃特斯的"应急战略"都把战略看作是意外的产物，是企业应对环境变化所采取应急对策的总结。吉尔斯研究了英荷壳牌集团的经验，提炼出战略规划是一个学习过程的观点，战略规划理论把环境适应思想纳入自身的体系之中。

3. 20 世纪 80 年代的产业组织理论与通用战略研究

（1）市场结构与经营业绩关系的研究。在 20 世纪 50 年代，哈佛大学有部分学者开始研究市场结构对企业的影响，人们开始探索企业成功的原始驱动力，大量计量研究出现，如 PIMS（Profit Impact of Marketing Strategy）用于研究公司特征与公司业绩之间的关系。哈佛大学市场营销科学研究所开发了 PIMS，研究市场份额与营利能力之间可能的相关性。波士顿的市场增长与市场份额矩阵、麦金西市场吸引力与市场定位矩阵是当时使用比较普遍的分析方法。这些研究成果为后来的产业组织学派理论奠定了基础。

对战略与绩效的研究也起源于 20 世纪 70 年代，其中有三股观点较为知名，第一股观点集中在哈佛大学，秉承钱德勒的传统，主要致力于检验企业成长与多元化战略的命题。第二股观点是在普渡大学，重点研究业务战略，始于酿酒厂研究。第三股观点也诞生在哈佛大学，主要从产业组织的角度研究企业竞争战略与竞争优势。钱德勒学派的学者更深入具体地研究了企业成长战略、组织形式与经营绩效之间的关系。赖格利对多元化做了不同分类，鲁梅尔特对多元化类型、不同组织结构对经营业绩的影响做了深入研究，在研究方法上起了重大变革作用。

对美国酿酒业的研究是希望发现战略与经营业绩之间的关系，尤其要解释经营业绩与企业战略及市场环境的关系，认为业绩是战略与环境的函数。由哈滕、申德尔和库伯主持的研究发现，环境非常重要，一个相对于竞争者的好环境必然导致好的经营业绩。研究发现，在同一产业内，企业的战略与业绩存在很大的关系，这导致了后来对战略团体的研究以及用竞争优势来解释经营业绩的差异。波特将产业组织理论引入战略研究，强调市场力量对获利能力的影响，并将重点放在行业特征分析上。后来，信息经济学、交易成本理论、博弈论等纷纷被引进到战略理论。20 世纪 80 年代，许多研究的重点放在了跨国企业经营管理上。在过去的 30 多年，五个概念对传统经济理论产生巨大冲击。它们是不确定性、信息不对称、有限理性、机会主义与资产专用性。交易成本理论被用来解释企业的边界、企业的组织形式。1980 年还诞生了两本重要杂志：《战略管理杂志》和《业务战略杂志》（Journal of Business Strategy）。目前这两本杂志已经成为表达战略管理新思想的重要喉舌。

（2）通用战略与竞争优势。20 世纪 80 年代初，波特通过对美国、欧洲与日本制造业的企业实践的研究提出了自己的竞争战略理论学说。竞争战略理论认为企业要通过产业结构的分析来选择有吸引力的产业，然后寻找价值链上的关键环节，利用成本领先或产品差异化来取得竞争优势。波特对竞争环境结构作了深入研究，认为有五种竞争力量决定某一行业的吸引力。波特总结了通用的企业竞争战略，即成本领先、差异化与专一化战略。波特认为，公司必须从三种策略中选择至少一种以赢得竞争优势。企业必须把成本控制到比竞争者更低的程度，或者提供与竞争者不同的产品或服务，让顾客感觉提供了比竞争者更高的价值。专一化战略要求企业致力于服务某一特定的市场区域，某一特定的产品种类或某一特定的地理范围。后来波特对其三大策略做了调整，根据竞争优势（成本与差异）及竞争的范围提出了四大策略：成本领先、差异化、成本专一化与差异专一化。另一部分学者认为，战略实施能力同样是竞争优势的重要来源，麦肯锡公司提出了战略实施与组织发展的构架，即它的7S构架，阐释了要成功地实施战略与实现组织变革必需的要素。其假设是组织的变化需要组织技能与共享价值观的变化。这7S是战略、技能、共享价值观、系统体制、结构、员工、风格。随着研究的深入，人们越来越意识到有更多的竞争优势来源，如质量、速度、周转能力和创新能力等。现在越来越多的学者认为，维持竞争优势的持续性依赖于组织的学习能力。

（3）战略过程与动态战略。人们后来的研究发现，没有任何一个战略过程或竞争能力能单独形成永久的竞争优势。企业必须不断根据内外部实际情况改变其战略，使资源与能力适应环境的千变万化。人们关注的重点由过去寻找成功的驱动力转向研究如何使企业的适应能力最大化，明茨伯格认为，战略家应该由原来的战略规划者、战略制定者转变为战略发现者、知识创造者及变化的催化剂，用战略思考来替代战略规划。环境变化如此迅速，因此过多的分析反而会贻误战机。要迅速分析优劣势以及可能的机遇，回避可能的风险，重点研究关键问题，迅速形成行动方案。不应该等一切都明确后才行动，并且随时准备变更行动方案。成功的企业是善于创新的企业，是能够不断学习、不断变化的企业。

4. 20世纪90年代资源基础论与核心能力说流行

20世纪90年代企业经营环境的最大特点是竞争的全球化，企业面临的国际竞争越来越激烈。经济全球化和贸易全球化的出现使国家边界变得模糊，信息网络和通信技术的发达使行业界限模糊。第二大特点是产品生命周期极大缩短，产品淘汰过程加速。一些企业为了保持市场竞争优势故意提前淘汰部分产品，因此创新成为新时代竞争的主题。第三大特点是顾客需求的个性化与差异化，多品种、少批量成为企业的重要生产战略，灵捷制造、即时生产等成为企业新的生产方式。产品投入市场时间与速度成为新的竞争手段。

（1）资源基础论与核心能力理论。20世纪80年代产业组织理论比较流行，但到20世纪90年代则受到了普遍的质疑。20世纪80年代中后期，人们越来越认识到，竞争无常规、无放之四海皆准的通用战略，人们无法单独通过通用战略与公司特征来解释企业的优异表现，因而人们开始转向寻找企业竞争优势的源泉。竞争优势是促使企业比竞争者更成功的关键因素，而且这些关键因素无法被竞争者在短期内轻易模仿。

这些关键因素包括战略实施的卓越能力、组织的资源与能力、时间与创新、战略等。

一部分学者认为,资源与能力是企业竞争优势的主要来源,企业的战略应该依赖于公司最优异的方面而非外部环境,战略家的工作是寻找公司内部的能有别于其他竞争者的独特资源与能力:第一,能提高公司市场竞争能力的成本优势,如企业产能、新技术、非核心业务外包等;第二,能用于不同用途的因素,如市场销售渠道、营销经历、品牌等;第三,能阻止其他竞争者进入的门槛因素,如市场份额、专利等;第四,对公司讨价还价能力有重大影响的因素,如企业规模、企业知名度、财力等。

这种强调资源的战略分析有五步:第一步,对公司的资源分析进行分类,评估其优劣势;第二步,分析公司的能力:如何能使公司比市场竞争者更有优势;第三步,评价资源与能力的潜力,尤其是在保持长期竞争优势方面确定其竞争优势;第四步,选择能最大限度地匹配公司的资源、能力和外部环境的机遇,制定相关的具体战略;第五步,找出资源差距,不断投资强化提高公司的资源条件。然后重新回到第一步,进入第二个循环。

从产业组织理论的观点可以得出一个推论:如果一个企业所处的行业利润率不高,该企业就没有希望。但这显然和现实不符,在1990～1993年,美国其他航空公司亏损约100亿美元,而西南航空公司却实现利润持续递增。芝加哥学派批评传统S—C—P范式的进入壁垒理论,认为高利润是对高度专业化的高质量资源或能力的回报。这成为后来资源基础学派理论的重要启示。另外,如果大多数企业都按照产业组织理论的观点制定战略,都进入有吸引力的、利润率高的行业,这些行业也会很快饱和,从而成为没有吸引力的行业,中国VCD机行业的早衰就是最好的例证。核心能力理论强调现实中成功的企业战略大多是两者的有机结合:首先选择有吸引力的行业,其次培养别人无法复制或模仿的核心能力。在传统的安索夫—安东尼—安德鲁斯范式中强调战略匹配或战略契合,认为战略的核心就是企业内部独特的资源与外部环境的合理匹配。资源基础论的进步主要是,企业不只是利用现有的资源与能力,而且要有意地培育企业独特的能力。资源基础论者认为,即使一个企业在缺乏吸引力、缺乏好机遇也有较大经营风险的行业经营,它也可以依赖它的内部独特资源与能力赢得竞争优势。关键是该企业必须拥有对于顾客来说是有价值、稀缺的、对手难以模仿的资源与能力。资源基础论的基本假定:第一,每个企业都是一组资源与能力的独特组合,这些独特的能力与资源是企业战略的基础,也是企业回报的源泉,资源和能力的差异是竞争优势的基础;第二,随着时间的推移,企业拥有不同的资源,培养出独特的能力,因此同一行业的企业不可能拥有相同的战略,即相同资源与能力;第三,资源在企业之间缺乏充足流动性;第四,资源是企业生产过程的各项投入,包括机器设备、员工技能、专利、优秀的管理人员等。

(2)战略创新。20世纪末,由于经济全球化、技术信息化与知识经济时代的到来,企业界出现了一系列的战略创新,包括大规模定制、虚拟组织、归核化、竞合等。

第一,大规模定制。20世纪初,大规模生产方式在美国诞生,标准化和批量化成为时尚,成本领先成为当时主要的竞争战略。但这个是以牺牲消费者的个性化需求为代价的。随着需求个性化发展,人们对"One size fits all"的消费观越来越厌恶。在电脑和互联网等信息技术的支持下,大规模定制应时而生。大规模定制是指对定制的产品和服务进行个性化的大规模生产,包括从有效地参与特定需求市场的竞争,到实际上为每一个顾客提供独一无二定制产品的整个范围。大规模定制的特点是以个性化客户需求为中心。在大规模生产方式中，客户处于价值链的最末端，生产出来什么就买什么。在新战略中，客户位于价值链的最前端，围绕客户的需求来生产产品和定制服务，其实质是生产者和客户共同定义和生产产品；以灵活性和快速反应实现产品或服务的定制化；电脑、互联网、电子商务等信息技术是新战略的技术基础，使制造商、客户、供应商形成一种新的互动关系；注重整个产品周期过程的效率，而非仅仅局限于生产效率。

第二，时基竞争。1988年斯托尔克在《哈佛商业评论》上发表论文"时间——下一个竞争优势的源泉"，首次将时间作为企业竞争优势的源泉。他认为过去企业主要靠降低成本与产品多元化来竞争，而现在，时间与速度正在成为重要的竞争优势来源。在产品设计、制造、销售、售后与创新上争时间、抢速度，对顾客的需求做出迅速反应。缩短产品周期、缩短产品生产时间等时间管理已成为重要的竞争手段。

第三，归核化。归核化是指企业通过减少业务经营范围以集中资源经营核心业务的过程。主要是通过剥离方式实行企业业务重组。美国大企业自20世纪50年代起实施多元化战略，在20世纪70年代达到高峰，但是20世纪80年代进入战略转换期，由于经济不景气，许多企业实施归核化战略。欧洲大企业的这种战略转换比美国晚5～8年，20世纪90年代中期才陆续实施归核化战略。在亚洲则更晚一些，韩国大企业在金融危机中的1998年才开始实施归核化战略。归核化战略的核心：把公司的核心业务归拢到最具竞争优势的行业上；把经营重点放在核心行业价值链上自己优势最大的环节上；强调核心能力的培育、维护和发展，重视战略性外包这种新兴的战略手段。最早实施归核化战略的代表者是美国通用电气公司。

第四，虚拟组织。为了提高应对未来市场机遇的反应，越来越多的企业开始采取非股权安排方式的核心虚拟企业。根据核心能力分工原则，所有企业只经营其核心能力最擅长的业务，把非核心业务全部外包，从而形成劳动社会大分工。企业快速形成，一旦使命完成立即解体。所有分工企业通过契约的方式形成临时利益共同体。特许经营、战略联盟、委托管理等就是这种虚拟企业的代表组合方式。

第五，竞合。竞合即"竞争"与"合作"，在竞争对手之间构成合作关系。越来越多的战略联盟就体现出这一点。采取双胜共赢的原则，相互合作，而非开展你死我活的竞争。

第六，学习型组织。学习型组织是一种"地方为主"的扁平组织，各级决策权往下层移动，尽最大可能让当地决策者直接面对所有的课题，甚至包括处理企业成长与持续经营之间的两难困境，从而提高企业对市场顾客需求变化做出反应的灵敏度。学习型组织对员工的教育培训是使它的员工热衷于并且有能力适应不断变化的环境与变革。学习型组织具有共同的愿景，相互透明公开，当员工或部门利益与企业相冲突时员工会把个人与部门的利益放在一边。

5. 学派分野

20世纪70到80年代，企业社会管理研究不景气有多方面的原因，在此期间理论研究过于空泛，缺乏可操作性。它只是给人们一种启发，要规划未来，要适应环境。20 世纪 80 年代日本的崛起也确实把人们的注意力引向操作层面。日本通过 TQM、及时存货、灵捷制造、成本控制等战术性的经营效率改进，在市场竞争中节节胜利，使人们对战略迷失了方向。大多数人认为，战略并非是真正重要且需要的东西——你只需要以更低的成本制造出比竞争对手更优质的产品，然后不断地改进那个产品。还有人认为在一个变化的世界，不应该有战略的存在。企业经营围绕着变化、速度、重新创造和动态反应等方面不停转动，事物如此快速变动，稍有停顿也承受不起。如果有战略，那就是僵化和不善变通，等到战略制定完毕也就过时了。

第三节　战略管理者

一、构成

在企业中战略管理者（Strategy Manager）主要包括董事会、高层管理者、中层管理者、战略管理部门、非正式组织的领导和企业智囊团等。战略管理者是企业战略管理的主体，拥有相应的权利和责任，他们是企业内外部环境的分析者、企业战略的制定者、战略实施的领导者、战略实施过程的监督者和结果的评价者。战略管理者及其战略管理能力在企业战略管理过程中起着决定性的作用。

1. 董事会

董事会是依照有关法律法规和政策规定，按公司或企业章程设立并由全体董事组成的业务执行机关。董事会是企业最高权力机关，是一个由董事组成的集体决策机构。董事会通常设有董事长一名，副董事长若干，有的公司还设有常务董事若干人。相对于企业战略的制定和实施，董事会更加注重企业远景和使命的建立、关注行业内外环境变化以及审批高层管理者决策等方面。

2. 高层管理者

高层管理者是指负责整个企业资源运用及经营成效的高级人员，一般包括企业总经理、副总经理、财务总监、营销总监、运营总监、总工程师、总会计师等。企业高层管理者主要负责制定和管理战略规划过程，对企业战略的制定和管理负有重大责任和使命。

3. 中层管理者

中层管理者是指负责制定具体的计划及有关环节和程序，从而贯彻执行高层管理者作出的决策和计划的人员。一般包含各职能部门主管、地区经理、分部（事业部）负责人、生产主管等。企业总体战略一旦确定，中层管理者就成了各分管领域战略的实际制定和实施者。

4. 战略管理部门

战略管理部门是专门负责企业战略管理的职能部门，一般由战略研究部、企划部、规划部等部门构成。主要职能是负责监测企业内外部环境变化，关注行业及相关技术发展动态以及企业战略方案的起草等。

5. 非正式组织的领导

企业是一个由许多子系统有机组成的正式组织，但其中也有各种非正式组织存在。这些非正式组织对企业战略的制定和实施具有重要影响。如果企业管理者能够重视非正式组织的领导者，通过制定政策或采取措施使非正式组织的领导者参与企业战略管理，支持企业战略的制定、实施和控制，这将极大有助于企业战略的成功。

6. 企业智囊团

企业智囊团是由企业外部的各类专家和咨询人员组成的咨询团队，在一定程度上参与企业的战略管理，一般由行业权威人士、高等院校专家学者、政府官员、社会名流、咨询专家等组成。企业智囊团将各学科的专家学者聚集起来，运用他们的智慧和才能，积极参与企业战略管理过程，是现代企业战略管理体系中不可缺少的重要组成部分。

二、特点

战略管理者的基本特征是运用战略思维进行战略决策。战略管理者追求企业的长远发展目标，以战略意图为指南，以战略使命为基础，积极竞争未来，抢占未来商机领域的制高点。战略管理者关注的焦点经常超越传统的组织边界范围中的活动，进入组织之间的相互关系地带，因此具有一定的战略思维视野和能力是战略管理者的基本特点。

1. 以资源为本的战略思维

战略管理者认为企业的所有资源可分为有形资源、无形资源和人力资源三类。有形资源是指会计上的和实质的资产，如工厂、器材及原料存货等。无形资源包括企业声誉、专利及知识产权等。企业人力资源包括员工的文化传统、员工的训练、员工的专业技能及他们的责任感和忠诚等。企业的这些资源是企业能够发展壮大的前提和基础，具有资源为本的战略思维能够从资源利用率最大的角度合理分配和使用这些宝贵的资源，从而为企业带来最大的经济利润和社会效益。

2. 以竞争为本的战略思维

这种战略思维的核心是以竞争为本，把竞争作为分析问题的依据和基本出发点。在市场经济背景下，高度自由竞争的趋势将会越来越明显，具有以竞争为本的战略思维就是始终具有忧患意识和进取精神，通过提升产品质量和服务、整合内外部资源、完善供应链等措施提高企业竞争力，从而获得市场主导地位，实现长久可持续的发展。

3. 以顾客为本的战略思维

在当今消费主导的时代，各种消费品琳琅满目，产品更新换代的速度也在不断加快。以顾客为本的战略思维就是强调战略始于顾客、顾客决定产品，顾客的需求和满足顾客需求是企业战略的根本出发点。通过研究甚至创造顾客的需求，进而维系住顾客是以顾客为本的战略思维导向的思想原则。企业根据顾客及其需求来调整企业的各种资源组合和经营行为，以便为顾客提供更多价值的产品和服务。

三、任务

战略管理者是企业战略管理的主体和生力军，是企业战略成败的关键，主要的任务有以下几点：

1. 战略决策

战略决策是战略管理中最重要的环节，起着承前启后的枢纽作用。战略决策依据战略分析阶段所提供的详细决策信息，包括市场情况、行业趋势、竞争格局、企业能力等方面，从一系列备选方案中选择出最优方案。战略决策要综合各项信息确定企业战略及相关方案，其中主要涉及三个战略决策因素，即战略背景、战略内容、战略过程。战略背景是指战略执行和变化的环境；战略内容是指战略决策包括的主要活动和措施；战略过程是指当战略面对富于变化的环境时，各项活动之间的组织和控制。战略决策是战略管理者的主要任务，对战略管理的成败起着举足轻重的作用。

2. 资源配置

为了提升企业战略管理的效率和水平，必须科学合理地配置人员、资金、技术、信息等各类资源。市场环境在不断变化，企业资源受到各方面的限制，因此战略管理者只有不断发现、获取和科学分配各项资源，并且采取有效的方法和措施，建立完善的资源调度和优化系统，使企业各部门间实现有序协同，最终降低资源的浪费和耗损。

3. 运营管理

运营管理就是对企业运营过程的计划、组织和控制，是与产品和服务的生产创造密切相关的各项管理工作的总称。运营管理过程是战略管理的实施和支撑的过程，只要做好了运营管理过程，企业战略管理的整体目标才有可能顺利实现。企业管理者的主要任务是战略制定和战略实施，但是后者往往在很大程度上决定了目标的完成质量和水平。因此在日常管理工作中，企业要建立一套有效的运营管理系统，强化相关人员的运营管理能力，尤其要制定一套完善、科学的制度体系，确保企业能够及时了解运营过程中的变化，从而采取果断措施，保证最终目标的达成。

4. 改革创新

企业在发展过程中进行必要的改革创新，是企业在风云变幻的市场竞争中生存下来的关键。改革创新是企业发展过程中的一种经常性活动，战略管理者应该时刻关注行业内外环境变化，并结合企业实际情况，对内部的组织构架、部门职责、工作流程等做出必要的调整，从而不断激发企业潜在活力，推动企业更好、更快地发展。

5. 应急管理

在企业发展过程中，存在很多不确定性因素，能否正确、高效地处理企业正常运行过程中的突发事件，解决企业内部之间以及企业与外部环境之间的种种矛盾是企业最终实现长远可持续发展的前提和基础。企业管理者要有忧患意识，建立一整套系统的应急管理机制，强化对突发事件的处理和控制能力。

【本章小结】

本章第一节介绍了战略的定义、特点、层次、功能、原则和本质。第二节在了解了战略的基础上讨论了战略管理的定义、特点、过程、任务和历程。第三节介绍了战略管理者的构成、特点和任务。

【复习思考】

1. 根据已知的战略理论，谈谈自己对战略概念的认识。
2. 结合学习到的战略管理知识，讨论关于战略管理理论的认识。
3. 战略管理的过程包括哪几个环节？

第二章
使命、愿景与战略目标

【管理名言】

使企业遭受挫折的唯一最重要的原因,恐怕就是人们很少充分地思考企业的使命是什么。

——彼得·德鲁克

【学习目标】

1. 理解使命与愿景的概念。
2. 掌握使命与愿景两者间的关系。
3. 了解使命与愿景的作用。
4. 掌握使命陈述的特性和构成要素。
5. 掌握使命陈述的评价。

企业的使命、远景和战略目标对于企业的战略管理具有非常重要的作用,只有当企业拥有了良好的使命、远景和战略目标规划,企业才能在此基础上制定正确的战略规划。本章集中讨论制定和评价企业的使命、远景和战略目标时所需要的思想和方法。

第一节 企业的使命与愿景

企业的使命、愿景与战略目标对战略管理来讲十分重要。因为良好的企业使命、愿景能帮助企业明确企业的发展方向和业务领域,使高层管理者对公司的长远发展方向和未来业务结构有一个清晰的认识,并且它还会向全体员工传递公司的价值观,激励员工竭尽全力为实现公司的使命、愿景和战略目标做出自己的贡献。同时,由于对企业长期目标认同的强调,它还能协调企业内外部的矛盾,在不同程度上满足相关者的需要,减少对具体问题的争议，将人们的注意力集中于共同的企业长远目标上。

一、使命

1. 使命的含义

企业使命是企业存在的目的和理由，是企业在社会经济发展中所应担当的角色和责任，是企业生产经营的宗旨、哲学、信念、原则，是企业经营者确定的企业生产经营的总方向、总目标、总特征和总的指导思想。它说明企业的经营领域、经营思想，为企业目标的确立与战略的制定提供依据。简单地理解，企业使命应该包含以下含义：

第一，企业的使命实际上就是企业存在理由或目的的宣言，也就是企业生存的目的定位。不管这种理由或目的是"提供某类有价值的产品或服务"，还是"满足某种特定群体的需要"或者"承担某个不可缺少的责任或义务"。如果一家企业找不到自身存在的理由或目的，甚至连自己都不清楚存在的价值，那么企业就具有很大的经营问题，这家企业也许"已经没有存在的必要了"。就如同人常常会问自己"我为什么活着"的道理一样，企业的经营管理者更应该对此类问题了然于胸，才能保证企业顺利、持续地发展。

第二，企业的使命是企业生产经营的哲学定位，即经营观念定位。企业确定的使命为企业确立了一个经营的基本指导思想、经营哲学、原则、方向等，它不是一个企业具体的战略目标或行动标准，其可能抽象地存在，也不一定表述为文字，但它却对企业经营者的决策和思维起着非常重要的影响。这中间包含了企业经营的哲学定位、价值观表现和企业的形象定位等，如"我们企业经营的指导原则是什么""我们应该怎样看待我们的事业""我们应该如何认识和评价市场、顾客、员工、合作伙伴和竞争对手"等。

第三，企业使命是企业生产经营的形象定位。它反映了企业试图为自己树立的形象，诸如"我们是一个愿意承担责任的企业""我们是一个健康成长的企业""我们是一个在技术上卓有成就的企业"等，在明确的形象定位指导下，企业的经营活动就会始终向公众昭示这一点，而不会"朝三暮四"。

2. 使命的制定

使命的重要性是毋庸置疑的，但不是每个企业都真正理解并身体力行。

使命就是企业作为社会有机组成的一部分存在的理由。使命代表着企业存在的目的、发展的方向以及承担的责任。它在一定程度上规定着企业的发展目的、成长方向、奋斗目标、基本任务和指导原则。使命是企业经营活动的价值取向和事业定位，指明了企业应该对社会和经济做出什么贡献。

德鲁克（Peter F. Drucker）对管理所下的经典定义就是："管理就是界定企业的使命，并激励和组织人力资源去实现这个使命。界定使命是企业家的任务，而激励与组织人力资源是领导力的范畴，两者的结合就是管理。"

使命感和责任感是个人和组织建功立业的强大动力，是最终执行力的灵魂，也是古往今来成就伟大事业的共同特征。其实很多企业都有自己的使命陈述，可大多数企业的使命都没有真正转化成企业的自觉行为，没有真正成为凝聚企业全体员工的感召和动力。造成这一结果的原因是多方面的，其中最重要的两个方面，一方面是企业使命的合理性，另一方面是企业的使命是否真诚。

（1）企业使命的合理性问题。使命不是随心所欲或"拍脑袋"确定的，很多企业的使命大部分都流于形式或是主观口号性的东西。企业使命的确立有其科学方法，不能只是空谈使命的重要性，或简单列举某些企业的使命陈述作为案例，而不去讲述怎样确定适合企业的正确且合理的使命。

使命的形成是在企业主体和外部环境之间展开的，是要解决主体意愿和外部环境之间可能的矛盾，解决其中可能存在的一些问题。包括机会利用的可能性和机会实现的可能性等。机会利用的可能性涉及内外部环境的供需情况，机会实现的可能性涉及企业主体的利益包容情况。通过对各种信息进行综合分析，全面了解需求的容许范畴，并对其做出可用性和能用性的检验，明确相关时间、空间、人群、活动等，然后找到最符合客观环境的核心条件。只有兼具物质性（可用）又具能动性（能用）的机会才是切实的。由此确定的客体使命才可能具有价值和意义。使命在一定程度上反映的是组织应当并且可以肩负的重大社会责任。只有组织既能胜任同时又能被外部环境所接纳的重大社会责任才有形成组织使命的可能。使命不是一成不变的，使命是一个动态的概念，在不同时期可能具有不同甚至相反的内涵。

（2）企业使命是否真诚的问题。真正的使命应该发自组织内心，是企业一种自觉的意识和行为。但是很多企业的使命是写给客户、员工以及社会看的，只是为了表面装饰，不是企业管理者真正自觉的意识和行为，所以这是虚假的使命，当然起不到应有的作用。

一个企业的使命必须是该组织既能胜任，同时又能被其外部环境所接纳，这才是合理的，因此使命要符合所选择事业发展的未来趋势，而且其本身的确立应该是自觉的和真诚的。只有企业所有的行为和活动都是围绕企业的使命进行，才能真正被客户、员工以及社会所接纳、认可，才能有效激励企业的全体员工为实现使命而奋斗。

二、愿景

1. 愿景的含义

企业愿景又译作企业远景，简称愿景（Vision），或译作远景、远见，在 20 世纪 90 年代盛行一时。愿景源于一种理想，赋予其价值，而正是这些价值，使企业或规划变得与众不同。企业愿景体现了企业家的立场和信仰，是企业最高管理者头脑中的一种概念，是这些最高管理者对于企业未来的若干设想。所谓愿景，是由组织内部成员所制定的，借由团队讨论，获得组织一致的共识，形成大家愿意全力以赴努力的未来方向。愿景形成后，组织负责人应对内部成员进行简单、扼要且明确的陈述，以激发内部士气，并应落实为组织目标和行动方案，进一步具体推动。

一般而言，企业愿景大都是具有一定前瞻性的计划或开创性的目标，作为企业未来发展的指导和方向。在西方的管理论著中，许多杰出的企业大多具有一个特点，就是强调企业愿景的重要性，因为唯有借助愿景，企业才能真正有效地激励和鼓舞组织所有成员，激发个人潜能，激励员工精神，增加组织生产力，从而达到企业的既定目标。

企业的愿景不应是企业负责人的专属或个人意识，企业内部所有成员都应参与构思，共同制定愿景并达成共识。透过制定愿景的过程，可以吸收更多成员的观点和建议，强化愿景的凝聚力，从而可使得该愿景更有价值，企业更有竞争力。

企业愿景是企业战略发展的重要组成部分。企业愿景是企业长期发展的方向、目标、理想、愿望，以及企业自我设定的社会责任和义务，明确指定企业在未来社会发展过程中是什么样子及达到什么样的状况。企业根据市场的变化趋势，及时有效地整合企业内外部信息渠道和资源渠道，据此来合理规划和制定企业未来的发展方向、核心价值、企业精神等抽象的观念或概念，以及企业使命、存在意义、事业领域、经营方针、核心竞争力、执行力度等细微性的工作，因此让企业的各级管理者和员工能够及时有效地知晓企业愿景以及其具有的使命和责任，使企业不断增强自身解决问题的能力和水平。

2. 愿景的作用

企业愿景的作用是促使组织的所有部门拥向同一目标并给予鼓励。一般来说，愿景诠释着企业存在的目的和理由，具有独特性、前瞻性，能够准确地反映企业的核心价值和企业文化。而且，制定这些宣言时需要做出选择，企业期望成为什么样子，企业最终想实现什么，要在哪些业务领域内竞争，服务于哪些特殊的顾客群体。同时，企业要决定不成为什么样子，不要求实现什么，哪些领域不介入，哪些顾客不是服务对象。这些都是难以决策的选择，只有通过缜密的思考和分析才能实现。拥有企业外部环境和内部组织的信息之后，那些参与制定企业愿景和使命宣言的人必须严谨、认真地讨论收集的相关信息的真实性和可靠性。为此，在制定企业愿景时应明确企业的目的和提供的价值。企业提供的价值是企业存在的理由和信念。

企业愿景的另一构成要素——企业是给企业员工指示发展方向，提供激励的基本框架，如苏宁电器愿景为"打造中国最优秀的连锁服务品牌"，中国联通愿景为"创国际一流电信企业，做世界级卓越公司"。

从众多世界级优秀企业成功的例子中可以看出，并不是企业在初创时期就能明确确定企业愿景的具体内容及其相关实行方法，也没有适应所有市场环境或放之四海皆准的标准答案。换句话说，企业愿景不是由其内容，而是由其理念的明确性和理念下的整合性的经营活动来规定和强化的。例如，当今许多企业都将"实现企业和社会共同的发展，为人类进步做出贡献"作为企业自身的愿景，但关键是这种愿景对于该企业来说是否足够深远以及能否一贯坚持下去。

在企业经营活动中必须有企业愿景的原因：

（1）重整企业愿景。愿景规划的根本意义在于使公司明确其前行的方向，从而不走冤枉路，不断积累以塑造自己的核心竞争力，在可以预见的将来仍然保持一定的竞争优势。急剧变化的企业环境引起企业的生存危机，企业要想摆脱困境就迫切需要重整企业愿景。如国家发生金融危机，不但是企业经营，甚至国家的运转都处在一种危机状况之中。如果以危机为借口，不去明确企业愿景，而是随波逐流，采取与企业愿景相违的行动，那么即使能获得高额利润，最终也无法取得社会认同。

（2）整合的企业愿景。要使企业员工都自觉地参与到企业经营活动之中，就需要有整合企业所有理念的企业愿景。和西欧优秀企业相比，东方企业很少用明确的企业愿景或行动指南准确地教育企业员工并反映到实践当中。这是因为东方企业往往把企业愿景当作企业精神、企业原则、信条、社训等抽象的观念或姿态，并不是明确企业的存在意义、使命、事业领域、经营方针、行动方针等。此外，还一贯重视"诚实""人和"等含蓄却非规定性的潜意识力量。西欧的企业极其重视企业愿景的具体化和明确化，因为它们需要融合不同国家、不同民族、不同文化等异质要素去完成共同的目的。

当前，随着结构重组、标杆学习、再造工程等西方管理方法的普及，终身雇佣制逐步解体，个人的自律性受到了企业重视。若要企业员工在自律的基础上充分发挥个人主动性去达成企业共同的目标和愿景，同时实现自我发展，就必须明确企业愿景。仅仅从物质和交换的角度去理解员工或企业关系是不全面的。员工只有真正理解并参加到企业愿景中时，才能融进企业里，从而为企业愿景而不懈奋斗。文字化的企业愿景不应是抽象的概念或理论，而应包含清晰、明确的方针。当提出清晰、明确的企业愿景传播到每个员工中并激发起员工的自觉参与意识时，企业才能获得发展。

（3）强化关系性。要强化企业的关系性就必须有企业愿景。在企业管理和营销领域关系性概念日益受到关注。这是企业在对工业革命后大量生产、大量销售体制造成个体人际关系衰退进行反思产生的概念，众多学者认为这种概念对于那些曾坚持生产者观念的企业是必要的。一般来说，关系的概念不但适用于企业和客户的交往，也适用于企业与员工之间的关系。经营者和员工之间的关系不是仅仅指简单的劳动合约，而是指在相互信赖和密切联系基础上的关系。这是一种非机械的伙伴关系，这种关系需要通过公司内部密切沟通创造出共同价值的"共同创造"观念。更重要的是，这种关系的基础要求企业成员有共享的共同企业愿景。有了共享的企业愿景企业内外部就能迅速正确地沟通，企业成员如果在同一企业愿景和共同的目标下建立关系就能相互理解、密切合作并创造共享价值。

（4）知识竞争力。企业愿景受重视的另一个理由是"知识竞争力"作为重要企业竞争力因素开始受到关注。知识竞争力是指创造新的想法、思想、程序和产品，并且把它们转化为经济价值和财富的生产力及能力。传统观念的企业竞争力是由产品或服务的生产能力、渠道管理能力、销售能力、资本的调配及运营能力等与企业利润直接相关的要素决定的。但随着市场竞争加剧和企业活动领域的巨大变化，应重新思考企业竞争力的来源。企业竞争力一般是由多种要素复合构成，如价格、质量、技术含量、品牌等是产品竞争力的重要因素。

两种有助于提高企业竞争力的要素受到关注，首先是组织知识，其次是应变能力。随着企业经营内外部环境剧变，如果不能创造性地、灵活地应对这些变化，企业的发展就会陷入停滞甚至危境。很多学者认为组织决定于战略，如果战略随环境不断变化，则组织也应随环境而变化，此时关键是以企业愿景为理论依据。即企业战略是达成企业愿景的手段。

（5）价值创造力。价值创造力是指企业根据顾客的需求和偏好等创造优异顾客价值的能力，它是整合研究开发能力、产品生产能力以及员工能力等要素的核心能力。企业提供的商品和服务是具有价值创造可能性的"企业价值创造物"，而非价值本身。所有产品和服务都是在人类生活的某种特定时期、场所和状况下与其他信息结合起来创造出独特的使用价值来满足人们的特定需求。作为企业竞争力的新要素，组织知识、应变能力和价值创造力等都是企业未来重点关注的新领域和新方向。但必须清楚，这些要素作用的最终发挥取决于企业愿景这种知识资源基础管理体系的确立。

3. 区别与联系

企业使命回答的是"什么是我们的业务"，而企业愿景回答的是"我们想成为什么"。

企业使命说明的是企业的根本性质和存在的理由，而企业愿景说明的是在这种企业使命下企业如何才能做得最好，或者说，企业应该怎样做才能实现企业的使命。

企业使命是比较抽象和长期的，而企业愿景是比较具体的，其期限必须与战略期限一致。

企业使命决定了企业的愿景，而企业愿景又决定了企业战略，先有使命，才有愿景，再有战略。

因此可以说，企业愿景是以企业使命为基础的，企业愿景同时又是企业战略的纲领性文件。在制定企业战略的实际操作中，确定企业使命时往往会把企业愿景一起确定下来；而在确定企业愿景时，又不可避免地会首先阐明企业的使命。

第二节　企业战略目标

企业战略目标是指企业在实现其使命的过程中所追求的长期结果，是在部分最重要的领域对企业使命的进一步具体化。它在很大程度上反映了企业在一定时期内的经营方向和所要达到的水平，既可以是定性的，也可以是定量的，如竞争地位、发展速度、业绩水平等。目标体系的建立是将企业使命和愿景转化为具体可执行的业绩目标，否则企业使命与愿景的宣言也仅仅是一些空洞、美丽的词句。如果企业管理者在每一个关键领域都建立目标体系，并为达到这些设定目标而采取适当的行动，这样的公司就有可能获得较好的结果。

一、含义及特点

战略目标是对企业战略经营活动在一定阶段取得的主要成果的期望值。战略目标的设定，同时也是企业宗旨和愿景的具体展开，是企业宗旨中规定的企业经营目的、社会使命等的进一步阐述和界定，同时也是企业在目前的经营领域展开战略经营活动所要达到的业绩的具体规定。

战略目标与企业其他的一般目标相比，具有以下特点。

1. 宏观性

战略目标是一种宏观目标。人们所提出的企业战略目标总是高度概括性的，它是对企业全局的一种总体部署，它的关注点是一个整体而不仅仅是某一局部。它是从更宏观的角度和更高的高度对企业未来一种较理想的设定。它提出的是企业未来整体发展的总任务和总目标。

2. 长期性

战略目标是一种长期目标。它的关注点是未来和长远。战略目标是关于未来的设想，它设定的是企业员工通过长期努力奋斗而达到的对现实的一种根本性的改造。战略目标所规定的是一种长期的发展方向，它所提出的是一种长期的任务，绝不是一蹴而就的，企业职工必须要经过相当长时间的努力才能够实现。

3. 相对稳定性

战略目标作为一种长期目标，它在其所规定的时间内就应该是相对稳定的。战略目标是总方向、总任务，因此它就应该是相对不变的。只有具有相对稳定性的战略目标，企业员工的所有行动才会有一个明确的方向，大家才会树立坚定的信念，努力实现战略目标。当然，强调战略目标的相对稳定性并不排斥根据客观需要和事实情况而对战略目标做必要的修正。

4. 全面性

战略目标是对企业未来发展的一种整体性要求。它既要着眼于未来，又不能抛弃现在；它既要着眼于全局，但又不能排斥局部。科学、合理的战略目标总是需要对现实利益与长远利益、局部利益与整体利益进行综合考量，并找到两者之间的平衡点。科学合理的战略目标虽然总是相对概括性的，但它对人们行动的要求却又总是全面的，甚至是非常具体的。

5. 可分性

战略目标具有宏观性、全面性的特点本身就说明它是不可分的。战略目标作为一种总目标、总任务和总要求，总是可以分解成某些具体目标、具体任务和具体要求的。这种分解既可以在空间上把总目标分解成不同方面的具体目标和具体任务，又可以在时间上把长期目标分解成不同阶段的具体目标和具体任务。只有把战略目标进行分解，才能使其成为可执行可操作的东西。一言以蔽之，因为战略目标是可分的，因此才是可实现的。

6. 可接受性

企业战略的实施和评价主要是通过内部企业人员和外部公众来共同实现的。因此，战略目标必须被他们所理解并符合他们的利益。但是，不同的利益集团具有不同甚至相互冲突的利益要求和利益目标，企业制定战略时一定要协调各方诉求。一般地，能真实反映企业使命和价值的战略更易于为企业成员所接受。另外，企业战略的表述必须清晰明确，有实际的含义，不至于产生误解。

7. 可检验性

为了对企业管理相关活动进行准确的衡量，战略目标应该是具体且可以检验的。目标必须明确，需要具体地说明将在何时以何种方式达到何种结果。目标定量化是使目标具有可检验性的最直接有效的方法。但是，许多目标难以定量化，因为时间跨度越长、战略层次越高的目标越具有模糊性。此时，应当用定性化的术语来表达其应达到的程度，一方面明确战略目标实现的时间，另一方面须详细说明工作的要求和特点。

8. 可挑战性

目标本身是一种激励力量，特别是当企业目标充分体现了各利益集团的共同利益，使战略大目标和个人小目标有机结合在一起时，就会极大地激发组织内外部成员的工作热情和献身精神。

二、制定过程

一般来说，制定战略目标需要先后经历调查研究、拟定目标、评价论证和目标决断四个具体步骤。

1. 调查研究

在制定企业战略目标之前，必须进行相关调查研究工作。另外，在制定战略目标的过程中还必须对之前做过的调查研究成果进行检查复核，进一步进行分析研究。把机会和威胁、优势与劣势、自身与对手、需要与资源、企业与环境、现在与未来加以对比，分析它们之间的关系，才能为制定战略目标奠定可靠的基础。

调查研究要全面进行，但又要突出重点。为制定战略而进行的调查研究不同于其他一般类型的调查研究，它侧重于企业内部与环境外部的关系以及对未来的研究和预测。关于企业发展历史与目前现状的阐述自然是有价值的，但对于战略目标决策来说，最重要的还是那些对企业未来具有决定性意义的外部环境信息。

2. 拟定目标

经过细致、周密的调查分析，便可以开始拟定战略目标了。拟定战略目标一般涉及两个重要环节：拟定目标方向和拟定目标水平。首先在既定的战略经营领域内，根据对外部环境、内部需要和拥有资源的综合考虑，确定目标方向。通过对现有竞争能力与手段等各种条件的全面衡量，对遵循战略目标开展的具体活动所要达到的水平也做出初步规定，便形成了可供企业决策选择的目标方案。

在确定企业战略目标的过程中，必须注意目标结构的合理性，并确定各个目标的重要程度。另外，要尽可能减少目标的个数。经常采用的方法如下：把类似的小目标合并成一个大目标；把从属分目标归于总目标；通过求平均、度量求和或过程综合函数等办法，形成一个综合目标。

在拟定目标的过程中，企业管理者要注意充分发挥智囊团、参谋部的作用。要根据实际尽可能多地提出一些目标方案，以便从中对比、选优。

3. 评价论证

战略目标拟定出来之后，就要组织企业内外多方面的专家和人员对提出的方案进行评价和论证。

（1）论证和评价首先要围绕目标方案是否正确进行。要重点研究：拟定的战略目标是否符合企业的长远利益与发展需要，是否符合企业精神，是否符合内外部环境及未来社会发展的需要。

（2）其次要论证和评价战略目标的可行性。主要的方法是按照战略目标的要求，客观分析企业的实际情况，找到目标与现状的差距，然后详细分析用以消除这个差距的相关措施。如果制定的具体途径、竞争能力和相关措施对消除这个差距有足够的保证，就说明这个战略目标是可行的。此外，如果外部市场环境和未来的变化对企业发展有促进作用，企业自身也能够找到更多的发展途径、能力和措施，那么就需要考虑提高战略目标的水平。

（3）最后要对所拟定的战略目标完善化程度进行评价。这里要着重考察：第一，目标是否明确。所谓目标明确，是指目标应当是单义的，只能有一种理解，而不能是多义的；多项目标还必须根据客观情况分出主次轻重；实现目标的责任必须能够落到实处；实现目标的约束条件也要尽可能清晰明确。第二，目标的内容是否协调一致。假若目标内容不能协调一致，那么完成其中一部分指标势必会牺牲另一部分指标，目标内容最后也将无法完全实现。第三，有无改善提高的余地。

如果在评价论证时，企业已经拥有多个目标方案，那么这种评价论证就要在相互比较中恰当进行。通过对比、权衡利弊等方法找出各个目标方案的优劣所在。

拟定目标的评价论证过程也是目标方案的完善过程。要通过评价论证过程不断找出目标方案的不足，并使之不断完善。如果通过评价论证发现拟定的目标完全不正确或根本无法实现，那么就需要重新拟定目标，然后重新再进行评价论证。

4. 目标决断

在决断选定目标时，要重点从以下三个方面权衡各个目标方案：第一，目标方向的正确程度；第二，最终实现的程度；第三，目标期望效益的大小。对这三个方面应该进行综合考虑。所选定目标三个方面的期望值都应该尽可能大。另外，目标决断时还必须掌握好决断时机，因为战略决策不同于战术决策。战术决策时间往往会比较紧迫，回旋余地较小，而战略目标决策的时间压力相对不大。在决策时间上，一方面要防止没有弄清楚内外部情况就轻率决策；另一方面又要杜绝优柔寡断，贻误时机。

从调查研究、拟定目标、评价论证到目标决断，确定战略目标这四个步骤是紧密结合在一起的，前一步的工作都是后一步工作的基础，在进行后一步的工作时，如果发现前一步工作有问题或遇到新情况，就需要重新进行前一步或前几步的工作。

三、基本要求

1. 要有挑战性

制定企业战略目标不能太高，因为目标太高可能根本达不到；也不能过低，因为目标如果太低，不用经过太多努力就可以轻易达到。要有挑战性的目标是指经过努力能够达到，但是不努力就很难达到的一种战略目标。

2. 要有可度量性

企业战略目标要尽可能数量化，数量化的战略目标对于企业来说主要有以下三个好处：

（1）便于分解。未来的企业战略目标可以根据年度分解成为年度目标，然后再把年度目标有机分解为业务单元目标或各职能部门甚至各班组的目标，这样战略任务就能够环环紧扣，最终得到落实。

（2）便于检查。各项数量化的指标便于比较和检查，若没有完成，也便于查找原因，然后采取有针对性的措施。

（3）便于动员全体员工为之奋斗。可度量的战略目标可以使全体员工都能够明确每年的年度目标以及自己每年应该完成的任务目标，从而激起每个员工的创造性和主动性，为实现这一目标而不懈奋斗。

3. 要有系统性

在众多企业尤其是大型企业中，企业集团公司（或总公司）的战略目标应该与各子公司的战略目标以及该子公司内部各部门的目标保持一致，坚决不允许出现某个子公司随意制定战略目标，否则大家容易各行其是，导致总公司的总体战略目标难以实现。因此母子公司的战略目标必须保持同步化和协调化，要有系统性和层次性。

4. 要有相对稳定性及动态性

因为企业内外部环境常常不断变化，企业随时都修改战略目标是不可能的，因此要保持一定稳定性。但是，如果企业内外部环境确实发生一些重大的变化时，企业战略目标也应该做相应调整和修正，保持一定动态性。

一个好的企业战略目标应当达到以下四个方面的标准：其一，具有崇高的意义。其二，要有具有挑战性的目标和比较明确的优势。其三，简洁易懂，容易对内外沟通，并且尽可能做到人人皆知。其四，战略目标是根据对今后3~5年及10年的市场分析、行业分析以及公司发展方向等认真分析判断的基础上得出的，而不应该是部分企业领导人拍脑袋得出的。

【本章小结】

本章详细介绍了企业的使命与愿景的含义、作用、制定过程以及两者之间的区别与联系。明确了企业的使命与愿景对于企业战略管理的重要意义。同时，本章还介绍了企业战略目标的含义和特点、制定过程和具体要求。明确了战略目标对于企业的使命与愿景的意义和作用，总体上理清了三者之间的区别与联系。

【复习思考】

1. 你认为拥有良好使命与愿景的企业如何获取良好的业绩？拥有良好的使命和愿景是否会带来优良的业绩？为什么？
2. 营利组织与非营利组织的使命和愿景会有哪些不同？
3. 列举企业战略目标的特点。
4. 在你看来，制定企业战略目标最重要的要求是什么？为什么？

【本章案例】

变革时代中格力的"坚守"

2014年天津夏季达沃斯论坛，格力电器董事长兼总裁董明珠成为7位达沃斯青年导师中唯一一位来自中国的女性企业家，对于"导师"的头衔，董明珠表示，"感觉得到了别人的信任，是格力电器让我成为导师的"。格力成就了董明珠，董明珠个人极富竞争意识的性格也影响并塑造了格力的企业文化。

格力集团成立于1985年3月，前身为珠海特区工业发展总公司，2009年完成公司制改造，为珠海市国资委全额出资并授权经营的独立企业法人，公司注册资本为8亿元人民币。经过30多年的发展，格力集团成为珠海市规模最大、实力最强的国有企业集团。截至 2013 年末，格力集团净资产总额 393 亿元，2013 年实现营业收入 1230 亿元，净利润 110 亿元。格力企业文化是以"忠诚、友善、勤奋、进取"为企训，以"给消费者以精品和满意，给创业者以机会和发展，给投资者以业绩和回报"为企魂，以"运用双赢智慧寻求发展空间，实施规范管理激活创新机制，容纳多种声音构筑和谐环境，追求个人梦想创造格力奇迹"为企略，从而形成了外拓内敛的求实文化，又紧密结合中国改革开放的实际情况、围绕当代"以人为本"构建和谐社会和向全球化发展潮流的具有"格力"特色的企业文化，这独特的企业文化，支撑公司始终如一地坚持追求卓越、勇于创新，提高人类生活质量，促进社会进步，为社会创造最大财富。

1. 市场化理念治理国有企业

2014 年 2 月 19 日，格力电器发布公告将试水混合所有制改革。从 2005 年朱江洪时代的股权分置改革，到 2012 年在董事会人选一事上小股东"战胜"大股东，从而开创了机构投资者参与上市公司治理的先河，格力始终走在国企股权结构与治理结构改革的前列，而此次在集团层面公布"混改"信息也被认为是打响了地方国企 2014 年"混改"的"第一枪"。事实上在此轮改革之前，格力便有着"最市场化的国有企业"之称，以致外界已经淡忘了格力是一家国有企业。在接受采访时，董明珠表示，格力一直坚持自己的理念，就是要更多捍卫企业的利益，无论是谁都不能破坏。她向笔者回忆，在刚建厂时，有位领导介绍来的员工开始便想到领导岗位工作，但格力坚持让他从基层做起，后来员工觉得很苦很累就离开了。董明珠称，此后格力形成了一种文化，就是"不会因为是介绍来的就给你好工作，所有的干部都是从第一线或者大学生慢慢培养上来的，几乎没有什么外部因素"。

2. 互联网时代坚守制造业

格力始终坚信掌握核心技术是企业发展的关键，并对以自主创新驱动的制造业投入了大量的资金和人力。20 多年的时间，格力使营业总收入在 2013 年达到 1200 亿元，但董明珠表示，销售数字增长只是一个结果，她更看重的是企业文化的建设，"格力电器最大的特点在自主创新。"格力在 2013 年与 2014 年分别成立了自动化研究院与新能源环境技术研究院。格力为什么选择涉足新能源？董明珠介绍说，在家电中空调耗电量最大，在中国市场占全部家电产品耗电量的 30%，而煤炭并非可再生资源，格力希望打造一个不消耗资源的空调，因此自主研发推出了光伏直驱变频离心机系统。目前，格力在空调领域已经累计申请 12000 多项专利。格力光伏直驱变频离心机能把太阳光以高效率的形式转换为电能，直接驱动中央空调机组进行稳定运转工作。为给客户带来智能便捷的管理，格力还提供了发用电一体化管理平台，对光伏直驱变频离心机系统进行节能、智能的调度和控制。在互联网大潮面前，许多企业都患上了"焦虑症"。而与之形成对比的，是董明珠的冷静，以及她对于传统制造业的信心。

由台湾知名企业家施振荣提出的微笑曲线理论，是一条两端朝上类似微笑的曲线，两端分别是设计和销售，中间为制造，两端附加值高，中间附加值低。董明珠承认，人们往往将好企业定义为两端做得好的企业，却没有真正去探讨如果将制造业拿走会发生什么问题。尽管对于格力电器来说，制造位于微笑曲线最底部，但董明珠却坚持做"最辛苦、最有价值"的事，恰恰由坚强的制造而延伸出微笑，因为有了技术和营销，格力电器是一个非常完整的微笑曲线，这恰恰是企业的核心竞争力所在。

（资料来源：陈惟杉. 董明珠：变革时代中格力的"坚守" [J]. 中国经济周刊，2014（37）：74-75.）

思考题

1. 格力的企业文化是什么？
2. 格力的企业文化在企业发展中起到了怎样的作用？董明珠为何要确定格力的企业文化？
3. 格力的企业文化与领导者有什么样的关系？该企业文化有哪些利弊？
4. 如何合理确立一个企业的企业文化？

第三章
外部分析

【管理名言】

企业如果固守过去曾行之有效的战略，那么它必将败于竞争对手。

——威廉·科恩

【学习目标】

1. 叙述如何进行外部战略管理分析。
2. 学会并掌握几个外部分析的工具。
3. 解释企业如何分析外部的机会和威胁。

企业进行战略策划，必须进行有效的战略分析。一个企业的生存与发展会受到外部环境的影响与制约。因此，在制定发展战略时，就必须详尽地分析与评估制约企业发展变化的外部因素及其对企业可能产生的影响，以便进行正确的战略定位，确定准确的战略目标。

第一节　宏观环境

企业是一个开放的经济系统，其经营管理必然受到客观环境的控制和影响。国际和国内政治、科技、经济、顾客需求的迅速变化会使某些产品由畅销很快变为滞销。企业经营的一切要素都要从企业外部环境获取，如原材料、能源、资金、劳动力、技术、信息等生产要素，没有这些生产要素企业不可能生存。同时，企业生产出来的产品需要通过外部市场销售出去，企业的经济效益和社会效益也要通过外部环境才能得以实现。可见企业应该充分研究外部环境的现状及未来的变化趋势，在此基础上抓住有利于企业发展的机会，避开环境威胁的因素。企业如果不能正确预测和估计这些变化往往会处于十分被动的局面，甚至破产而被淘汰。另外，新技术开发越来越快，产品生命周期越来越短，企业必须及时采取产品结构调整、技术改造及设备更新、组织机构调整等自我改革和自我完善一系列措施；企业只有在预计环境变化之前完成经营结构的调整才能充分利用环境所提供的机会，才能避免环境给企业带来的危机；企业经营者不仅要了解环境变化的趋势，而且要预测、估计出环境变化的速度，才能取得经营主动权。因此，外部环境是企业决策的依据，是计划、组织、指挥、协调、控制等一切企业内部管理活动的依据。总之，企业经营离不开市场和竞争，必须对外部环境认真加以分析。

企业环境是一个多主体的、多层次的、发展变化的多维结构系统，由于研究环境的目的、任务、要求各不相同，因此对环境的划分方法也各不相同。以时间为坐标，可以分为过去环境、当前环境与未来环境；以企业与环境的关系来划分，可分为直接环境与间接环境；以企业与环境的性质来划分，可分为战略环境与策略环境；以空间为坐标，可以分为宏观环境、中观环境与微观环境。

战略管理宏观环境分析一般采用 PEST 分析，"P"指政治（Politics），"E"指经济（Economics），"S"指社会（Society），"T"指技术（Technology）。在分析一个企业所处背景的时候，通常是通过这四个因素来分析企业所面临的状况，见图 3-1。

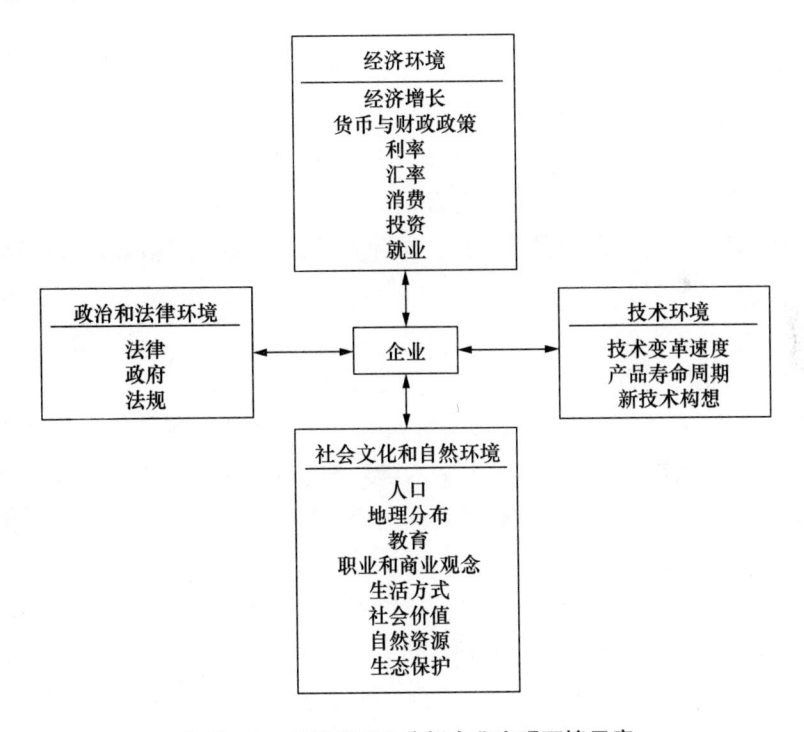

图 3-1 采用 PEST 分析企业宏观环境示意

一、政治和法律环境

政治和法律环境是指那些制约和影响企业的政治要素和法律系统及其运行状态。政治和法律因素是保障企业生产经营活动的基本条件。政治环境包括国家的政治制度、权力机构、方针政策、政治团体和政治形势等因素。法律环境包括国家制定的法律、法规、法令以及国家的执法机构等因素。在一个稳定的法治环境中，企业能够通过公平竞争获取正当的收益，并得以长期稳定地发展。国家的政策法规对企业的相关生产经营活动具有调节和控制作用，同一个政策或法规可能会给不同的企业带来不同的影响。

政治环境主要包括政治制度、方针、体制、政策等；法律环境主要包括政府制定的法律、法规等。这些因素常常制约和影响企业的经营行为，尤其是影响企业较长期的投资行为。

1. 政治环境

政治环境稳定与否对企业经营影响很大。只有稳定的政治环境才能给企业的经营提供一个真正良好的经营发展空间。

政治环境的特点主要表现为如下几点：

（1）直接性。国家政治环境直接影响企业的经营状况。

（2）难以预测性。对于企业来说，国家政治环境的变化趋势具有较大的不确定性，难以实现有效预测。

（3）不可逆转性。政治环境因素一旦影响到企业，企业将会发生十分迅速和明显的变化，而这一变化过程企业难以实现有效驾驭。

政治环境主要指国内和国际的政治环境。国内政治环境包括以下要素：政治制度，政党和政党制度，政治团体，政治气氛，党和国家的方针、政策等。国际政治环境主要包括以下要素：国际政治局势，重要国际事件，国际关系，其他国家国内政治环境等。

2. 法律环境

法律环境是政治环境的具体体现形式，其主要分析因素如下：

（1）法律规范。特别是和企业经营密切相关的一些法律法规。如《中华人民共和国公司法》《中华人民共和国专利法》《中华人民共和国中外合资经营企业法》《中华人民共和国合同法》《中华人民共和国商标法》《中华人民共和国企业破产法》《中华人民共和国税法》等。

（2）国家司法执法机关。在我国主要有法院、检察院、公安机关以及各种行政执法机关。其中与企业关系较为密切的行政执法机关有工商行政管理机关、物价机关、税务机关、技术质量管理机关、计量管理机关、环境保护管理机关、专利管理机关和政府审计机关等。此外，还有一些临时性的行政执法机关，如各级政府组织的财政、税收和物价检查组织等。

（3）企业的法律意识。企业的法律意识是法律观、法律感和法律思想的总称，是企业对相关法律制度的认识和评价。企业的法律意识最终都会物化为相关性质的法律行为，并造成一定的行为后果，从而形成每个企业都不得不面对的法律环境。

（4）国际法。主要指国际法律环境和其他国家的国内法律环境。

二、经济环境

经济环境是外部环境因素中最基础、最重要的因素，影响着供给和需求。企业在宏观经济环境中应当加强经济环境意识。企业的经济环境主要由社会经济结构、经济体制、经济发展水平和宏观经济政策四个要素构成。社会经济状况主要包括经济要素的性质、结构、水平、变化趋势等多方面的内容，涉及国家、社会、市场和自然等多个领域。国家经济政策是国家履行经济管理职能，调控宏观经济水平和结构，实施国家经济发展战略的重要指导方针，因此，对企业经济环境有着重要影响。企业应该密切关注社会经济结构的发展动向，及时、准确地调整企业的经营状况，主动适应宏观经济环境的变化。假若企业忽略了对宏观经济环境的观察、理解和思考，一旦经济环境发生重大变化将会影响企业的经营活动，而此时企业只能被动应对。

1. 社会经济结构

社会经济结构指国民经济中不同的经济成分、不同的产业部门以及社会再生产各个方面在组成国民经济整体时相互的适应性、量的比例及排列关联的状况，主要包括产业结构、分配结构、交换结构、消费结构和技术结构，其中最重要的是产业结构。

2. 经济发展水平

经济发展水平指一个国家经济发展的规模、速度以及所达到的水平。反映一个国家经济发展水平的主要指标有国民生产总值、人均国民收入、国民收入、经济发展速度以及经济增长速度。

3. 经济体制

经济体制指国家经济组织的主要形式，规定了国家与企业、企业与企业、企业与内部各部门的关系，并通过一定的管理手段和方法，调控和影响社会经济流动的范围、内容和方式等。

4. 经济政策

经济政策指国家履行经济管理职能、调控国家宏观经济水平与结构、实施国家经济发展战略的指导方针，包括综合性的经济发展战略、国民收入分配政策、产业政策、物资流通政策、价格政策、劳动工资政策、金融货币政策和对外贸易政策等。

三、社会环境

社会环境是指人类生存及活动范围内所有的社会物质条件、精神条件的总和。广义的社会环境包括整个社会经济文化体系，而狭义的社会环境仅指人类生活的直接环境。随着社会主义市场经济的发展，我国人民的生活方式及工作方式都发生了较大变化，对企业的产品及服务都提出了多样化要求。同时我国许多大城市已进入老龄化社会，由此也引起对企业产品及服务的新需求。在企业发展过程中，文化对企业的影响都被深深埋入企业行为动机的原始部位之中，即处于行为动机层面之下，而这正是文化作用被人们忽视的重要原因。实际上，企业的文化环境始终以一种不可抗逆的方式深刻影响着企业，因此研究企业经营战略绝对不能忽视文化环境对企业的重要影响。作为一名企业经营管理者，只有深刻认识文化的内容及实质，全面理解企业的文化环境，才能把握企业经营战略与文化环境的内在联系，在更深层次上掌握企业行为规律，为企业发展奠定基础。

社会环境主要包括人口因素和文化因素。

1. 人口因素

人口因素主要包括人口规模、人口分布、年龄结构、种族结构和收入分布等因素。它对企业战略的影响如下：社会人口总数直接影响着社会生产总规模；人口的地理分布在一定程度上影响企业的厂址选择；人口的性别比例和年龄结构决定了社会需求结构，进而在一定程度上影响社会供给结构和企业生产；人口教育文化水平直接影响企业的人力资源状况；家庭户数以及其结构的变化在一定程度上影响耐用消费品的生产规模等。对人口因素的分析可以使用以下变量：人口的平均寿命、离婚率、出生和死亡率、人口的年龄和地区分布、人口和地区在教育水平及生活方式上的差异、人口在民族和性别上的比例变化等。

目前世界人口变化出现了五个趋势：其一，世界人口持续增长，意味着消费将继续增长，世界市场将不断扩大。其二，许多发达国家的出生率开始下降，对以儿童为目标市场的企业将会产生不利因素，而年轻夫妇可以有更多机会和资源用于文体活动、旅游、在外用餐等，为相应的市场带来机会。其三，众多国家包括我国人口开始趋于老龄化，老年人消费市场正在逐步扩大，同时老年人消费能力也在持续增强。其四，许多东方国家的家庭组成状况正在发生变化，家庭规模和结构正在向小型化方向发展，几世同堂的大家庭大为减少。其五，许多西方国家的非家庭住户迅速增加，主要包括单身住户、暂时同居户以及集体住户等。

2. 文化因素

文化环境对企业的影响是间接的、潜在的和持久的，它对企业内部文化会产生重大影响。文化基本要素主要包括哲学、宗教、语言、文字和文学艺术等。企业对文化环境分析的目的是把社会文化内化为企业内部文化，使企业的所有生产经营行为都符合文化环境的价值追求，最终落实到对人本身的关注上，如有效地激励员工、有效提高工作环境以及有效地为顾客服务等。

（1）哲学。哲学作为文化的核心部分，在整个文化中起着主导作用。我国的传统哲学基本上由宇宙论、本体论、知识论、道德哲学和历史哲学构成，其以各种方式深入渗透到文化的各个方面，发挥着强大的作用。

（2）宗教。宗教作为文化的一个方面，在长期的发展过程中与传统文化保持着密切的联系。它对人的信仰、人生观和价值观的影响非常重大，因此对企业内部文化也会产生不可磨灭的影响。

（3）语言文字和文化艺术。语言文字和文化艺术是文化的具体表现，对企业员工的心理、性格、道德及审美观点都会产生一定影响。

四、科技环境

科技环境指企业所处社会环境中的科技要素以及与该要素直接相关的各种社会现象的集合。科技环境主要包括四个基本要素：社会科技水平、社会科技力量、国家科技体制、国家科技政策和科技立法。

1. 社会科技水平

社会科技水平主要包括科技研究的领域、研究成果的门类分布及先进程度、研究成果的推广及应用三个方面。

2. 社会科技力量

社会科技力量主要指一个国家或地区科技研究及开发的能力。

3. 国家科技体制

国家科技体制主要指一个国家社会科技系统的结构、运行方式以及其与国民经济其他部门的相关关系，包括科技事业与科技人员的社会地位、科技机构的设置原则与运行方式、科技管理制度、科技推广渠道等。

4. 国家科技政策和科技立法

国家科技政策和科技立法主要指国家凭借行政权力和立法权力对科技事业进行管理、指导的职能和途径。企业需要密切关注与本企业有关的科学技术的目前状况、发展趋势及发展速度等，尤其要特别重视硬技术（如新材料、新工艺与新设备等）、软技术（如管理方法和管理技术等）。技术上的突破可以创造复杂的新产品，如晶体管技术成为美国无线电公司成功的关键，静电技术成为施乐公司成功的秘诀等。

五、分析工具

企业外部分析的主要目的是分析企业面临和将要面临的机会和威胁，但是企业面临的最主要的环境是行业，分析行业的机会和威胁能使企业从更广阔的背景来分析和理解企业的机会和威胁。

分析企业的主要机会和威胁的依据是来自于对一般环境和经营环境研究的资料、数据等信息。分析行业的机会和威胁可以运用表3-1。

表3-1 分析行业的机会和威胁示例表

主要宏观环境因素	发生概率	对行业影响（得分）										综合加权	主要机会	主要威胁
^	^	竞争特征因素		需求特征因素		技术特征因素		增长特征因素		盈利特征因素		^	^	^
^	^	得分	加权数	得分	加权数	得分	加权数	得分	加权数	得分	加权数	^	^	^
政治和法律环境														
经济环境														
科技环境														
社会环境														
合计	1.00													

在运用表3-1时，要注意以下几点：

第一，要恰当地给每一行业的特征因素评分，以客观反映出各种环境因素对行业的影响。得分的高低表示影响程度的大小，分值从-3~+3，正数为机会，负数为威胁，0表示没有影响。

第二，尽可能准确地预测每一宏观环境因素出现的概率，以尽可能地确定行业的主要机会和威胁。

第三，综合期望值表示某个宏观环境因素对行业特征的综合影响程度，正数为机会，负数为威胁，绝对值大的为主要机会和主要威胁，并要在主要机会和主要威胁栏中予以注明。

第四，在评价中应尽可能考虑到各影响因素之间的相互联系，以及可能对行业特征产生的连锁影响。这些影响也应该在主要机会和威胁中予以说明。

第二节 行业分析

行业是具有某种同一属性的企业的集合，又是国民经济以某一标准划分的部分。对于专业化的企业来说，了解行业并因此确定企业战略是非常必要的。

在一个行业中，一个企业的经营状况取决于两个重要因素：一是它所在行业的整体发展状况，二是该企业在行业中所处的竞争地位。因此，要进行行业分析就必须对这两个重要因素进行分析，即行业生命周期与行业结构分析。

一、生命周期

行业的生命周期指行业从开始出现到完全退出经济经营活动所经历的时间。一个行业的生命周期主要包括四个阶段——幼稚期、成长期、成熟期和衰退期,如图3-2所示。

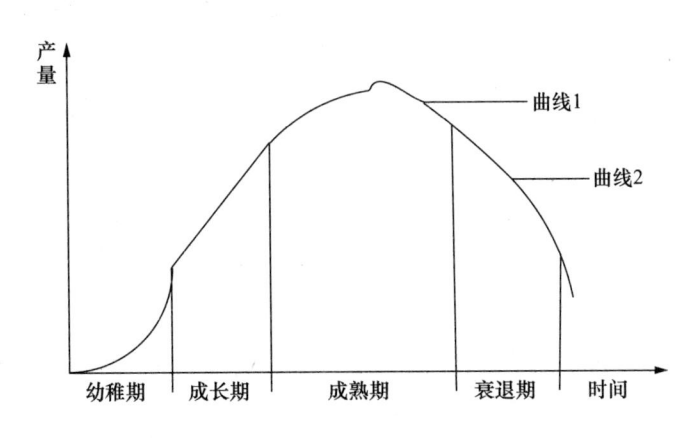

图3-2 行业生命周期

行业的生命周期曲线忽略了不同产品的特点、型号、规格、质量等差异,而只是从整个行业的角度考虑和分析问题。一般来说,行业生命周期的成熟期可以划为成熟前期和成熟后期两个时期。在成熟前期,基本上所有行业都具有类似的S形生长曲线,而在成熟后期则一般分为两种类型:一种类型是行业长期处于成熟期,从而形成较为稳定的行业,如图3-2中曲线1的右上方;另一种类型是行业较快地进入衰退期,从而成为不断衰退的行业,如图3-2中的曲线2。行业生命周期理论是一种定性的理论,行业生命周期曲线是一条近似的假设曲线。

确定行业生命周期所处阶段的主要指标有市场增长率、产品品种、需求增长率、进入壁垒、竞争者数量以及退出壁垒、用户购买行为、技术变革等。下面分别介绍生命周期各阶段的特征。

1. 幼稚期

这段时期一般是新行业诞生不久,市场上从事该行业的企业较少,因此市场增长和需求增长较快,技术进步较迅速,行业中的企业主要致力于占领市场和开辟新用户,但此时技术上具有很大不的确定性,在产品、市场、服务等策略上有很大的余地,企业进入壁垒较低。

2. 成长期

这一时期的市场增长率很高,需求高速增长,技术渐趋定型,行业特点、行业竞争状况及用户特点已比较明朗,企业进入壁垒提高,产品品种及竞争者数量增多。这段时期虽然行业仍在继续增长，但这时的增长具有可测性。由于不确定因素的影响减少，行业的波动也较小。

3. 成熟期

行业的成熟期一般是一个相对较长的时期，行业增长速度降到一个更加稳定的水平。这一时期的市场增长率和需求增长率都不高。同时技术上已经基本成熟，行业特点、用户特点以及行业竞争状况等都相对清楚和稳定，买方市场已经形成。行业营利能力下降，新产品开发更为困难，行业进入壁垒变高。

4. 衰退期

衰退期一般出现在较长的稳定阶段后。这一时期的市场增长率和需求大幅下降，产品品种及竞争者数目持续减少。当正常利润无法维持抑或现有投资折旧完毕后，整个行业便逐渐解体了。从衰退的原因来看，可能有如下四种类型：

（1）资源型衰退，即因为生产所依赖的重要资源枯竭而导致的衰退。
（2）效率型衰退，即因为效率低下的比较劣势而导致的衰退。
（3）收入低弹性衰退，即因为需求—收入弹性较低而导致的衰退。
（4）聚集过度性衰退，即因为经济过度聚集而导致的衰退。

行业生命周期在运用上具有很大的局限性，因为生命周期曲线是一条经过抽象化的模型曲线，各行业按照实际销售量绘制出来的曲线和它差别较大，远不及它那样光滑和规则。因此，有时对行业所处阶段难以实现有效识别，识别不当又极易导致战略上的失误。而影响行业销售量变化的因素很多，相互之间关系盘根错节，同时整个经济中的周期性变化与某个行业的演变也极易混淆。再者，不同行业具有不同的发展特点，例如，有些行业的演变是由集中到分散，有的行业是由分散到集中，因此难以用一个战略模式与之有效对应。因此，应将行业生命周期分析法和其他分析方法有机结合起来使用，才能更加全面、科学地分析企业的发展状态。

二、结构分析

行业结构分析本应是产业经济学的任务，但要制定公司战略就必须了解行业中的竞争态势及竞争结构，深入分析行业竞争过程，找出竞争压力的来源，确定行业内各种竞争力量的强度，对制定公司战略具有极为重要的意义。

虽然不同行业中竞争压力不可能完全一致，但我们可以用一个框架来分析各种竞争压力的性质和强度，哈佛商学院的迈克尔·波特教授提出了这一分析框架。

波特在《竞争战略》一书中，从行业组织理论的角度，提出了行业结构分析的基本框架——五种竞争力分析。波特认为，在每一个行业中都存在五种基本竞争力量，即潜在进入者、替代品、购买者、供应者与现有竞争者间的抗衡，如图 3-3 所示。

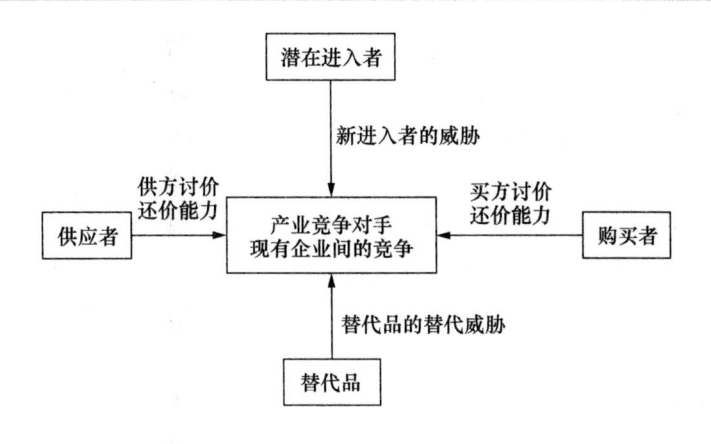

图 3-3 驱动行业竞争的力量

在一个行业中,这五种力量共同决定行业竞争的强度以及产业利润率,最强的一种或几种力量占据着统治地位,并且从战略形成角度来看起着关键性作用。行业中众多经济技术特征对于每种竞争力的强弱都是至关重要的,以下将逐一展开这些内容。

1. 潜在进入者的进入威胁

利润是对潜在进入者的一个信号,并经常能够影响潜在进入者的进入。潜在进入者将在两个方面减少现有厂商的利润:第一,进入者会瓜分原有的市场份额以获得一些业务;第二,进入者减少了市场集中,从而激发现有企业间的竞争,降低价格—成本差。对于一个产业来说,进入威胁的大小取决于进入障碍与准备进入者可能遇到现有在位者的反击程度;这些统称为进入障碍,前者称为"结构性障碍",后者称为"行为性障碍"。

(1) 进入障碍。进入障碍是指允许现有企业获得利润,却使行业的新进入者无利可图的因素。

1) 结构性障碍。波特指出存在 7 种主要障碍:规模经济、产品差异、资金需求、转换成本、分销渠道、其他优势及政府政策。如果按照乔恩·贝恩的分类,这 7 种主要障碍又可归纳为 3 种主要进入障碍:规模经济、现有企业对关键资源的控制以及现有企业的市场优势。

其一,规模经济。规模经济是指在一定时期内,企业所生产的产品或劳务的绝对量增加时其单位成本趋于下降。当产业规模经济很显著时,处于最小有效规模或者超过最小有效规模经营的老企业相对于较小的新进入者而言就有成本优势,从而构成进入障碍。例如,轿车产业的规模经济显著,这是我国轿车生产厂家进入国际市场的主要障碍。1994年,我国最大的轿车生产企业上海大众汽车有限公司生产的"桑塔纳"轿车年产量达到 15 万辆,而通用汽车公司同年的轿车产量达到 800 万辆。产量的悬殊差异带来的是成本的悬殊差异。

其二,现有企业对关键资源的控制。现有企业对资源的控制一般表现为对资金、专利或专有技术、原材料供应、分销渠道、学习曲线等资源及资源使用方法的积累与控制。如果现有企业控制了生产经营所必需的某种资源,那么,它就会受到保护而不被进入者所侵犯。例如，美国可口可乐公司对其可乐配方的严格控制使可口可乐品牌具有竞争优势；我国北京"三元"牌鲜奶对北京地区销售网络的控制迫使内蒙古自治区"伊利"牌鲜奶在打入北京市场初期不得不以低价竞争战略克服这种障碍；我国一些超市与商品生产厂商建立了稳定的供求关系，生产厂商常以"买十送一"的让利行为维持这种合作关系，从而使经营这些超市的企业较之新的进入者而言有着明显成本优势。

其三，现有企业的市场优势。现有企业的市场优势主要表现在品牌优势上，这是产品差异化的结果。产品差异化是指由于顾客或用户对企业产品的质量或商标信誉的忠实程度不同，而形成的产品之间的差别。由于现有企业具有产品差异化的优势，新加入者要花费较长的时间克服这一障碍，并且会以一定时期的亏损为代价。此外，现有企业的优势还表现在政府政策上。政府的政策、法规和法令都会在某些产业中限制新的加入者或者清除一些不合格者，这就为在位企业造就了强有力的进入障碍。例如，过去我国对邮电产业的独家垄断政策使中国电信一家企业获得了高额利润；又如，我国政府为了减少造纸企业对水资源的污染，要求年产量在5000吨以下的生产企业关停并转（因为只有达到5000吨规模的造纸企业才有能力建立防污设施），这也为造纸产业构筑了可观的进入障碍。

2）行为性障碍。行为性障碍是指现有企业对进入者实施报复手段所形成的进入障碍。报复手段主要有两类：限制进入定价和进入对方领域。

其一，限制进入定价。限制进入定价往往是在位的大企业报复进入者的一个重要武器，特别是在那些技术优势正在削弱，而投资正在增加的市场上。在位企业试图通过低价来告诉进入者自己是低成本的，进入将是无利可图的。例如，我国以生产空调为主的美的集团准备进入微波炉领域时，微波炉行业中的龙头老大格兰仕集团大幅度降低价格，以阻止美的的进入。

其二，进入对方领域。进入对方领域是寡头垄断市场上常见的一种报复行为，其目的在于抵消进入者首先采取行动可能带来的优势，避免对方的行动给自己带来的风险。例如，美国一家生产经营咖啡的企业麦氏公司主要在美国的东海岸经营，另一家企业福格公司主要在美国西海岸经营。当福格公司被宝洁公司收购后进入东海岸，麦氏公司立即在西海岸加强销售攻势予以反击。

（2）退出障碍。与进入障碍相对应、相联系的一个概念是退出障碍。退出障碍是指那些迫使投资收益低甚至亏损的企业仍然留在产业中从事生产经营活动的各种因素。这些主要因素如下：

1）固定资产的专用性程度。当资产涉及具体业务或地点的专用性程度较高时，就会使其清算价值低或者转移及转换成本高，从而难以退出现有产业。例如，房地产业由于资产地点专用性程度高，一旦投资，很难撤回；又如，我国烟草业生产能力大大过剩，但大量低效益的小型烟厂仍在维持生产，主要原因是地方保护主义，但烟机的专用性程度高也是一个原因。

2）退出成本。退出成本包括劳工协议、重新安置的成本等。例如，我国一些地区国有企业开始退出某些领域，当这些企业被民营企业购并后，对于多余人员一些企业采用"买断"方式，即按工龄给予职工一定补偿，从而终结原企业与职工的劳动合同。如果这些成本过高,会加大退出障碍。

3)内部战略联系。这是指企业内某经营单位与内部的其他单位在市场形象、市场营销能力、利用金融市场及设施共用等方面的内部相互联系。这些因素使企业认为留在该产业中具有战略重要性。例如,一个企业下属的金融公司往往由于与其他公司的债权债务关系很难迅速撤出。

4)感情障碍。企业在制定退出战略时,会引发一些管理人员和职工的抵触情绪,因为企业的退出往往使这些人员的利益受到伤害。我国一些学者指出,在国有企业从某些领域退出时,必须充分考虑广大员工的基本感情和利益。

5)政府与社会约束。政府考虑到失业问题和对地区经济的影响,有时会出面反对或劝阻企业轻易退出的决策。我国一些国有企业虽然早已陷入困境,但未破产的原因在很大程度上是由于受政府与社会的约束。

尽管进入障碍与退出障碍的概念有所不同,但它们共同构成产业分析的一个重要方面。当考虑进入与退出障碍只分成高、低两类简单情况时,可以将产业分为以下四种类型,见图3-4。

		退出障碍	
		低	高
进入障碍	低	回报低,稳定	回报低,有风险
	高	回报高,稳定	回报高,稳定

图3-4 产业类型

从产业利润角度来看,最好的情况是进入障碍高而退出障碍低,在这种情况下,进入将受到抵制,而不成功的竞争者会离开该产业。当进入与退出一个产业的障碍都很高时,利润潜力很大,但通常带有较大的风险,虽然进入行为受到阻挡,但产业里未获成功的企业将仍留在产业中坚持战斗。如果进入与退出障碍都很低时,企业可以保持较低但稳定的收益。最糟糕的情况是进入障碍低而退出障碍高,在这种情况下,新加入者容易进入产业,还会因为经济条件好转或其他暂时的意外利润而吸引更多的竞争对手进入该产业;但是,当条件恶化时,企业不能撤离该产业,造成生产能力积压,使企业面临大的风险但经济收益较低。

2. 替代品的替代威胁

研究替代品的替代威胁,首先需要澄清"产品替代"的两种概念。

(1)产品替代的两种概念。产品替代有两类,一类是直接产品替代,另一类是间接产品替代。

其一,直接产品替代。直接产品替代即某一种产品直接取代另一种产品,如苹果计算机取代王安计算机。前面所引用的波特关于产业定义中的替代品是指直接替代品。

其二,间接产品替代。间接替代品即由能起到相同作用的产品非直接地取代另外一些产品。如人工合成纤维取代天然布料。波特在这里所提及的对某一产业而言的替代品的威胁是指间接替代品。当然，对某些产品来说，直接替代品与间接替代品的界限并不一定十分清晰，因而，直接产品替代与间接产品替代只能是一个相对的概念。

（2）替代品的威胁。替代品往往是新技术与社会新需求的产物。对于现有产业来说，这种"替代"威胁的严重性是不言而喻的。

老产品能否被新产品替代，或者反过来说新产品能否替代老产品，主要取决于两种产品的性能—价格比的比较。如果新产品的性能—价格比高于老产品，新产品对老产品的替代就具有必然性，如果新产品的性能—价格比一时还低于老产品的性能—价格比，那么，新产品还不具备足够的实力与老产品竞争。这里"性能—价格比"的概念事实上就是价值工程中"价值"的概念。价值工程中一个基本公式：价值＝功能/成本，贯穿于价值分析的整个过程，而价值工程就是起源于寻找物美价廉的替代品。

对于老产品来说，当替代品的威胁日益严重时，老产品往往已处于成熟期或衰退期，此时产品的设计和生产标准化程度较高，技术已相当成熟。因此，老产品提高产品价值的主要途径是降低成本与价格。

美国学者维农在其产品生命周期理论中，归纳了美国企业在产品寿命周期的不同阶段选择生产地点的一般倾向。这些不同的选择反映出美国企业提高产品价值的不同手段。在产品创新阶段，企业在国内选择生产地点，以消除产品问世初期的困难或变更产品的规格、特性的困难等，以提高产品的质量和功能；在产品的成熟阶段，美国企业往往将产品生产转移到那些与本国经济、技术发展水平比较接近的国家，这样做的动机：一是获得更多的销量，以降低产品的成本，二是保证产品具备不低于在本国生产的功能水平；在产品的标准化时期，美国企业将产品生产转移到劳动力成本低的发展中国家，此时，由于产品与技术已完全标准化，提高生产率的潜力已经不太可能，而以要素成本为主的成本因素成为提高价值的突出问题。

当然，替代品的替代威胁并不一定意味着新产品对老产品最终的取代。几种替代品长期共存也是很常见的情况。例如，在运输工具中，汽车、火车、飞机、轮船长期共存，城市交通中大公共汽车、小公共汽车、地铁、出租汽车长期共存等。但是，替代品之间的竞争规律仍然是不变的，那就是价值高的产品获得竞争优势。

3. 供应者、购买者讨价还价的能力

五种竞争力模型的水平方向是对产业价值链的描述。它反映的是从获取原材料开始到最终产品的分配和销售的过程。企业战略分析的一个中心问题就是如何组织纵向链条。产业价值链描述了厂商之间为生产最终交易的产品或服务所经过的价值增值活动过程。因此，作为产业价值链上每一个环节都具有双重身份，对其上游单位它是购买者，对其下游单位它是供应者。购买者和供应者讨价还价的主要内容围绕价值增值的两个方面——功能与成本。讨价还价的双方都力求在交易中使自己获得更多的价值增值，因此，对购买者来说，希望购买到的产品物美而价廉；而对供应者来说，则希望提供的产品质次而价高。购买者和供应者讨价还价能力的大小取决于他们各自以下几个方面的实力。

(1) 买方（或卖方）的集中程度或业务量的大小。当购买者的购买力集中，或者对卖方来说是一笔很可观的交易，该购买者讨价还价的能力就会增加。例如，参加旅游公司的旅游费用远远小于个体单独旅游的费用，其原因在于旅游公司对于航空公司、宾馆饭店、旅游景点、餐馆等供应者来说都是"大宗"的购买者，它们可以以大大低于市场的价格安排团体旅游所需的活动。同样，当少数几家公司控制着供应者集团，在其将产品销售给较为零散的购买者时，供应者通常能够在价格、质量等条件上对购买者施加很大的压力。例如，我国电信产业至今处于高度集中状况，广大消费者就不得不支付大大高于欧美国家电信服务的费用。

(2) 产品差异化程度与资产专用性程度。当供应者的产品与替代品存在着差别化，因而替代品不能与供应者所销售的产品相竞争时，供应者讨价还价的能力就会增强。例如，我国一些企业生产所需的外购件，其外国品牌价格远远高于国产品牌，外商不肯降价的主要原因是国内产品还不能替代国外产品。反之，如果供应者的产品是标准的，或者没有差别，则会增加购买者讨价还价的能力。因为在产品无差异的条件下，购买者总可以寻找到最低的价格。例如，家用电器产品中的国际品牌与我国国产品牌差异已微乎其微，导致国际品牌产品也不得不参与国内品牌产品的价格竞争。与产品差异化程度相联系的是资产专用化程度，如果上游供应者的产品是高度专用化的，它们的顾客将紧紧地与它们联系在一起，在这种情况下，投入品供应商就能够影响产业利润。

(3) 纵向一体化程度。如果购买者实行了部分一体化或存在后向一体化，在讨价还价中就能处于迫使对方让步的有利地位。例如，通用汽车公司和福特汽车公司通常以使用"自己生产"这一筹码作为讲价手段而著称，它们实际采取所谓的"渐变一体化"，即对某一零部件自己生产一些满足部分需要，其余的向外部供应商购买。在这种情况下，不仅存在进一步一体化的现实威胁，而且购买者自己生产一部分零件能使其具有详尽的成本知识，对于谈判极有帮助。同样，当供应者表现出前向一体化时也会提高其讨价还价的能力。

(4) 信息掌握的程度。当购买者充分了解需求、实际市场价格，甚至供应商的成本等方面信息时，要比在信息贫乏的情况下掌握更多的讨价还价的筹码，购买者将会处于更有利的位置，保证自己从供应者那里得到最优惠的价格，并可以在供应者声称它们的经营受到威胁时予以回击。同样，如果供应者充分地掌握了购买者的有关信息，了解购买者的**转换成本**（即从一个供应者转换到另一个供应者的成本），也增加了讨价还价的能力，并在购买者盈利水平还能承受的情况下拒绝给予提供更优惠的供货条件。

处于产业价值链不同阶段的购买者或供应者讨价还价的能力可能是不同的，因而可能导致在各个阶段的价值增值有很大差异。例如，在美国钢铁生产的价值链上，碎钢、钢锭、粗钢的生产商只能获得全部创造价值的一小部分，在这些环节很少能够给卖者提供讨价还价的机会，其结果是卖者间激烈的价格竞争和由此带来的低营利性；而分销商和零部件商则与之相反，它们获得价值链创造价值中相当大的部分。其原因在于在这两个环节中的卖者能够获得较好的讨价还价条件。

还需要注意的是，劳动力也是供应者的一部分，他们可能对许多行业施加压力。许多经验表明，短缺的高技能雇员以及紧密团结起来的劳工可以讨价还价，从而削减相当一部分产业利润潜力。将劳动力作为供方来考虑其潜在实力的基本方法与上面的讨论十分相似，在估计供方实力时，需要补充的关键一点是其组织起来的程度以及短缺劳动种类的供应是否会增加。当劳工紧紧地团结起来或者稀缺劳动力的供应受到某些限制无法增加时，劳务供应方的势力就会很强大。

4. 行业内现有企业的竞争

行业内现有企业的竞争是指一个行业内的企业为获得市场占有率而进行的竞争。行业内现有企业的竞争是通常意义上的竞争，这种竞争通常是以价格竞争、广告战、产品引进以及增加对消费者的服务等方式表现出来。

行业内现有企业的竞争在下面几种情况下可能是很激烈的：行业内有众多的或势均力敌的竞争对手；行业发展缓慢；顾客认为所有的商品都是同质的；行业中存在过剩的生产能力；行业进入障碍低而退出障碍高。

5. 波特行业竞争结构分析模型的应用方法

迈克尔·波特在行业竞争五力分析的基础上制定了行业竞争结构分析模型，从而可以使管理者从定性和定量两个方面分析行业竞争结构和竞争状况，以达到以下两个目的：一是分析确定五力中影响企业成败的关键因素。二是企业高层管理者从与这一集团因素相关的各因素中找出需要立即对付或处理的威胁，以便及时采取行动。

行业竞争结构分析模型是一个统计表格，见表3－2。表格的左边是五种竞争力量及其各自包括的若干内容的陈述。右边是对这些陈述的态度，企业决策人员可以根据自己的态度打分。坚决同意：1分；一般同意：2分；不同意也不反对：3分；一般反对：4分；坚决反对：5分。

表3－2 行业竞争结构分析模型

各种竞争力量	坚决同意（1分）	一般同意（2分）	不同意也不反对（3分）	一般反对（4分）	坚持反对（5分）
潜在进入者					
进入这个行业的成本很高					
我们的产品有很大的差异性					
需要大量资本才能进入这个行业					
顾客更换供应者的成本高					
取得销售渠道十分困难					
很难得到政府批准经营与我们同样的产品					
进入这个行业对本企业的威胁性不大					
行业中的竞争者					
本行业中有许多竞争者					
本行业中所有竞争者几乎一样					

续表

各种竞争力量	坚决同意（1分）	一般同意（2分）	不同意也不反对（3分）	一般反对（4分）	坚持反对（5分）
产品市场增长缓慢					
本行业的固定成本很高					
我们的顾客转换供应者十分容易					
在现有生产能力上再增加十分困难					
本行业没有两个企业是一样的					
本行业中大部分企业要么成功，要么垮台					
本行业中大多数企业准备留在本行业					
其他行业干什么对本企业并无多大的影响					
分数 =（各项目得到的分数之和/所回答的项数）×（第4页的得分）					
替代产品					
与我们产品用途相近似的产品很多					
其他产品有和我们产品相同的功能和较低的成本					
生产和我们产品功能相同产品的企业在其他市场上有很大利润					
我们非常关心与我们产品功能相同的其他种类的产品					
分数 =（各项得到的分数之和/所回答的项数）×（第4项的得分）					
购买者					
少量顾客购买本企业的大部分产品					
我们的产品占了顾客采购量的大部分					
本行业大部分企业提供标准化类似的产品					
顾客转换供应者十分容易					
顾客产品的利润率很低					
我们的一些大顾客可以买下本企业					
本企业产品对顾客产品质量贡献很小					
我们的顾客了解我们的企业以及可以赢利多少					
诚实地说，顾客对本企业的供应者影响很小					
分数 =（各项得到的分数之和/所回答的项数）×（第5~9项的得分）					
供应者					
本企业需要的重要原材料有许多可供选择的供应者					
本企业需要的重要原材料有许多替代品					
在我们需要最多的原材料方面，我们公司是供应者的主要客户					

各种竞争力量	坚决同意（1分）	一般同意（2分）	不同意也不反对（3分）	一般反对（4分）	坚持反对（5分）
没有一个供应者对本公司是关键性的					
我们可以很容易地变换大多数的原材料供应者					
相对于我们的公司来说，没有一家供应者是很大的					
供应者是我们经营中的重要部分					

分数 =（各项得到的分数之和/所回答的项数）×（第5~7项的得分）

每一类关键因素最终得分 = ∑五力量分析得分

每一个利益相关者的得分多少说明了该相关者对企业成功重要性的影响大小。某一陈述或项目的得分越高，就说明这个问题应该尽快解决或认真对待，这个模型可供高层管理者个人和集体应用。

6. 波特行业竞争结构分析模型与一般战略的关系及其缺陷

（1）波特五力分析模型与一般战略的关系见表3-3。

表3-3 波特五力模型与一般战略的关系

行业内的五种力量	一般战略		
	成本领先战略	产品差异战略	集中战略
进入障碍	具备杀价能力以阻止潜在对手的进入	培育顾客忠诚度以挫伤潜在进入者的信心	通过集中战略建立核心能力阻止潜在对手的进入
买方砍价能力	具备向大买家出更低价格的能力	因为选择范围小而削弱了大买家的谈判能力	因为没有选择范围，使大买家丧失谈判能力
供方砍价能力	更好地抑制大卖家的砍价能力	更好地将供方的涨价部分转嫁给顾客方	进货量低，供方的砍价能力就高，但集中差异化的公司能更好地将供方的涨价部分转嫁出去
替代品的威胁	能够利用低价抵御替代品	顾客习惯于一种独特的产品或服务、因而降低了替代品的威胁	特殊的产品和核心能力能够防止替代品的威胁
行业内对手的竞争	能更好地进行价格竞争	品牌忠诚度能使顾客不理睬你的竞争对手	竞争对手无法满足集中差异化顾客的需求

（2）波特五力分析模型的缺陷。实际上，关于五力分析模型的实践运用一直存在许多争议。目前较为一致的看法是，该模型更多是一种战略理论思考工具，而非可以用于实际操作的战略工具。

该模型的理论是建立在下列三个假定基础之上的：

第一，制定战略者可以了解整个行业的所有信息，并作为决策的依据，显然这一点在现实中是难以做到的。

第二，同行业之间没有合作关系，只有竞争关系，但现实中很多企业之间存在多种复杂关系，不一定只是你输我赢的竞争关系。

第三，行业的整体规模是固定不变的，所有同行业的企业想要获得发展，只有通过夺取对手的份额才能占有更多的资源和市场。但现实中企业往往与对手共同合作，一起做大行业的蛋糕，从而获取更多的份额和市场。同时，整体市场也可以通过不断的创新和发展来增大容量。

因此，如果要将波特竞争力模型有效地应用于实践操作，以上三项假设就会使操作者感到束手无策或者千头万绪，难以实现有效的分析和决策。

波特竞争力模型的意义在于，在五种竞争力量的抗争中蕴含着三类重要战略思想，也就是大家熟知的成本领先战略、差异化战略和专一化战略。

三、战略集团分析

行业分析的另一个重要目的是要确定行业内所有主要竞争对手战略诸方面的特征。波特用"战略集团"的划分来研究这些特征。行业内战略集团的分析是按照行业内各企业战略地位的差别，把企业划分成不同的战略集团，并分析各集团间的相互关系和集团内的企业关系，从而进一步认识行业及其竞争状况。

一个行业内的企业在战略上会有许多共同点，但也会有许多不同点。战略的不同点主要表现在以下几个方面：

第一，纵向一体化的程度不同。有的企业自己生产原材料和零部件，有的则完全从外部采购；有的企业有自己的销售渠道和网点，有的则全靠批发商和零售商。

第二，专业化程度不同。有的企业只经营某一种产品和服务项目，有的则生产多品种、多规格的产品和服务，有的甚至是跨行业经营。

第三，研究开发的重点不同。有的企业注重争取开发新产品的领导地位，不断投放新产品；有的企业把研发重点放在生产技术上，力争在质量和成本上取得优势。

第四，营销的重点不同。有的企业重视维持高价产品，有的企业则采取低价策略展开竞争；有的企业特别重视对最终用户的推销活动，有的企业主要通过为销售者服务来巩固和扩大疏通渠道。

1. 战略群体分析

战略群体分析有助于企业了解相对于其他企业而言，本企业的战略地位以及公司战略变化可能产生的竞争性影响。

（1）它有助于很好地了解战略群体间的竞争状况，主动地发现近处和远处的竞争者，也可以很好地了解某一群体与其他群体间的不同。

（2）它有助于了解各战略群体之间的"移动障碍"。移动障碍即一个群体转向另一个群体的障碍。

（3）它有助于了解战略群体内企业竞争的主要着眼点。同一战略群体内的企业虽然采用了相同的或类似的战略，但由于群体内部各企业的优势不同会形成各企业在实施战略能力上的不同，因而导致实施同样战略而效果不同。战略群体分析可以帮助企业了解其所在战略群体的战略特征以及群体中其他竞争对手的战略实力，以选择本企业的竞争战略与战略开发方向。

2. 行业内战略群分布图

在战略群分析时，可以绘制行业内战略群分布图。要了解战略集团的性质、特点，需要分析各战略集团的地位。图3-5可以确定一个行业不同战略集团的地位。

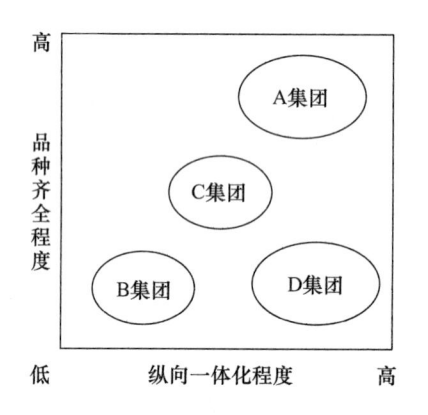

图3-5 行业内战略群分布

A集团：丰富的产品品种，高度纵向一体化，高度纵向一体化成本低，中等质量。

B集团：狭小的产品品种，低纵向一体化，高成本、高质量、高技术水平。

C集团：品种齐全程度和纵向一体化程度都是中等，中等价格，质量低，服务质量高。

D集团：狭小的产品品种，高度纵向一体化成本低，价格低，服务水平低。

战略集团间的抗衡程度是由许多因素决定的。一般来说，各战略集团的市场占有率相同，而经营战略很不相同，集团间的抗衡就会激烈；或各战略集团的目标是同一类顾客，其战略差异越大，抗衡也就会越激烈；一个行业内战略集团越多，相互的对抗也就越激烈。如果一个行业中虽然有不少战略集团，但其中少数战略集团处于领导地位，并且市场占有率很高，这个行业战略集团间的对抗就不会激烈。

在战略集团内部同样存在着竞争，这主要是由于各企业的优势不同造成的。在一个战略集团内，各企业会有生产规模和能力上的差别，如果一个战略集团的经济效益主要取决于产量规模，那么，规模大的企业就会处于优势地位。另外，在同一战略集团内的企业，虽然常常采用相同的战略，但各企业的战略实施能力是不同的，即在管理能力、生产技术和研究开发能力、销售能力等方面是有差别的，能力强者就会占优势。

第三节 市场分析

市场的竞争是激烈的,情况也在不断发生变化。市场上的各种变化因素可以归结为两类:一类是可控制因素,如产品、价格、广告等;另一类是非可控制因素,如国内环境和国际环境所包括的有关政治、经济、文化、地理条件以及市场所存在的竞争结构等因素。企业进行经营决策首先要了解内部和外部的环境及信息,要掌握信息就必须进行市场分析。

一、结构分析

对市场结构有四种分类——完全竞争、垄断竞争、寡头垄断和完全垄断,这样的分类确实能够帮助企业对市场中竞争对手的性质进行正确的估计。

1. 完全竞争市场

完全竞争市场有四个基本特征:第一,市场上有无数的买者和卖者;第二,同一产业中的每一个厂商生产的产品是完全无差异的;第三,厂商进入或退出一个产业是完全自由的;第四,市场中每一个买者和卖者都掌握与自己经济决策有关的商品和市场的全部信息。

由完全竞争市场四大特征很容易推出这一市场中价格竞争的激烈程度:企业只能按边际成本定价,没有任何经济利润。

在现实生活中,如上严格定义的完全竞争市场是不存在的,通常只是将某些农产品市场看成是比较接近的完全竞争市场类型。尽管如此,由完全竞争市场的四大特征而推导出的后一结论却不只在完全竞争市场上才会出现,事实上,包括多数消费品在内的许多市场虽然并不符合经济学对完全竞争市场的描述,但也同样面临激烈的价格竞争,从而也使价格趋于边际成本。后面的分析将进一步阐明这一点。

2. 垄断竞争市场

垄断竞争市场是这样一种市场组织:一个市场中有许多厂商生产和销售有差别的同种产品。可以看到,垄断竞争市场的特征与完全竞争市场的特征比较接近,两者的主要差别在于垄断竞争市场上同种产品是有差异的。然而,就是这一点不同,导致垄断竞争市场与完全竞争市场的价格竞争有很大的差异。

产品差异性是研究市场结构与市场竞争的一个重要概念。也是垄断竞争市场与完全竞争市场在价格竞争中表现的不同之处。豪泰林、张伯伦、兰卡斯特等都研究过企业产品差异性问题。一种商品可以用一组特性来描述:质量、区位、时间、适用性、消费者关于其存在及质量的信息等,每个消费者对这些变量都有一种排序。那么,根据商品的特性和消费者特定偏好之间的关系可以将产品差异化分为两种类型。

(1) 纵向差异。纵向差异是指所有消费者对所提及的大多数特性的组合是一致的,更一般地说偏好次序是一致的,典型的例子是质量。大多数人都同意:在价格相等的条件下较高的质量是更好的。

(2) 横向差异。由于人们的偏好不同,对于某些特性最优选择(给定价格相同)与特定消费者有关,如颜色和地点。在这些横向差异的情况下不存在"好"与"坏"的区别。

关于产品差异化条件下的价格竞争有两个基本模型。第一个模型用来描述产品横向差异,被称为定位或空间的差异化模型,它源于豪泰林。在这个模型中,不同的消费者定位于不同的地方。对这个模型的更广义的理解是,消费者具有不同的喜好,分布在一个连续区间上,例如,一个消费者的"定位"可能代表他最喜欢的甜的程度。在豪泰林模型中,产品在物质性能上是相同的,但由于不同空间位置上的消费者要支付不同的运输成本,他们关心的是价格与运输成本之和,而不单是价格。这样,处于两个不同位置的商店价格竞争的结果(推导过程略)表明旅行成本越高(即产品的差异越大),均衡价格从而均衡利润也就越高。原因在于,一方面,随着运输成本的上升,不同商店出售的产品之间的替代性下降,每个商店对附近消费者的垄断力加强,商店之间的竞争越来越弱,消费者对价格的敏感度下降,从而每个商店的最优价格更接近于垄断价格。另一方面,当运输成本为零时,不同商店的产品之间具有完全的替代性,没有任何一个商店可以把价格定得高于成本,于是又得到完全竞争的结果。

第二个模型是以产品纵向差异为条件的。它是盖兹维奇和泽西、萨科德和萨顿对产品纵向差异研究的综合结果。这一模型设置了消费者的偏好、支付价格、产品质量、企业单位生产成本、对质量喜好参数等变量,又假设两种质量的成本是一样的。价格竞争的结果(推导过程略)是:高质量企业比低质量企业收取较高的价格,也赚得较高的利润。

两个模型都得出了同样的结论:产品差异化为企业建立了固定客户(在商业用语中叫作"市场壁龛",Market Niches),并且允许企业对这些固定客户享有某些市场权力。在这里"市场权力"是指价格超过边际成本。

3. 寡头垄断市场

寡头垄断市场是指少数几家厂商控制整个市场的产品和销售的一种市场组织。寡头垄断市场被认为是一种较普遍的市场组织,不少产业都表现出寡头垄断的特点,如我国的汽车、家用电器等产品的生产和销售都被几家企业所控制。

与前两个市场不同的是,在寡头垄断市场上,每一个厂商的定产行为、定价行为都会对整个市场的价格和产量产生影响,因而,每个厂商的决策都要依赖其他厂商的选择。正因为如此,传统经济学不能很好地揭示寡头垄断市场上定产行为、定价行为的本质,因为传统经济学的研究方法是将其他人的行为总结为一个非人格化的参数——价格,而厂商个人的决策就是在给定的价格参数和收入的条件下最大化自己的效用。幸运的是,随着博弈论的推广和运用,决策主体的行为发生、直接相互作用条件下的决策以及这种决策的均衡问题日益受到广泛的重视,对寡头垄断市场中厂商行为的经济学研究也有了长足的进展。

4. 完全垄断市场

完全垄断市场是指整个市场上只有唯一的一个厂商的市场组织。具体地说,垄断市场的条件主要有以下三点:第一,市场上只有唯一的一个厂商生产和销售商品;第二,该厂商生产和销售的商品没有任何相近的替代品;第三,其他任何厂商进入该市场都极为困难或不可能。在这样的市场上,垄断厂商可以控制和操纵价格和产量。反垄断经济学家弗兰克·费雪把垄断力量描述为能够无约束地进行活动的能力。事实上,厂商在市场上具有垄断力量并非一定要在仅有唯一的厂商条件下才能实现,只要厂商的产品市场中竞争对手很少,竞争对手的全部市场份额不超过40%,厂商就有了垄断力量。例如,1999年美国政府对微软公司的反垄断调查就是调查它在软件市场上的份额是否形成了垄断力量。此外,我们以上所讨论的只是卖方垄断市场,考虑垄断市场结构还应考虑买方垄断:如果厂商在其一个投入品市场面临很少的竞争对手甚至没有竞争对手,那么,该公司是一个买方垄断者。卖方垄断和买方垄断的分析是紧密相关的。一般的讨论都着重于卖方垄断的问题,但所有这些问题对于买方垄断者来说是同等重要的。只不过是对卖方垄断的讨论集中在厂商的提价能力上,而对买方垄断的讨论集中在降低投入品价格的能力上。在波特的五种竞争力模型中已经涉及这方面的讨论了。

市场上只有一个厂商或主要只有一个厂商销售产品,计算垄断价格是很容易的。只要将厂商价格作为决策变量,该商品的需求函数又使价格和销量建立了一对一的关系,再考虑厂商的生产成本,从而建立一个以价格为决策变量的利润函数,那么,垄断厂商的最优价格就是利润最大化条件下的计算结果。

由于垄断定价损害了消费者的利益,所以,美国和欧共体的反垄断政策的核心是阻止垄断力量的产生和运用。但是有些经济学家认为,高价位和高利润并不证明政府阻止垄断和阻止新垄断形成的努力是合理的。如哈罗德·德姆塞茨认为,大部分垄断是在公司发明了制造产品更有效的方法或者能够产生新的产品来满足顾客没有被满足的需要时产生的。消费者能够从这些创新中得到好处。但是,创新是有风险的,公司只有在预测到成功可带来高利润时,才愿意进行持续地创新。有许多例子可以验证德姆塞茨的看法,如美国零售业中的沃尔玛公司、复印机产业中的施乐公司、计算机软件产业中的微软公司、中国教育产业中的民营企业新东方培训学校等,都是在激烈的市场竞争中通过创新而实现了很强的市场力量并获得很高的利润。因此,有些经济学家认为,从长期来说,对垄断进行限制对消费者是不利的,因为它恰恰限制了竞争。综上所述,我们已经讨论了四种不同的市场结构。表3-4对这四大类市场进行了归纳性的描述。

表 3-4 四类市场结构和价格竞争强度

竞争性质	郝弗因德指数范围	价格竞争强度
完全竞争	通常低于 0.2	激烈
垄断竞争	通常低于 0.2	激烈或低,根据产品的差异而不同
寡头垄断	0.2~0.7	激烈或低,根据企业间竞争而不同
完全垄断	0.7 以上	通常很低,除非受到进入威胁

二、需求分析

市场分析的另一个重要方面是对市场需求状况的分析。前面关于行业生命周期的分析中已经涉及在行业生命周期的不同阶段中产品需求的大小,但是研究市场需求还应考虑更多的层面。下面将从市场需求的决定因素以及需求价格弹性两个角度,对市场需求进行更深入的探讨。

1. 市场需求的决定因素

经济学理论认为,决定一个消费者对一种产品需求数量的主要因素:该产品的价格、消费者的收入水平、相关产品的价格、消费者的偏好、消费者对产品的价格预期等。一个市场上所有消费者对该种产品的总需求量还取决于这个市场上消费者的数量。市场营销学中有一个公式:市场需求 = 人口 × 购买力 × 购买欲望。这个公式概括了上述的各个决定因素:人口对应一个市场上消费者的数量,购买力对应消费者的收入水平,购买欲望对应产品价格、消费者偏好、相关产品的价格和消费者对产品的价格预期等。

在市场需求的决定因素中,人口和购买力是生产厂商难以控制的因素,对这两方面因素的研究一般作为进入一个新领域的考察依据。例如,自 1993 年以来,我国连续多年成为吸收外商直接投资的第二大国,主要原因之一就是我国众多的消费人口和日益强劲的购买力。在改革开放以前与改革开放初期,我国虽然也有同样的人口优势,但消费者收入水平低下,不能形成强大的市场需求,因而大大影响了外商投资的数量。

在市场需求的决定因素中消费者购买欲望这一因素则是生产厂商可以把握的因素,也是众多厂商市场营销策略的着眼点。产品的价格、差异化程度、促销手段等环节可能会影响消费者的购买欲望,而这些环节又往往与市场竞争策略交织在一起。

2. 需求价格弹性分析

经济学为了简化分析,在决定产品需求量的各种因素中,假定其他因素保持不变,仅分析一种产品的价格变化对该产品需求量的影响,即把一种产品的需求量仅仅看作是这种产品价格的函数,于是,就有了需求函数的概念,需求函数表示一种产品的需求量和价格之间存在着的一一对应关系。当我们用一个横轴代表需求量、纵轴代表价格的坐标系来描述这种关系时,需求函数又可以用需求曲线表示出来,见图 3-6 和图 3-7。

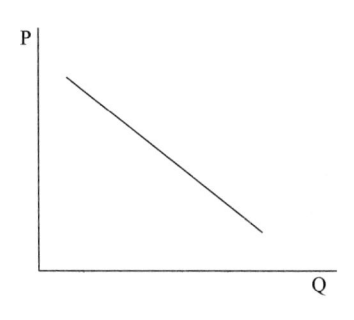

图 3-6 需求曲线

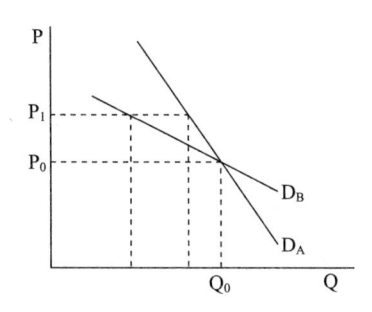

图 3-7 需求曲线与需求价格弹性

一般说来,一种产品价格越高,该产品的需求量就会越小;反之,价格越低,需求量就会越大。所以,需求曲线一般是向右下方倾斜的。与需求函数相关的另一个重要概念是需求的价格弹性(有时简称为需求弹性),即需求对价格变化的反应程度。粗略地说,如果需求相对于价格的变化反应大,就说该产品的需求价格弹性大;反之,则说该产品需求价格弹性小。需求价格弹性在需求曲线上表现为曲线的斜率,即曲线的倾斜程度。在图 3-7 中,产品 A 与产品 B 的两条需求曲线 D_A 与 D_B 的斜率不同,产品 A 的需求价格弹性较小,而产品 B 的需求价格弹性较大。

产品的需求弹性是市场需求分析的重要内容,它是决定公司收益水平的关键因素。产品的需求价格弹性可能是不同的(这种不同,可能表现为同一地域上的两种产品,也可能表现为一种产品在不同的地域),那么,生产厂商最佳的定价策略应遵循"逆弹性法则",即对需求弹性低的产品定高价,而对需求弹性高的产品定低价。其中的道理可用图 3-7 来说明。

在图 3-7 中,产品 A 的需求弹性小,当价格从 P_0 升至 P_1 时,需求量减少很少,总销售收益增加;而当价格从 P_1 降至 P_0 时,需求量增加很少,总销售收益减少;而产品 B 的需求弹性大,当价格从 P_0 升至 P_1 时,需求量减少很多,总销售收益减少;而当价格从 P_1 降至 P_0 时,需求量增加很多,总销售收益增加。因此,生产厂商采用"逆弹性法则",可以获得更高的收益。

影响产品需求价格弹性的主要因素如下:

(1)产品的可替代程度。一般来说,一种产品的可替代品越多,相近程度越高,该产品的需求弹性就越大；反之，该产品的需求弹性就越小。

（2）商品对购买者的重要程度。一般来说，生活或生产必需品的需求弹性较小，非必需品的弹性较大。

（3）购买者在某一商品上的支出在其总支出中所占的比重。一般来说，购买者在该商品上的消费支出在其总支出中所占的比重越大，该商品的需求弹性越大，反之，则越小。

（4）购买者转换到替代品的转换成本。转换成本越大，需求弹性越小，转换成本越小，需求弹性越大。

（5）购买者对商品的认知程度。一种新产品，购买者对其不了解时，需求弹性一般比较大，当购买者认知了，甚至产生了依赖，其需求弹性就会变小。

（6）购买者对产品互补品的使用状况。例如，对一个拥有汽车的人来说，汽油价格的升降不大会影响他的汽油消费量。

影响需求价格弹性的因素与五种竞争力模型中影响购买者讨价还价能力的因素有很多相似之处，事实上，一种产品需求弹性与购买该商品的购买者的讨价还价能力是正相关的。

第四节 分析工具

随着战略管理理论的研究与发展，企业外部环境的分析受到越来越广泛的重视，随之衍生出的研究方法与分析工具也得到了丰富和完善，许多分析工具在对企业外部环境的分析中具有重要的参考价值和现实意义，为企业的战略研究和制定提供了十分重要的指导作用。下面将着重介绍三个分析工具：KSF 分析、EFE 矩阵分析与 CPM 分析。

一、KSF 分析法

关键成功因素法（Key Success Factors，KSF）是以关键因素为依据来确定系统信息需求的一种 MIS 总体规划方法，1970 年由哈佛大学教授 William Zani 提出。

关键成功因素是在分析产业特性与企业战略两者关系时常使用的概念，是在结合自身特殊能力的基础上对应环境中重要的约束条件，从而获得良好的绩效。

关键成功因素法是以关键因素为依据来确定系统信息需求的一种 MIS 总体规划的方法。在现行系统当中，总会存在多个变量共同影响系统目标的实现，但是，其中只有若干个因素是主要的和关键的（即成功变量）。通过对这些关键成功因素的有效识别，找出实现系统目标的关键信息集合，从而能够科学、合理地确定系统开发的优先次序。

1. 关键成功因素的四个主要来源

关键成功因素的重要性在企业其他所有目标和策略之上，若能有效掌握少数几项关键成功因素（一般关键成功因素有 5~9 个）便能保证相当的竞争力，因为它们是一组能力的组合，而这些是企业核心竞争力的重要组成部分。如果企业想要实现长期可持续发展，就必须对这些少数的关键因素加以有效管理，否则将难以达到预期的目标。一般来说，同一个产业中的不同企业会具有不同的关键成功因素，关键成功因素主要有四个来源：

（1）产业结构。不同产业本身具有不同的特质和结构，因此往往具有不同的关键成功因素。此因素主要决定于产业自身的经营特性，所以该产业内企业都必须注意这些因素。

（2）产业中的地位、竞争策略及地理位置。企业的产业地位是由过去的发展历史与现在的竞争策略所共同决定，产业中每家企业因其产业地位不同，因此关键成功因素也会有所不同。对于由几家大公司垄断的产业而言，垄断厂商的行动往往会给产业内小公司带来重大的挑战，所以对小公司而言，垄断厂商的策略可能就是其生存竞争的关键的成功因素。

（3）环境因素。企业外在因素（总体环境）的不断变动，都会一定程度上影响每个企业的关键成功因素。如在市场需求较旺盛时，客户交货期可能就会被企业视为关键成功因素之一。

（4）暂时因素。这类因素具有较大随机性，大部分是由组织内特殊的情况产生的，这些往往是在某特定时期对企业成功产生重大影响的活动领域。

2. 关键成功因素的八种确认方法

（1）环境分析法。环境分析法是一种识别特定企业风险的方法。它根据对企业面临的内外部环境的系统分析，推断环境可能对企业产生的风险以及潜在损失的一种识别风险的方法。包括将要影响或正在影响产业或企业绩效的政治、经济、社会等外在环境的力量，换句话说，即重视外在环境的未来变化比重视公司或产业的总体变化更为重要，但其实际应用到产业或公司上会产生困难。

（2）产业结构分析法。应用 Porter 提出的产业结构五力分析模型架构，作为此项分析的理论基础。此架构主要由五个要素构成，要素和要素间关系的评估可提供分析者客观的数据，从而帮助确认以及检验产业的关键成功因素。产业结构分析的另一个优点是此架构可以提供一个很完整的分类，并且以图形的方式呈现出产业结构要素及其间的主要关系。

（3）产业/企业专家法。这种方法主要是向产业专家、企业专家以及其他具有相关知识与经验的专家请教，除获得这些专家累积的经验和智慧外，还可获得其他客观数据中无法获得的信息。

（4）竞争分析法。该方法主要是帮助分析公司在产业中应该如何进行竞争，以了解公司面临的竞争环境和态势，研究焦点的集中可以提供更详细的资料，且深度分析能够有更好的验证性，但其发展受到特定的限制。

（5）产业领导厂商分析法。经由该产业领导厂商的行为模式，也可当作产业关键成功因素重要的信息来源。对于领导厂商进行系统分析，有助于确认关键成功因素，从而在市场竞争中扬长避短，达到以弱胜强和四两拨千斤的效果。

（6）企业本体分析法。此方法主要是针对特定企业，对某些重要方面进行分析，如优劣势评价、资源组合和策略能力评估等。

（7）突发因素分析法。此项方法亦是针对特定企业，但是通过对该行业或者企业非常熟悉的专家协助。虽然较为主观，却往往能揭露一些其他传统客观技术无法寻找到的关键成功因素，甚至可以获得一些短期的关键成功因素，只是难以验证这些短期的关键成功因素。

（8）市场策略对获利影响的分析法（PIMS Results）。针对特定企业，以 PIMS（Profit Impact of Market Strategy）研究报告的结果进行分析。此技术的主要优点为其实验性基础，而缺点在于"一般性的本质"，即无法指出这些数据是否可直接应用于某一企业或某一产业，也无法得知这些因素的相对重要性。

3. 关键成功因素法的步骤

关键成功因素法主要包含以下几个步骤：

第一，确定企业或 MIS 的战略目标。

第二，识别所有相关的成功因素。主要是全面分析影响战略目标最终实现的各种因素以及影响这些因素的众多子因素。

第三，确定关键成功因素。不同行业的关键成功因素一般都不相同。即使同一个行业的不同企业，由于各自所处的外部环境和内部条件的差异导致其关键成功因素也不尽相同。

第四，明确各关键成功因素的性能、指标以及评估标准。

关键成功因素法的优点是其所开发的系统具有很强的针对性，能够有效地解决特点企业的问题，从而较快地取得收益。应用关键成功因素法应该注意，当关键成功因素解决后，因为内外部情况的变化又会出现新的关键成功因素，这时候就必须考虑重新开发系统。

4. 关键成功因素分析工具

行业关键成功因素是在竞争中取胜的关键环节。可以通过判别矩阵的方法定性识别行业关键成功因素。其具体操作过程是采取集中讨论的形式对矩阵中每一个因素打分，一般采用两两比较的方法，如果 A 因素比 B 因素重要就打 2 分，同样重要就打 1 分，不重要就打 0 分。在对矩阵所有格子打分后，横向加总，依次进行科学的权重分配。一般权重最高的因素就成为行业关键成功因素。

二、EFE 矩阵分析法

外部因素评价（External Factor Evaluation，EFE）矩阵可帮助战略制定者归纳和评价经济、社会、文化、人口、环境、政治、政府、法律、技术及竞争等方面的信息。如表 3-6 所示，建立 EFE 矩阵的五个步骤如下：

表3-5 判别矩阵方法设计的行业关键成功因素分析表

因素	技术	销售	市场推广	品牌	物流	售后服务	采购	产品成本	产品质量	奖金	政府关系	生产能力	人力资源	总分
技术														
销售														
市场推广														
品牌														
物流														
售后服务														
采购														
产品成本														
产品质量														
奖金														
政府关系														
生产能力														
人力资源														
总分														

表3-6 一个 UST 公司 EFE 矩阵的实例

关键外部因素	权重	评分	加权分数
机会			
1. 全球无烟烟草市场实际上还没有被开发	0.15	1	0.15
2. 禁烟活动导致的需求增加	0.05	3	0.15
3. 惊人的网上广告的增加	0.05	1	0.05
4. 平克顿（Pinkerton）是折扣烟草市场的领先公司	0.15	4	0.60
5. 更大的社会禁烟压力使吸烟者转向代替品	0.10	3	0.30
6. 不利于烟草工业的立法	0.10	2	0.20
7. 对烟草业的限产加剧了生产竞争	0.05	3	0.15
8. 无烟烟草市场集中在美国东南部地区	0.05	2	0.10
9. 粮食和药物管理局进行的不利于公司媒体宣传	0.10	2	0.20
10. 克林顿政府政策	0.20	1	0.20
总计	1.00		2.10

第一步，列出在外部分析过程中确认的外部因素。因素总数10~20个。因素包括影响企业和其所在产业的各种机会与威胁。首先列举机会，然后列举威胁。要尽量具体，可能时要采用百分比、比率和对比数字。

第二步，赋予每个因素以权重，其数值由0.0（不重要）~1.0（非常重要）。权重标志该因素对于企业在产业中取得成功影响的相对重要性。机会往往比威胁得到更高的权重,但当威胁因素特别严重时也可得到高权重。确定恰当权重的方法包括对成功的竞争者和不成功的竞争者进行比较,以及通过集体讨论而达成共识。所有因素的权重总和必须等于1。

第三步,按照企业现行战略对各关键因素的有效反应程度给各关键因素进行评分,范围为1~4分,"4"代表反应很好,"3"代表反应超过平均水平,"2"代表反应为平均水平,而"1"则代表反应很差。评分反映了企业战略的有效性,因此它是以公司为基准的,而步骤2中的权重则是以产业为基准的。要注意威胁和机会都可以被评为1分、2分、3分或4分。

第四步,用每个因素的权重乘以它的评分,即得到每个因素的加权分数。

第五步,将所有因素的加权分数相加,得到企业的总加权分数。

无论EFE矩阵所包含的关键机会与威胁数量有多少,一个企业所能得到的总加权分数最高为4.0,最低为1.0。平均总加权分数为2.5。总加权分数为4.0说明企业在整个产业中对现有机会与威胁做出了最出色的反应。换言之,企业的战略有效地利用了现有机会并将外部威胁的潜在不利影响降至最低。而总加权分数为1.0则说明公司的战略不能利用外部机会或回避外部威胁。

表3-6是一个UST公司EFE矩阵的例子,该公司是一家生产无烟烟草的公司。注意克林顿政府被看作是影响该产业最为重要的因素,正如其权重为0.20。UST公司并没有采用可以有效利用这一机会的战略,如评分1.01所示。总加权分数2.10说明UST在实行利用外部机会和回避外部威胁方面低于平均水平。这里需要注意的是透彻理解EFE矩阵中所采用的因素比实际的权重和评分更为重要。

表3-7提供了另一个EFE矩阵的例子,这是Gate—way Computer公司2003年的EFE矩阵。注意Gate—way China被看作是很好的机会,但低评分表明该公司还未将这一机会加以充分利用。

表3-7 Gate—way Computer公司的EFE矩阵(2003年)

关键外部因素	权重	评分	加权分数
机会			
1. 全球PC市场2004年预期增长20%,而2003年增长12%	0.10	3	0.30
2. PC零件成本2004年预期下降10%	0.10	3	0.30
3. 互联网的使用增长迅速	0.05	2	0.10
4. 中国加入WTO,进项降低了PC进口关税	0.10	1	0.10
5. PC机生产工人年平均收入从4万美元降至3万美元	0.05	3	0.15
6. 企业与政府部门的现代化	0.05	2	0.10
7. 美国(以及全球)经济的复苏	0.05	3	0.15
8. 30%的中国人买得起PC机,但只有10%的中国家庭拥有PC机	0.05	1	0.05

续表

关键外部因素	权重	评分	加权分数
威胁			
1. 产业内激烈的竞争	0.10	2	0.20
2. PC 产业的大幅度削价	0.05	3	0.15
3. 不同的国家对 PC 机拥有不同法规和基础网络设施	0.05	1	0.05
4. 掌上电脑对 PC 机的替代	0.05	3	0.15
5. 对生产 PC 机有经验工人的需求大于供给	0.05	4	0.20
6. 美国人口出生率在连年下降	0.05	3	0.15
7. 美国消费者和企业推迟购买 PC 机	0.05	2	0.10
8. PC 机生产公司进行多样化经营，进入家用电子产业	0.05	3	0.15
总计	1.00		2.4

三、CPM 分析法

竞争局势矩阵（Competitive Profile Matrix，CPM）用于确认企业的主要竞争者及相对于该企业的战略地位，这些主要竞争者的特定优势与弱点。CPM 与 EFE 中的权重和总加权分数含义相同。但是，CPM 中的因素包括内部和外部两方面的问题，评分则表示优势与弱点，在此，"4"表示强，"3"表示次强，"2"表示弱，"1"表示次弱。EFE 与 CPM 之间存在一些重要的区别。首先，CPM 中的关键因素更为笼统，它们不包括具体的或实际的数据，而且可能集中于内部问题；其次，CPM 中的因素不像 EFE 中的那样被分为机会与威胁两类；最后，在 CPM 中竞争企业的评分和总加权分数可以与被分析企业的相应指标相比较，这一比较分析可提供重要的内部战略信息。

表 3-8 是一个竞争局势矩阵的实例。在这一实例中，广告及全球扩张是最重要的影响因素，正如其权重 0.20 所表示的。雅芳和欧莱雅（L'ORÉAL）的产品质量是上乘的，正如其评分 4 所表示的；欧莱雅的"财务状况"是好的，正如评分 3 所示；宝洁公司从整体上看是最弱的，其总加权平均分 2.80 说明了这一点。

除了以上竞争态势矩阵中列举的各项关键因素之外，其他因素包括：产品品种的多少、销售、配送效率、专利优势、设施布局、生产能力及效率、经验、劳资关系、技术优势以及电子商务技能等。

需要说明的是，不能仅仅因为在竞争态势矩阵中一家公司总得分为 3.2，而另一家公司总得分为 2.8，便认为第一家公司比第二家公司强 20%。数字反映了公司的相对优势，但它表面上的精确性往往给人们带来错觉。数字不是万能的，我们的目的不是得到一个神奇的数字，而是对信息进行有实际意义的吸收与评价，以便帮助我们进行决策。

表 3-9 为 Gate—way Computer 公司的 CPM。请注意，苹果公司拥有最佳的产品质量和管理经验，戴尔拥有最大的市场份额和库存系统，而 Gate—way 拥有最有竞争力的价格（评分为 4）。

表3-8 竞争局势矩阵

关键因素	权重	雅芳 评分	雅芳 加权分数	欧莱雅 评分	欧莱雅 加权分数	宝洁 评分	宝洁 加权分数
广告	0.20	1	0.20	4	0.80	3	0.60
产品质量	0.10	4	0.40	4	0.40	3	0.30
价格竞争力	0.10	3	0.30	3	0.30	4	0.40
管理	0.10	4	0.40	3	0.30	3	0.30
财务状况	0.15	4	0.60	3	0.45	3	0.45
用户忠诚度	0.10	4	0.40	4	0.40	2	0.20
全球扩张	0.20	4	0.80	2	0.40	2	0.40
市场份额	0.05	1	0.05	4	0.20	3	0.15
总计	1.00		3.15		3.25		2.80

注：①评分的含义如下：4表示强，3表示次强，2表示弱，1表示次弱。②总加权分数2.80表明，竞争者3是最弱的。

表3-9 Gate—way Computer公司的竞争态势矩阵

关键因素	权重	Gate—way 评分	Gate—way 加权分数	苹果 评分	苹果 加权分数	戴尔 评分	戴尔 加权分数
市场份额	0.15	3	0.45	2	0.30	4	0.60
库存系统	0.08	2	0.16	2	0.16	4	0.32
财务状况	0.10	2	0.20	3	0.30	3	0.30
产品质量	0.06	3	0.24	4	0.32	3	0.24
用户忠诚度	0.02	3	0.06	3	0.06	4	0.08
分销	0.10	3	0.30	2	0.20	3	0.30
全球扩张	0.15	3	0.45	2	0.30	4	0.06
组织结构	0.05	3	0.15	3	0.15	3	0.15
生产能力	0.04	3	0.12	3	0.12	3	0.12
电子商务	0.10	3	0.30	3	0.30	3	0.30
用户服务	0.10	3	0.30	2	0.20	4	0.40
价格竞争力	0.02	4	0.08	1	0.02	3	0.06
管理经验	0.10	2	0.02	4	0.04	2	0.02
总计	1.00	2.83		2.47		2.93	3.49

【本章小结】

1. 宏观环境的主要影响因素是PEST四个主要方面。这些影响因素的不确定性也是环境分析不容忽视的问题。环境的不确定程度表现为环境因素的复杂程度与不稳定程度。对付环境不确定性的手段可以分为内部战略与外部战略。

2. 微观环境分析包括行业与市场两个方面。行业生命周期、行业五种竞争力、产业内的战略群体、成功关键因素等分析方法是微观环境分析的重要内容。市场需求与竞争的经济学分析能够深化对微观环境的理解与认识。

3. 波特关于竞争战略的研究从五种竞争力发展至行业集群,标志着战略思维从"竞争"转向"竞合"。

4. 定位差异化模型以及产品需求价格弹性概念都是市场竞争与企业定价战略的理论基础。它们的引入与应用,有助于理解产业内现有竞争者竞争的条件与手段。

5. 波特产业内战略集团理论以及20世纪90年代后人们对战略集团理论新的发展,使这一理论成为行业环境分析的一个重要工具。

【复习思考】

1. 什么是企业外部分析?其特点和作用分别是什么?
2. 企业外部环境主要包括哪些内容?如何进行企业外部环境分析?
3. 用外部分析的方法对一个熟悉的企业进行战略分析。

【本章案例】

中国钢铁产能过剩的思考

改革开放以来,我国钢铁行业由小变大、由弱转强,钢铁产量连续近20年位居世界第一,有力支撑了国民经济的快速发展。随着钢铁行业固定资产投资规模逐年提高,供给能力远超过市场需求,2012年以来产能过剩矛盾尤为突出。

关于中国钢铁产能的问题,1996年钢产量首次超过1亿吨,成为世界第一产钢大国时,"中国每年到底需要多少钢"的问题就得到关注。当时有许多分析人士指出,中国每年只要有1.2亿吨钢就够了。尤其是1997年亚洲金融风暴之后,当时钢材市场需求疲软,价格下跌,销售不畅,行业利润下降,许多企业出现亏损,国内钢铁产能呈现出过剩态势,但同时又大量进口钢材。1999年,原国家冶金局在全行业进行限产,当时提出两条响亮口号——"限产保价"和"以产顶进",并成立工作组,由时任冶金局的副局长带队,分赴钢铁生产重点省市和企业检查督导控制产能,淘汰落后的情况。

但是到了2000年以后,随着中国新一轮经济的快速发展,钢铁工业形势发生变化,钢材需求转旺,钢铁又开始大规模扩张,而且民营企业发展很快,到2002年,中国钢产量突破2亿吨,之后产量接连破纪录,基本上每2~3年钢产量就增加1亿吨,直到2008

年美国金融危机出现之前，中国钢的增长率每年都在10%以上，尤其2003~2007年，钢的产量连续5年都在20%左右增长。2008年美国发生金融危机，中国钢的增长率猛降到5%以下，钢材市场出现疲软，价格开始下滑。但是到2009年，为了应对金融危机和之后的欧洲债务危机，中国采取投资4万亿元的一揽子计划，2010年、2011年两年钢增长率又恢复到10%以上。

从2011年开始，国内物价指数CPI开始上涨，出现了通货膨胀，国家开始实施宏观调控，到2011年9月份钢材价格出现大幅度跳水，综合钢价从9月的4572元/吨降到10月的4381元/吨，猛降191元/吨，钢铁行业的效益大幅度下滑，大中型企业实现利润从2011年9月的78.99亿元，突降到10月的13.75亿元，到2012年1月全行业出现亏损，亏损额达到23.21亿元，2012年有6个月全行业处于亏损状态，尤其是8月亏损额达到41.96亿元。2012年全年平均钢材价格4003元/吨，比2011年的4805元/吨，降低了802元/吨，全年大中型企业实现利润只有15.8亿元，同比减少870.36亿元，降低98.22%，钢铁行业的销售收入利润率仅为0.04%，比2011年降低2.35个百分点，每吨钢利润仅有2.6元，钢铁企业的经济效益出现大幅度下降，大中型钢铁企业基本处于亏损运营。钢铁企业生产经营十分困难，2012年成为21世纪以来，钢铁行业经营最困难的一年，人们称为"寒冬"。

从市场经济发展的角度来讲，适度的产能过剩是一个行业成熟的标志，也是市场经济中一种正常的现象。但如果产能利用率低于80%，那就造成投资的浪费和市场竞争的无序，必然损害行业的发展。有关专家分析造成中国目前钢铁产能过剩的原因如下：

1. 政府主导型增长模式是产能过剩形成的根源

对于地方政府而言，钢铁产业投资规模大、GDP产值高、就业和税收贡献大，能够带来政治业绩与地方财政规模的迅速扩大。地方政府经济、政治利益的独立性与竞争性，往往导致其发展规划及产能调控与国家整体规划不一致，引发重复和过度投资。这种体制性障碍是形成我国钢铁产业产能过剩的深层次和根本的原因。

2. 高昂的退出成本是产能过剩治理工作的主要障碍

钢铁作为资本密集型产业，生产设备的专用性与资本的沉淀性致使行业退出成本较大。基于对股东负责的考虑，大部分企业难以承受高额的退出成本，特别是地方中小型钢铁企业。同时，企业退出后员工安置问题也较为棘手，这在大型国有企业中尤为突出。较高的退出成本使企业与行业只能"带病"继续维持，不仅使企业利益受损，而且给行业发展带来了困难。

3. 企业盲目扩张是产能严重过剩的催化剂

近年来，欧债危机的影响不断蔓延，世界经济复苏缓慢。2012年我国工业增加值增速比2011年回落3.9个百分点；道路运输业完成投资增速回落3.2个百分点；房地产开发投资增速回落11.7个百分点；造船完工量同比下降21.45%、新接订单量下降

43.65%，钢铁下游行业需求量明显降低。但在 2009~2012 年，国内钢铁产业投资加快，产能迅速扩张，固定资产投资额达到 1.59 万亿元。

（资料来源：陈新良. 钢铁产能过剩分析 [J]. 中国经济报告，2013（4）：66-69.）

思考题

1. 国内钢铁行业的外部环境经历了一个怎样的变化？目前处于一个什么样的情况？
2. 世界金融危机对国内钢铁行业有什么样的影响？
3. 国内哪些环境因素对钢铁行业造成了影响？政府政策在外部环境中的地位和作用如何？
4. 在现有经济形势下，钢铁行业还将经历怎样的变化？

第四章
内部分析

【管理名言】

企业对其内部条件的分析是制定战略的基础。

——特里·哈勒

【学习目标】

1. 了解如何进行内部战略管理分析。
2. 明白如何确定并突出企业的内部优势与弱点。
3. 举例说明各种分析工具的应用。

企业在制定战略之前，除了必须做全面的外部分析之外，还须对企业所面临的内部环境进行深入分析，为企业制定战略提供重要依据。企业通过内部分析能认清自身资源与能力方面的优势与劣势，从而扬长避短，努力培育企业的核心竞争力。本章将就企业内部资源、能力、核心竞争力等展开分析。

第一节　资源分析

企业资源是指贯穿于企业经营、技术开发、生产制造和市场营销等各个环节的一切物质和非物质要素，主要包括有形资源和无形资源两大类；其中，有形资源主要是指固定资产和财务资源等物质形态的资源，无形资源主要是指人力资源和组织资源等非物质形态的资源。企业能力是指能够将企业的资源加以整合以完成预期任务和目标的技能，是对企业各种资源进行组合、协调，以发挥其潜在价值的能力，集中体现为管理能力。企业能力是多种多样和多层次的，它不仅存在于企业各职能领域之内，还存在于企业内部各个层次上。

企业资源分析侧重于企业内部。通过分析企业资源，确定企业的优势和劣势，综合评估企业的战略能力。企业资源分析包括以下三个方面：

1. 企业资源的单项分析

资源的单项分析可分为实物资源、人力资源、财务资源、无形资产等。这些资源的辨识、确认是战略能力分析的基础，尤其要重视无形资产的评估。

2. 企业资源的均衡分析

根据协同理论，资源的合理配置可提供战略能力。可以从产品组合、能力与个人特性、资源柔性等方面分析资源配置的合理性。

3. 企业资源的区域分析

企业资源不仅限于企业合法拥有的资源，企业往往对外部资源有很强的控制能力，供应商、分销商和顾客形成的价值链之间的联系常常是企业能力的基石。如果企业的价值活动深深植根于当地文化中，则企业控制的区域资源往往形成其资源优势，甚至是不可模仿的核心竞争力。

在进行企业资源分析时，需要特别强调的是企业的无形资源，如商誉、商标、人力资源等。企业有效创造的竞争力源泉在很大程度上取决于这些资源。另外，在进行企业资源分析时，除了要对各资源要素进行分析外，还应考察其配置、组合是否合理，以真实地确定差距和利用潜力。

企业资源分析是从全局来把握企业资源在量、质的结构和分配、组合方面的情况，它形成企业的经营结构，也是构成企业实力的物质基础。企业资源的现状和变化趋势是制定总体战略和进行经营领域选择的制约条件。因为，企业能投入到经营活动中的资源是有限的。这种有限性除了资金的限制外，还与供应渠道等其他要素有关。所以，对企业战略管理中的资源分析，一是要对企业现有资源的状况和变化趋势进行分析，二是要对战略期中应增加哪些资源进行预测。

第二节　能力分析

企业能力分析是指对企业的关键性能力进行识别，并进行有效性分析，特别是在竞争性表现上的分析。企业能力分析的目的是帮助企业决策者确定长远以及近期的企业战略。如果企业战略已经落实，再进行企业能力分析的目的是重新衡量战略落实的可能性，并判断是否需要进行修订，或用以决策企业是否需要通过能力改进手段，进行能力完善。

企业能力分析主要包括以下一些问题：

一、生产能力分析

生产是企业进行资源转换的核心环节,它必须在符合数量、质量、成本及时间等要求的情况下形成有竞争力的生产能力。生产能力的构成要素包括以下方面:

1. 加工工艺和流程

加工工艺和流程的决策主要涉及整个生产系统的设计和生产过程中的具体流程。这些决策的具体内容包括:工厂的设计、工艺技术的选择、工艺流程的分析、生产能力和工艺的综合配套、生产控制及运输的安排等。

2. 生产能力

生产能力的决策主要涉及各项资源的合理配置,从而决定企业的最佳生产能力。这些决策具体包括产量预测、生产设施设备的计划和生产日程的安排等。

3. 库存

库存决策主要是确定原材料、在制品以及产成品的合理库存水平。具体的决策内容包括订货的品种、数量、时间和原材料的存放等。

4. 劳动力

劳动力的决策主要包括工作设计、绩效测定、工作标准、激励方法和工作的丰富化等内容。

5. 质量

质量决策是要确保企业高效生产和提供高品质的产品和服务。具体决策内容包括质量控制、质量监测、质量保证、样品和成本控制等。上述五个方面的优劣势可以决定企业的成败,因此企业生产系统的设计和管理必须与企业的战略相适应。另外,企业战略管理者在着手制定新的企业战略时,要对现有的生产部门和生产管理进行认真的分析。

二、营销能力分析

从战略角度进行的营销能力分析主要涉及两方面的内容:一是市场定位的能力,二是营销组合的有效性。

1. 市场定位能力

市场定位的能力直接表现为企业市场定位的准确性。它又主要取决于企业以下四个方面的能力:①市场调查及研究的能力;②掌握市场细分标准的能力;③评估和确定目标市场的能力;④占据和保持市场地位的能力。

企业市场营销人员可以依据构成这些能力的相关因素和自身的经验来评估在这些方面的长处和短处。

2. 营销组合的有效性

评价市场营销组合有效性主要包含两个方面:一是营销组合是否满足了目标市场中的顾客需求,二是该营销组合是否与目标市场产品的生命周期保持一致。

三、科研与开发能力分析

科研与开发能力是企业的一项非常重要的能力,也是企业核心竞争力之一。对企业科研与开发能力的分析包括以下几个方面:

1. 企业科研成果与开发成果分析

企业已有的科研与开发成果是其历史和现在能力的具体体现。如新技术、技术改造、专利产品以及商品化的程度、给企业带来的经济效益等。

2. 科研与开发组合分析

企业的科研与开发在科学技术水平方面主要有四个层次,即老产品的改进、科学发现、新产品开发和设备工艺的技术改造。企业的科研与开发水平处于什么水平以及实现什么水平的组合,决定着企业在科研和开发方面的长处及短处,同时也决定着企业开发的方向。对于一个好的科研或开发部门,应该能够依据企业战略的要求和自身实力决定选择最优的组合。

3. 科研与开发能力分析

企业科研队伍的现状和发展趋势在根本上决定企业的科研开发能力及水平。分析企业科研队伍的现状及发展趋势就是要评估他们是否有充分能力根据企业的战略目标开发和研制新产品,是否有能力改进生产工艺。假若企业缺乏这样的人员,是否能在短期内寻找到这样的人才。否则企业就要考虑与科研单位或高等院校等合作,以解决企业面临的技术开发和技术改造的问题。

4. 科研经费分析

企业的科研设施、科研人才以及科研活动需要有足够的科研经费予以支持,因此必须根据企业的财务实力做出预算。企业决定科研预算经费的方法主要有三种:根据实际需要来确定,按照总销售收入的百分比确定,根据竞争对手的状况来制定。

四、核心能力分析

关于核心能力的内涵，从不同的角度出发有不同的理解。核心能力一般指公司的主要能力，即公司在竞争中处于优势地位的强项，是其他对手很难达到或者无法具备的一种能力。企业核心能力的特征在本质上是企业能力理论的一般逻辑推理，它是企业持续竞争优势的源泉，能给企业带来长期竞争优势和超额利润。企业核心能力至少具有三方面的特征：一是核心能力以客户需求为导向，尤其有助于实现客户所看重的价值。二是核心能力具有一定的门槛，是竞争对手短期内难以模仿和替代的，因此能取得竞争优势。三是核心能力具有长期性，它既能维持企业竞争优势的持续性，又能使核心能力具有一定的刚性。

综上所述，可以总结出核心能力的三大基本特征：

1. 价值特征

创造独特价值。核心能力的价值特征表现在三个方面：其一，核心能力在企业降低成本和创造价值等方面具有重要地位，核心能力应该能够显著提高企业的运营效率。其二，核心能力能实现顾客所特别注重的价值，因为核心能力的重要标准就是能够给顾客提供独特且重要的价值。其三，核心能力是企业区别于竞争对手的原因，也是企业战胜竞争对手的法宝。因此，核心能力对企业和顾客具有非常重要的价值，对企业获得竞争优势具有特殊的贡献。

2. 资产特征

专用性资产。企业核心能力具有"资产专用性"特征，因为对企业核心能力的投资是不可还原性投资，本质上是企业的一种专门资产。核心能力的专用性特征还体现在积累的自然属性上，因为企业核心能力具有一定历史依存性，它是企业积累性学习的结果，即企业的"管理遗产"，它使跟随者处于时间劣势。即使跟随者知道核心能力，也会因为资源的积累需要时间而无法短时间内参与竞争。核心能力的资产专用性特征对外界潜在进入者构成"护城河"，以保持垄断利润的获得；同时又对企业自身构成了一种退出壁垒，它对企业产生一定推动作用，激励着企业员工为共同的目标而不断努力。

3. 知识特征

知识可以分为两大类：隐性知识和显性知识。具有信息特征的显性知识往往很容易被仿制，但是具有方法论特征的隐性知识相对来说则较难仿制。假若企业核心能力必须是异质的，而且必须是完全不能模仿和替代的，那么核心能力就必须以隐性知识为主。正是因为隐性知识不公开、无法传授、内容模糊、复杂而又自成体系的缘故，核心能力才具有"普遍模糊"的特点。

五、动态能力分析

企业的核心能力是企业获得竞争力的重要原因，但是在动态变化的市场环境中，企业原有的核心能力也会随着市场需求的变化而变化，难以获得持续性的竞争优势。因此，这时企业如何构建应对外界变化，调整内外资源配置以及管理流程重组的能力就显得尤为关键。这种为企业整合、构建、重新配置内部和外部能力以应对快速变化环境的能力就称为企业动态能力。企业的动态能力分析框架主要包含三部分内容：

1. 管理过程

企业持续性的竞争优势来自于企业组织和管理过程，整个过程主要通过三类过程组成。

（1）整合过程。整合过程包含内部整合和外部整合两类，内部整合指管理者整合企业内部的各种资源、协调各项生产经营活动。外部整合是为了获得持续性竞争优势而对外部资源和活动等进行的整合，包含了业务联盟、虚拟组织、战略合作组织等类型。

（2）学习过程。学习过程就是企业通过模仿和尝试迅速而高效地完成部门任务和组织目标的过程，这种过程具有内在的社会性和集成性。通过集体学习所产生的组织知识展现在新的活动范式中，存在于"惯例"或新的组织逻辑之中。

（3）重构过程。在迅速变化的市场环境中，企业只有不断重构企业资产结构，完成必要的转型升级，才能够实现长久的生存发展。其中，标杆管理是完成这些目标较好的组织手段。

2. 资产特点

企业战略的制定不仅要考虑组织管理过程，而且还要考虑其特定的有形资产和无形资产的特点，这些资产包括技术资产、市场资产、互补资产、财务资产、制度资产等。这些资产的战略意义在于其特定性，即这些资产的形成在很大程度上是企业内生的，是不可或很难再生和复制的资源，它们大多数是在企业的经营过程中逐步积累起来的。

3. 发展路径

一般情况下企业具有路径依赖性，即企业能力发展的作用是通过路径依赖来实现的。企业之前所走过的路径，如从事过的行业、生产的产品、提供的服务等都在一定程度上影响和制约着企业的未来行为。传统的理论认为企业可以任意变革自己的产品和服务，即使存在着一定的变换成本，但是之前的路径不足以成为企业未来战略制定的约束。但是越来越多的研究表明，学习的机会特定于企业已经从事的活动，由于路径依赖的作用，企业投资行为会在很大程度上影响企业学习和能力发展的方向。

第三节　核心竞争力分析

一、核心竞争力

维娜·艾丽（Verna Allee）在《知识进化》一书中指出："竞争力就是为快速向市场提供新产品或增强竞争力而调整知识。"她在列举核心竞争力的典型事例（索尼公司的精细技术、联邦捷运公司的后勤管理、EDS 的系统整合、Merck 公司的研制新药）时特别强调："核心竞争力是使公司能持续开发新产品和开拓市场的特性"；"核心竞争力是企业成功的绝对基础"。

乔治·斯托克（George Stalk）在《计划评论》中将核心竞争力定义为："能为扩大生产线提供测度标准的个人技术和生产技能的结合。能力是核心竞争力赖以转化为现实的机制。"

上述观点说明，核心竞争力是核心知识竞争力和核心运作能力的合力。前者指企业所拥有的专门知识、独特的产品与技术。例如，基因技术公司拥有的基因分离技术，微软公司开发的软件代码技术，3M 公司的腐蚀剂与胶黏剂技术等。后者的含义主要指企业如何将知识应用于知识管理本身，或称知识管理的策略与手段，它是企业知识最大限度地转化为生产力的重要组成部分。从核心竞争力的各种观点可知，专门的知识、独特的产品与技术都属于知识范畴。

二、企业核心竞争能力的源泉

核心竞争能力有两个相互补充的来源：一是企业所具有的资源；二是企业的能力。企业所具有的资源可以是财务的、实体的、人力的、技术的，也可以是组织形式的资产。企业资源按照其特点可分成两大类：一类是有形资源，如土地、建筑物、工厂、设备等；另一类是无形资源，包括商标、专利、工业知识产权、合同协议、商业秘密、声誉、技术或市场营销、商业交易网络、企业文化等。企业资源要成为核心竞争能力，则必须是独特的和有价值的。所谓独特的资源是指其竞争对手所不具有的资源。

企业能力是公司协调资源并使其发挥生产作用的技能。这些技能存在于公司的日常活动中，也就是说存在于公司做决策和管理其内部过程以达到公司目标的方式中，是组织结构和控制系统的产物。这些组织结构和控制系统规定了在公司内部如何做出决策，在哪儿做决策，公司要奖惩的行为以及公司的文化和价值等。根据定义，企业能力也是企业的无形资源，更多地体现于公司范围内个人之间相互作用、相互配合和做出决策的方式上。

区别资源和能力对理解企业核心竞争能力是非常重要的。一个企业可能具有独特而有价值的资源，但是除非这个企业具有使这些资源有效发挥作用的能力，否则资源就不能创造竞争优势并使这些竞争优势持续下去。以日本的索尼公司和松下公司为例，家用录像机可以说是索尼公司最先发明的，这使公司具有了一项独特而有价值的技术资源。然而遗憾的是，索尼公司缺乏在市场上成功挖掘这种资源的能力，缺乏扩大市场占有率的市场营销技能，也缺乏售后服务和其他对这种产品的支持性技能。这是因为当时缺少供家用录像机使用的录像带，录像机只能用作录像。对于许多家庭来说，花巨大的代价就只为能录下一些电视节目是不划算的。但松下公司就不同，尽管它在稍后才推出性能较差的录像机，但它明白没有配套设备是不行的，因此它买下了几千部老电影的版权，将它们制成录像带出租，一方面扩大了自己录像机的销售量，另一方面也有了额外的收入。结果，索尼公司在首先开发出录像机几年之后黯然退出录像机市场，而它的模仿者——松下公司则成了这方面的市场领导者。这就是说，索尼公司尽管具有了独特和有价值的技术资源，但由于缺乏挖掘这些资源的能力，最终它不能建立起核心竞争能力而获得高收益。

另外，管理人员也应当认识到，一个企业只要具有了竞争者所不具备的管理能力，它可能不需要具有独特而有价值的资源就可以建立起自己的核心竞争力。例如海尔集团，它兼并了濒临倒闭的家电制造厂后，自己并不购买新的设备，也不辞退原有的工人，只是派一些总部的管理人员过去实行新的管理。奇迹出现了，工厂开始盈利。厂还是一样的厂，设备还是一样的设备，人也是一样的人，不同的是管理方法发生了变化。即将倒闭的厂就这样起死回生了，这正是因为海尔具有原有厂家不具备的管理能力。

三、建立核心竞争力要素的模仿障碍

核心竞争力作为一个整体是不可模仿的，只有部分要素可以模仿，但如果别的企业模仿某些关键要素并重新组合，就可能对自己造成重大威胁。

核心竞争力不可模仿，其原因在于以下三点：

一是核心竞争力的隐蔽性。模仿一个企业的能力要比模仿一个企业有形及无形资源要难得多，这主要是因为企业的能力对外界来说是隐蔽不可见的。由于企业能力存在于企业做出决策以及管理过程的方式中，对外界人来说很难识别一个企业内部运作的实质，因此也就难以模仿一个企业的能力。

二是核心竞争力的整体性。企业能力的隐蔽性这一特点对防止模仿可能是不充分的。从理论上讲，竞争者可以通过雇请一个企业的人员而窃取该企业的运营秘密。但是，企业的能力很少只存在于单个人身上，相反它存在于一个独特的公司环境中，是许多个人相互作用的产物。因此就有可能出现公司中没有任何一个人熟悉企业的全部运作程序和方式的情况。在这种情况下，竞争对手从一个成功公司中雇请一些人员并不能保证它可模仿到关键的能力。

三是核心竞争力形成的路径依赖性。一个企业的核心竞争力是企业长期积累和自觉培育的结果，具有独特的形成过程和条件。由于企业发展的个性化特征和时间的不可逆性，一个企业很难模仿另外一个企业的成长道路。核心竞争力形成的这种路径依赖性也造成了它的难以模仿性。

　　核心竞争力难以模仿不等于什么都不能模仿。由于核心竞争力可使企业获得超额收益，竞争对手总是极力去模仿它们。因此，企业要注意建立自己的模仿障碍，模仿障碍越大，模仿就越难，企业的竞争优势就越能够持久保持。然而，任何核心竞争力的某些要素最终都有可能被竞争对手所模仿。关键问题是竞争者模仿需花费的时间。竞争者模仿核心竞争能力要素所花的时间越长，则企业建立起竞争对手难以攻入的强大市场地位和声誉的机会就越多。

　　竞争者最容易模仿的是基于那些独特而有价值的有形资源上的能力，这是由于竞争对手能够看到这些资源并且可在市场上购买到。例如，如果一个企业的竞争优势是基于它具有高效率和大规模的生产设施，则竞争对手可能会很快地建立类似的设施。在20世纪20年代，福特汽车公司通过第一个采用装配流水线的汽车技术，获得了超越通用汽车公司的竞争优势，但通用汽车公司很快地模仿了这种生产技术，并使福特汽车公司的这种核心竞争优势消失殆尽。

　　无形资源相对难以模仿一些。特别是公司的品牌或商标更是如此。因为品牌象征着公司的声誉，是企业持续不断长久努力的结果，有很大的模仿难度；而商标的模仿则是法律所禁止的。市场营销及技术诀窍也是企业重要的无形资源，然而，它们却不能像品牌这类无形资源一样得到强有力的保护。公司特定的市场营销及技术诀窍相对而言比较容易被模仿，这是因为技术人员在不同公司之间的流动有助于诀窍的扩散和传播。尤其是市场营销技术，由于它能被竞争对手看到，所以很容易被模仿。

　　从理论上讲，专利制度可保护技术诀窍免受模仿，因为它可使发明人享有专有的权利。但许多发明并不容易受到保护，如在电子及计算机工程领域中通常就有许多围绕专利技术而出现的发明，像医用CT扫描机，虽然EMI公司在此方面持有专利，但通用电器公司还是利用"反求工程技术"弄清了CT扫描机的工作原理，随后开发了虽然与EMI公司CT机不完全相同，但非常类似并具有同样功能的CT机。一项研究表明，60%受专利保护的革新大约在4年后都可能很成功地被合法仿制出来，这说明基于技术诀窍的核心竞争能力也可能是很短暂的。

　　总之，企业的核心竞争力来自企业所具有的独特资源和整合资源的管理能力。资源较能力更容易被模仿，因此基于企业能力的核心竞争能力要较基于企业资源的核心竞争能力更具有持久性。在如何保持企业核心竞争力的持久性上，有两个因素需要引起注意：一是竞争对手模仿核心竞争能力所需要的时间。所需的时间越长，竞争对手做出反应的速度就越慢，企业就能建立更大的竞争优势和声望，就越难动摇企业的市场地位。二是环境的稳定性，适用于某一种环境的资源和能力可能并不适用于另一种环境。另外，随着技术革新速度的加快，许多资源的有效生命周期大大地缩短了，因此其普遍适用性就很差。

第四节 分析工具

企业内部环境分析方法视企业的不同情况而呈现多样化。一般来说，各种各样的分析方法可归纳为两大类。一类是纵向分析，即分析企业各个方面的历史沿革，从而发现企业在哪些方面得到了发展和加强，在哪些方面有所削弱；根据这种纵向分析，对企业各方面的发展趋势做出预测。另一类是将企业的情况与行业平均水平做横向比较分析；通过这种分析，企业可以发现相对于行业平均水平的优势和劣势。因此，这种分析对企业的经营来说更具有实际意义。就某一企业来说，可以比较的行业平均指标：资金利税率、销售利税率、流动资金周转率和劳动生产率等。这里主要介绍内部因素评价矩阵、企业财务分析法、价值链分析模型和企业潜力分析论。

一、内部因素评价（IFE）矩阵

内部因素评价矩阵（Internal Factor Evaluation Matrix，IFE 矩阵），是一种对内部因素进行分析的工具，其做法是从优势和劣势两个方面找出影响企业未来发展的关键因素，根据各个因素影响程度的大小确定权数，再按企业对各关键因素的有效反应程度对各关键因素进行评分，最后算出企业的总加权分数。通过 IFE 矩阵，企业就可以把自己所面临的优势与劣势汇总，来刻画出企业的全部状态。IFE 矩阵可以按如下步骤来建立：

第一步，列出在内部分析过程中确定的关键因素。采用 10~20 个内部因素，包括优势和弱点两个方面。首先列出优势，然后列出弱点。要尽可能具体，可采用百分比、比率和对比数字。

第二步，给每个因素赋以权重，其数值在 0.0（不重要）到 1.0（非常重要）之间。权重标志着各因素对于企业在产业中成败影响的相对大小。无论关键因素是内部优势还是弱点，对企业绩效有较大影响的因素就应当得到较高的权重，所有权重之和等于 1.0。

第三步，对各因素进行评分。1 分代表重要弱点，2 分代表次要弱点，3 分代表次要优势，4 分代表重要优势。请注意，优势的评分必须为 4 或 3，弱点的评分必须为 2 或 1。评分以公司为基准，而权重则以产业为基准。

第四步，用每个因素的权重乘以它的评分，即得到每个因素的加权分数。

第五步，将所有因素的加权分数相加，得到企业的总加权分数。

无论 IFE 矩阵包含多少个因素，总加权分数的范围都是从最低的 1.0 到最高的 4.0，平均分为 2.5。总加权分数低于 2.5 的企业内部状况处于弱势，而总加权分数高于 2.5 的企业内部状况则处于强势。与外部因素评价矩阵一样，IFE 矩阵应包含 10~20 个关键因素。因素数不影响总加权分数的范围，因为权重总和永远等于 1。

当某种因素既构成优势又构成弱点时，该因素将在 IFE 矩阵中出现两次，而且被分别给予权重和评分。

表 4-1 是对瑟克斯·瑟克斯公司（Civcus-civcus Enterprises）进行内部评价的例子。

表 4-1 瑟克斯·瑟克斯公司 IFE 矩阵

		权数	评分	加权分数
内部优化	1. 美国最大的赌场公司	0.05	4	0.20
	2. 拉斯韦加斯的客房入住率达到95%以上	0.10	4	0.40
	3. 活动现金流增加	0.05	3	0.15
	4. 拥有拉斯韦加斯狭长地带1英里的地产	0.15	4	0.60
	5. 强有力的管理队伍	0.05	3	0.15
	6. 员工素质投资	0.05	3	0.15
	7. 大多数场所有餐厅	0.05	3	0.15
	8. 长期计划	0.05	4	0.20
	9. 热情待客的声誉	0.05	3	0.15
	10. 财务比率	0.05	3	0.15
内部弱点	1. 绝大多数房产位于拉斯韦加斯	0.05	1	0.05
	2. 缺乏多样性经营	0.05	2	0.10
	3. 接待家庭游客，而不是赌客	0.05	2	0.10
	4. 位于 Lauyhling 的房地产	0.10	1	0.10
	5. 近期的合资经营亏损	0.10	1	0.10
总计		1.00		2.75

值得注意的是，该公司的主要优势在于其规模、房间入住率、房产以及长期计划，正如它们所得的 4 分所表明的。公司的主要弱点是其位置和近期的合资经营，总加权分数 2.75 表明该公司的总体内部优势高于平均水平。

二、企业财务分析法

进行企业内部条件分析的另一有力工具是企业财务分析法。

通过财务分析，可以帮助管理人员考察企业过去的经营业绩，评估企业当前的经营和财务状况。若将若干年的财务数据及分析结果排在一起，则可研究企业财务的变化规律及趋势，反映企业历史的变革。此外，通过财务分析得出的有关数据也可与同行业的企业进行比较，以发现优势、找出不足。

财务分析主要是利用财务报表对企业状况进行分析，而这些财务报表包含了关于企业财务状况、经营状况以及筹资、投资活动的历史资料，主要包括资产负债表和损益表。资产负债表是关于企业在特定时刻（通常在企业的会计年度之末）的资产、负债及股东权益的报表。损益表显示企业在一年或多年内的盈利或亏损，还会列出导致盈利或亏损的各个收支项目。

三、价值链（VC）分析模型

价值链分析模型也是企业分析内部环境的重要方法之一。

企业价值链（Value Chain）是由美国哈佛大学教授迈克尔·波特在《竞争优势》一书中提出的。波特在书中写道：企业通过完成一系列作业而产生价值。一个企业产生的价值最终通过客户愿意为其产品和劳务所支付的货币量来计量，如果这种价值超过了完成所有要求的作业的总成本，则该企业就有利可图。

企业的每项生产经营活动都是其创造价值的经济活动，企业所有互不相同但又相互关联的生产经营活动便构成了创造价值的一个动态过程，即价值链。企业经营的目标归根结底就是尽量增加客户所支付的价值与价值链活动成本之间的差距。波特认为，应该从发现这些独立活动入手，结合对组织竞争优势的分析来了解企业资源的使用与控制状况。

1. 价值链的活动

价值链将企业的生产经营活动分为基本活动和支持活动两大类，如图 4-1 所示。

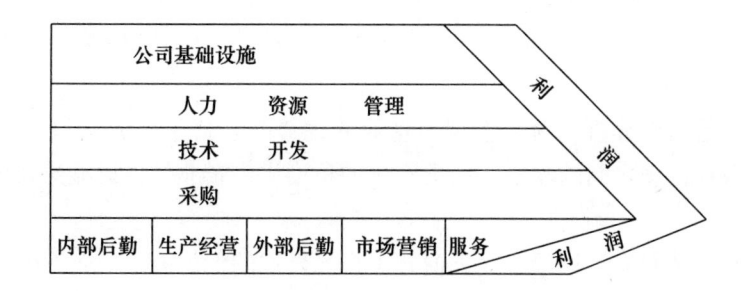

图 4-1 价值链

（1）基本活动。基本活动是指生产经营性活动，主要涉及如何将输入有效地转化为输出，这部分活动直接与客户发生各种各样的联系，具体包括生产产品、销售产品以及提供产品售后服务等活动，一般可以分为内部后勤、生产经营、外部后勤、市场营销和服务五种活动。这些活动与商品实体的加工流程直接相关，是企业的基本增值活动。每一种活动又可以根据具体的产业和企业的战略再进一步细分成若干项活动。

基本活动要素主要包括以下几类：

1）内部后勤。包括资源接收、储藏、整理和发放工作，也包括库存控制、运输以及原料退货等活动。

2）生产经营。即将生产要素输入转化成最终产品和服务的活动，如机械加工、装配、包装、组装、机器维修、产品检验、打印和厂房设施管理等。

3）外部后勤。即有关产品的接收、集中、存储和实际分销给客户的活动。

4）市场营销。指为客户提供购买本企业产品的途径或方式并促使其购买的各种活动，主要包括消费者行为研究、广告、促销、销售人员安排、分配定额、分销渠道的选择、与销售渠道的公共关系和定价策略等。

5）服务。指提供各种服务以提高或保持产品价值的活动。

（2）支持活动。主要表现为一种内部过程，它以提供基本活动所需的各种职能工作来支持企业的基本活动。

支持活动要素包括以下几类：

1）采购。采购是指购买企业所需投入品的职能，而不是被购买的投入品本身。像所有的价值活动一样，采购活动也要运用一定的技术，如与客户打交道的技巧、标准规则以及信息系统等。

2）技术活动。实际上，一切价值活动都含有技术，这里主要包括旨在改进产品和生产过程的一系列活动。

3）人力资源管理。这部分活动主要包括人员的招聘、录用、培训、技能发展，以及制定各类人员的报酬制度等。

一个企业的价值链通常由上述各种活动组成。对于企业内部条件的审核，一方面可以对每项价值活动进行逐项分析，以发现企业存在的优势和弱点；另一方面也可以分析企业价值链中各项活动的内部联系，这种联系以整体活动最优化和协同这两种方式给企业带来优势。这是因为价值链所表示的不是一堆相互独立的活动，而是相互依存的活动组成的一个有机系统。

因此，通过价值链分析就可以发现，企业的优势既来自于构成价值链的单项活动本身，也来自于各项活动之间的联系。从更广泛的角度讲，企业的价值链蕴藏于范围更广的价值系统之中。

供应商具有创造和发送用于企业价值链中投入外购的价值链，而企业的产品最终又会成为买方价值链的一部分。因而，企业的优势既可来源于价值活动所涉及的市场范围的调整，也可来源于企业之间协调或合用价值链所带来的最优化效益。

事实上，大多数产业很少由一个企业完全单独承担从产品设计到销售给客户的全部价值活动，通常都要进行专业分工。因此，任何一个企业都是创造产品或服务的价值系统的一部分。

要了解价值是怎样产生的，只观察企业内部价值链活动是不够的。许多价值是在采购和营销链上产生的。因此在进行企业价值链分析时，在了解价值是怎样产生时，不仅要考察企业的每一项内部活动及它们之间的联系，还要对包括采购和营销链在内的整个价值过程进行深入分析和了解。图4-2显示了整个行业的价值链。

2. 资源使用与控制的价值链分析

价值链分析帮助我们认识和了解企业资源的增值过程，其关键是要认识企业不是机器、货币和人员的随机组合，只有有效地组织与管理资源才能为客户提供有价值的产品或服务。换句话说，价值活动和它们之间的联系是组织竞争优势的源泉。而仅仅依靠价值链分析不能说明企业能力的差别,也不能说明企业盈利能力的差异。因此,价值链分析还必须对资源和使用这些资源的过程进行评估。在进行分析时,要明确以下几点:

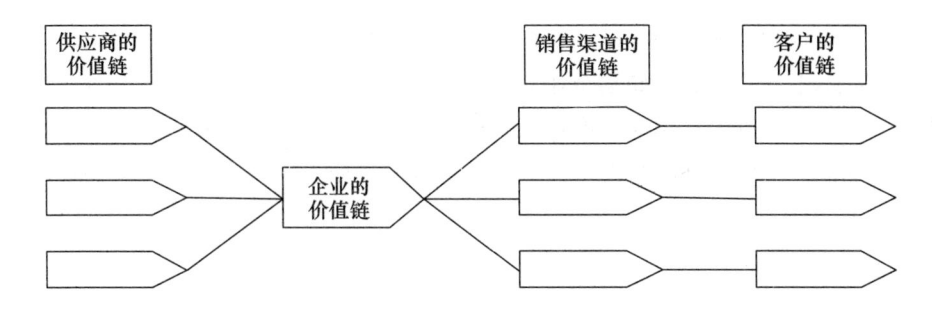

图4-2 整个行业的价值链

第一,了解各项价值活动的功能和影响。虽然价值链中的每项活动(包括基本活动和支持活动)都是企业成功所必需的环节,但这些活动对组织竞争优势的影响是不同的,只有在关键价值活动的基础上建立和强化这种优势才可能获得成功。例如,北京燕京啤酒公司成功的关键在于其市场销售的优势;北京松下彩色显像管有限公司的产品之所以能打入国际市场,其关键在于其生产加工环节严格的质量管理;海南椰树集团之所以能成为海南省的创利大户,其关键在于技术开发部门解决了椰汁与椰蓉融合的技术难关。那些支持企业创造竞争优势的关键性活动事实上就是企业核心能力的一部分。

第二,明确价值链中各种活动之间的联系。价值链中的基本活动之间、基本活动与支持活动之间以及支持活动之间都存在着各种联系,选择或构筑最佳的联系方式对于提高价值创造和战略能力是十分重要的。例如,在日常生产经营中保持较高的库存水平,虽然会使生产安排变得相对简单,同时可以对客户需求做出快速响应,但却增加了经营成本。因此,应该评估采取特定活动带来的价值多还是由此增加的成本多。不同支持活动之间的联系状况也会影响价值的创造,如企业的技术水平会直接影响到生产经营过程中的各种活动。

第三,明确价值系统内各项价值活动之间的联系。这种价值活动的联系不仅存在于企业内部价值链中,而且存在于企业与企业的价值链之间。对于企业来说,单项价值活动很容易被竞争对手模仿,而价值链之间的联系却很难被抄袭。大型企业由于其价值链之间的联系非常复杂,因此更具竞争优势,并且使竞争对手难以模仿。但是,以上各种联系都会涉及交易成本,因此,选择企业价值链与供应商、分销商、客户价值链之间不同的联系方式,如是纵向一体化还是向市场购买,还是介于两者之间的其他方式,对企业竞争优势的影响是不言而喻的。

四、企业潜力分析法

在对企业进行内部分析时,需要评价企业内部潜力。从企业内部因素来评估企业潜力，可采用以下两种方法：

1. 结构平衡法

企业运营的各种因素，如人员、机构、设备、材料、销售、资金等不会长期平衡，经常会出现内部不平衡的现象。如某企业人员相对于设备、材料、销售和资金等其他生产和流通要素较多，如果以人员作为标准进行结构平衡，则其他不足因素都有潜力可挖；如果以设备作为标准，其他因素应与设备能力保持一致，这样人员就会过剩，就需要相应地做出调整。

2. 比较分析法

比较分析法就是将本企业各项影响企业生产运作、管理的因素，如企业制度、设备状况、资金状况、产品功能、产品质量、产品成本、渠道建设、售后服务等各项因素逐项进行对比，把对比的结果填入一个棋盘式的表格中，求得每个因素在评比中的总分，然后排出名次，得分最高者为第一名。

在表 4-2 中，首先将企业制度、设备情况等诸因素依次在竖列和横行中填上，然后将各个因素的潜力逐一比较，较大者得 1，反之得 0。例如，第一行为企业制度，将它与设备情况的潜力对比，企业制度的潜力大些，所以在设备情况的竖向与企业制度横向相交处写上 1；第二行是设备情况，它与企业制度对比，潜力小些，所以在设备情况横行、企业制度竖列的交叉格内写上 0；依次类推。对各因素进行比较后，将各项因素得到的分数加起来即得各要素总分，最后按得分多少排列出名次。在表 4-2 中，企业制度总分最高，居第一名，其次是产品成本。这说明，该企业的制度改进和成本降低的潜力是最大的，也是该企业潜在的优势所在。

表 4-2　企业潜力比较与评分表

	企业制度	设备状况	资金状况	产品功能	产品质量	产品成本	渠道建设	售后服务	总分	名次
企业制度		1	1	1	1	1	1	1	7	1
设备状况	0		1	1	1	0	1	1	5	3
资金状况	0	0		0	0	0	1	1	2	6
产品功能	0	0	1		0	0	1	1	3	5
产品质量	0	0	1	1		0	1	1	4	4
产品成本	0	1	1	1	1		1	1	6	2
渠道建设	0	0	0	0	0	0		1	1	7
售后服务	0	0	0	0	0	0	0		0	8

表 4-2 的比较评分结果所得出的是该企业的潜在优势，它与该企业的现实优势（渠道建设与售后服务）不同，表中所示的渠道建设与售后服务在企业中居于领先地位，但潜力排名处于后列，挖掘潜力不大。如果把这些潜力转化为现实的优势，就需要引入新因

素。该企业的管理制度尽管目前不是现实优势,但企业管理者的综合素质较好,仅仅思想观念跟不上,对一些先进的管理方法不熟悉,只要引入新观点,同时进行科学管理方法的培训,在这些基础上进行企业管理体制的改革,管理的潜力就会发挥出来,就能成为现实的管理优势。

从以上分析可以看出,比较分析法重点不在企业的现实优势上,相反,它认为要促进企业的发展,不能只孤立地看现实优势,还要看到尚未发掘出来的潜在优势,在保持现有优势的同时注意发掘潜在优势。

【本章小结】

本章讨论了内部分析的含义与特点。内部分析是使用一定的工具和手段,通过理性分析了解企业或组织所处的内部环境和竞争地位的一种方法。内部分析的主要内容包括企业资源分析、核心能力和核心竞争能力。本章还介绍了企业内部分析多种工具的特点和使用方法。

【复习思考】

1. 什么是内部分析?其特点和作用分别是什么?
2. 企业内部环境主要包括哪些内容?如何进行企业内部环境分析?
3. 用一种内部分析方法对一个熟悉的企业进行战略分析。

【本章案例】

沃尔玛"瘦身"

2013年开始,在云南省玉溪市或者曲靖市的沃尔玛超市里,已经很难再找到本地生产的矿泉水、豆浆,甚至云腿饼。但这类产品,在2012年11月中旬,仍然摆在当地沃尔玛的货架上。这种改变源于沃尔玛的一场"战略升级"。2012年10月30日,沃尔玛在中国宣布了五大计划,其中引人关注的是重新布局和调整采购体系,其目的在于"简化业务流程,强化价格优势"。"采购是公司命脉。原来的采购系统架构过于复杂,效率偏低,所以进行调整合并。这是此次战略升级的一个环节。"对此,沃尔玛中国方面回应道。同时,沃尔玛称将继续投资中国市场,未来3年计划开设超过100家门店,创造1.8万个新工作岗位。沃尔玛中国此次调整的主要措施如下:

1. 回收采购权

一直以来，沃尔玛在中国门店的商品采购来自两个渠道：一个是由深圳总部统一操作的集中采购，其中包括大型供应商品牌商品和日用消费品等；另一个则是区域采购办公室负责采购适合当地消费者口味的区域产品或者品牌，多为生鲜干货等。区域之下还有地方采购点，这种总部—区域—地方的"三级"采购模式，完成了沃尔玛的地区门店所有采购业务。经过这一次调整，原来的"三级"采购将被压缩成"二级"。"全国的三级采购，现在去掉本地采购后只剩下区域和全国两级。"沃尔玛福建地区一位食品供应商段先生说，以华中区为例，以前有湖北省、湖南省、江西省和福建省，这次优化后只保留武汉市和厦门市两地作为区域采购点。

2. 供应链整合

沃尔玛刚进入中国的时候，沿用的是在美国一贯奉行的直购原则。由于当时沃尔玛在中国的门店数量并不多，直接采购的比例一度达到80%。2002年后，随着门店的增加，迫于越来越多中小供应商的不合作，这一比例才开始逐年降低。在降低直采比例的过程中，沃尔玛也一度学习放权。2007年，高福澜的前任陈耀昌正式接任中国区总裁兼首席执行官职务。他改变了沃尔玛在中国市场长期坚持的中央集权管理模式，学习竞争对手家乐福适当放权。针对中国供应商数量多、规模小、信息化水平低的现状，沃尔玛逐步开始与中间商合作。而对于中国消费市场发展不平衡、消费习惯差异等，沃尔玛开始放权，分店开始拥有更多的供应商选择权和商品定价权。此外，陈耀昌还推出1000种特惠商品的"大大低价"政策。

但是，到2010年，沃尔玛又曾试图扩大直接采购比例，减少供应商或第三方采购等中间环节。但是，因为中国经销商和中间商状况以及大量中小规模供应商的存在，这样的调整始终难以实现。因此，多次改变后，这次沃尔玛试图从自己的采购架构"开刀"，简化流程，精简采购环节降低成本，从而逐步剥离较弱的中小型供应商。

就在沃尔玛调整政策的第二天，家乐福中国方面对外证实，家乐福绍兴店已于10月30日正式停业。关店、裁员等事件背后显示的是跨国零售商并不理想的业绩表现。据悉，2012年前三个季度，中国的社会消费品零售总额同比增长14.1%，商务部检测的重点零售企业销售额同比增长8.2%。但据中国连锁经营协会做的连锁百强调查，平均增幅低于10%。中国经营连锁协会会长郭戈平表示："上一次连锁百强的销售增速不到一成，还是10年前的事。"此外，郭戈平还认为，从企业运营层面来看，人力和租金成本不断上涨让零售企业的发展遇到瓶颈。

与逐渐放缓的盈利速度不同的是沃尔玛过去3年在中国的开店速度。2009年，沃尔玛从20家新增门店飙升至51家，随后的2010年、2011年，沃尔玛继续以外资最大规模的开店数量圈地，分别新开47家和43家新店。与之相比，家乐福年均开店数为25家左右，大润发最高开店记录也只有42家。跑马圈地的过程当中，沃尔玛却经历着管理层的集中动荡。据不完全统计，从2011年开始，沃尔玛中国共有约8位副总裁以上高管离职。

而对此前陈耀昌的政策，很多业内人士认为那一系列"新政"导致沃尔玛太注重追求业绩，使得门店管理失控，出现了一系列危机事件。中国市场虽然被沃尔玛视为美国本土市场之外最大的单一市场，但中国市场给沃尔玛的业绩贡献比例仅为2%。高福澜面临的问题就是如何提升中国市场在全球市场的地位和业绩贡献比重。

为此，针对这一次新的战略升级计划，高福澜称，在未来发展的五大战略中，沃尔玛将不断提升运营效率降低成本。同时简化业务流程，打造高效的供应链，从而实现沃尔玛在中国业务的可持续发展。在这个战略中，强化价格优势是第一步。

新的采购调整能否让沃尔玛成功"瘦身"不得而知，但在沃尔玛看来，精细化管理一定是零售业未来的发展趋势。

（资料来源：熊元. 沃尔玛"瘦身"［J］. 21世纪商业评论，2012（22）：64-66.）

思考题

1. 沃尔玛做了哪些内部调整以应对市场变化？为什么做这些调整？
2. 沃尔玛的"瘦身"对企业未来发展有哪些影响？利与弊有哪些？
3. 沃尔玛认为自己的核心竞争力是什么？
4. 沃尔玛应该如何构建并发展自己的可持续竞争优势？

第五章 战略选择

【管理名言】

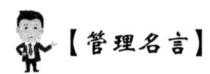

只有具有正确的战略选择，企业才能战胜竞争对手。

——乔尔·罗斯

【学习目标】

1. 了解在战略选择中各种战略的特点。
2. 学会如何建立 SWOT 矩阵、SPACE 矩阵、BCG 矩阵、IE 矩阵、GS 矩阵和 QSPM 矩阵。
3. 了解战略选择的重要作用。

战略选择是战略管理的重要组成部分，选择适用的战略模型是企业经营取得成功的关键。企业究竟选择什么样的战略模型取决于企业所处的特定环境和企业自身的状况。本章首先介绍供企业选择的各种战略模型及其具体选择方法，然后介绍企业战略选择的通用方法。

第一节　公司战略

企业总体战略是公司的主导战略，主要是解决公司经营范围、方向和道路问题，是对企业全局的长远性谋划，由其最高管理层负责制定和组织实施。企业总体战略主要考虑以下几个方面：企业是集中从事现有业务、相关业务的经营，还是要涉足于其他产业；企业是否要进行扩张，如果要扩张，是通过内部发展，还是通过外部收购、合并或合资经营来实现这一目的；企业是否应该收缩防御或实行撤退，以便收回更多的投资或防止遭受更大的损失。企业总体战略模型主要有一体化战略、加强型战略、多元化战略、并购战略、防御型战略。

一、一体化战略

1. 一体化战略的含义

一体化战略就是企业利用自己在生产、技术、市场等方面的优势，沿着业务经营链条的纵向或横向水平方向，不断地扩大其业务经营的深度和广度来扩大经营规模、提高其收入和利润水平，使企业得到发展壮大。一体化可以是全线一体化（参与行业价值链的所有阶段），也可以是部分一体化（进入整个行业价值链的某些阶段）。一个公司进行一体化的方式可以是在行业活动价值链中的某个阶段自己独立创办有关的经营业务，也可以是购并一家已经开展某些活动的公司。

加强公司的竞争地位是公司动用自己的资源进行一体化经营唯一的一个绝好理由。如果一体化所产生的成本节约足以保证额外的投资或者足以产生以差别化为基础的竞争优势，那么无论是从利润的角度还是从战略的角度，一体化都会带来真正的回报。

2. 一体化战略的优点

（1）它能够提高企业的业绩，降低成本或者加强差别化。

（2）它对于协调更多阶段之间的活动有关的投资成本、灵活性和反应时间以及管理杂费产生积极的影响。

（3）它能够创造竞争优势。一体化战略的核心：公司要想取得成功，必须确定哪些能力和业务活动应该在企业范围内展开，哪些可以安全地转给外部供应商。如果不能获得巨大利益，那么一体化就不太可能成为诱人的战略选择。

3. 一体化战略选择的类型和方法

（1）前向一体化。以企业初始生产经营的产品（业务）项目为基准，企业生产经营范围的扩展沿着生产经营链条向前延伸，使企业的业务活动更加接近最终用户，即发展原有产品的深加工业务，提高产品的附加值后再出售；或者直接涉足最终产品的分销和零售环节。在很多行业，独立的销售代理商、批发商、零售商都与同类产品的相互竞争的品牌打交道。独立的销售及分销渠道可能导致公司的库存成本高昂，使公司经常处于生产能力利用不足的状态，这样就削弱了稳定的接近生产能力水平的产品生产所带来的经济效果。在这种情况下，制造商将会发现：公司经营前向整合进入批发或零售环节以获取能够完全经营自己产品的渠道在竞争中就会很有优势。在能够提高生产能力利用率或者加强品牌形象的情况下，制造商有时可以自己投资建立下列销售机构而获取更大的利益：公司自己拥有的分销机构、特许特约经销商网络和零售连锁店。同时在有些情况下进行前向整合，直接进入最终用户的销售活动中去，这样可以去掉很多批发零售渠道，从而可以带来明显的成本节约，降低产品的销售价格。对于一家原材料生产商来说，前向整合进入产品的生产和制造环节可以提高产品的差别化，可以为厂商提供一条阳光大道，逃离以价格竞争为导向的市场竞争。一般来说，在行业价值链靠前一阶段的产品是已经商品化的产品。商品化产品的市场竞争通常是激烈的价格竞争，随着供需之间平衡的摆动，利润也随之起伏不定。不过，在整个行业价值链中离最终消费者越近，公司就越有机会打破商品化竞争环境。例如，企业可以通过下列方式对自己的产品进行差别化营销：设计、服务、质量特色、包装和促销等。和价值链中其他一些创造价值的活动相比，产品差别化常常可以降低价格差异的重要性，提高利润率。

1）前向一体化战略实现的方式。前向一体化通常包括自建、收购、合并和特许经营等。

2）前向一体化战略的特点。①优点。当零售商利用企业的产品能够获得高额利润时，企业通过前向一体化可以增加企业的利润，也可以使企业控制销售渠道以便消除库存积压和生产下降的局面。②缺点。可能会增加投入和开辟市场的难度，还可能会得罪经销商。

3）前向一体化战略的适用条件。包括：企业通过控制销售能够提高利润，而不是更多地增加经营成本；企业通过控制销售可以为自己的产品制定有竞争力的价格；企业为了保持生产的稳定性，如果不能很好地控制销售就不能减少库存和避免生产下降；企业参与竞争的产业正在或将要迅速发展，一个萎缩衰退的产业是不适合实行前向一体化战略的；销售商成本高昂、不可靠或不能满足企业销售需要时，企业必须直接进行销售活动；企业具备销售自己产品的资金和人力资源，这是实行前向一体化战略的基本条件。

（2）后向一体化。以企业初始生产经营的产品（业务）项目为基准，企业生产经营范围的扩展沿其生产经营链条向后延伸，发展企业原来生产经营业务的配套供应项目，即发展企业原有业务生产经营所需的原料、配件、能源及包装服务业务等的生产经营。如服装生产企业发展纺织面料的生产经营业务，金属冶炼企业自办电厂等均属此项。后向整合只有在下列情况下才会节约成本：所需的量很大，足以获得供应商所拥有的规模经济，而且在不降低质量的前提下可以赶上或者超过供应商的生产效率。通过后向整合来降低成本可以在下列情形下获得最好的潜力：供应商拥有相当可观的利润，由供应商供应的产品是主要的零配件，进行后向整合所需的技术、技能很容易掌握。对关键活动进行后向整合在下列情况下可以产生以差别化为基础的竞争优势：一家公司对先前采用外部寻源的活动进行经营之后，能够提高产品或服务质量，提高公司客户服务的能力，或者能够从其他方面提高公司最终产品的性能。在某些情况下，在整个价值链中，通过整合可以更多地增加公司的差别化能力。因为这样公司就可以建立或加强公司的核心能力，更好地掌握对战略起关键作用的技术，或者增加那些能够提高客户价值的特色产品或服务。后向整合还可以排除依靠供应商来提供关键配件或支持服务所带来的不确定性，它还可以降低公司面对那种抓住一切机会抬价的强大供应商时的脆弱性。维持一定的库存，签订固定价格合同，采用多种寻源方式，建立长期合作伙伴关系以及利用替代供应品等是用来对付不确定性供应环境或在经济上强大的供应商的有效方法。如果一家公司处在其供应商客户优先秩序的下端，那么，它就很可能会每一次都不得不被动地等待供应商的送货。如果这种情况经常发生并且影响公司自己的生产活动，后向整合就是一种不可避免的选择。

1）后向一体化战略的实现方式。后向一体化通常包括自建、收购、合并等。

2）后向一体化战略的特点。①优点。当供应商通过向企业提供产品能够获得高额利润时，企业后向一体化就可以增加自己的利润；可以使企业保证良好的供应条件；可以扩大企业规模，使企业获得规模效益；可以分散风险。②缺点。跨产业经营、进入陌生领域会增加投入和加大风险。

3）后向一体化战略的适用条件。包括：企业通过控制供应可以获取高额利润；企业需要通过控制原材料成本稳定产品价格；企业需要尽快地获取所需要的资源；供应商的数量少而需要方竞争者数量多；当前的供应商成本高、不可靠或不能满足需要；企业参与竞争的产业正在迅速发展，可以使企业进行规模化生产；企业具备自己生产原料的资金和人力资源是后向一体化必不可少的条件。

（3）横向一体化。企业生产经营范围的扩张是发展与原有产品（业务）同类的产品、业务项目，它们之间虽属同类，但在功能、用途等方面可能是有差异的。成长发展的结果并不改变企业原来所属的主业，只是使企业经营的产品及业务的品种增多，市场覆盖面和市场占有率提高，规模扩大、收益增加。如我国的第二汽车厂，原是以生产载重货车为主要业务的企业，后来根据市场变化先后发展了小轿车、大客车、专用车等产品项目。

1）横向一体化战略实现的方式。包括：适当延长产品线；通过兼并收购实现横向扩张；获得同行业竞争者的所有权或加强对其的控制。

2）横向一体化战略的特点。①优点。扩大了企业的规模，增加了产品和销售量，提高了盈利水平；有利于资源和能力的流动；同直接竞争者的合并可以避免设施重置，有利于提高生产率。②缺点。可能会使企业背上沉重的包袱；可能引起企业间的冲突。

3）横向一体化战略的适用条件。包括：企业在不违背反垄断法的前提下准备获取垄断利益；企业想通过扩大规模获取竞争优势，而被兼并的竞争者是由于经营不善或缺乏资源而不是因为整个产业销售量下降；企业在一个成长着的产业进行竞争，因为只有成长中的产业才能维持规模化经营；企业拥有管理更大规模企业的资金和人才同样是横向一体化不可缺少的条件。

4. 选择一体化战略应注意的问题

（1）一体化会提高公司在行业中的投资，从而增加经营风险，有时甚至还会使公司不能将资源用到更有价值的地方。由于在实行一体化扩张时投资成本很高，所以全过程一体化公司对新技术的采用要比部分一体化公司或非一体化公司要慢一些。

（2）不管是前向一体化还是后向一体化都会迫使公司依赖自己的企业内部活动而不是外部的供应源（而这样做所付出的代价可能随着时间的推移而变得比外部寻源要昂贵），这会降低公司满足顾客产品种类方面需求的灵活性。

（3）一体化有一个在价值链的各个阶段平衡生产能力的问题。价值链上各个活动最有效的生产运作规模可能大不一样，在每一个活动交接处都达到完全的自给自足是例外情况而不是一般情况。对于某项活动来说，如果它的内部能力不足以供应下一个阶段运作需要，差值部分就需要从外部购买。如果内部能力过剩，就必须为过剩部分寻找顾客，如果产生了副产品，就必须进行处理。

（4）不管是前向整合还是后向整合都需要拥有完全不同的技能和业务能力。零配件的生产、装配、批发分销以及零售都是不同的业务，需要不同的关键成功因素。公司的管理者必须谨慎地考虑投资大量的时间和资本来开发专有技能和特许经营技能以便能够前向整合进入批发或零售，这样做是否具有很大的商业意义很值得考虑。很多制造商都知道拥有和运作批发、零售网络会带来很多棘手的事情，和它们最擅长的事情很不相符，并不总是如它们所想象的那样能够给它们的核心业务增加价值。后向整合进入零配件的生产也并不像听起来那样简单或那样很有"钱途"。

（5）后向整合进入零配件的生产可能会降低公司的生产灵活性，延长对设计和模型进行改造的时间，延长公司将新产品推向市场的时间。如果一家公司必须经常改变产品的设计和模型以适应购买者不断变化的偏好，它们通常会发现后向整合进入零配件的生产是一件负担很重的事情，因为这样做必须经常进行模具更改和重新改进设计，需要花费很多时间来实施和协调由此带来的变化。从外部购买零配件通常比厂内制造要便宜一些、简单一些，这使公司能够更加灵活地调整公司的产品满足购买者的需求偏好。世界上绝大多数汽车制造商虽然拥有自动化的技术和生产，但它们还是认为，从质量、成本和设计灵活性的角度来讲，它们因为是从专业制造厂商那里购买零配件而不是自己生产，因而获得了很大的利益。一体化的最大缺点是，它将一家公司深深地陷入某一个行业之中；如果跨越行业价值链体系的几个阶段的经营运作不能建立竞争优势，那么实行一体化战略将是一个存在问题的战略行动。

二、加强型战略

1. 加强型战略的含义

加强型战略，是指企业努力提高现有产品竞争地位的战略。采取加强型战略的企业将全部或绝大部分的资源集中使用于最能代表自己优势的某一项业务上，力求取得在该业务上的最优业绩。随着消费需要的多样性和业务种类的增多，没有哪一个企业能成功地解决所有用户的所有问题，只有为某一特定范围的市场提供适用产品的企业才能成为市场上的领先企业。

2. 加强型战略的适用条件

采取加强型战略的企业必须能将资源集中于某一种业务、某一项技术、某一类市场，在生产技术、市场知名度、对用户需求的敏感性以及对市场的了解上都强于进行多元化生产的竞争对手；采取加强型战略意味着企业的活动范围相对较小，企业必须采取科学的管理方式，以最高的效益和最经济的价格提供高质量的产品；公司的方向、目标都很清楚和明确，全力从事一项业务，能利用管理人员的专业知识并发挥学习效应。加强型战略具有风险较小、对追加资源的要求最低、最能发挥企业已有的能力等优点。

3. 加强型战略选择的类型和方法

(1) 市场渗透。市场渗透就是企业通过更大的市场营销努力，提高现有产品和服务在市场上的份额。

1) 市场渗透战略的优势。①增加现有用户对企业产品（服务）的使用量。例如，说服现有用户增加购买量、加速产品的更新换代速度、发现现有产品的新用途、采取价格优惠或提高质量等。②吸引竞争对手的用户。可以通过采用绝对不会与竞争对手商标相混淆的产品商标、增加促销工作、削价等方法实现。③吸引新用户。例如，用赠送样品、低价试用，提价或降价，增加产品广告等方法引起用户对产品的注意。

以上三类活动的目的都是增加现有市场对企业现有产品的需求量，其中每一种途径又可以分解出许多具体的行动。

2) 市场渗透战略的实现方式。包括增加销售人员、增加广告开支、采取广泛的促销手段、加强公关宣传等。

3) 市场渗透战略的特点。优点是简单易行、风险小、有利于提高企业的竞争能力。缺点是增加销售费用、对企业的快速扩张促进作用不大。

4) 市场渗透战略的适用条件。①企业特定产品与服务在当前市场上还未达到饱和。②现有用户对产品使用率还可显著提高。③在整个产业销售额增长时主要竞争对手的市场份额在下降。④在历史上销售额与营销费用曾高度相关。⑤规模的提高可带来很大的竞争优势。

(2) 市场开发。市场开发是指企业在市场范围上的扩展，主要是将现有产品和服务打入新的市场。企业实行市场开发战略，将现有产品进行某些改变（主要是外观上的改变）后，经过其他类型的分销渠道、不同的广告或其他媒介销售给新的相关市场用户，即在新市场上销售现有产品。市场开发的成功主要取决于企业分销系统的潜力发挥和企业在资源上对建立和完善分销系统或是提高分销系统效能的支持能力。

1) 市场开发的主要途径。①增加不同地区的市场数量。这可以通过在一个地区的不同地点、在国内不同地区或在国际市场上的业务扩展来实现。企业在增加不同地区的市场数量时需要同时考虑到对跨地区市场的管理方式。例如，是对全部地区的市场进行统一管理还是对不同地区制定不同的政策。由此可见，地区扩张的同时引出了管理组织变革的要求。②进入其他细分市场。如对产品稍做调整以适应其他细分市场的需要，利用其他分销渠道，采用其他宣传媒介等。例如，食品生产厂商对原有产品的生产和包装工艺进行相应调整，在保持原有专业食品店这一分销渠道外增加了为超市生产的业务。又如，摩托车制造商在对产品功能稍做改进后，将摩托车出售给牧民作为放牧工具等都是实施市场开发的例子。进入其他细分市场本身要求企业具备对产品进行适度技术或功能改造的能力。

2) 市场开发战略实现的方式。包括：寻找新的经销商、设置片区经理、特许经营等。

3) 市场开发战略的特点。①优点：能够提高市场份额、扩大企业知名度。②缺点：

增加销售费用、增加了渠道管理的难度、加大了企业的销售风险。

4）市场开发战略适用的条件。包括：①企业在所竞争的领域非常成功。②存在未开发或未饱和的市场。③企业拥有扩大经营所需要的资金和人力资源。④企业存在着过剩的生产能力。⑤企业的主业属于正在迅速全球化的产业。

（3）产品开发。产品开发指通过改进和改变产品或服务而增加产品的销售，主要是在产品种类上的扩展。企业实行产品开发战略，对现有产品进行较大幅度的调整，或生产与现有产品相关的一些产品并通过现有渠道推销给现有的用户。进行产品开发的目的是延长现有产品的生命周期，或是充分利用现有产品的声誉及商标以引起对现有产品有好感的用户对新产品的关注。总之，是在现有市场上出售新产品。

1）产品开发实现途径。①开发新的产品特征。这可以通过为现有产品增加新的功能或特性，改变现有产品的物理特征，如色彩、形状、气味、速度，或改变产品结构、部件及组合方式等实现。例如，对剃须刀的刀头、剃须刀的功能进行调整，就形成安全剃须刀和女式剃须刀等新产品系列，而剃须刀的基本使用方法和制造原理都没有变化。又如，保健茶、减肥茶等都是在茶叶中添加了某些中药后形成的产品特征。②形成产品和服务的质量差别，对同类产品和服务区分质量等级，形成不同的质量—价格组合方式。例如，在原有服务项目之外推出豪华型服务和大众型服务，使产品形成高档产品和中档产品等。③开发新产品。例如，开发新的车型，增加产品功能或是形成产品功能系列，将具有互补功能的产品组合为一个整体产品等。产品开发要求企业具备较强的设计、开发、工艺能力，并具备足够的财务支持能力和风险承受能力。为了使新产品能顺利地实现商品化，还需要企业现有的分销系统具备足够的扩展能力。

2）产品开发战略实现的方式。包括自行开发和研究、引进新技术和产品、提高产品的附加值等。

3）产品开发战略的特点。①优点：有利于提高产品的市场竞争地位、有利于提高企业的核心能力。②缺点：需要大量的开发研究费用、增加了企业的风险。

4）产品开发战略的适用条件。包括：①企业拥有成功的处于产品生命周期中成熟阶段的产品。此时可以吸引老用户试用改进了的新产品，因为他们对企业现有产品和服务已具有满意的使用经验。②企业所参与竞争的产业属快速发展着的高科技产业。③与主要竞争对手相比，以可比价格可以提供更高质量的产品。④企业在高速增长的产业中参与竞争。⑤企业拥有非常强的研究与开发能力。

4. 选择加强型战略应注意问题

加强型战略虽然能使企业获得稳定发展，但随着产业生命周期的推移，这一发展总是会有尽头的。而且，加强型战略使企业的竞争范围变窄，当产业趋势发生变化时，单纯采用这一战略的企业容易受到较大的打击。另外，由于用户、市场、技术的不断变化，经营内容单一化会使企业承受极大的环境压力，这些都是企业在实行加强型战略时必须引起重视的问题。

三、多元化战略

1. 多元化战略的含义

多元化战略是指企业的发展扩张是在现有产品和业务的基础上增加新的、与原有产品和业务既非同种也不存在上下游关系的产品和业务。多元化战略涉及的关键问题是，在企业的发展过程中，总会碰到这样或那样的、看似非常令人激动的发展机会，其中有些机会与企业目前的经营领域相一致或相接近，而另一些机会则与企业目前的业务领域相去甚远，企业是否要抓住这些机会，或者企业在发展过程中是否应当积极地寻找这样的机会以求得企业的发展？这些都是多元化战略要考虑的问题。多元化战略分为相关多元化和不相关多元化，相关多元化中还有一种横向多元化战略。

（1）相关多元化。相关多元化指增加新的、但与原有业务相关的产品与服务的经营战略，它所强调的是市场、产品和技术等方面的共性。相关多元化也称作集中多元化或同心多元化，包括低度多元化和中度多元化。低度多元化包含"单一业务型企业"和"主导业务型企业"。当企业主导业务的销售额占总销售额的95%以上时，就将其称为"单一业务型企业"。当企业某一项业务的销售额占总销售额的75%~95%时，就将其称为"主导业务型企业"。通常，主导业务型企业拥有一体化的几个层次。从发展的观点来看，许多企业（如很多石化公司）起步是始于单一业务（如炼油），然后通过一体化（如向上游的石油开采方向发展，向下游的石化深加工方向发展等）战略，逐渐成为主导业务型企业。当企业主导业务的销售额低于总销售额的70%时，并且企业各项业务之间以某种方式相互关联时，就将其称为中度多元化。这种类型的企业还可以进一步分为"相关约束多元化"和"混合相关多元化"两种类型。相关约束多元化是指，虽然主导业务的销售额占总销售额比例在70%以下，但在各项业务之间存在较强的关联，如技术、原料或分销渠道的联系等。而在混合相关多元化企业中，可以将所有业务分为若干个集群，在集群内部的各项业务是相关的，而在集群之间是不相关的。混合相关多元化企业在各项业务之间的关联度要比相关约束多元化企业小得多。

1）相关多元化战略实现的方式。一般是利用企业自身现有的技术、设备、销售渠道、客户资源开发新的产品或服务。

2）相关多元化的特点。①优点：可以分散单一经营的风险；可以发挥企业原有专长，形成协同效应；扩张难度较小。②缺点：由于力量的分散，有可能影响主导产品和服务的发展。

3）相关多元化战略适用的条件。包括：①企业参与竞争的产业属于零增长或慢增长的产业。②增加新的却又相关的产品将会显著地促进现有产品的销售。③企业能够以高度竞争的价格提供新的、相关的产品。④新的、相关的产品所具有的季节性销售波动正好可以弥补企业现有生产周期的波动。⑤企业现有产品正处于产品生命周期的衰退阶段。⑥企业拥有强有力的管理队伍。企业在实行相关多元化战略时必须认真考虑上述条件，否则，不适宜采用相关多元化的战略。

（2）横向多元化。在相关多元化战略中，还有一种用户相关、产品和服务不相关的横向多元化战略，即向现有用户提供新的、与原业务不相关的产品或服务的经营战略。

1）横向多元化战略的实现方式。横向多元化战略主要是利用企业自身的能力或通过外部引进的方式开发新的产品或服务。

2）横向多元化战略的特点。①优点：对现有用户比较了解，利用现有销售渠道，风险小，费用低。②缺点：进入陌生业务领域，风险大。

3）横向多元化战略的适用条件。①通过增加新的、不相关的产品，企业从现有产品和服务中得到的盈利可显著增加。②企业参与竞争的产业属于高度竞争或停滞增长的产业，其标志是低产业盈利和低投资回报。③企业可利用现有销售渠道向现有用户营销新产品。④新产品的销售波动周期与企业现有产品的波动周期可以互补。

（3）不相关多元化。不相关多元化是指增加新的、与原有业务不相关的产品或服务的经营战略，又称混合型多元经营战略或复合多样化、不相关多元化、跨产业经营战略等，即用户、产品和服务都不相关的经营战略。

实行不相关多元化战略的企业其主导业务的销售额占总销售额的比例低于70%，并且各项业务之间没有关联。例如，一家企业既从事油漆的生产经营，又从事中药的生产经营，还经营房地产业务，它的三项业务之间几乎没有联系，这就是不相关多元化经营。

1）不相关多元化的理论假设。整体的价值小于各部分价值之和，即通过化整为零使企业增值（这是一种反系统原理假设，系统原理认为，系统整体大于部分之和）。采取这种战略的公司有的是为了将收购的公司加以分解或出售，以便盈利。韦斯特认为："公平市场认为分解后的企业总资产要大于作为整体的企业资产。"其目的是强调盈利。

2）不相关多元化战略实现的方式。包括：将大公司分解，进行跨行业经营；通过收购、控股、合并进行跨行业经营。

3）不相关多元化的特点。①优点：通过向不同的市场提供产品或服务来分散企业的经营风险，利用协同效应来提高企业的总体盈利能力和灵活性，增加新的投资机会和盈利点，克服主业下滑给企业造成的损失。②缺点：跨入新行业加大了企业的经营风险，增加了管理难度。

4）不相关多元化战略的适用条件。①企业的主营产业正经历着年销售额和盈利的下降。②企业拥有在新的产业进行成功竞争所需要的资金和管理人才。③企业有机会收购一个不相关的但却有良好投资机会的企业。④收购与被收购企业之间目前已经存在着资金的融合。⑤企业现有产品的市场已经饱和。⑥历史上曾集中经营于某单一产业的企业不至于受到垄断指控。

5）由于实行不相关多元化战略风险比较大，为了规避风险，实行不相关多元化战略的企业特别需要注意：①企业要有足够的实力。②慎重选择所扩张的业务。③在不得已的情况下，尽快抓住一个主业不放。

2. 多元化战略的功能

（1）实行相关多元化战略能获得范围经济性与市场力量。范围经济性就是当一个企业在多个行业或多个市场经营时，企业通过将其在某项业务经营中所形成的能力和竞争力移植到一项新的业务中，从而降低企业的总成本所产生的经济性。这种情形在相关多元化战略中可以得到体现。实现范围经济性的基本方法是作业共享和移植竞争能力。作业共享主要指通过有形资源（如工厂设备以及其他类型的实体资产，也包括"准"有形资源，如销售队伍）在各个业务之间共享以创造范围经济。在相关约束型的企业中，作业共享非常普遍。从价值链角度看，基础作业如进货后勤、制造、销售后勤会有多重作业共享。通过有效地共享这些作业，企业能够建立具有竞争优势的竞争能力。就进货后勤来说，各业务单位可以共享共同的仓库设施、运输设备和发货与运输管理体系；制造过程可以共享共有的装备设施、质量控制体系和维修保养体系；在销售后勤方面，两个业务单位可以共享一个销售队伍和售后服务体系；在支持性作业方面可以将几项业务组织起来进行共享采购作业以降低和控制外购成本，各业务之间也可以共同分享管理信息系统等技术开发成果。

移植竞争力是实现范围经济性的另一种有效方法。移植竞争能力主要指通过无形资源（如专有技术、营销技巧、商誉等）在各个业务之间的移植以创造范围经济。相关多元化也可以用于获得市场力量，市场力量是指企业对市场的控制力或影响力。当企业能够以高于现有的竞争性价格水平销售产品，或者企业能够降低成本使其比现有的竞争性价格水平更低，或者两者同时具备的时候，企业就可以获得市场力量。由于越来越多的企业开始寻求各个业务之间的相互关联，因此，企业之间（特别是大企业之间）越来越增加了"多点竞争"。所谓多点竞争，就是指企业之间不仅在一个业务领域竞争，而且在多个业务领域彼此竞争。

（2）不相关多元化战略能实现有价值的内部资本市场的有效分配。在市场经济中，资本的有效分配通常是通过资本市场来进行的，资本能有效分配是因为投资者会主动寻求买到在未来会具有较高现金流价值的企业股票（或所有权）。资本不仅通过股权来分配，而且也会通过债权来分配。股东和债权人通过投向预期能快速增长的企业来寻求提高他们投资价值的途径。企业也可以动用这个原理来进行资本投资。例如，在大型的多元化经营的公司中，公司总部可以把资本投向企业内部的分支机构来为整个公司创造价值。在这种情况下，较之将公司资本投向外部资本市场，公司总部可以获得更详细和精确的企业运营效益的信息，从而提高投资的"命中率"。这种情况在我国上市公司中非常普遍。

（3）不相关多元化能有效地分散风险。多元化经营可以通过在多个业务中适当地分配资源来减少企业的整体风险。企业不能把自己的鸡蛋全部装在一个篮子里，在复杂激烈的市场竞争中，企业为了维持自己的生存和发展，必须拥有多种准备，在遇到风险时能够做到"东方不亮西方亮"。

（4）不相关多元化能实现创造价值的重组。另外一种可供选择的方法就是全力以赴地在外部市场购买和销售其他公司的资产。重组的方法通常是先买进某一企业，然后将其包装后再整体卖出或部分卖出以获得利润。最初经常采用的一种重组方式是,卖出业绩不好的分支机构,留下有前途的分支机构并使其处在严格的财务控制之下,如严格的财务预算、严格的现金管理和严格的账户管理等。

(5) 多元化有利于政策法规的利用。政策法规对企业的多元化经营有重要的影响,它们是企业多元化经营的外部推动因素;其中,反垄断法和税法的影响最明显。例如,20世纪60~70年代,美国政府为了鼓励竞争,防止个别企业通过一体化获得过大的市场力量,对企业的相关多元化并购进行严格的控制。结果,在此期间发生的并购案所涉及的大都是非相关业务并购。税法对多元化经营的影响不仅包括个人税的影响,也包括公司税的影响。一般来说,并购增加了公司固定资产折旧的抵扣,增加的折旧(非现金流费用)减少了应纳税收入的数额。这也是多元化并购的一个推动因素。

(6) 多元化能为企业的低效益寻找新的生长点。通常,当企业效益好的时候企业倾向于集中经营;而当企业效益不好的时候则倾向于通过多元化经营寻找新的生长点。然而一些研究发现,效益与多元化经营之间存在着一个怪圈:效益越不好,就越希望多元化;而多元化常常并不能改善企业的效益,反而使企业更加低效。这使得一些公司又转过头来降低了多元化经营的步伐,甚至通过重组对企业进行较大的剥离手术。与上面的情况类似,有些处在行业生命周期成熟期以后的企业,虽然目前的情况还可以,但是由于未来的不确定性,它们也会通过多元化来试图寻找新的生长点。

3. 多元化战略选择方法

(1) 多元化判断检验。企业是否应该进行多元化经营战略的选择,首先要进行多元化战略价值的判断和检验。判断和检验包括以下三个方面:第一是吸引力检验。选择实行多元化经营战略的行业必须有足够的吸引力,能够使投资连续得到良好的回报。第二是进入成本检验。进入目标行业的成本必须不能高到会侵害比较高的获利潜力的地步。第三是状况改善检验。多元化经营的公司必须为它进入的新经营业务带来一些竞争优势的潜力,或者新的经营业务必须增加公司目前经营的竞争优势。状况改善检验需要检验有潜力的新的经营业务,以决定它们是否拥有与公司现存业务互补的有价值的价值链。这种互补可以提供削减成本、将技能和技术从一种经营转化到另一种经营的机会,或者提供创造有价值的新生产能力或有效利用现存资源的机会。能够满足所有三种检验要求的多元化经营决策对于提高企业盈利水平和在长期内营建股东价值有最大的潜力,只通过一种或两种检验的多元化决策,其能否提高企业的盈利能力和水平则令人怀疑。

(2) 时机选择。何时进行多元化,部分取决于公司当时在所处行业中的增长机会,部分取决于公司在其他市场领域综合利用其资源、专有技能和能力的现有机会。那些在当前经营中增长乏力,并拥有可以转向其他经营领域的能力以及扩展到其他行业领域所需的资源和管理水平的公司是最适合进行多元化经营的公司。如果一个公司正全力投入于现在所处行业中有利的增长机会,就不应急于实行多元化。但是,当公司拥有适合在其他行业进行成功竞争的核心能力、竞争能力和资源力量时,也可以考虑实行多元化经营。在新的业务领域进行多元化经营的决策会带来这样的问题:"实行哪种和多大程度的多元化?"

由于这时存在范围非常广泛的各种战略可能，公司可以进入密切相关的业务或进入完全不相关的经营，它可以扩展到现有能力是主要的成功因素和有价值的竞争资产的经营中，也可以寻求进入可以应用现有的技术秘诀并可能产生竞争优势的其他产品市场。它可以在小范围（小于全部年收入和利润的10%）或大范围（高达50%）内进行多元化，可以进入一个或两个大规模的新业务或者很多小的经营领域，还可以与其他组织合资进入新的经营领域。

4. 选择多元化战略应注意的问题

（1）在实行相关多元化战略时应该进行成本核算。相关多元化的作业共享可以提高范围经济性，但是这种经济性只有在能够克服由这种共享产生的其他成本的基础上才可能发生。这是因为，参与共享也要付出成本，而且有些成本是隐含的。例如，共同外购如果没有快速反应作基础，就会影响业务单位供应的及时性。

（2）选择多元化战略需要人力资源的有力支撑。在很多情况下，多元化经营的企业并不能通过有形资源的共享而形成范围经济效益。为使核心竞争能力能够移植成功，必须将掌握某项业务竞争能力的关键人物也一同移植到新业务中。这常常会造成企业这种管理者资源的严重短缺。人们在评论多元化经营时常说："多元化经营不是看你是否拥有过剩资本，而是看你是否拥有合适的人力资源。"

（3）实行多元化战略要注意选择适宜的行业。成功的多元化重组通常需要集中于成熟的、技术含量低的企业。而对那些增长较快、技术含量高的企业进行重组，由于资源配置的决策过于复杂，所以很难成功。因为高技术产品市场需求具有不确定性的特点，行业外的企业很难具有胜任的信息加工能力；并且企业的销售人员更易流动，他们很可能在重组过程中流失到竞争对手那里并随之带走客户。

四、防御型战略

防御型战略有两种类型：一种是企业为了减少经营风险和损失采取的一系列防范措施，包括合资经营、收缩、剥离和清算等；另一种是企业针对挑战者的挑战行为而采取的一系列措施。两者的共同目的都是为了减少企业的经营风险。

1. 企业为减少经营风险和损失而实行的防御型战略

（1）合资经营战略。企业为了规避经营风险，寻找合作伙伴，由两个或两个以上的企业共同出资组建一个新企业，称作合资经营战略。

1）合资经营战略实现形式。一般有以下几种：私人公司与公众公司合资，本国公司与外国公司合资，本国公司之间的合资等。

2）实行合资经营战略的优点。能加大资本投入的规模和经营管理的实力，克服独家兴办新兴产业或项目实力不够的障碍，有效地降低开办新项目的风险；由于多家组合经营，实行风险共担，还可以分散企业的经营风险。

3）合资经营战略的缺点。合资经营企业也要进行投入，而且有时需要大量的投资，增加了企业的负担。另外，企业需要付出比较大的精力去解决合资者之间的各种冲突，而且这些冲突往往是不可避免和经常发生的，从而分散了企业的精力。

4）在实行合资经营战略时，要注意以下适用条件：

第一，合资公司之间必须具有互补优势，否则难以进行整合。

第二，外国公司的资源能够被本国公司有效地利用，我国许多合资公司都是出于此目的而建立的。

第三，本国公司为了摆脱本国政府的管制或获得本国政府的政策优惠而与外国公司进行合资，这在我国建立的合资公司中更是屡见不鲜。

第四，投资项目具有很大的盈利潜力，但需要大量的投资，且风险很大，为了规避风险企业也往往采取合资经营战略。

第五，为了抵御大公司的竞争压力，两家或多家小公司进行合资经营以提高自己的竞争实力。

第六，为了提高竞争实力，防止企业在激烈的市场竞争中被淘汰出局，企业需要迅速采用某种新技术，这时也需要实行合资经营战略。

（2）收缩战略。收缩战略是指企业通过减少成本与资产而重组企业，以扭转企业销售和盈利下降的局面。收缩战略又称转向或重组战略，目的在于加强自己的竞争能力。

1）收缩战略的实现方式包括转向、关闭和依附等形式。具体内容如下：

①转向，其具体内容包括：更换管理者以转变企业的经营理念和经营思路；削减人员，以减少企业的经营管理成本；建立支出控制系统和削减资本支出，缩小企业的发展规模；减少产品系列或产量，缩短企业的产品线和规模；拍卖土地、建筑物等资产，筹措资金以解燃眉之急；推行工艺自动化，提高企业的生产效率。上述种种措施都带有企业重组的性质。②关闭，其具体内容主要是关闭不赚钱的业务，以优化企业的有效资产组合。③依附，其具体内容主要是依赖大用户生存下来，成为大用户的卫星企业。

2）实行收缩战略的优点。有利于企业巩固已有阵地，在危机中生存下来；有利于企业在条件好转时东山再起。

3）实行收缩战略的缺点。收缩时会遇到料想不到的障碍。例如，更换领导人可能会引起管理层的震动，减少人员会引起员工的反抗和工会方面的抗议等。

4）实行收缩战略时必须注意它的适用条件，这些条件包括：

第一，企业具有明显而独特的竞争力，但在一定时期内没有能做到持续地实现企业目标，经过收缩调整会使企业的资源和力量更加集中。

第二，企业在特定产业的竞争中处于弱势地位，经过收缩调整能够提升自己的竞争能力。

第三，企业受低效率、低盈利、低士气的困扰，并受到股东要求改进业绩的压力，经过收缩调整能够提高企业的营利能力。

第四，企业在长时间内没有做到利用外部机会、减少外部威胁、发挥内部优势及克服内部弱点，也就是说，企业的战略管理已遭受失败，这时企业必须进行战略转向。

(3) 剥离战略。出售企业的分部、分公司或任何一部分称为剥离，剥离战略又称放弃战略。剥离战略可以使企业强化自己的核心优势，摆脱不盈利或需要资金太多等不适宜的业务，降低企业的多元化程度。

1) 剥离战略的实现方式是卖掉部分资产或出让分公司的控股权。

2) 实行剥离战略的优点。可以使企业降低多元化程度，减少经营风险；可以使企业集中力量发展核心业务，提高企业的竞争优势；可以使企业摆脱拖累，扭转企业经营状态。

3) 剥离战略的缺点。可能会影响企业整体的技术或经济结构的完整性，进而削弱企业的整体实力；可能会影响或破坏企业总体战略的完整性，迫使企业不得不进行战略调整；由于出卖资产或出让股份可能会影响部分管理者与员工的利益，引起不满情绪；可能影响企业的形象，给人一种实力衰败的印象，从而引发一些负面影响。

4) 实行剥离战略要注意它的适用条件。

第一，企业已经采取了收缩战略但没有能够改善经营，不得不将一些不良资产进行剥离。

第二，公司为保持竞争力而需要投入的资源超出了公司的供给能力，不得不忍痛割爱。

第三，分公司的失利使公司的整体业绩不佳，为了防止公司整体业绩下滑，必须把经营失利的分公司剥离出去。

第四，分公司与其他公司组织不相适宜，如在市场、用户、管理人员、雇员、价值观及需求等方面的差别过大，可以实行剥离战略。

第五，企业急需大笔资金而又不能从其他合理途径得到这笔资金，不得不出卖公司部分资产或股权。

第六，政府的反垄断措施已对企业构成威胁，为了防止被政府强制拆解，公司不得不把部分资产出卖。

(4) 清算（或破产）战略。这是指企业依据《中华人民共和国破产法》（以下简称《破产法》）拍卖资产，停止全部经营业务来结束自己的生命。这是企业有序、有计划地将企业资产进行可能的最大程度变现的方法。企业可以首先依据法律宣布破产，然后对各分公司进行清算以得到资金。虽然这是一种痛苦的选择，但相比坚持经营无法挽救而承受更大的亏损而言，及时选择破产使经营者所受的损失会少些。因此清算（或破产）也不失为一种防御的手段。

1) 清算（或破产）战略的实现方式。企业选择适当的时机向外界宣布破产，并按照《破产法》规定的法定破产程序进行清算。

2) 清算（或破产）战略的优点。可以使企业免受更大的损失，并可以躲避一些债务。当然，这是企业迫不得已而选择的一种最下策。

3) 清算战略的缺点。企业生命结束，员工失业，老板财产和声誉受损。

4) 在实行清算（或破产）战略时，必须搞清它的适用条件。这些条件如下：

第一，公司已经采取了收缩和剥离两种战略，但均未获得成功，只得宣布破产，这是公司的唯一选择。

第二，公司股东可通过出售企业资产而将损失降至最小。

对于大的集团公司来说，以上几种战略可以单独使用，也可以组合使用。

2. 企业针对挑战者的挑战行为而实行的防御型战略

每个企业都面对着各种各样的竞争对手和挑战者，如何应对挑战者的挑战是每个企业不可能不考虑的事情。因此企业除了学会为减少经营风险和损失而实行的一般防御型战略手段外，还要学会针对挑战者的挑战行为而实行的防御型战略手段。

（1）应对挑战者的方法。

1）防御时机选择。挑战企业的进攻过程一般包含四个阶段：准备期、进入期、持续期、后进入期。在不同的阶段，挑战者对其战略的投入程度可能不同。通常，随着挑战进程的成功推进，挑战者的信心和投入就会随之增加。防御战略对挑战者的投入程度非常关键，因为它体现了阻止或限制挑战者目标的难度。挑战者的投入程度越高，其退出代价也就越大，挑战者也只有选择进攻，别无他途。因此，防御也就越困难。所以，实施防御行动必须在挑战者决定是否采取退出或收缩壁垒的步骤之前采取，才会使挑战者的进攻意志发生动摇。选择防御行为实施的时机，可以通过辨识形成价值链所需的冒险投资水平来进行预测。价值链所需的冒险投资水平低，则挑战者在受到反击时容易退出，高时则不容易退出，挑战者往往会背水一战。因此，防御者必须在退出代价上升之前采取防御行动。防御者必须注意在挑战行动实施的初期就采取必要的行动动摇挑战者投入的决心，因为挑战者由于考虑进入新领域的风险性和不确定性，对挫折或早期成败的迹象特别敏感。因此熟练的防御者应及时阻止挑战者达到其初始目标，并努力改变产业竞争情况使挑战者怀疑自己对该产业或产业内某特定位置吸引力初始假设的正确性。

2）防御战术选择。防御战术主要有六类：提高结构壁垒、增加可预期的报复、降低进攻的诱惑力、扼制、还击、撤资。

第一，提高结构壁垒。结构壁垒的存在减少了挑战者从其进攻中所预期的收益，防御者要努力提高结构性壁垒。常用的方法：填补产品或位置缺口、增加买方的转移成本、提高进行尝试的成本、防御性地增加规模经济、防御性地增加所需成本、排除其他可选技术、投资保护专有技术诀窍、建立与供方的牢固关系、提高竞争对手的投入成本、防御性地建立关联、鼓励提高壁垒的政府政策等。

第二，增加可预期的报复。防御者预期会进行报复，这种报复会降低挑战者的收入或增加其成本，因而损害挑战者的预期收益。常用的方法：显示其对防御的投入、显示早期壁垒、确立封锁地位、竞争威胁承诺、提高退出或丧失市场份额需付的代价、积聚报复的资源、鼓励好的竞争对手、树立反击榜样、建立防御联盟。

第三，降低进攻的诱惑力。降低诱惑力就是降低行业的利润率。其常用的方法有降低利润目标、控制竞争对手对未来产业前景的假设。

第四，扼制。扼制需要的成本往往小于进攻开始后投入争斗的成本。有效的扼制需要做好以下工作：了解现存壁垒，预见可能的挑战者，预测可能的进攻路线，防御、封锁可能的进攻路线，塑造企业顽强防御者的形象，确立现实的利润期望值。

第五，还击。如果扼制失败，企业必须决定在挑战者进攻开始后如何进行反击。扼制不可能也不应当将进攻机会降至零，这样做的代价通常太昂贵，而且也很少能预见所有可能的挑战。因此，对进攻做出有效且及时的还击是防御战略的一个重要部分。用以指导还击的一些重要原则是，尽可能早地以某种方式进行还击，为尽早发现挑战的实际行动而进行投资，针对进攻原因做出还击。削价是最难进行反击的进攻形式之一，因为它对利润率有极大的影响，而且可能产生价格螺旋式不可逆下降的风险。因此，企业在对削价做出还击时要尤为小心，要弄清竞争对手削价的理由，表明愿意战斗，同时进行局部还击、交叉防御，或者以其他方式削价，创造、利用"特殊"产品等。

第六，撤资。在许多产业中，对防御进行投资收益很高，然而企业应当最优化而不是最大化其防御投资。但是，在某些产业中，投资于防御根本不合适，或者只适于作为暂时的拖延手段。在企业的地位最终不能持续时情况就是如此。对于这类企业来说，最佳的防御战略是"赚了钱就跑"。作为这类战术的一部分，有时在实行收缩战略时要鼓励竞争对手进入以提高市场增长率。

（2）应对挑战者挑战时应注意的问题。企业在处于防御地位时会出现许多常见的错误。防御战略中第一个常见错误是只狭隘地关心短期利润率，而忽视了防御投资。成功的防御战略带来的好处常常是难以衡量的，因为成功的防御意味着什么风波也不会发生。这也是人们忽视防御战略的一个重要原因。防御战略中第二个常见的错误是自满和大意。企业常常不注意考察和提防自己为潜在的竞争对手有意无意提供的进攻机会，或者不曾认真地考虑挑战出现的可能性，其结果是企业在遭到攻击时往往措手不及。市场竞争残酷而又激烈，企业领导者决不能掉以轻心，要随时准备应对挑战者的进攻。

五、并购战略

1. 并购战略的含义

企业发展总体上可以分为内部生长型发展与外部扩张型发展两种战略途径。内部生长型发展指企业通过投资建立新的生产经营设施，包括在原有的业务内扩大规模和投资开展新的业务。外部扩张型发展是指企业通过并购方式获得已有的生产经营资源和能力。较之内部生长型发展，外部扩张型发展有许多优点，因此被大量采用。但是，它也存在很多风险。

并购就是兼并和收购，两者都是企业产权交易，它们的动因极为相近，运作方式有时也很难区分，因此人们常常将它们作为一个固定的词组来使用，简称并购。在西方国家公司法中，并购主要分为吸收合并、新设合并和收购控股三种形式。当收购或合并不是出于双方共同的意愿时可以称作接管或恶意接管。

（1）吸收合并，即兼并，是指两个或两个以上的公司相合并，其中一个公司因吸收兼并了其他公司而成为存续公司的合并形式。在合并中，存续公司仍然保持原有的公司名称，有权获得其他被吸收公司的资产和债权，同时承担其债务。被吸收的公司从此不复存在。

（2）新设合并，又称创立或联合，是指两个或两个以上公司通过合并同时消亡，在新的基础上形成一个新的公司，这个公司叫新设公司。新设公司接管原来几个公司的全部资产、业务和债务，重新组建理事会和管理机构。美国两大飞机制造商波音公司和麦道公司合并成为规模震撼全球的民用、军用飞机和太空系统制造商。

1）新设合并具有以下几个特点：①合并各方的资产所有权在合并后并没有消失，只是以合并后企业的所有权形式出现。②合并各方法人所有权的转让是无偿的，并连带将各自企业资产的使用权、支配权、收益权等一并转让给新设企业。③合并的目的在于避免同行业公司间的互相竞争，加强公司间协作关系，增强市场垄断等。

2）新设合并对企业稳步发展有许多好处：①有利于企业的生存和壮大，避免由于激烈市场竞争带来两败俱伤，提高了企业的竞争能力，增强了抵御风险的能力。②有利于企业垄断能力的加强。企业的大型化有利于企业进一步拓宽市场，保持原合并企业所占有的市场份额，减少企业为争夺市场而竞相杀价造成的损失。③有利于提高企业的利润。企业合并，使企业的经营网点增多，减少了增加员工和设立办事机构、购买办公设施而带来的费用增加。④有利于强化经营、吸收彼此的先进管理经验、弥补管理的不足。⑤有利于企业的科技进步，使企业的技术水平得到更好的发挥。

（3）收购控股。这是指一家企业购买另一家企业的股权并达到控股程度的一种并购形式。例如，A公司购买B公司股份的70%，于是A公司成了控股公司或母公司，B公司成为附属公司或称子公司。所谓控股股份，在理论上指持有投票权的股票即普通股的51%或更多，如A公司持有B公司51%的股权，即取得绝对控股权，可直接对B公司的经营业务行使决策权，而B公司的法人地位并不消失。但在公司规模较大、股权又比较分散的情况下，A公司只需取得30%或更少的股份就足以有效地对付那些分散的70%左右的股权从而控制局面。

（4）杠杆收购。在经营管理实践中还存在着另外一种收购控股方式，即公司管理人员和其他投资者利用借来的资金将公司股权从股东手中买走，这称作杠杆收购。杠杆收购的方式包括：公司管理人员和私人投资者收购，银行、保险公司、金融机构收购。实行杠杆收购的目的是多重的：有时是为了防止恶意接管而采取的一种保护措施；有时是公司高层认为特定分公司与公司整体战略不相适宜，需要将其剥离出去以减轻负担；有时是为形势所迫必须出售分公司以筹集资金；有时则是为接受特别具有吸引力的价格以赚取高额利润。至于我国在改革中出现的管理层收购（MBO），则与以上情况具有不同的内涵。

2. 并购战略的目的

更好地利用现有生产力；更好地利用现有的销售力量；减少管理人员；获取规模经济效益；平滑销售波动；利用新的供应商、销售商、用户、产品及债权人；得到新技术；减少赋税义务。

3. 并购战略的特点

（1）优点。强强合并可以扩大企业规模，增加产品品种，提高竞争力，实现垄断，强弱合并强者则可以利用弱者的生产线、设备、人员、销售渠道实现低成本扩张；弱弱合并可以使现有资源得到合理利用，尽快摆脱困境。

（2）缺点。合并双方会发生利益、心理、文化的冲突；若选择对象不当，强者会背上沉重包袱。

4. 并购战略的功能

（1）并购能够加强市场力量。并购的一个主要动因就是取得较大的市场力量。许多企业拥有较强的能力，但缺乏进一步扩展市场力量的某些资源和能力。在此情况下，通过并购同行业的企业和相关行业的企业，可以达到加强市场力量的目的。对同行业竞争者的并购称水平并购，对高度相关行业中企业的并购称相关并购。

（2）并购能够克服进入行业的壁垒。进入壁垒是指为了进入某一领域所要克服的困难。例如，在一个已经有很多较大竞争者的市场上很难再建立一家新企业，如果想进入这样的市场，新进入者为了取得规模经济效益并达到以竞争价格销售产品，就必须在生产设施、广告和促销活动方面进行大量投资；为了达到足够的市场覆盖率，还要求企业拥有高效率的销售体系和销售网络；如果消费者已经对某一品牌形成忠诚，市场进入就更困难。这时，通过并购市场上现有企业而进入特定市场就成为一个最佳选择。虽然并购可能投入很大，但并购企业可以立即进入特定市场，并且可以获得具有一定顾客忠诚度的现成企业及其产品。实际上，进入壁垒越高就越应当考虑动用并购手段进入特定市场。

（3）并购能够降低成本和风险并提高速度。通常，在企业内部开发新产品和建立新企业需要大量投资和相当长的时间。例如，在发达国家，新建企业需要8年时间才能取得利润，需要12年才能产生大量的现金流。而且据统计，88%的产品创新不能取得足够的投资回报，并且大约有60%的创新产品在获得专利后4年内就可能被大量模仿。因此，内部开发常常被管理者看作是具有高风险的投资。另外，并购过程中由于可以对目标企业以往的经营业绩进行评估，并根据这些业绩预测未来的收入和成本，所以其风险要比内部开发小得多。更有人认为，可以用并购替代产品创新。因此，一些企业把并购看作是速度快、成本低、风险小的市场进入方式。

（4）并购能够实现多元化经营。实现多元化经营战略最常用的方法之一就是进行并购。事实上，企业认为在现有的市场内开发新产品和建立新企业是比较容易的，这是因为企业的管理者对产品和市场都非常了解。然而，企业要开发与现有业务完全不同的新产品以及进入一个新市场，管理者就会感到很困难。因此，多元化经营很少是通过内部化来实现，尤其是跨行业的非相关多元化，一般都是通过并购来实现的。

（5）并购能够避免竞争。许多企业通过并购来降低在某一市场上的竞争，或是在更大范围内增强竞争的力量。

5. 并购战略选择的类型和方法

（1）企业并购能否成功的重要因素之一是采取什么方法来完成。由于各个目标公司的股东、管理层的要求、财务结构和资本结构完全不同，因此要针对不同企业的特点实施不同的方法。

1）现金并购。一般而言，凡不涉及发行新股票的并购都可以被视为现金并购，现金并购是一种单纯的并购行为。它是由并购者支付一定数量的现金，从而取得被并购企业的所有权，一旦被并购企业的股东得到了对所拥有股份的现金支付就失去了任何选举权或所有权。这是现金并购方式的一个突出特点。

2）股票并购。如果投资者不是以现金为媒介对目标企业进行并购，而是增加发行本公司的股票，以新发行的股票替换被并购公司的股票，则被称为股票并购。股票并购区别于现金并购的主要特点是不需要支付大量现金，因而不会影响并购后的现金状况。另外并购完成后被并购公司的股东并不会因此失去他们的所有权，只是这种所有权由被并购公司转移到并购公司，使他们成为新扩大的公司的股东。也就是说，并购完成后被并购公司纳入了并购公司，并购公司扩大了规模。扩大后的公司所有者由并购公司的股东和原被并购公司的股东共同组成。但并购公司原股东应在经营控制权方面占据主导地位。

3）综合证券并购。并购企业进行并购活动时，不仅可以采用现金并购、股票并购等方法，而且还可以采用综合证券并购或者称为混合证券并购的方式并购。所谓综合证券并购，是指并购公司对目标公司或被并购公司提出并购要约时，其出价不仅仅有现金、股票，而且还有认股权证、可转换债券等多种形式。

（2）在进行并购活动时要注意企业并购的交易价格，进行慎重的决策。企业并购的交易价格在很大程度上取决于对所并购企业资产的供需状况。当目标企业资产有众多的买者，其交易价格就会被抬高；而当目标企业资产或其同类企业资产在产权交易市场上过多时，其价格就会下跌。而产权市场的供求状况与国家的经济政策、经济周期、产业结构调整有很大关系。

（3）企业并购的交易价格影响因素除其本身的价值和市场供需状况外，还受以下一些因素影响：①供需双方在市场和并购中的地位。②并购双方对资产预期收益的估计。③并购双方对机会成本的比较。④未来的经营风险估计。

另外，目标企业人员安排、债权和债务情况以及目标企业提出的附加条件等，都会影响交易价格的确定。

6. 选择并购应注意的要点

（1）资产互补。为使并购有效，并购企业与目标企业应当拥有互补的资产资源。只有这样，当两个企业一体化时才能产生正的协同作用和强化企业的能力。实际上，两个企业合为一体常常可以产生独一无二的资源，建立所需要的战略竞争能力。

（2）注重创新。企业进行成功并购的另一个要点是重视产品创新以及继续把在研究与开发的投入作为公司整体战略的一部分。

(3) 实行友好并购。要实施友好并购而不是恶意接管，这样并购后的企业才能很快地产生正的协同作用，并达到预期的生产能力。通常情况是，友好并购使两个企业能够比较容易产生一体化，并获得正价值的协同作用。而恶意并购，常常会使双方人员充满敌意，由于合作不愉快就会失去许多被并购企业中的重要人才，留下的那些人还会阻碍两个企业一体化和建立协同作用所必需的改革。

7. 选择并购战略应注意的问题

在实施并购战略时特别要注意它的适用条件，这些条件包括：能够满足企业寻求低成本扩张的需要；合并的对象与企业有功能互补的作用；企业有能力对合并对象很快地进行改造；企业有能力处理合并中的冲突；合并后能够提高企业的竞争能力；企业拥有必要的资金和管理人员。

虽然并购可以给企业带来益处，但也可能随之产生一些问题。有时这些问题还可能抵消或超过获得的好处。这些可能存在的问题包括：超值购买、过度多元化经营、过高估计协同作用的好处、规模不当、失去创新能力、消耗管理者的大量精力、为并购承担过高的成本和过多债务、并购完成后被并购企业与并购企业难以进行一体化经营等。以上这些问题并购者必须高度注意。

六、转型战略

对于企业来说，增强自身生命力，提升核心竞争力，持续不断成长，是其最重要的目标。然而，所有行业都有着自己的生命周期，而处在技术发展日新月异的时代，行业和业务的兴起更迭速度更是大大加快。因此，企业为了维系自身生存发展，走在行业前列，满足快速变化的大众需求，不仅需要各类发展战略，更需要在适当的时候和适当的条件下，考虑实施转型战略。

无论是曾经的行业巨头，还是处于起步阶段的创业公司，当自身的经营模式或者发展方向违反市场发展时，都将走向没落，成为激烈竞争中的失败者。一次成功的转型，应包含业务、组织、文化、战略甚至制度上的转型，这不仅意味着企业主营业务领域的转移，更表明企业根基上的转型。

在转型战略实施过程中，企业可能会尝试不同的业务甚至涉足不同的领域，但是区别于多元化战略的是，转型战略是为了为企业找到一个替代现有业务的主营业务，而不是让企业成为一个多元化集团。

1. 转型战略的执行思路

（1）是否转型。转型战略并不是独立的，而是为总体战略服务的。是否需要执行转型战略，首先需要判断企业当下情况，既要考虑企业内部是否有能力支持转型战略的执行，也要考虑外部环境变化是否提供了企业转型的时机。

是否在目前产业内进行转型，可以通过分析价值链进行判断。如果发现了价值链上高价值转移的环节，企业应当根据自身情况决定是否追逐价值转移的方向，向高价值的环节进行业务转型。同样的，在考虑是否向其他行业、产业转型时，需要广泛地尝试和搜索，从而判断之后价值会从现有行业流向什么行业。

在执行转型战略时需要意识到，前瞻性的创新性转型战略和被动型的谋生存转型战略的效果是大不相同的。在新兴行业已经形成巨头和壁垒时再谋转型进入，其代价是高昂的，往往能够决定企业的存亡。因此，处在技术革新迅速的时代，企业必须树立战略创新的意识，不断成长，才能在激烈的竞争当中取得优势。

总的来说，转型战略在企业制定战略时具有相当的必要性，它不仅是企业重放光芒的一剂猛药，更是企业生死存亡时的救命稻草。但是转型不会是容易的，企业必须不断对外部市场和自身条件进行审视，只有当外部提供时机，且内部具有能力时，才能执行转型战略。

（2）转型方向。决定转型方向，即决定企业今后将经营何种业务，对现有业务又是否放弃。转型时，企业通常能找到多个方向多种业务，但是由于资源和能力是有限的，往往最后只能选择一个或者少数几个业务进行探索。而企业选择进入领域和退出领域，一般根据以下情况进行决策：

1）新业务与现有业务是否能够协同互补。若新业务需要的资源和能力，很大程度上能由现有业务提供，而新业务的扩展又对现有业务有良好的促进作用，企业可以选择在不退出现有业务领域的同时，进入和开展新业务领域。

2）新业务开展和现有业务退出的成本和收益。若进入新业务领域的成本高昂，企业在无法顾及的情况下，可以考虑退出现有领域，但是此时新业务须满足几个条件：第一，新业务前景较好，具有很高的成长性和营利性；第二，新业务获得政府的政策支持，可以减少许多隐性成本；第三，新业务的开展可以为企业带来良好的声誉，保证企业有较好的市场；第四，现有业务迎来衰退期，收益开始减少；第五，退出现有业务不会给企业带来动荡，企业盈利能力不会受到过大影响。

因此，该环节主要需要考虑的问题：选择一个什么样的领域；如何进入该领域；是否退出现有领域；如何平稳退出现有领域。企业只有在对自身条件和外界环境有一个充分评估的前提下，合理选择新业务领域，同时稳定企业内部环境，才能科学地决定转型方向。

（3）何时转型。处在一个创新制胜的竞争时代，对大多数企业来说，转型战略已经不是一个讨论是否执行的战略，而是一个研究何时执行的战略。

然而，转型战略实施的代价是高昂的，一旦转型失败，不仅会给企业成长带来致命打击，还会对社会环境造成诸如失业率增加、地方经济衰退等影响。因此，为了实现良好的转型，企业必须建立属于自己的创新机制和环境审视机制，在不断提升自己转型能力的同时，把握市场机遇，避免被动式转型和冲动式转型。

最好的转型时机，是在新业务潜力较强，且还未投入市场时进行检验。此时市场上缺乏该领域的竞争对手，投资者具有定价权，一旦产品确实成功，投资者将获得丰厚的回报；稍次的转型时机，是在新业务已经被市场证明其需求，出现供不应求的情况时。此时转型进入市场，扩大生产，仍可获得较好的回报；最次的转型时机，是在该新兴业务需求已经饱和时。此时产品的边际收益已经大大降低，如果没有新的战略支持和创新支持，很难获得与投入相匹配的收益。

（4）如何转型。从大方向上来讲，企业进入一个新的市场，一般有两种方式：一种是通过积攒企业内部力量，自主研发投放于新市场的产品，开拓销售渠道，建立自己的生产能力；另一种则是通过并购方式，直接利用已有企业的资源进入市场，谋求发展。

通过自身力量进入市场，企业会面临以下问题：

由于市场上已经存在其他竞争者，企业进入该市场，除了需要支付生产能力建设、销售渠道开拓、满足政府政策等费用外，还需要承担开创品牌、争夺竞争者渠道和市场、争取优势价格原材料等的费用；另外，如果市场已经处于均衡状态，企业还需要承担因为自己增加的生产力拉低产品市场价格的风险。因此，通过这种内部发展的方式进入市场，企业必须具有低于平均水平的生产成本，或者找到更细分的市场、开发更具创新性的产品以获得超额利润，否则企业支付的成本和额外费用之和将高于市场的平均利润。

通过并购的方式进入市场，有以下优势：首先，企业除了并购费用外，不需要支付为了突破市场壁垒而多支出的费用，可以直接利用并购公司的生产能力、销售渠道、原材料供应商等；其次，由于并购的进入方式没有改变现有市场结构，产品供需关系不会受到影响，企业可以通过加强管理、促使技术创新来降低经营成本或者加强产品差异性，以获得更高的利润；同时，并购的方式减少了市场竞争对手，企业可以具有更强的定价权，获得垄断利润。

因此，当企业具有高于市场水平的经营能力，且能争取到合理的并购费用时，利用并购方式进行转型也是一种较好的转型战略。

（5）实施转型战略的四种能力。

1）环境识别能力。为了解决何时转型的问题，企业应当具备环境识别能力，以保证转型战略是以适应环境、改造环境为目的执行的，而不是对环境变化的盲从和仓促调整。因此，企业需要建立一套包括环境扫描、机会识别、战略信息管理的完整环境识别系统。通过环境扫描，企业可以对外部环境、自身资源、自身能力进行识别和判断；在此基础上，企业才有能力对环境带来的机会进行识别，找出能为企业带来盈利的新发展模式；在整合所有信息以后，企业建立自己的战略信息系统，对所有信息、机会进行系统、科学的分析，对于不明显的转型信号也能做到及时把握。

2）资源整合能力。企业已有的资源要素，由于已经存在的业务和经营模式，往往具有柔性不足、转型僵硬的特点。因此，企业需要发展自身资源整合能力，对其筛选、配置和按需求融合，使之具有更强的战略柔性。

3）管理控制能力。实施转型战略，要求企业具有相应的组织机构和管理系统，同时还需要管理者具有战略执行的管理能力，以及为了完成转型战略，对员工进行激励的能力。

4）持续创新能力。转型战略一旦实施，企业就必须在新业务的竞争中具有特点，这就要求企业的产品、服务一直有创新能力的支持；同时，新业务的开展，也要求企业内有相应的组织创新，更科学的组织，意味着更高效的经营；更进一步，企业应当有创新纪录流程、创新鼓励制度，使发生在内部的创新更具有可复制性。

2. 实行转型战略的关键之处

（1）转型行业要考虑国家的支持力度。为了调整经济发展结构，改善供需关系，国家对各类行业的支持和限制力度各有不同，转型时需更多地考虑符合国家产业导向的领域，以获得国家减免税收、财政补贴、适度贸易保护等政策支持，减少转型成本。

（2）转型前要具有规范、稳定的管理体系。由于企业转型后会进入新的发展领域，其经营模式、组织结构都需要做出相应的变化和调整，而为了支撑这些调整，企业必须具有规范稳定的管理体系。一个内部管理不善、人事动荡的企业，是无法完成转型的。

在转型过程中，业务有所变化，经营目标也会相应变化，此时需要有规范、健全的规章制度，引导员工调整自己的定位、明晰自己的职责。完善的目标管理系统，可以帮助员工确定自己在转型过程中的工作目标，避免因为目标不清晰而导致的效率低下；合理的绩效考评和职位任免制度，也可以让员工在转型过程中清楚自己的工作量，明白自己的职业路径。因此，一个规范、稳定的管理体系为企业转型提供了可靠的硬件支持，使企业在内部惯例、常态遭到破坏和改变时仍然能有条不紊地运行。

（3）组织变化要和转型过程相适应。在转型时，企业的组织结构、管理习惯和企业文化要有相适应的变化，否则会成为转型的阻力。

1）在组织结构上，不同行业内会有更适合的组织形式，企业要在扁平结构或纵深结构上进行调整，以增加横向或纵向的沟通；同时，对于事业部形式、项目组形式等组织结构，也要进行相应调整，以做到权限和责任的匹配；在工作流程和规章制度上，也要根据业务调整避免僵化。

2）在管理习惯和企业文化上，企业也要进行转型。对于需要大量创新工作的行业，企业内部不应有过度的约束条例和习惯，应有适当的鼓励和引导。

3. 两种重要转型战略模式

企业转型时应更多地考虑自身优势，依托自身优势进行转型，具有更高的成功率。

（1）依托核心能力的转型战略。当企业在某一领域具有竞争力强产品、很强的业务能力等核心能力时，企业在摸索转型领域时可以更多地考虑其他领域和自身核心能力的关联性。将原有领域的核心能力，转移到其他领域，可以很快建立起其他对手不具有的差异性，不仅所需转型时间更短，成功率也有一定的保证。这样的转型，工作主要集中在发掘业务关联性和业务整合上，如何用最少的成本在其他领域移植自身的核心能力，是采用此类转型模式时最需要思考的问题。

（2）依托优势资源的转型战略。此类模式多适用于在某一领域确定领导地位的企业，这类企业通过确定领导地位，在这个市场通常会获得远超其他对手的资源，包括利润、渠道、消费群体等，此时企业可依托自身优势资源向其他领域转型发展。以庞大用户群体著称的QQ软件，其拥有者腾讯公司依托用户群体这一优势资源，实现了在其PC端网络游戏、移动端网络游戏的深度社交黏性，同时也保证了自身产品的推广、宣传渠道。凭借这一优势，配合其卓越的管理能力，腾讯公司在其熟悉的互联网领域，不断开疆扩土，建立市场壁垒，成为互联网行业中的佼佼者，从而获得垄断利润，实现转型战略，迈向多元化发展。

七、全球化战略

随着社会和科技的发展，个体与个体的沟通所需要的时间成本、经济成本都已经大大降低，企业之间、企业与消费者之间更是如此。这些时间成本、经济成本的降低，具体体现在交通方式的演变、电子商务的发展上，而这两者又促进了贸易的自由化、生产的社会化以及市场的一体化。因此，由于贸易壁垒、信息不平等的逐渐减弱，企业之间的竞争，已经不可避免地扩展到了全球范围。为了企业自身发展，谋求长远、放眼世界已经成为必要的战略需求，否则就会落后于其他企业，在经营模式、产品成本、技术层次上被其他企业超越，难以维持盈利。

1. 为什么要实施全球化战略

（1）扩大市场。虽然经济全球化已经被广泛认可，但是在全球范围内，各个国家、区域、企业的发展，都是极度不均衡的，所处阶段、层次的不同，决定了不同区域的市场需求也是有所差异的。因此，企业实施全球化战略，可以开拓其他区域市场，为自身带来更大的营销量，增加盈利，提高收入。

（2）实现规模经济。受到本区域消费力、生产力的限制，企业在本地可能享受规模经济带来的福利。因此，通过在其他国家扩大市场和生产，提升销量和产量，一家大型企业可以通过规模经济实现更加可观的销售额。

（3）降低成本。一方面，不同国家的人力资源成本、原材料成本和土地成本存在差异，企业可以在这些成本较低的国家开办工厂，进行生产，大大降低自己的经营成本；另一方面，许多国家的当地政府也会有政策支持，利用低税收、补贴等优惠措施鼓励国外企业来本地投资，在一定程度上也降低了企业的经营成本。

（4）分散风险。企业可以通过在不同市场的经营，降低自己在本地的经营风险。在外国市场可以进行许多本地市场不允许的商业模式尝试、技术创新、产品调研，为自身探索发展机遇的同时，也可以缓解在本地的盈利压力。

（5）提高影响力。通过在全球的商业布局，企业的知名度和影响力也会有明显的提高。这样的品牌影响力，对于各地供应商选择、投资谈判、合作伙伴选择都有显著的良性影响。

2. 如何实施全球化战略

全球化战略的实施存在以下方式：第一种方式是通过企业自身力量，积累经验，发展技术，在国外从基础生产、销售做起，逐渐发展；第二种方式是通过并购方式，直接利用现成国外企业的技术、市场、渠道，迅速实现全球化发展；第三种方式是通过与国外企业缔结联盟，共同开发国际市场。

对这三类方式进行分析，又可以细分为代理经营、出口销售、投资、联盟、跨国一体化公司五个阶段。

（1）代理经营。当企业具有独特的品牌、技术或者产品时，可以通过选择国外代理商经营自己的产品、品牌等，利用收取加盟费用、专利费用或者合同约定的分成等，实现自己的国际收入。这种方式，既可以利用国外代理商的市场、销售渠道，也具有较低的成本和风险。但是这种方式也存在技术被代理商复制、品牌形象受损等风险。

（2）出口销售。企业加大在本土的生产，将多余产品出口销售至国外市场。企业需要自己挖掘国外可靠的中间经销商，利用他们来处理国外市场。这种方式风险低、投资低，但是销量会受到经销商影响，且会受到贸易壁垒和当地已有竞争对手的阻碍。

（3）投资。这种方式有多种实现手段，既可以直接并购，也可以注资合作。具体实施方案视以下情况决定：

1）企业希望在开拓国际市场的同时，避免繁重贸易税务，那么可以通过海外投资的方式实现。

2）企业希望充分利用剩余和闲置的资产、技术、资源等，那么在投资过程中需要充分考虑海外的各项成本，以免影响本土公司利润。

3）企业希望通过投资海外公司以获得当地信息、技术和其他资源，那么企业在选择投资地点时就应做相应调查，选择合适国家、区域进行投资。

4）企业希望降低本土风险，那么企业应选择投资成本、风险较低的国家，或者当地政府有较好优惠政策的国家，降低经营成本。

（4）联盟。当企业对国外市场上的其他公司所拥有的技术、市场以及其他资源感兴趣，却又缺少能力、资金对其进行注资控股和并购时，可以和这些公司结成利益关联的战略伙伴联盟，与他们共同进行产品开发、产品销售等活动。企业可以通过自身努力，利用自主创新的产品、技术和优秀的跨国公司缔结联盟，进入他们的销售网络或者采购环节，以此提升自身销量、利润，同时可以并购与自己有合作关系的供应商，建立自己的品牌，向一家具有完整研发、经营、销售的大型跨国公司发展。

（5）跨国一体化公司。在通过以上方式实现了全球化以后，企业已经成长为全球化企业，但是其各项业务、各个环节、各个供应链能否实现系统化、一体化，决定了其所能获得的超额利润和规模经济利润。

3. 实施全球化战略的风险和挑战

实施全球化战略是一个周期漫长的过程，在这个过程中，企业会面临诸多风险及挑战。不同国家和区域的文化、语言、法律、价值观、政治环境、社会状态都会给全球化战略带来变数。大到区域经济体的特点，小到个别国家的特定贸易政策、关税规定，都会对企业的经营成本造成影响。很多时候，一些当地政策、国际金融市场、外汇市场产生的变化，都足以抵消企业在国外所经营产生的利润。

第二节 竞争战略

竞争战略,又称业务战略,是企业参与市场竞争的策略和方法。迈克尔·波特从产业组织的观点,运用结构主义的分析方法,提出了三种基本的竞争战略,后人根据科技的发展和管理实践,又在此基础上提出了一种复合型战略。

一、成本领先战略

1. 成本领先战略的含义

成本领先战略是指用较低的成本赢得竞争优势的战略,企业用很低的单位成本价格为用户生产标准化的产品。

在讨论成本领先战略时应该注意,任何一种战略之中都应当包含成本控制的内容,它是管理的基本任务,但并不是每种战略都要追求成为同行业中的成本最低者。

从顾客的角度来看,成本领先战略是努力通过降低顾客成本以提高顾客价值的战略。它可以使企业获得两个优势:第一,如果行业的企业以类似的价格销售各自的产品,成本领先者因为有低成本优势,它可以得到比其他企业更高的利润,从而增加企业价值。第二,如果随着行业的逐渐成熟,行业内企业展开价格战时,成本领先者可以凭借其低成本坚持到最后,直到其他企业入不敷出时它仍然还可能获得利润,因而具有持久竞争优势。降低成本的具体方法包括:扩大企业的经济规模,提高企业的规模效益;提高生产能力使用率,提高生产效率;改进产品的设计和工艺,从产品结构上降低成本;与供应商和经销商建立良好的关系,降低原材料和销售费用;强化成本和管理费用的控制,从管理上加大控制成本的力度;控制广告、推销等费用。进行成本领先战略选择需要考虑:与新产品开发或现有产品调整相关的研究与开发成本、劳动成本、税率、能源成本、运货成本等。目的是使自己的产品价格低于竞争者,从而提高市场份额和销售额,将一些竞争者逐出市场。因此,企业就要努力提高效率,尽可能地降低管理成本,实行低奖金制度,制止浪费,严格审查预算需求,大范围地控制、奖励与节约成本挂钩的行为,动员全体员工都参与控制成本的活动。实行成本领先战略的优点:便于操作,容易迅速扩大市场份额,容易建立市场壁垒。按照波特的行业分析模型,成本领先者在应对行业的五种力量时可以有很多优势,如它可以极大地降低替代品的威胁,它可以形成较强的进入屏障而阻止潜在进入者的侵蚀,它可以有效地应对供应商的行业价格影响,也可以较少地受到买方讨价还价的压力。当然,对竞争者它更具有成本优势。因此,成本领先战略已成为很多企业的基本战略。但是,成本领先战略也存在着不少缺点,如使用不当会影响企业声誉,竞争过度会影响企业的盈利水平,容易引起竞争者的反抗等。

2. 成本领先战略的适用条件

实行成本领先战略的适用条件包括：市场中有很多对价格敏感的用户；实现产品差别化的途径很少；购买者不太在意品牌间的差别；存在大量讨价还价的购买者；有较高的市场份额和良好的原材料供应，能够靠规模经济和经验曲线效应来降低产品成本。

成本领先战略通常需要的基本技能和资源主要包括持续的资本投资和良好的融资能力、工艺加工技能、对工人严格监督、所设计的产品易于制造、低成本的分销系统等。成本领先战略的基本要求包括：结构分明的组织和责任、以满足严格的定量目标为基础的激励、严格的成本控制、经常且详细的控制报告等。

3. 成本领先战略的实施方法

成本领先战略在 20 世纪 70 年代由于经验曲线概念的流行而得到日益普遍的应用。成本领先要求积极地建立起达到有效规模的生产设施，在经验基础上全力以赴降低成本，抓紧成本与管理费用的控制，以及最大限度地减少研究开发、服务、推销、广告等方面的成本费用。为了达到这些目标，有必要在管理方面对成本控制给予高度重视。尽管质量、服务以及其他方面也不容忽视，但贯穿于整个战略的主题是使成本低于竞争对手。其具体方法如下：

（1）提供标准产品。成本领先战略要求企业不要把主要精力和资源用于产品差别化上，因为这样会增加成本。成本领先者只提供标准产品，而不率先推出新产品。例如，在彩电行业，成本领先者不会率先推出数字式电视，除非这种电视已成为市场中的主流产品。

（2）改造企业价值链。在激烈的市场竞争中，为了有效发挥企业的成本优势，企业应该对造成企业经营成本变动的因素进行重新确立，从而对企业的竞争基础进行调整。企业可以借助于价值链的再造实现企业战略。例如，提高企业产品生产的自动化程度、引进新的产品生产工艺、建立新的产品分销渠道、减少产品销售的中间环节等，通过改造企业价值链，使企业产品生产成本大幅降低，进而有效推动企业成本领先战略的实施。

（3）控制成本驱动因素。从宏观角度来看，为了有效发挥企业的成本优势，在进行改造企业价值链的基础上，企业首先要做的工作就是控制企业的成本驱动因素，企业成本驱动因素是指可以对企业成本变动产生影响的因素，此次研究主要指企业的整体规模。例如，企业可以利用规模经济来降低生产成本，进而有效获得成本优势。这就要求企业在利用规模经济的过程中要对手段策略进行慎重选择，企业可以通过大幅增加产品原料采购数量来有效降低产品生产的总体成本，可以通过采用合理的影响手段有效增加企业产品细分市场的数量，可以通过增加企业产品种类来实现范围经济，企业也可以通过收购或兼并的形式实现企业规模扩张。在企业所实行的规模扩张的诸多活动中，通过规模经济政策的加强制定加以实现。通过发展规模经济，企业可以提高产品生产硬件设施的使用效果。其次，加大实行有着较大规模的无差异广告、储存和运输宣传，从而有效降低企业单位产品的销售成本，也可以有效减少企业产品在推广过程中的资金消耗。再者，在发展规模经济的过程中，通过大幅增加产品原料的采购，可以有效提高企业与供应商协商过程中的话语权，进而达到降低采购成本的目的。还有，在发展规模经营的过程中，可以有效提高产品生产技术的利用率，进而达到降低成本的目的。

（4）增加市场份额以及强化其他优势。赢得总成本最低的地位通常要求具备较高的相对市场份额或其他优势，诸如良好的原材料供应，产品设计要便于制造和生产，保持一个较宽的相关产品系列以分散风险，进行批量生产并对所有客户群进行服务。实行低成本战略可能需要较高的购买先进设备的前期投资，激进的定价和承受初始亏损以便攫取市场份额。但高市场份额可引起采购经济性而使成本进一步降低。一旦赢得了成本领先地位，所获得的较高利润又可对新设备、现代化设施进行再投资以维持成本上的领先地位，形成一种良性循环。

4. 选择成本领先战略应注意的问题

企业在选择实行成本领先战略时应该注意以下几个问题：

其一，成本领先者提供的产品和服务必须是"标准的"，至少不应当被顾客视为是低档次的，否则成本领先者就很难使自己的价格保持在市场平均价格的水平上。可以预见，如果成本领先者不能维持这样的价格，其获利水平将会大大降低。

其二，技术的变化可能会使成本领先者赖以形成竞争优势的经验曲线效应化为乌有。

其三，成本领先战略在全球市场应用时可能会受到来自其他国家低劳动力成本和汇率变动等其他因素的冲击。

其四，成本领先战略易遭到竞争者的模仿。

其五，成本领先战略由于关注成本而容易忽视顾客需求的变化。

其六，原材料和能源价格的变化可能使该战略遭受严重打击。

二、差异化战略

1. 差异化战略的含义

差异化战略指依靠产品的质量、性能、品牌、外观形象、用户服务的特色赢得竞争优势的战略，有时也称作对价格相对不敏感的用户提供某产业中独特的产品和服务的战略。差异化战略是将公司提供的产品或服务标新立异，形成一些在全产业范围中具有独特性的东西。差异化战略在本质上是通过提高顾客效用来提高顾客价值。如果顾客能够感知其产品与服务的独特性，总会有一部分顾客愿意为此支付较高的溢价，相应地，企业也可能获得较高的利润。例如，就其功能和质量而言，哈雷摩托车并不比本田摩托车强出多少，它的价格却高出许多，是由于其具有独特性，消费者感到物有所值。

（1）差异化战略的优点。用特色降低用户对价格的敏感性，获取较高的价格；可以回避与竞争对手的正面竞争，运用自己的特色赢得顾客；有利于建立市场壁垒，顾客的忠诚和形成特色的成本代价使竞争对手难以模仿。差异化战略的核心优势是可以提升顾客忠诚度，这既可以紧密地维系顾客，又是阻止潜在竞争者进入的屏障。

（2）差异化战略的缺点。特色化容易提高成本，形成高价，从而失掉顾客，进而影响市场份额的扩大。

2. 差异化战略的适用条件

差异化战略的适用条件包括：企业具有强大的生产营销能力、产品设计和加工能力、很强的创新能力和研发能力，具有从其他业务中得到的独特技能组合、得到销售渠道的高度合作能力。在实行差异化战略时还需要注意促进产品开发部门和市场营销部门之间的密切协作，重视主观评价和激励而不是定量指标，创造良好的氛围以吸引高技能工人、科技专家和创造性人才。

3. 差异化战略的实施方法

实现差异化可以有许多方式，如独特的设计或品牌形象、技术方面的独特性等。最理想的情况是公司使自己在多个方面实现差别化。应当强调，差异化战略并不意味着公司可以忽略成本，但此时成本不是公司的首要战略目标。

差异化战略对产品与服务的差别化提出了很高的要求，企业可以通过高质量来进行产品差别化，也可以通过不断推出新的功能来进行产品差别化。

服务也是差别化的重要基础。服务可以表现在很多方面。海尔公司的五星级售后服务就是一种很有特色的服务方式。在实践中，人们已开始由售后服务拓展到售前、售中和售后的全方位服务。许多企业已经把本企业的价值链同顾客连成一体。例如，面向用户特殊需要进行产品设计、改进产品设计和提供特殊的供应方式、与用户建立长期的合作联盟等。

实际上，差异化战略在很大程度上是一个营销管理问题，市场细分的许多变量都可以作为差异化战略的基础。企业也可以通过唤起顾客的心理欲望来建立产品差别化形象，如沃尔沃强调产品安全性唤起顾客对生命的热爱，索尼则始终强调它在家用电器领域的先锋形象。但也应注意，向顾客提供较之竞争者差别化的产品或服务并不一定就是差异化战略。差异化战略除了上述许多战略活动外，还必须能够获得高于行业平均水平的溢价。在企业独特能力方面，差异化战略较多地依赖研究与开发，强调产品创新；同时，市场研究、广告促销、人员服务等营销管理职能也非常重要。对实行差异化战略的企业而言，制造和生产成本控制的地位较为次要。

4. 选择差异化战略应注意的问题

企业在选择实行差异化战略时，应该注意以下一些问题：首先，使企业的差异化战略与企业所处的环境相适应。对于不适宜差异化战略实施的环境，企业要及时发现并积极地去改变企业所处的环境，使环境向企业有利的方向发展。其次，建立柔性的企业文化。建立一种高度柔性的企业文化体系，使本身的价值观和氛围与柔性战略相匹配，这是实现柔性战略的关键。如何减少由企业文化给柔性战略带来的障碍，并利用企业文化推进柔性战略是企业柔性战略运用中必须解决的问题。企业建立柔性的企业文化，特别要注重企业文化的整体性和员工的参与性。柔性战略要求企业的整体应与动态的外部环境相一致，形成相应的企业使命和有利于柔性战略实施的良好环境。

三、集中化战略

1. 集中化战略的含义

集中化战略，又称集中一点战略，是指集中满足细分市场目标的战略，又称提供满足小用户群体需求的产品和服务的战略。集中化战略一般选择对替代品最具抵抗力或竞争对手最弱之处作为目标市场。集中化战略的优点：有利于实力小的企业进入市场；有利于避开强大的竞争对手；有利于稳定客户，企业的收入也相对比较稳定。缺点：企业规模不易扩大，企业发展速度较慢；不易抵抗强大竞争对手对细分市场的竞争。

集中化战略是主攻某个特定的顾客群、某产品系列的一个细分区段或某一个地区市场的战略。按照迈克尔·波特的观点，成本领先战略和差异化战略都是雄霸天下之略，而集中化战略则是穴居一隅之策。其原因是，对一些企业而言，由于受资源和能力的制约，它既无法成为成本领先者，又无法成为差别化者，而是介于两者之间。按照迈克尔·波特的看法，这种介于两种基本战略之间的企业由于既不能差别化，又不能成本领先，因此也就不能获得这两种战略所形成的竞争优势。迈克尔·波特同时指出，如果这种企业能够约束自己的经营领域，集中资源和能力于某一特殊顾客群，或者是集中在某个较小的地理范围，或者是仅仅集中于较窄的产品线，那么，企业也可以在这样一个较小的目标市场上获得竞争优势。换言之，集中化战略就是对选定的细分市场进行专业化服务的战略。

实施这一战略需要以下条件：首先，要确保企业集中化战略顺利在企业中得到应用，必须要做好财务计划、营销计划等，且这些计划要与集中化战略目标相符合。以便在推行集中化战略时，企业能很好地掌握重点；企业员工的行为、工作方法、工作态度以及价值观都要符合集中化战略要求，员工以往的行为如果与企业的集中化战略相违背，则需要加以改变。其次，企业领导层要根据企业自身的特点，考虑集中化战略的优势，建立与集中化战略一致的组织机构。健全建立各种有效的规章制度，并明确相应人员的职责范围；然后，慎重选择执行集中化战略的负责人选，所选人员要熟悉集中化的理论知识且有丰富的实践经验，还要对本企业的情况十分了解。企业领导要根据其完成任务的好坏，给予适宜的奖赏和处罚。最后，将企业的人、财、物等资源正确合理地进行配置，以保证集中化战略的执行。依据集中化战略制定的实施计划，定期对战略执行情况进行评价，发现问题并及时纠正。结果是，公司或者通过较好满足特定对象的需要实现了差异化，或者在为这一对象服务时实现了低成本，或者两者兼得。尽管从整个市场的角度来看，集中化战略未能取得低成本或差异化优势，但它的确在其狭窄的目标市场中获得了一种或两种优势地位。采用集中化战略的公司也具有赢得超过产业平均水平收益的潜力。它的目标集中意味着公司对于其战略实施对象或者处于低成本地位，或者具有高差异化优势，或者两者兼有。正如在成本领先战略与产品差异化战略中已经讨论过的那样，这些优势保护公司不受各个竞争作用力的威胁。集中化战略也可以用来选择对替代品最具抵抗力或竞争对手最弱之处作为公司的战略。集中化战略的优势来源于集约资源聚焦于选定的细分市场，从而可以利用有限的资源为有限的顾客提供更满意的服务，并建立顾客的忠诚度。

2. 集中化战略的适用条件

企业选择集中化战略必须考虑它的适用条件。例如，存在着适合的细分市场，否则无法实行集中化战略；企业无力在大市场参与竞争，不得不屈居一隅，选择集中化战略；企业有独特的生产能力和服务能力，否则无法集中于一点为特定的顾客群体服务。

3. 集中化战略的实施方法

集中化战略的实施方法包括单纯集中化、成本集中化和差别集中化等。

（1）单纯集中化是企业在不过多地考虑成本和差别化的情况下，选择或创造一种产品和服务为某一特定顾客群体创造价值，并使企业获得稳定可观的收入。

（2）成本集中化是企业采用低成本的方法为某一特定顾客群体提供服务。通过低成本方法，集中化战略可以在细分市场上获得比成本领先战略者更强的竞争优势。如地区性的小水泥厂较之市场覆盖面较大的成本领先者具有较强的运输成本优势。集中化战略者也可以通过选择某些难以发挥规模经济效益或经验曲线效应的产品，阻止成本领先者的侵蚀。实际上，绝大部分小企业都是从集中化战略开始起步，只是并不一定都能意识到它的战略意义，并采取更具战略导向的行动。对中国的中小企业而言，面对世界经济一体化的大趋势，提高对集中化战略的认识和运用能力具有非常重要的现实意义。

（3）差别集中化是企业在集中化的基础上突出自己产品和服务的特色。企业如果选择差别集中化，那么差异化战略的主要工具都应该用到集中化战略中来。所不同的是，集中化战略只服务狭窄的细分市场，而差异化战略要同时服务于较多的细分市场。由于集中化战略的服务范围较小，可以较差异化战略对所服务的细分市场的变化做出更迅速的反应；也可能由于对顾客需要更了解从而开发出更有针对性和更高质量的特色产品。

4. 选择集中化战略应注意的问题

（1）一般而言，集中化战略实施时由于产量和销量较小，生产成本通常较高，这将影响企业的获利能力。因此企业必须在控制成本的基础上加强营销活动，尽量扩大市场。

（2）集中化战略的利益可能会由于技术的变革或顾客需要的变化而突然消失，因此企业必须密切注视市场变化的信号。

（3）选择集中化战略的企业始终面对成本领先者和差异化战略者的威胁，因此企业在产品和服务的质量与价格上应注意保持优势，并注意培养用户的忠诚度。

第三节 战略选择方法

战略选择对于企业战略管理起着至关重要的作用,可以说企业对于其战略选择将直接影响企业发展的成败。因此,诸多企业对于战略选择十分重视而且谨慎,那么战略管理中有没有科学方法来帮助企业对战略选择做出判断呢?下面介绍几种常用的战略选择方法。

一、SWOT 矩阵

"SWOT 分析法"最早于 1965 年提出,20 世纪 80 年代初,美国威力里克教授使之在管理学中得到了应用和完善。所谓"SWOT 分析"即态势分析,是指将与研究对象相关的内部优势(Strengths, S)、劣势(Weaknesses, W)、机会(Opportunities, O)和威胁(Theats, T)通过调查列举出来,并按照矩阵形式排列,然后动用系统分析的思想,把各种因素相互匹配起来加以分析,从中得出一系列相应的带有决策性的结论。从整体上看,SWOT 可以分为两部分。第一部分 SW,用来分析组织的内部条件;第二部分 OT,用来分析外部条件。SWOT 分析法是现代管理中制定战略计划的一种方法,常被用于企业战略制定、竞争对手分析等场合,用来确定组织的生存和发展战略。

表 5-1 是一个 SWOT 矩阵图。SWOT 矩阵由 9 个格子组成。如图 5-1 所示,其中有 4 个因素格,4 个战略格,而在上角的格子则永远是空格。以 SO、WO、ST 和 WT 为标题的 4 个战略格要在 S、W、O、T 4 个空格完成之后再填写。建造 SWOT 矩阵的过程包括以下 8 个步骤:

第一步,列出公司的关键外部机会。
第二步,列出公司的关键外部威胁。
第三步,列出公司的关键内部优势。
第四步,列出公司的关键内部弱点。
第五步,将内部优势与外部机会相匹配,把作为结果的 SO 战略填入表格中。
第六步,将内部弱点与外部机会匹配并记录得出的 WO 战略。
第七步,将内部优势与外部威胁相匹配并记录 ST 战略。
第八步,将内部弱点与外部威胁相匹配并记录 WT 战略。

进行匹配的目的是产生可行的备选战略,而不是选择或确定最佳战略。并不是所有在 SWOT 矩阵中得出的战略都要被实施。表 5-2 是嘉年华游轮(Carnival Cruiselines)的 SWOT 矩阵。

表 5-1 SWOT 矩阵图

	优势——S 1. 列出优势 2. 3. 4. 5. 6. 7. 8. 9. 10.	弱点——W 1. 列出弱点 2. 3. 4. 5. 6. 7. 8. 9. 10.
保持空白		
机会——O 1. 列出机会 2. 3. 4. 5. 6. 7. 8. 9. 10.	SO 战略 1. 发挥优势，利用机会 2. 3. 4. 5. 6. 7. 8. 9. 10.	WO 战略 1. 利用机会，克服弱点 2. 3. 4. 5. 6. 7. 8. 9. 10.
威胁——T 1. 列出威胁 2. 3. 4. 5. 6. 7. 8. 9. 10.	ST 战略 1. 利用优势，回避威胁 2. 3. 4. 5. 6. 7. 8. 9. 10.	WT 战略 1. 减少弱点，回避威胁 2. 3. 4. 5. 6. 7. 8. 9. 10.

表5-2 嘉年华渡轮的 SWOT 矩阵

	优势——S 1. 拥有34%的市场份额 2. 拥有大量船只 3. 有6条不同的游船航线 4. 航海旅游业的创新者 5. 船只种类最多 6. 正在建造最大的游船 7. 高品牌认知度 8. 总部位于迈阿密 9. 方便的网上订票	弱点——W 1. 一些子公司的巨大亏损 2. 建造新船只导致的负债增加 3. 未进入亚洲市场
机会——O 1. 航空旅游量下降（受"9.11"影响） 2. 亚洲市场尚未开发 3. 对公主游轮的可能收购 4. 可利用新的天气预报系统 5. 对全包度假旅游需求的增长 6. 家庭可支配收入的增加 7. 结婚率上升——更多的蜜月	SO 战略 1. 增加游船载客量，以便从航空业得到更多游客（S6、O1、O3） 2. 在网上展示旅游点的天气（S9、O4） 3. 提供跨大西洋航线（S6、O4） 4. 收购 P&O Princess（S1、O3）	WO 战略 1. 开始提供游日本和太平洋岛屿项目（W3、O2、O3、O4） 2. 通过天气预报向旅游者预告其度假期间可能发生的风暴（W1、O4）
威胁——T 1. "9·11"后旅游量的下降 2. 恐怖主义活动 3. 产生内竞争 4. 其他度假方式的竞争 5. 经济衰退 6. 自然灾害的可能性 7. 燃料价格的上涨 8. 政府法规管制的变化	ST 战略 1. 对嘉年华游轮的船只品种、品牌认识度以及保安政策进行广告宣传（S3、S7、T1、T2、T5） 2. 对不受飓风季节影响和旅游地的广告宣传（S3、S5、T7） 3. 嘉年华网站上提供折扣票（S9、T6）	WT 战略 1. 飓风季节提供低价游轮票（W1、T6） 2. 研究进入（W2、W3、T8、S9）

表5-3 哥伦比亚 Riverbanks 动物园矩阵

	优势——S	弱点——W
	1. Riverbanks 被列为北美顶级动物园 2. 2002 年获南卡罗来纳优秀旅游点州长杯奖 3. Riverbanks 是教学和娱乐的首选场所，包括学校教育计划和一日或两日夏令营活动 4. Riverbanks 拥有一些很受欢迎的观赏动物，包括非洲狮子和大象 5. 教育和环保活动增加了游客数量 6. 动物园有 25 年的饲养濒危动物的经验 7. 动物园共拥有 2000 多种好看、引人和外国的动物 8. 游客可以抚摸多种动物，包括长颈鹿 9. Riverbanks 积极支持环保和科研活动，是美国动物园和水族馆协会的积极会员 10. 很好的财务状况	1. 广告宣传不够 2. 动物园禽类动物点不多 3. 并未积极进行招商活动
机会——O 1. 收入逐年增加 2. 2001 年政府资助增加了 26.8% 3. 南卡罗来纳州的哥伦比亚地区为经济增长型区域 4. 积极参与活动的会员从 2001 年的 27000 人增加至 2002 年的 32000 人 5. 游客总数量由 2001 年的 80 万人增加到 2002 年的 100 万人，其中 25% 来自州外 6. 互联网使游客在来园前便可得到本园的信息 7. 家庭花费更多的时间进行娱乐活动	SO 战略 1. 设立高中生帮助照顾、喂养动物计学分项目（S3、S5、S7、S8、S9、O2、O4、O5） 2. 设立大学生帮助照顾、喂养动物计学分项目（S3、S5、S7、O3）	WO 战略 1. 建立互动式的网站，使公众可以进行评选本月特色动物或植物活动（W1、O3、O6） 2. 寻求更多的对动物的赞助企业（W1、W3、O3、O4）
威胁——T 1. 经济不景气 2. 当地其他景点仍构成本园的竞争者 3. 物种的灭绝。 4. 黑犀牛高度濒危。全球只剩下 2500 头野生黑犀牛 5. 由于绝大多数景点在室外，门票收入取决于天气状况 6. 动物的运输成本和风险都很高（从海外到动物园）。例如，从非洲或亚洲进口一对疣猪要耗资 4.9 万美元 7. 动物食品昂贵。例如，大象每天进食要耗时 16 个小时（每天吃 10 磅混合蔬菜和水果，1~2 捆海岸干草以及 60 斤水）	ST 战略 1. 每月为青少年和成人组织一次有奖寻物游戏（S3、S5、S10、T2） 2. 参与当地一些重大活动，如南卡罗来纳大学球赛和大型音乐会（S1、T2）	WT 战略 1. 在动物园中增设史前或已灭绝动物博物馆（W1、T3） 2. 在动物园内和周围增设人行道（W2、T5）

战略制定准则有助于对关键内外部因素进行匹配。例如，当企业拥有销售自己产品所需要的财力和人力（内部优势），以及现有经销商不可靠、费用高，或不能满足公司要求时（外部威胁），前向一体化会是一种可行的 ST 战略。当企业拥有过剩生产能力（内部弱点）且其主营产业正经历销售量和盈利水平下降时（外部威胁），集中化多元经营便可作为一种有效的 WT 战略。在建立 SWOT 矩阵时，采用具体的而不是笼统的词非常重要。此外，在 SWOT 矩阵中各项战略后面加"S1、O2"这样的标注也十分重要。这些标注说明了建立各备选战略的依据。

二、SPACE 矩阵

SPACE 是 Strategic Position and Action Evaluation Matrix 的简称，是战略地位与行动评价矩阵，主要是分析企业外部环境及企业应该采用的战略组合。它是通过定量分析建立的数学模型来确定一个企业当前所处的战略地位和应该采取何种行动的一种方式方法。它是在 SWOT 分析（优劣态势分析法）基础上通过确定两组具体反映客户外部量化的指标来更加准确地分析定位；同时，SPACE 矩阵克服了 SWOT 方向单一、反映市场份额与企业财务实力可能不一致、不能判断企业外部环境的机会以及企业的优劣势主要是由哪些因素决定的不足等方面，从而提出了从环境未定因素、产业实力要素、财务实力要素和竞争优势要素等四个纬度进一步来评估企业战略实施能力，能更加准确地对企业实行战略选择和定位。

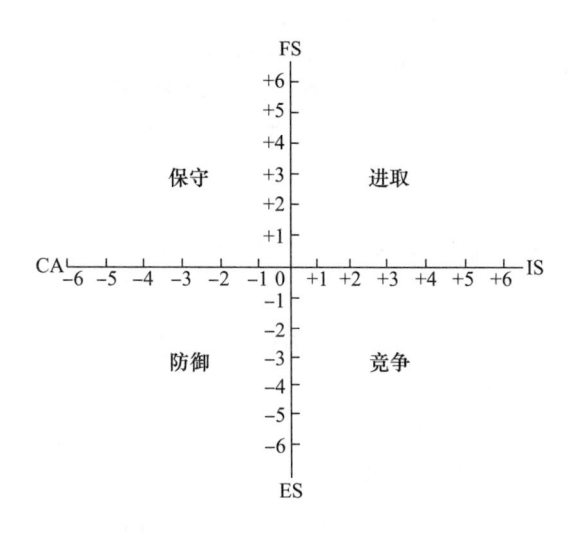

图 5-1 战略地位与行动评价矩阵

根据企业类型的不同，SPACE 矩阵轴线可以代表多种不同的变量。在 EFE 矩阵和 IFE 矩阵中所包括的各种因素应当在建立 SPACE 矩阵时予以考虑。表 5-4 给出了一些被普遍采用的变量，如投资收益、财务杠杆比率、偿债能力、流动资金、现金流动等均被普遍地看作是企业财务优势的决定性因素。像 SWOT 矩阵一样，SPACE 矩阵要按照被研究企业的情况来制定，并要依据尽可能多的事实信息。

表 5-4　被普遍采用的变量示例

内部战略处理	外部战略处理
财务优势（FS）	环境稳定性（ES）
投资收益	技术变化
杠杆比率	通货膨胀率
偿债能力	需求变化性
流动资金	竞争产品的价格范围
现金流	市场进入壁垒
	竞争压力
	退出市场的方便性
	价格需求弹性
	业务风险
竞争优势（CA）	产业优势（IS）
市场份额	增长潜力
产品质量	盈利潜力
产品生命周期	财务稳定性
用户忠诚度	专有技术知识
竞争能力利用率	资源利用
专有技术知识	进入市场的便利性
对供应商和经销商的控制	生产效率和生产能力利用率

建立 SPACE 矩阵的步骤如下：

第一步，选择构成财务优势（FS）、竞争优势（CA）、环境稳定性（ES）和产业优势（IS）的一组变量，并确定组内变量的权重。

第二步，对构成 FS 和 IS 的各变量给予从 +1（最差）到 +6（最好）的评分值。而对构成 ES 和 CA 的轴的各变量从 -1（最好）到 -6（最差）的评分值。

第三步，将各数轴所有变量的评分值相加，再分别除以各数轴变量总数，从而得出 FS、CA、IS 和 ES 各自的平均分数，作为四个维度的分值。

第四步，将 FS、CA、IS 和 ES 各自的平均分数标在各自的数轴上。

第五步，将 X 轴的两个分数相加，将结果标在 X 轴上；将 Y 轴的两个分数相加，将结果标在 Y 轴上；标出 X、Y 数轴的交叉点。

第六步，自 SPACE 矩阵原点到 X 轴、到 Y 数值的交叉点画一条向量，这一条向量就表示企业可以采取的战略类型。

通过 SPACE 分析可得出的各种战略态势的例子见图 5-2。同各种态势对应的向量表明了应采取的战略类型：进取型、保守型、防御型和竞争型。

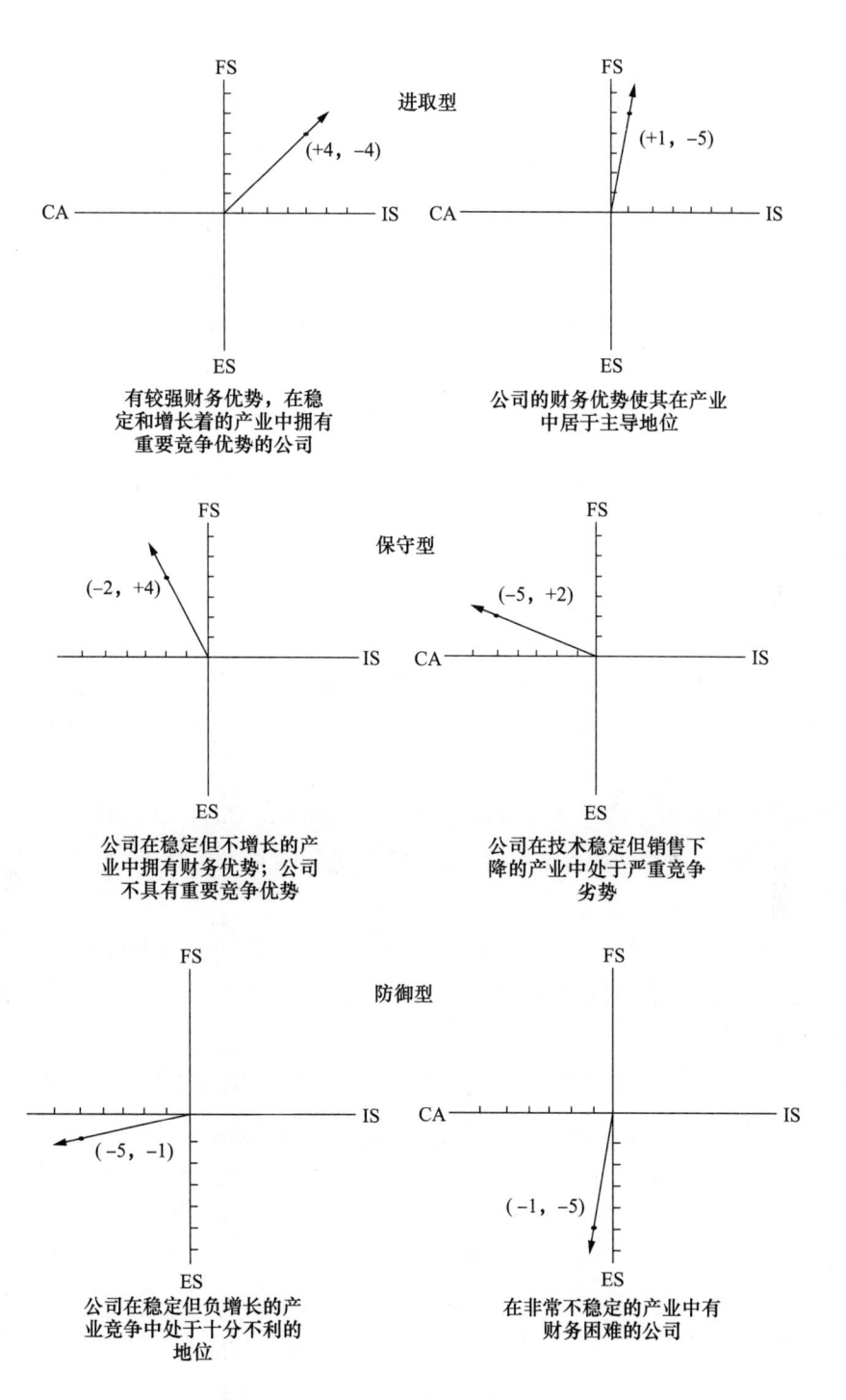

进取型

(+4，-4) 有较强财务优势，在稳定和增长着的产业中拥有重要竞争优势的公司

(+1，-5) 公司的财务优势使其在产业中居于主导地位

保守型

(-2，+4) 公司在稳定但不增长的产业中拥有财务优势；公司不具有重要竞争优势

(-5，+2) 公司在技术稳定但销售下降的产业中处于严重竞争劣势

防御型

(-5，-1) 公司在稳定但负增长的产业竞争中处于十分不利的地位

(-1，-5) 在非常不稳定的产业中有财务困难的公司

图 5-2　各种战略态势的示例

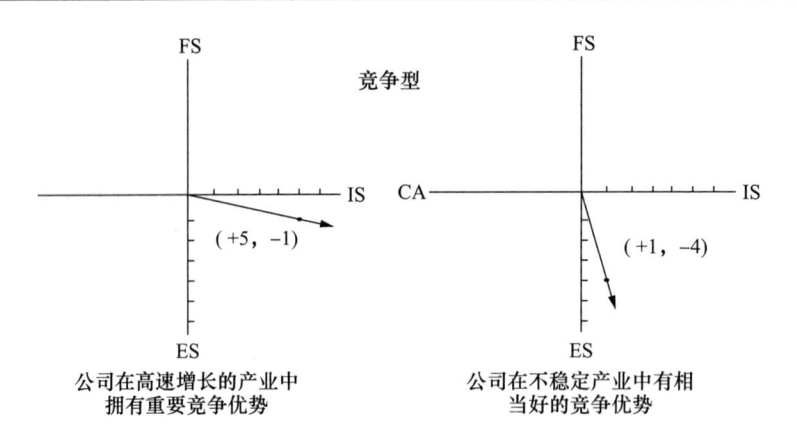

```
          FS                              FS
          |                               |
          |          竞争型                |
          |                               |
          |                               |
──────────┼────→──── IS      CA ──────────┼──────────── IS
          | (+5, -1)                      | (+1, -4)
          |                               ↘
          |                               |
          ES                              ES
公司在高速增长的产业中              公司在不稳定产业中有相
  拥有重要竞争优势                    当好的竞争优势
```

图 5-2 各种战略态势的示例（续）

当公司的向量位于 SPACE 矩阵的进取象限（Aggressive Quadrant，右上角象限）时，该企业便处于这样一种绝佳的地位，即它可以利用自己的内部优势来利用外部机会，或克服内部弱点，或回避外部威胁。从而，根据企业面对的具体情况采用如下战略以及它们的组合：市场渗透、市场开发、产品开发、后向一体化、前向一体化、横向一体化、混合式多元经营、集中式多元经营、横向多元经营或结合式战略。

向量出现在 SPACE 矩阵左上角的保守象限（Conservative Quadrant）时，意味着该企业应固守基本竞争优势而不要过分冒险。保守型战略通常包括市场渗透、市场开发、产品开发及集中化多元经营。

向量出现在 SPACE 矩阵左下角的防御象限（Defensive Quadrant）时，意味着企业应集中精力克服内部弱点并回避外部威胁。防御型战略包括紧缩、剥离、结业清算和集中化多元经营。

向量也可能会落在 SPACE 矩阵的右下角，即竞争象限（Competitive Quadrant），这表明应采取竞争性战略。竞争性战略有后向、前向及横向一体化、市场渗透、市场开发、产品开发及组建合资企业。

表 5-5 是对一家银行的 SPACE 矩阵分析。请注意它建议采取的是竞争型战略。

表 5-5 对一家银行的 SPACE 矩阵分析

财务优势	评分
银行一级资本（Primary Capital）比率为 7.23%，比通常要求的比率（6%）高出 1.23%	1.0
银行资产收益率为负 0.77，而银行平均收益率为正 0.70	1.0
银行净收入为 1.83 亿美元，比前一年下降 9%	3.0
银行收入增长 7%，达到 34.6 亿美元	4.0
	9.0

产业优势	评分
解除管制提高了地域及产品经营的自由度	4.0
解除管制增强了银行业的竞争	2.0

续表

产业优势	评分
宾夕法尼亚州的州际银行法允许银行收购新泽西州、俄亥俄州、肯塔基州哥伦比亚特区和西弗吉尼亚州的银行	4.0
	10.0
环境稳定性	评分
欠发达国家经历着高通货膨胀和政治波动	-4.0
总部位于匹兹堡,银行在历史上严重依赖钢铁、石油和天然气产业,这些产业目前均不景气	-5.0
银行业的解除管制正在使整个产业处于不稳定状态	-4.0
	-13.0
竞争优势	评分
银行向38个州的450余家机构提供数据处理服务	-2.0
大型地方银行、国际银行和非银行机构正变得更有竞争力	-5.0
银行拥有庞大的用户群体基础	-2.0
	-9.0
结论	
ES 平均值:-13.0÷3=-4.33	
IS 平均值:+10.0÷3=+3.33	
CA 平均值:-9.0÷3=-3.00	
FS 平均值:+9.0÷4=+2.25	
向量坐标值:x 轴为-3.00+(3.33)=0.33	
y 轴为-4.33+(2.25)=-2.08	
银行应采取竞争型战略	

三、BCG 矩阵

BCG 矩阵（BCG Matrix）也叫增长/占有率矩阵（The Growth – Share Matrix），是以著名的战略管理咨询公司——波士顿管理咨询公司（Boston Consulting Group，BCG）的名字命名的，也是最著名的方法之一。表明一家公司某个业务单元在一个行业的相对吸引力，这包括两个方面：相对市场份额和行业发展速度。它的基本思想是，市场份额高或者市场增长快的业务单元对公司最为有利。图 5-3 是一个 BCG 矩阵的例子。图中每个圆圈代表一个独立的分公司，圆圈的大小表示该业务单位的收入占公司总业务收入的比例，圆圈中阴影部分代表该业务单位所创利润占公司总利润的比重。

位于 BCG 矩阵第Ⅰ象限的业务分部被称为"问号"，第Ⅱ象限的业务被称为"吉星"，第Ⅲ象限的业务被称为"肥牛"，第Ⅳ象限的业务被称为"瘦狗"。正如"全球视野"专栏所示，欧洲公司正在通过合并而成为吉星，这对很多美国公司构成了威胁。值得企业投资的公司业务单元位于"明星"框中。这些业务单元占有较多的市场份额，具有较快的发展速度，已经是市场中的主导，而且在高速发展的市场中它们会进一步成为主宰力量，因此将会十分繁荣。相反，"瘦狗"框中的业务单元应该被出售、关闭或者在投资时加以回避。这些业务单元拥有较少的市场份额而且发展较慢，它们比较弱小，而且发展前景不景气。由于缓慢的发展和较大的市场份额，"金牛"业务单元的主要经营目标应该是尽量获得最大的短期利润。这样的业务单元现在还能创造很大的价值，但未来就不一定如此了。"问题"框中的业务单元发展前景不明确，因为其市场份额相对较少，所以即使在高速发展的市场中运营也不一定会变得有竞争力。这类业务单元一般规模较小，在竞争中不易取胜，其能否抓住市场发展所产生的价值还是个未知数。

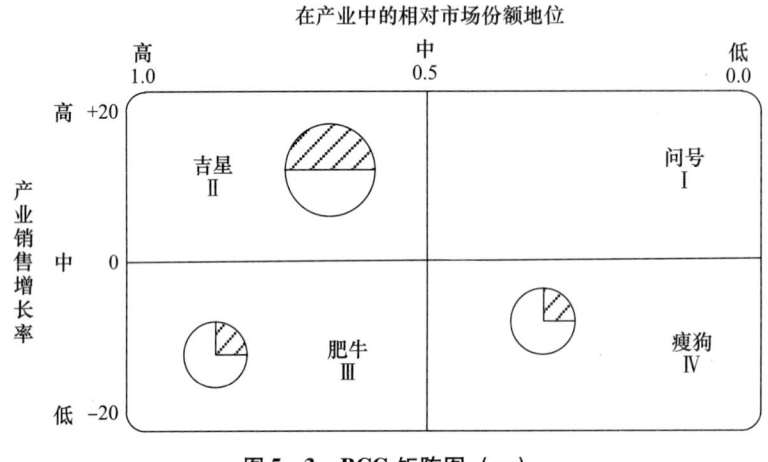

图 5-3　BCG 矩阵图（一）

BCG 矩阵的主要益处在于，它使人们很容易注意到企业各分部门的现金流动、投资特性及需求。很多公司的各分部门都随着时间的推移而发生了变化：按逆时针方向不断地由瘦狗变为问号，由问号变为吉星，由吉星变为肥牛，再由肥牛变为瘦狗。较少的演变顺序是按顺时针方向由吉星变为问号，由问号变为瘦狗，由瘦狗变为肥牛，再由肥牛变为吉星。在某些企业中则没有出现这类循环式的演变。经过一定时间的努力，企业应力求使自己业务组合中的各分部门成为行业的吉星。

图 5-4 提供了一个 BCG 矩阵的例子，它显示公司包括 5 个业务分部，它们的销售额范围为 5000~60000 美元。部门 1 销售额最大，在矩阵中由最大的圆圈代表。代表部门 5 的圆圈最小，因为该分部的销售额（5000 美元）在各分部中最少。各圆圈中的阴影代表各分部对总公司盈利贡献的比重。如图 5-4 所示，部门 1 对公司的盈利贡献比重最大，为 39%。

分部 1 被看作是吉星，分部 2 为问号，分部 3 也为问号，分部 4 为肥牛，分部 5 为瘦狗。BCG 矩阵如同其他所有分析技术一样，也具有某些局限性。例如，将所有企业看作吉星、问号、肥牛和瘦狗之一未免过于简单，很多位于 BCG 矩阵中部的企业不易被明确地归类。此外，BCG 矩阵不能反映各分部或其所在产业在一定时期是否增长，也就是说该矩阵没有时间的特性，而更像对企业在某一时点状况的拍照。最后，除相对市场份额地位和产业销售增长率之外的一些变量，如市场和竞争优势等，对公司分部门决策的制定也十分重要。

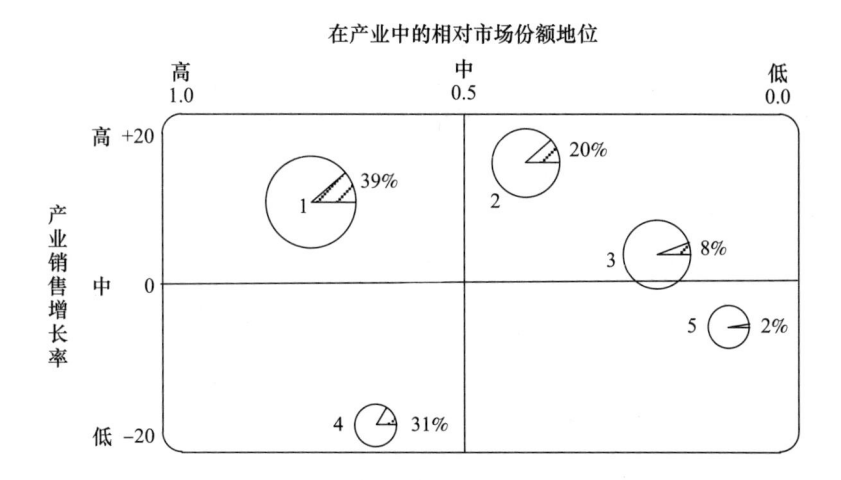

在产业中的相对市场份额地位

分部	业务收入(美元)	收入百分比(%)	盈利(美元)	盈利百分比(%)	市场份额百分比(%)	增长百分比(%)
1	60000	37	10000	39	80	+15
2	40000	24	5000	20	40	+10
3	40000	24	2000	8	10	+1
4	20000	12	8000	31	60	-20
5	50000	3	500	2	5	-10
总计	165000	100	255000	100		

图 5-4 BCG 矩阵图（二）

四、IE 矩阵

内部—外部（Ⅲ）矩阵（Internal-external Matrix，Ⅲ）如图 5-5 所示。

该矩阵用 9 个格子表明企业分部的地位。IE 矩阵与 BCG 矩阵的相似之处在于它们都是用矩阵图标识企业分部地位的工具，为此它们也都被称为组合矩阵。而且，在 BCG 和 IE 矩阵中，圆圈的大小都代表各分部对总公司销售额的贡献比例，而圆圈中阴影都代表各分部对总公司盈利的贡献比例。

然而，BCG 矩阵和 IE 矩阵两者也存在一些重要的区别。首先，两个矩阵的轴线不同。其次，IE 矩阵比 BCG 矩阵要求有更多的关于企业分部的信息。最后，两个矩阵的战略含义也各不相同。为此，跨国公司中的战略制定者们在制定备选战略时往往同时建立 BCG 和 IE 两种矩阵。通常的做法是用 BCG 矩阵和 IE 矩阵反映现时情况，然后再用根据预测或计划值建立的矩阵反映未来情况。这种"之前—以后"式分析预示了企业所期望的战略决策对企业分部组合的影响效果。

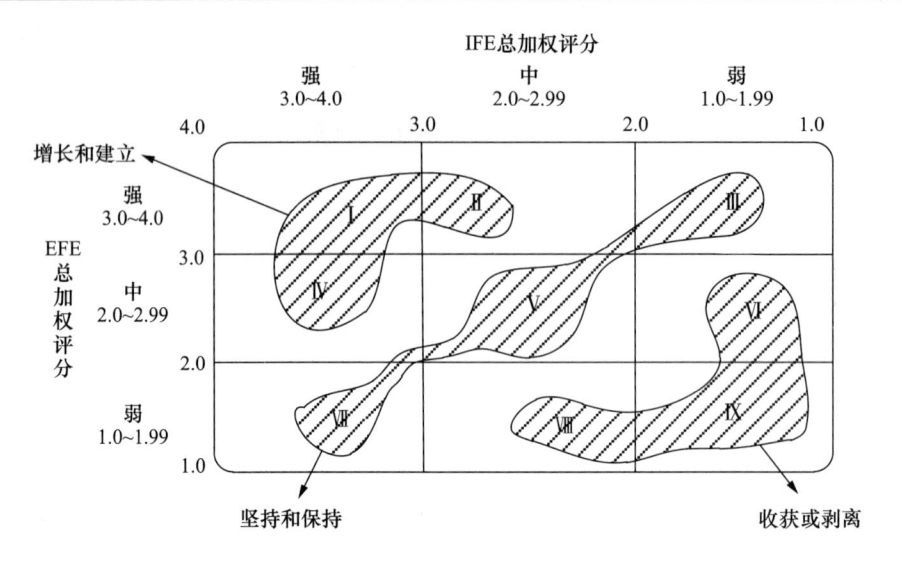

图 5-5 IE 矩阵图（一）

图 5-6 是一个完全的 IE 矩阵的例子，它描述的是一个有 4 个分部的企业，如圆圈的位置所示。分部 1、分部 2、分部 3 适合采用增长和建立型战略，而分部 4 适合于收获或剥离型战略。分部 2 占公司总销售额的百分比最大，因此用最大的圆圈表示。分部 1 对公司盈利的贡献比例最大，因而有最大的阴影比例。

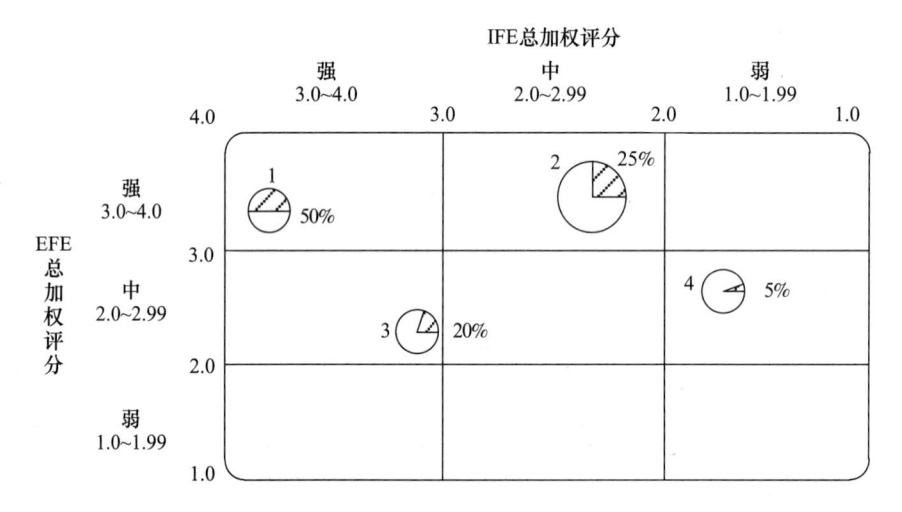

分部	销售（美元）	销售百分比（%）	盈利（美元）	盈利百分比（%）	IFE 评分	EFE 评分
1	100	25	10	50	3.6 分	3.2 分
2	200	50	5	25	2.1 分	3.5 分
3	50	12.5	4	20	3.1 分	2.1 分
4	50	12.5	1	5	1.8 分	2.5 分
总计	400	100	20	100		

图 5-6 IE 矩阵图（二）

如图 5-7 和图 5-8 所示,哈拉斯饭店(Harrah's)最近建造了两个 IE 矩阵,一个是为其 4 个地理区域建造的,另一个是为其 5 种产品建造的。请注意,中部地区和赌场给公司带来了最大的收入(用最大的圆圈代表)和利润(用最大的阴影部分代表)。企业同时建立区域和产品 IE 矩阵是很普遍的,这样做是为了更有效地制定战略和在不同分部之间分配资源。此外,公司也往往为其竞争者建造 IE(或 BCG)矩阵。企业还往往建造"事前的和事后的"IE(或 BCG)矩阵,以便揭示当前的情况和预测一年后的情况。在进行案例分析时,完全可以根据对公司和产业的分析来估计各分部的 IFE 和 EFE 评分,而不一定要为各分部建造单独的 IP 矩阵。

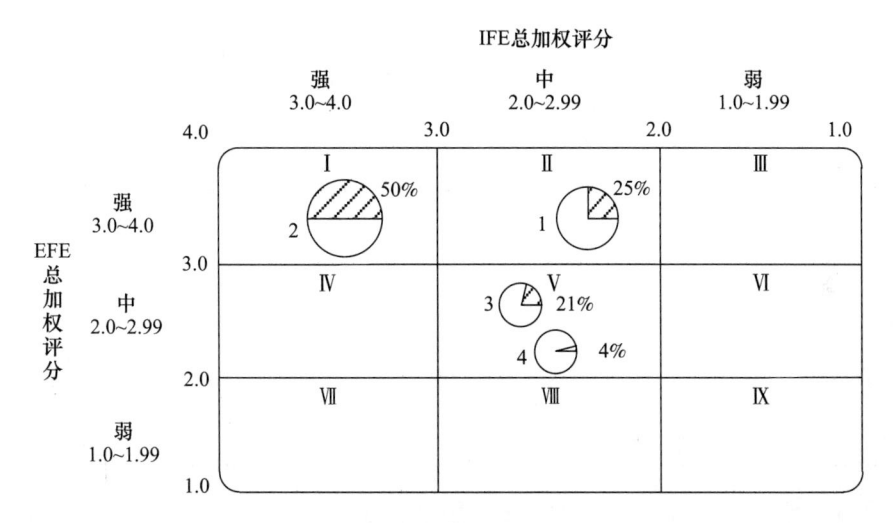

增长和建立分部	收入占比(%)	利润占比(%)	EFE 评分	IFE 评分
1. 西部地区	31	25	3 分	2 分
2. 中部地区	48	50	3 分	3 分
3. 东部地区	19	21	2 分	2 分
4. 物业管理	2	4	2.5 分	2.5 分
总计	100	100		

图 5-7 IE 矩阵图(三)

五、GS 矩阵

大战略矩阵是由小汤普森(A. A. Thompson Jr.)与斯特里克兰(A. J. Strickland)根据波士顿矩阵修改而成。它的优点是可以将各种企业的战略地位都置于大战略矩阵的四个战略象限中,并加以分析和选择。大战略矩阵基于两个评价数值:横轴代表竞争地位的强

IFE总加权评分

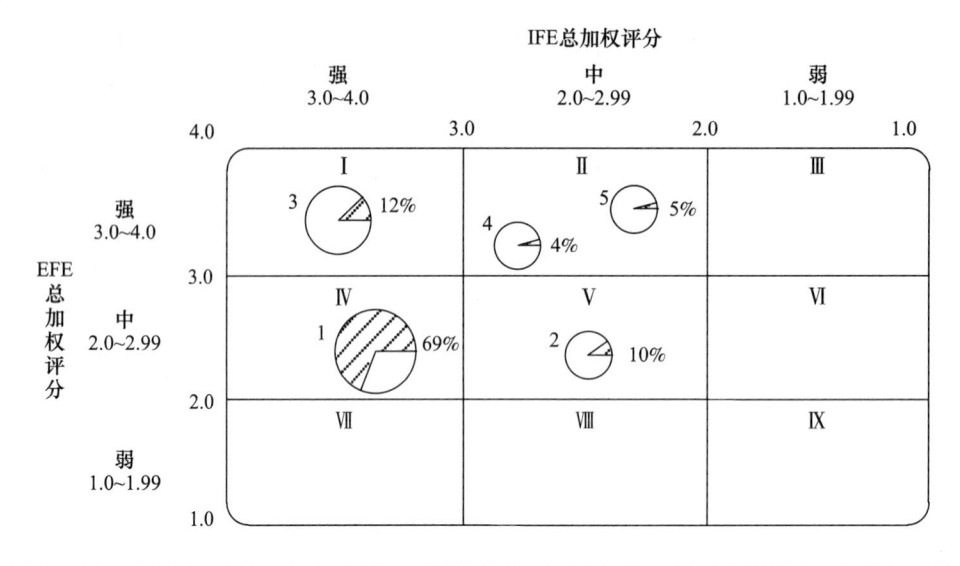

	强 3.0~4.0	中 2.0~2.99	弱 1.0~1.99
强 3.0~4.0 (EFE)	I — 3 / 12%	II — 5 / 5%；4 / 4%	III
中 2.0~2.99	IV — 1 / 69%	V — 2 / 10%	VI
弱 1.0~1.99	VII	VIII	IX

增长和建立分部	收入占比（%）	利润占比（%）	EFE 评分	IFE 评分
1. 赌场	76	69	2.5 分	3 分
2. 客房	7	10	2 分	2 分
3. 食品和饮料	13	12	3 分	3 分
4. 物业管理	1	4	2.5 分	2.5 分
5. 其他	3	5	3 分	2 分
总计	100	100		

图 5-8　IE 矩阵图（四）

弱，纵轴代表市场增长程度。其矩阵如图 5-9 所示，大战略矩阵基于两个评价数值：竞争地位和市场增长。适用于各类企业的战略按吸引力的大小排序而分列于矩阵的各象限中。

位于大战略矩阵第 I 象限的公司处于极佳的战略地位。对这类公司，继续集中经营于当前的市场（市场渗透和市场开发）和产品（产品开发）是适当的战略。第 I 象限公司大幅度偏离已建立的竞争优势是不明智的。当第 I 象限公司拥有过剩资源时，后向、前向或横向一体化可能是有效的战略。当第 I 象限公司过分偏重于某单一产品时，集中化多元经营战略可能会降低过于狭窄的产品线所带来的风险。第 I 象限公司有能力利用众多领域中的外部机会，必要时它们可以冒险进取。

位于第 II 象限的公司需要认真地评价其当前的参与市场竞争的方法。尽管其所在产业正在增长，但它们不能有效地进行竞争。这类公司需要分析企业当前的竞争方法为何无效，企业又应如何变革而提高其竞争力。由于第 II 象限公司处于高速增长产业，加强型战略（与一体化或多元经营战略相反）通常是它们的首选战略。然而，如果企业缺乏独特的生产能力或竞争优势，横向一体化往往是理想的战略选择。为此，可考虑剥离或结业清算。剥离可为公司提供收购其他企业或买回股票所需要的资金。

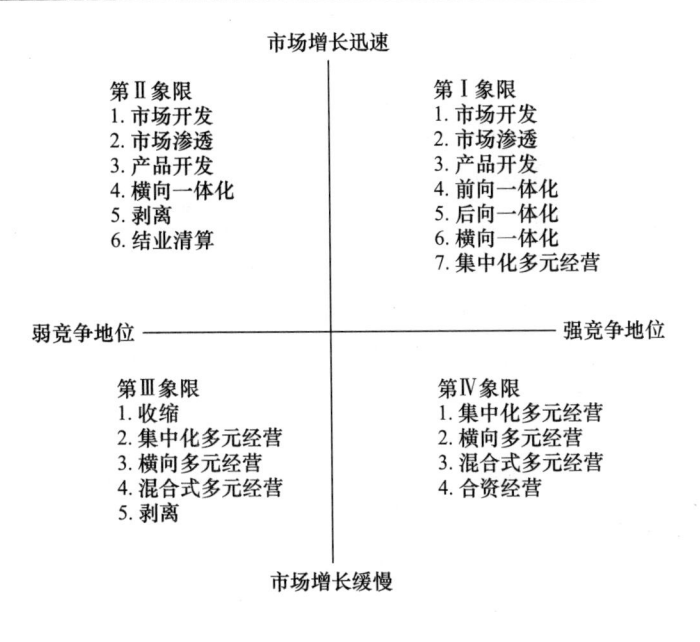

```
                        市场增长迅速
     第Ⅱ象限                          第Ⅰ象限
     1. 市场开发                        1. 市场开发
     2. 市场渗透                        2. 市场渗透
     3. 产品开发                        3. 产品开发
     4. 横向一体化                      4. 前向一体化
     5. 剥离                            5. 后向一体化
     6. 结业清算                        6. 横向一体化
                                        7. 集中化多元经营

弱竞争地位 ─────────────────────── 强竞争地位

     第Ⅲ象限                          第Ⅳ象限
     1. 收缩                            1. 集中化多元经营
     2. 集中化多元经营                  2. 横向多元经营
     3. 横向多元经营                    3. 混合式多元经营
     4. 混合式多元经营                  4. 合资经营
     5. 剥离

                        市场增长缓慢
```

图 5-9　大战略矩阵

第Ⅲ象限的公司在增长缓慢的产业中竞争并处于不利的竞争地位。这类公司必须迅速进行某些重大的变革，以避免情况的进一步恶化及可能的结业清算。首先应大幅度地减少成本和资产（收缩），另外可将资源从现有业务领域转向其他业务领域。如果各种尝试均告失败，第Ⅲ象限公司的最后选择便是剥离或结业清算。

第Ⅳ象限的公司有较强的竞争力，但属于增长缓慢的产业。这类公司有能力在有发展前景的领域进行多元经营。典型的是第Ⅳ象限公司具有较大的现金流量并对资金的需求有限，从而可以成功地采取集中化、横向或混合式多元经营，这类公司也可进行合资经营。

六、QSPM 矩阵

QSPM（定量战略计划矩阵）是战略决策阶段的重要分析工具，是一种以事先确认的优势、劣势、机遇和挑战因素来客观评价备选模式的工具，它应用的基础是 IFE 和 EFF 矩阵，在 IFE 矩阵（优势、劣势评价模型）和 EFF 矩阵（机遇和挑战评价模型）基础上，再利用 QSPM 矩阵模型对四种备选方案（模式）进行量化分析，通过备选模式的相对吸引力计算选择最佳对接模式。虽然 QSPM 矩阵模型是基于事先确认的优势、劣势、机遇和挑战因素来客观评价备选模式的工具，然而良好的直觉判断对 QSPM 仍然是必要且极为重要的。该模型分析原理是将备选模式分别评分，评分依据是各模式能否使产业充分利用机遇和优势，尽量避免威胁和挑战四个方面，通过专家小组讨论形式得出，得分高低反映备选模式的优劣程度。运用 QSPM 矩阵模型分析最大优势在于在没有高度精确的数据支持和现代分析工具下，运用 QSPM 矩阵模型分析能对备选模式进行量化处理，能够较客观地指出哪种备选模式是最优的。

表 5-6 表明了 QSPM 矩阵的基本格式。其中 QSPM 矩阵的左边一列为关键的外部和内部因素来自第一阶段，顶部一行为可行的备选战略来自第二阶段。具体地说，QSPM 矩阵的左栏包括了从 EFE 矩阵和 IFE 矩阵直接得到的信息。在紧靠关键因素的一列中，将标出各因素在 EFE 矩阵和 IFE 矩阵中所得到的权数。

表 5-6 QSPM 矩阵

关键因素		备选战略			
		权重	战略1	战略2	战略3
关键外部因素	经济				
	政治/法律/政府				
	社会/文化/人口/环境				
	技术				
	竞争				
关键内部因素	管理				
	市场营销				
	财务会计				
	生产作业				
	研究与开发				
	管理信息系统				

QSPM 矩阵顶部一行包括了从 SWOT 矩阵、SPACE 矩阵、BCG 矩阵、IE 矩阵和大战略矩阵中得出的备选战略。这些匹配工具通常会产生类似的可行战略。然而，并不是说匹配技术所建议的每种战略都要在 QSPM 矩阵中予以评价。战略制定者应该用良好的直觉性判断来选择进入 QSPM 矩阵的战略。

从理论上讲，QSPM 矩阵根据对关键外部因素和内部因素的利用和改进程度来确定各战略的相对吸引力。战略组合中各战略的相对吸引力是通过确定各外部关键因素及内部关键因素的总体影响来计算出的。QSPM 矩阵中包括的备选战略的数量和战略组合的数量均不限，但只有在同一组内的各种战略才可被进行相互比较式评价。例如，第一组战略可能会包括集中化、横向和混合式多元经营，而另一组战略则可能包括发行股票和售出分部以筹集资金等内容。这两组战略是完全不同的，因此 QSPM 矩阵只在战略组合内评价各战略。表 5-7 提供了一个经营良好的公司的 QSPM 矩阵。此范例显示了 QSPM 矩阵的所有要素：关键因素、备选战略、权重、吸引力评分、吸引力总分和吸引力总分和。这里的三个新术语——吸引力分数、吸引力总分、吸引力总分和将在如下建立 QSPM 矩阵的 6 个步骤中予以定义和解释。

1. 建立 QSPM 矩阵的步骤

步骤一，标注出重要的关键因素，即可以利用的外部资源，有可能发生的风险，企业自身的优势和劣势等。

表 5-7 经营良好公司的 QSPM 矩阵

关键因素		权重	备选战略			
			在欧洲建合资企业		在亚洲建合资企业	
			AS	TAS	AS	TAS
机会	1. 欧洲的统一	0.01	4	0.40	2	0.20
	2. 消费者在选购商品时更加重视健康因素	0.15	4	0.60	3	0.45
	3. 亚洲自由市场经济的上升	0.10	2	0.20	4	0.40
	4. 对汤料的需求每年增长 10%	0.15	3	0.45	4	0.60
	5. 北美自由贸易协定	0.05	—	—	—	—
威胁	1. 对食品的需求每年仅增长 1%	0.10	3	0.30	4	0.40
	2. Con Agrn's Banquet 电视食品以 27.4% 的市场份额领先	0.05	—	—	—	—
	3. 不稳定的亚洲经济	0.10	4	0.40	1	0.10
	4. 罐头盒不能被生物降解	0.05	—	—	—	—
	5. 美元的贬值	0.15	4	0.60	2	0.30
优势	1. 盈利增长 30%	0.10	4	0.40	2	0.20
	2. 新的北美分公司	0.10	—	—	—	—
	3. 成功的新健康汤料	0.10	4	0.40	2	0.20
	4. Swanson 电视食品的市场份额已增长至 25.1%	0.05	4	0.20	3	0.15
	5. 所有管理人奖金的 1/5 是基于公司的整体业务	0.05	—	—	—	—
	6. 生产能力利用率从 60% 提高到 80%	0.15	3	0.45	4	0.60
弱点	1. Pepperidge 农场的销售额下降了 7%	0.05	—	—	—	—
	2. 企业重组花去 3.02 亿美元	0.05	—	—	—	—
	3. 公司在欧洲的经营正在亏损	0.15	2	0.30	3	—
	4. 公司国际化经营进展缓慢	0.15	4	0.60	3	0.60
	5. 税前盈利率为 8.4%，仅为产业平均水平的一半	0.05	—	—	—	0.45
总计		1.0	—	5.30	—	4.65

步骤二，合理确定不同因素在整个评估过程中的重要程度，即权重。具体来说，邀请五位本领域的专家，他们会按照个人理解对这些因素给出不同的权重，之后则是根据这些人的评判进行数值平均，得出这一因素的权重，所有权重之和等于 1。

步骤三，列出各备选战略规划方案。

步骤四，不同的战略方案，所针对的战略要素的吸引力得分值不同，因此先要确定关键因素对战略的影响程度，如果没有任何实现作用，则不给予分数，如果没有吸引力则为 1 分，稍有吸引力为 2 分，吸引力较大为 3 分，非常有吸引力为 4 分，综合这些数据就是不同要素的吸引力得分最终结果，必须确保所得出的分值的合理性。

步骤五，对不同战略方案由于不同因素而产生的加权吸引力得分值进行计算，所得出的结果就说明了单项考虑这项因素时，这项战略方案的吸引力相对值。

步骤六，得出吸引力的最终值，对不同因素所导致的战略方案的加权吸引力得分值进行相加。这一数值所代表的吸引力也有相对大小之分，这个分值越高，则意味着其所代表的战略规划的吸引力也会越高。

在表5-4中，两种备选战略——在欧洲建立合资企业和在亚洲建立合资企业，正在被坎贝尔汤料公司所考虑。《北美自由贸易协定》对在这两个战略之间进行选择没有影响，因而在该横行中标有"—"。其他数种因素对战略选择也没有影响，故在相应行中也标有"—"。如果某因素影响某一战略而不影响其他战略，它将影响战略选择，因此应被给予吸引力分数，表5-4中的吸引力总分和为5.30，这表明与在亚洲建立合资企业的战略相比，在欧洲建立合资企业的战略更有吸引力。

每个吸引力分数都应有其理论根据。在表5-4中，第一行中吸引力分数的理论根据为西欧的统一使欧洲较之亚洲可以提供更为稳定的商务环境。在欧洲建立合资企业的吸引力分数为4，而在亚洲建立合资企业的吸引力分数为2，这表明前者是最可取的，同时也表明若只考虑这一项关键因素，后者也是可以接受的。吸引力分数绝不仅仅是猜测，它应当是理性的、合理的和经得起推敲的。要避免给各种战略以同样的AS评分。请注意，在表5-4中，破折号若被使用，便在整个一行中被使用。另外，各行中不会出现两个4、两个3、两个2或两个1。在建立QSPM时一定要注意这些准则。

2. QSPM矩阵的优点与局限性

QSPM矩阵的优点之一是可以相继或同时地考察一组战略。例如，可以首先评价公司一级的战略，之后是分公司一级战略，再后是功能部门一级的战略。在QSPM中可以同时评价的战略或战略组数量不受限制。QSPM矩阵的另一个优点是它要求战略制定者在决策过程中将有关的外部因素和内部因素结合在一起考虑。通过建立QSPM矩阵可避免关键因素不适当地被忽视或偏重。QSPM矩阵使人们注意到会影响战略决策的各种重要关系。虽然在建立QSPM矩阵过程中需要进行一些主观性决策，但这些次要的决策可能使最终战略决策质量更佳。QSPM矩阵经过适当修改便可适用于大型和小型的及营利性的和非营利性的组织，它实际上可以被应用于任何类型的组织。QSPM矩阵尤其可以提高跨国公司的战略决策水平，因为它可以同时考察很多关键性因素和战略，也已经被成功地应用于一些小型企业。

QSPM矩阵并非没有局限性。首先，它总是要求作出直觉性判断和经验性假设。权重和吸引力分数的确定要依靠判断性决策。尽管这些判断所依据的应该是客观信息。在包括建立QSPM矩阵的整个战略制定过程中，战略制定者、管理者和雇员之间的讨论是建设性的，并可以提高战略决策水平。由于在理解和解释信息方面客观存在的分歧及各方面观点的不同，战略分析和选择会引发更多建设性的讨论。其次，QSPM矩阵的另一个局限性是其结果的科学性取决于它所基于的信息和匹配分析的质量。

【本章小结】

本章介绍了不同的企业战略选择类型、它们的适用条件和具体采用方式，以及战略选择的四种通用方法。第一节从企业总体发展方面介绍了四种战略选择类型——一体化战略、加强型战略、多元化战略和并购战略，分别探讨了各种战略模式、适用条件、选择方法和选择时应注意的问题。第二节从企业之间进行市场竞争的角度介绍了成本领先战略、差别化战略、集中化战略三种经典竞争战略的模式、适用条件、选择方法和选择时应注意的问题。第三节介绍了不同规模企业的战略选择，着重探讨了大型企业和中小型企业的特点、战略选择的类型和方法及进行战略选择时应注意的问题；介绍了不同企业的战略选择，着重探讨了市场竞争地位处于前五位的企业的战略选择模式与方法；介绍了处于行业不同阶段的企业战略选择，着重探讨了行业发展的四个阶段（初始期、成长期、成熟期和衰退期）的特点，企业在四个阶段进行战略选择的类型和方法以及选择时应注意的问题；最后，还介绍了四种通用的战略选择方法：波士顿咨询公司的经营组合分析法、通用电气公司的战略经营计划方格法、荷兰皇家壳牌石油集团的政策指导矩阵和格鲁克的逐步推移法。

【复习思考】

1. 企业总体战略分为一体化战略、加强型战略、多元化战略和并购战略四种类型，它们各自的着眼点是什么？
2. 企业实施相关多元化可从哪些方面着手？为什么？
3. 实施成本领先战略和差别化战略有哪些方法？
4. 不同规模的企业在行业的不同生命周期阶段如何进行战略选择？
5. 经营计划方格法主要适用于哪些类型的企业？

【本章案例】

联想与华为的战略差异

战略是关于企业长远发展的纲领性、全局性和整体性谋划。公司之间的战略差异，短期通常看不出来，但是30年过去了，联想与华为的差异越发清晰可见。

柳传志和任正非有惊人相似的创业境遇：

柳传志，生于1944年，1984年40周岁时，作为主要创业者之一，以20万元创立联想（当时公司名称叫"中国科学院计算所新技术发展公司"），先是代理销售IBM、AST、惠普等国际微机品牌，但主要靠给进口电脑配装中科院计算所倪光南教授主导开发的

"汉卡"赚到第一桶金。

任正非，与柳传志同岁，1987年43岁时从深圳南油集团辞职下海，以2万元创立华为。任正非比柳传志晚三年创业，刚开始主营代理业务，靠代理香港康力公司的HAX模拟交换机，赚得了创业的第一笔财富。

作为经典商业案例的联想与华为一北一南两家企业，它们的过去有太多相似的东西：

同样靠"代理"赚取了第一桶金；

同样经历了由野蛮生长到文明生长的"蜕变"；

同样取得了令许多企业难以望其项背的商业成就；

同样有一位"教父"般的精神领袖；

同样怀有基业长青的梦想……

但是，人们注意到，近年来，这两家企业的发展轨迹正在悄然发生变化。

华为业绩逆势上扬，销售收入和净利润连年保持高速增长，2015年更创造了销售收入3950亿元和净利润369亿元的惊人业绩。

反观联想集团，2015年财年营业收入和利润均出现同比下降，全年净亏损1.28亿美元（亏损约合人民币8.4亿元），令人大跌眼镜。

比较一下华为移动业务和联想移动业务的业绩差距也许更为直观。

联想集团和华为分别于2002年和2003年进入手机业务领域，至2015年，华为宣布终端出货量突破1亿部大关，在国内市场超越三星成为第一名，并确立中高端手机品牌形象，成为全球第三大手机厂商。

而联想集团2015年只售出6600万部手机，在国内市场仅卖出了1500万部手机，且同比呈下降态势。

种种迹象表明，过去并驾齐驱的两家优秀企业，现在正呈现分化和差距扩大的发展态势。这究竟是为什么呢？

对联想控股和华为两家企业的发展战略进行解构，尤其是对两家企业的核心价值、核心能力和业务结构进行比较分析，不难发现，两家企业选择的发展战略存在较大差异乃至明显差距。

由于企业战略与企业长效发展之间存在一种因果关系，企业战略的差异最终会以业绩的差距表现出来，只不过企业战略对企业业绩的影响遵循"从量变到质变"的规律，厚积而薄发。30年半个甲子，华为以"厚积能力"为特征的发展战略开始发力，而联想以"资源整合"为特征的发展战略似乎渐显疲态。

1. 企业战略的差异首先是核心价值的差异

核心价值是什么？主要指企业的使命、愿景和核心价值观等，它决定企业的长期发展方向、长远奋斗目标和企业道德品质。这就是说，谈到核心价值，首先不要去想能赚到多少钱。

比较联想控股和华为两家企业核心价值，两家企业的价值追求和价值主张存在明显的差异：

联想追求多元化扩张和多行业的成功,看重影响力,强调求实、进取。

华为以实现顾客梦想和为客户创造价值为核心价值追求,更有一种理想主义情怀,强调专业专注精神,在价值观方面倡导开放、合作、共赢。

如果把企业比作一个生命体,那么企业的核心价值就好比生物的遗传密码——基因。核心价值这个基因是企业战略之源,是企业发展之道,它对企业的生存和发展起着首要的决定性作用。

当然,企业基因的形成机制与生物基因有很大区别,它主要受企业家的影响。柳传志和任正非都是中国改革开放这一伟大时期脱颖而出的优秀企业家,但是两位企业家的个性和风格却形成鲜明的反差:

一位外向活跃,另一位内敛慎独。一位精明强势,另一位傻傻萌萌。一位紧跟政治形势,另一位紧盯产业趋势。一位好社交、好热闹,赶潮流、赶时髦,每一波经济浪潮都能看到他活跃的身影;另一位耐得住孤独、熬得住寂寞,不擅交际、不爱应酬,只出现在他该出现的时空。柳传志和任正非分别作为联想和华为的教父,对两家企业核心价值的形成和定位具有举足轻重的影响。

2. 核心能力差异是企业战略最关键的差异

企业是不是具有核心能力,要看它的能力是否具备核心能力的五个基本特征:①核心能力是指企业拥有的足以带来相对于竞争对手竞争优势的积累性学识或者能力;②核心能力应当对最终产品为客户带来可感知价值有重大贡献;③核心能力属于一种自生性能力,难以用钱直接买来;④核心能力一旦形成通常难以模仿和不可复制;⑤核心能力是形成企业持续竞争优势的源泉,是企业实现可持续发展的法宝。

企业核心价值反映了企业想做什么,而核心能力决定企业能否做强。显然,企业想做什么和能否做强是完全不同的两回事。谋划企业战略的重要任务之一就是识别、开发和培育竞争对手难以模仿的核心能力。

联想的核心能力是什么?在联想企业内部似乎从来就没有达成共识。柳传志说是"建班子、定战略、带队伍"。杨元庆说,兼并收购是联想的核心能力。还有人说,分销能力是联想的核心能力。北京大学光华管理学院教授张维迎干脆说,柳传志就是联想的核心能力。

打开联想控股官网,最吸引人眼球的一句口号是"制造卓越企业"。制造卓越企业似乎更像是联想控股的核心能力。柳传志发明了一个制造企业的经典模式,那就是"建班子、定战略、带队伍"。

按照这个模式,他的确批量"制造"出来联想集团、神州数码、君联资本、融科智地、弘毅投资、神州租车、拜博口腔、安信颐和、丰联集团、佳沃集团等众多企业。柳传志无愧于一位"企业制造"大师,但绝对不是一位真正的战略大师。

华为与联想不同,华为的核心能力几乎无可争议,那就是华为多年坚持不懈、专心致志打造出的强大研发能力。

截至2015年底,华为累计申请了52550件国内专利和30613件国外专利,专利申请总量位居全球第一；累计已授权专利 30924 件，美国授权专利 5052 件，欧洲各国累计授权专利达 11474 件。高专利申请量与高专利授权量齐头并举。

从 1990 年到 2016 年，华为 26 年如一日持之以恒地做了一件事，那就是研发。根据统计，华为 2006~2015 年十年间，其研发投入累计超过 2400 亿元，研发投入占销售收入 15%。

反观联想，过去 10 年，联想集团累计投入研发成本仅 290 亿元，尚不及华为 2015 年一年的研发支出。联想集团擅长并购，2004 年收购了 IBM 全球 PC 业务，2014 年收购了摩托罗拉的移动智能手机业务。联想集团以为花钱收购就可以买来研发能力，还可以免交专利费。但这恰恰犯了战略大忌，核心能力岂能够轻易买得来？

华为拒绝短视和机会主义，在研发方面不吝投入，其研发能力已经拉开了与联想的巨大差距。联想电脑 2013 年的销售量虽然升居世界第一，成为全球最大的个人 PC 生产厂商，但是联想电脑只是做"大"了；华为则无论是在通信技术产品和服务方面，还是手机方面，都做"强"了。

3. 核心业务定位是企业战略的显性差异

核心价值也好，核心能力也罢，最终都要落实到企业的经营业务上，尤其是核心业务。核心价值须通过业务而落地，核心能力须有利于企业做强做大，尤其是做强核心业务。企业选择进入什么行业，发展什么业务，与企业核心价值定位紧密相关。

联想控股的愿景定位于"在多个行业内拥有领先企业"，决定了联想控股专注"制造企业"而不是制造产品，注定了联想坚持走"贸工技"发展道路，走业务多元化发展道路。

所以联想控股确定的发展战略目标是形成核心资产运营、资产管理、"联想之星"孵化器投资三大板块的战略布局，核心资产运营涉及 IT、房地产、消费与现代服务、化工新材料、现代农业五大领域，运用多年积累的"实业+投资"的丰富经验，不断制造卓越企业，实现公司上市。

战略实施的结果是形成了联想电脑、神州数码、君联资本、融科智地、弘毅投资以及农业、食品、租车、酒业、化工、医疗、养老等众多业务板块并行发展的模式。

与联想多元化业务发展模式形成鲜明对照的是，华为钟情于专业化，倾情于专业化，坚定不移走专业化发展道路。1996 年华为构建的《华为基本法》就明明白白规定：华为的追求是在电子信息领域实现顾客的梦想，致力于成为世界一流的设备供应商，而且永不进入信息服务业。华为不仅是这么宣称的，也是这么做的。

任正非这样描述华为的专注和"傻干"：华为选择了通信行业，这个行业比较窄，市场规模没那么大，面对的又是世界级的竞争对手，我们没有别的选择，只有聚焦，只能集中配置资源朝着一个方向前进，犹如部队攻城，选择薄弱环节，尖刀队在城墙上先撕开一个口子，两翼的部队蜂拥而上，把这个口子向两边快速拉开，千军万马压过去，不断扫除前进中的障碍，最终形成不可阻挡的潮流，将缺口冲成大道，城池就是你的了。这就是华为人的"傻干"！

华为坚定地走自己认定的专业化发展道路，核心能力不断增强，核心业务不断强大，在全球市场攻城略地，30年保持高速增长，而且从来没有发生亏损。毫无疑问，华为创造了中国奇迹，创造了企业战略发展的经典案例。

联想和华为战略选择各不相同，各自优劣难以评说。但从长期来看，企业发展成果的差异最终将反映出企业战略方面的差异。过去30年，联想和华为固然都取得了巨大的成功；再过30年，中国一北一南这两家优秀企业是否还能够并驾齐驱驶向卓越，我们拭目以待。

（资料来源：何腊柏. 联想与华为的战略差异 [J]. 企业管理，2016（9）：14－17.）

思考题

1. 华为和联想各自的战略分别是什么？
2. 试讨论联想和华为各自所采取战略的差异及原因？
3. 联想与华为战略选择的不同，给我们带来了哪些启示？

第六章 战略实施

【管理名言】

战略制定者的绝大多数时间不应该花费在制定战略上,而应该花费在实施既定战略上。

——亨利·明茨伯格

【学习目标】

1. 了解企业文化与战略实施的关系。
2. 了解企业组织结构对于战略实施的重要性。
3. 了解战略实施的性质、任务、模式和主体。

实际做一件事情总是比决定做这件事情要困难得多。战略实施意味着将战略思想转变为战略行动,这是一项比战略制定更复杂、更耗时、更困难的工作。本章将详细介绍战略实施,并深入探讨企业如何进行科学的战略实施活动。

第一节 概述

战略实施意味着将战略思想转变为战略行动,这是一项比战略制定更复杂、更费时、更困难的工作。理由很简单:实际做一件事情(战略实施)总是比决定做这件事情(战略制定)要困难得多。

一、性质

战略实施与战略制定之间有着密切的内在联系,但两者之间又有着很大的区别。其区别主要表现在以下几个方面：

其一，战略制定主要是一种思维活动，战略实施则主要是一种行为过程。

其二，战略制定主要考虑如何做正确的事，战略实施则主要考虑如何正确地做事。

其三，战略制定需要有好的直觉和分析技能，战略实施则需要特殊的激励和领导技能。

其四，战略制定只需对少数人员进行协调，战略实施则要对众多人员进行协调。

由此可见，战略实施最根本的特性：以行动为导向，让期望的事情发生。如果说战略制定主要是市场驱动性的企业家活动，那么战略实施则主要是企业内部运营驱动性的管理实践活动。成功的战略制定有赖于企业领导人的远见卓识和智慧，以及捕捉机遇的能力；而成功的战略实施则有赖于企业领导人的胆识、魄力、行动和协调能力，以及全体员工的响应和执行能力。

二、任务

战略实施是战略管理过程的行动阶段，它要求将选定的战略加以细化，制定出实施战略所需的各项措施，并将这些措施付诸行动。具体来讲，战略实施的主要任务如下：

第一，研究使战略实施落地的计划方针。

第二，建立与战略相适应的组织结构。

第三，调整资源分配，确保战略实施过程中的关键环节能够成功。

第四，搭建能够配合战略实施的政策框架，梳理新的企业运作流程。

第五，优化价值链活动，再造业务流程。

第六，建立能够促进战略实施的沟通、反馈和激励机制。

第七，营造、培育一种有利于战略实施的工作环境和企业文化。

第八，加强对战略实施的领导，排除变革阻力。

第九，加强战略实施控制，保证目标的实现。

战略实施的任务归纳到一点，就是如何确保企业内部的运作方式和多项活动与战略成功的必要条件之间保持协调一致。其中最重要的协调是战略与组织结构和组织能力之间的协调、战略和资源之间的协调、战略和奖惩制度之间的协调、战略和内部支持系统之间的协调、战略和企业文化之间的协调。企业内部运作方式和多种活动与战略成功的必要条件协调程度越高，越有利于将整个组织和各种资源整合起来，形成竞争对手难以替代和模仿的核心能力，确保战略的顺利实施。

三、模式

战略实施可以采取不同的模式，每一种模式有其特有的适用范围，正确选择战略实施模式，对于成功实施战略至关重要。

西方企业在战略管理实践中，总结出了以下五种不同的战略实施模式。

1. 指挥型模式

（1）指挥型模式的特点。由计划人员向企业总经理提交企业经营战略的报告，总经理审阅通过后，向企业高层管理人员宣布企业战略，然后强制企业下层管理人员执行。总经理工作重心放在如何制定最佳的战略方面。

（2）指挥型模式的约束。采用这种模式，受到以下条件的约束：

1）总经理必须拥有较高的权威，因为战略的实施主要是依赖其个人权威，通过发布各种指令来推进的。

2）战略实施的难度较小，实施的条件较为有利。这就要求战略制定者与执行者的目标要保持一致；战略对现行运行系统不会构成威胁；企业组织结构高度集权；企业环境稳定，多种经营程度低；企业处于强有力的竞争地位，资源较为宽松。

3）能够准确、有效地收集各种信息，并能及时地汇总到总经理手中。

4）配备有全局眼光的专业规划人员，以便协调企业各职能部门和各业务单位的计划。

（3）指挥型模式的缺点。把战略制定者与战略实施者分开，下层管理人员缺乏执行战略的主动性和创造精神，甚至会拒绝执行战略。

2. 变革型模式

（1）变革型模式的特点。企业总经理将工作重心放在如何通过变革实施战略上。为了促进战略的实施，总经理本人或在其他人的帮助下，通常会采取一系列变革措施。如建立新的组织机构，进行人事调整，修订各种政策和程序，改革奖惩制度，推进企业文化变革。

（2）为了进一步增大战略成功的机会，企业领导人往往会采用以下措施：

1）利用新的组织机构和参谋人员，向企业全体员工传达新战略优先考虑的战略重点是什么，把企业的注意力集中于战略重点所需要的领域和活动上。

2）建立、完善企业的战略规划系统、效益评价系统和控制系统，采用各项激励政策和措施支持战略的实施。

3）充分调动企业全体员工的积极性，争取全体员工对战略实施的支持和参与，保证战略的顺利实施。

一般而言，这种模式比指挥型模式更为有效，但仍然没有解决指挥型模式存在的获取信息准确性问题、各业务单位和个人利益与企业利益的协调问题以及下层管理人员实施战略的动力问题。此外，还产生了一些新的问题，如新建立的组织机构和控制系统，会使战略失去灵活性，不利于根据外部环境的变化对战略进行及时调整。因此，受外部环境影响较大且环境不确定性较高的企业，在选择该种模式时应慎重。

3. 组织型模式

（1）组织型模式的特点。总经理与其他高层管理人员形成一个讨论组织，对企业的战略制定进行讨论，达成共识，制定一个统一的计划，进而实施和落实。在这个模式中，总经理的任务更加偏向于成立一个能够统一意见的组织，发挥集体的智慧，让其他高层管理者对于公司战略管理做出贡献并承担一定的责任。

（2）组织型模式的优点。该模式克服了指挥型模式和变革型模式存在的两大局限性，有利于总经理和管理人员的沟通，得到更精准的一线信息。同时，由于全体高层管理人员参与了战略的制定，从而提高了战略实施成功的可能性。

（3）合作型模式的不足。主要表现：由于战略制定是具有不同观点、不同目的的参与者相互协商折中的产物，因而有可能会降低战略的经济合理性；同时，由于战略的制定主要局限于高层管理人员，不利于充分调动中低层管理人员和全体员工实施战略的积极性和主动性。

4. 文化型模式

（1）文化型模式的特点。总经理运用企业文化的手段，不断向企业全体员工灌输企业的战略思想和意图，建立共同的价值观和行为准则，使企业全体员工在共同的文化基础上参与战略的实施活动。也就是说，企业总经理的工作重心主要放在如何通过培育和改变企业文化，动员全体员工都参与战略实施活动上。

（2）文化型模式的优点。它打破了战略制定者和战略实施者的界限，全体员工都参与了战略的制定和实施工作，因而有利于统一思想和行动，集中众人智慧，确保战略的顺利实施。

（3）文化型模式存在一定的局限性。主要表现：对员工的学识素质要求较高；过度强调企业文化，会掩盖企业中存在的某些问题；员工参与战略制定和实施可能因为企业高层领导不愿放弃控制权而流于形式；等等。

5. 增长型模式

（1）增长型模式的特点。企业战略采用自下而上的方式制定，而不是自上而下地推行。企业总经理的工作重心主要放在如何激励下层管理人员参与战略制定和实施的积极性与主动性，为企业效益的增长而努力。

采用这种模式，要求总经理认真对待下层管理人员提出的一切有利于企业发展的方案，只要方案基本可行，符合企业总体战略发展方向，就应及时批准或给予积极反馈，以激励员工的首创精神。

（2）增长型模式的局限。增长型模式对企业总经理的要求特别严格，它要求总经理在授权、员工参与决策等问题上持一种开明的态度。同文化型模式一样，这种模式对员工素质要求也比较高。

上述五种战略实施模式各有利弊，各有其约束条件和适用范围，在选择时应充分考虑企业自身的实际状况和特点。在企业管理的实践中，五种模式往往是交叉或混合使用的。

四、主体

1. 战略实施的主体

战略实施由于涉及企业各个方面和多种活动，有大量艰苦细致的工作要做，因而是全体管理人员的一项重要工作，并且需要全体员工的广泛参与和支持。也就是说，从企业高层领导人到一线管理人员，都是战略实施的主角，他们对战略的成功实施都负有责任。区别仅仅在于他们各自的权责领域不同，工作重心不一样。

2. 战略实施主体的职责

高层管理人员在战略实施中的首要职责就是发挥强有力的领导作用，通过各种形式的宣传和解释工作，使企业各级人员对公司确立的目标和选定的战略持坚决拥护和支持的态度，唤起人们对战略实施的巨大热情，从而将战略的实施过程演变为一场全公司的运动。高层管理人员在战略实施中的另一项重要职责就是将战略思想和思路转化为具体的行动，为战略实施制订详尽的行动计划。为了履行这一职责，高层管理人员应认真、深入地思考这样一些问题：为了成功地推行选定的战略，我们必须做些什么不同的事情？必须采取哪些战略措施？对现有组织和企业运营方式必须做哪些改变？如何消除战略推进过程中出现的各种阻力？等等。根据对这些问题的回答拟订具体的行动方案是成功实施战略的一个先决条件，也是对战略实施过程进行控制的依据。

中低层管理人员在战略实施中的主要职责：根据战略实施计划，将所需采取的行动和措施推向一线，并落在实处，同时，监督战略实施过程，确保日常各项工作与战略要求协调一致。战略能否成功地得到实施，除了高层管理人员努力外，在很大程度上取决于中低层管理人员的配合程度以及他们的实施技能。企业规模越大，越需要中低层管理人员的配合和努力。因此，提高中低层管理人员实施战略的自觉性，增强他们的角色意识，帮助他们不断改善工作技能，是成功实施战略的一个关键环节。

第二节 职能战略

企业总体战略和业务战略确定后，必须要有各种职能战略来支撑。因此，职能战略的制定是战略实施的一项首要任务。

一、特点

职能战略是企业为实施总体战略和业务战略而对各项职能活动的方向、目标、政策和指导原则进行的系统谋划。它包括研究与开发战略、供应战略、生产战略、营销战略、人力资源战略和财务战略等内容。

与企业总体战略和业务战略相比较，职能战略具有以下特点：

1. 专业性

由于企业职能的划分是以专业化分工为基础的，因此职能战略具有很强的专业性特点。这就决定了职能战略的制定必须在有关专业人士的参与下进行。

2. 从属性

由于职能战略对企业总体战略和业务战略起支撑作用，具有局部性和从属性的特点，因此它必须服从并服务于企业总体战略和业务战略。

3. 具体性

职能战略是针对企业某一项职能活动制定的，因此具有很强的针对性。它比企业总体战略更为明确、具体，是对企业各项职能活动的方向、目标、指导思想、政策与策略的具体说明。

二、制定

职能战略所处的地位和特性决定了职能战略的制定必须以企业总体战略和业务战略为前提，同时要对企业所处的外部环境和自身资源能力状况加以理性分析。

1. 明确总体战略的基本要求

企业总体战略具有整体性和纲领性的特点，是制定各种职能战略的基本依据。为此，在制定职能战略时，首先应弄清企业的发展方向和目标、企业的战略定位和经营模式，明确企业总体战略的基本要求，确保职能战略与总体战略的一致性。

2. 职能环境分析

职能环境分析是在企业战略环境分析的基础上，对影响各项职能活动的内外部因素所做的分析。外部因素的分析重点应放在目标顾客和竞争对手上，内部因素分析的重点应放在自身的资源和能力上。通过分析，应确定自己的基本对策和职能战略选择原则。

3. 职能战略抉择

通过职能环境分析可以发现同一职能活动往往有多种战略选择。因此，在做出职能战略决策之前，应尽可能对各种思路和方案加以比较和权衡，选择最适合本企业的职能战略方案。

三、内容

1. 研究与开发战略

研究与开发战略是根据企业的战略定位,通过科学的市场调研与分析而制定的产品开发与工艺开发战略。其主要内容如下:研究与开发的战略目标;研究与开发政策;研究与开发战略类型的选择;研究与开发费用预算;研究与开发活动的资源配置。

2. 生产制造战略

生产制造战略是根据企业总体战略和竞争战略的要求,对企业生产制造系统构造的总体谋划。其主要内容如下:生产制造战略目标;采购政策;生产技术政策;生产组织策略;生产系统设计;生产费用预算与资源配置。

3. 市场营销战略

市场营销战略是根据企业战略定位,在市场调研以及顾客分析和竞争分析的基础上,对企业市场营销目标、产品和市场定位、营销策略及其组合的总体谋划。其主要内容如下:市场营销战略目标;市场与竞争定位;品牌与形象战略;产品组合策略;定价策略;销售渠道策略;促销策略;营销组合策略;营销费用预算和资源部署。

4. 人力资源战略

人力资源战略是根据企业总体战略对人力资源的需求,从而对人力资源获取、开发、利用、激励与约束等问题的总体谋划。其主要内容如下:人力资源战略目标与规划;人力资源政策;战略性人力资源的储备与培养;绩效评估体系;激励与约束机制;员工关系。

5. 财务战略

财务战略是根据企业资源的总体部署,对资金的筹措与运用、收支状况的平衡、资产结构等问题的系统谋划。其主要内容如下:财务战略目标;筹资政策;投资政策;盈利分配政策;资产结构;财务风险控制。

第三节 资源配置

经济学的一个基本假设:资源是有限的,而人类的欲求则是无限的。如何用有限的资源来满足人类的无限欲求,始终是人类社会面临的一大难题。解决这一难题通常有两种方法,一种方法是采取平均主义的方式分配资源,另一种方法是按效率优先原则分配资源。

前者主要通过行政手段加以实现，后者主要通过市场手段加以实现。两种不同的资源配置方法最终产生的结果是截然不同的。

企业相互之间的竞争说到底无非就是资源利用效率的竞争。谁能用最少的资源投入向社会提供最大的产出，谁就可以获得资源的占有和使用权。因此，无论企业选择什么样的战略，最终都要落实到资源的配置和使用效率上。合理配置和使用资源是战略实施中最核心的一项工作。

一、资源配置与战略的关系

资源配置与战略两者之间有着密切的内在联系：一方面，战略决定了资源配置的方向和重点，对资源使用效率起放大或缩小作用；另一方面，资源配置对战略的实施起保障作用，对战略实施提供物质基础。

1. 战略决定资源流向和使用效率

企业战略主要解决企业经营领域、经营重点、成长路径的选择以及如何对资源进行整合的问题。因此，不同的战略决定了不同的资源配置方向和重点，决定了资源的组合方式和流向。从这个意义上讲，战略为资源配置提供了依据，同时也为评判资源配置优劣提供了标准。

战略不仅决定了资源配置的方向和重点，还对资源使用效率起着放大或缩小的作用。优秀的战略可以使企业资源发挥最大能量，甚至突破资源的局限，弥合资源与战略目标之间的鸿沟，使企业在资源有限，甚至在缺乏某些关键性战略资源的情况下，赶上和超过实力强大的竞争对手，实现超常规发展。第二次世界大战后，许多日本企业在资源极度匮乏，可以说是在不堪一击的条件下实现了企业的腾飞，赶上和超过了实力大大强于自己的欧美竞争对手，这是最好的例证。

2. 战略可加速资源的积蓄

优秀的战略可促使企业无形资源不断增值并得到充分利用，可使企业员工的智力资源得到充分挖掘，可使资源得到重复利用，可保护资源不被竞争对手所侵占，避免资源的浪费和流失。

此外，优秀的战略还可使企业通过资本运营、联合、租赁、购并等方式从外部获得某些重要资源，以弥补自身资源的不足，或借用别人的资源来发展自己的事业。在这方面，最典型的例子是麦当劳。它通过特许加盟的方式在世界各国吸引了大批加盟者，利用这些加盟者的资本来发展麦当劳事业。

3. 资源配置对战略起促进和保证作用

企业战略的核心问题是如何对企业的各种资源进行整合，使资源转化成企业的核心能力和持久的竞争优势。资源配置方式和流向以及资源使用效率直接影响战略的实施，影响到企业核心能力的形成，进而影响到企业持久竞争优势的形成。

近年来，中国企业逐渐有了战略意识——不少企业也制定了企业发展战略。但是相当一部分企业的领导人由于对企业战略与资源配置之间的关系缺乏认识，对资源的积累、配置、使用重视不够，致使制定的战略缺乏足够的资源保障，战略与资源极度不匹配，从而使得战略成了空中楼阁。这种空中楼阁式的战略不仅对企业没有任何意义，反而会使战略一词产生负面意义。

二、资源配置的原则和方法

企业拥有的经营资源按其性质和表现形态可分为有形资产和无形资产两大类。前者是具有物质形态的、可用货币度量的资源，如人员、资金、设备、场地、原材料等；后者则是非物质形态的、其价值难以用货币精确计算的资源，如商誉、商标知名度、企业形象、专有技术和诀窍、营销网络、员工士气、信息和时间、经营方式等。无形资产由于具有看不见、价值难以准确计量的特性，常常被人们忽视。实际上，企业竞争优势的形成更多地取决于无形资源。海尔集团首席执行官张瑞敏曾经意味深长地说过，海尔十多年来最大的成就不是有形的物质的东西，而是无形的东西，亦即人们思想观念的变化，无形胜于有形。因此，我们在讨论资源配置时理应将无形资源包括在内。

1. 资源配置的原则

为确保合理、有效地配置资源，首先应遵循以下基本原则：

（1）与战略方向相一致的原则。也就是说，资源配置必须与战略的基本要求相吻合，根据战略确定的方向和经营领域配置资源，使资源流向与战略方向保持一致。

（2）确保重点的原则。即按战略确定的重点配置资源，集中优势兵力打歼灭战，通过形成一个又一个局部的优势最终形成整体优势。

（3）确保关键少数的原则。即根据成功关键因素和构建核心能力的要求，将资源主要配置于形成价值链的关键因素、关键环节和关键活动上，切忌平均而又广泛地分配资源。

上述三条原则归结到一点就是，资源的配置应集中于能给企业带来持续高额利润的经营活动领域。美国学者斯莱沃斯基等在其所著的《发现利润区》一书中将企业的利润区分为22种类型，并据此归纳出了22种盈利模式，对企业配置资源颇有参考价值。

2. 资源配置的方法

在战略实施过程中，企业各部门以及各下属单位为了完成企业战略赋予它们的任务，增强其实力，纷纷向企业高层领导人索取资源，要求增加人员编制，希望得到更多的资金和设备。面对这种状况，企业领导人如果缺乏科学的资源配置方法，凭经验、感觉或感情办事，结果将会与战略的要求背道而驰，本来就很紧缺的资源流向了不能给企业带来利润的非利润区，就会造成资源的巨大浪费。

什么是资源配置的科学方法呢？大量的实践表明，预算是企业配置资源的一种行之有效的方法。所谓预算，就是一种用数字表示的计划，它将企业战略实施过程中各种项目所需的资源加以细化和量化，并按实施阶段、步骤、先后顺序和日程编制成表格，使人一目了然。现代预算方法主要有以下几种：

（1）规划预算法。规划预算法即以规划的项目为对象来安排预算，而不是按职能部门和单位安排预算。每个规划项目都有明确的目标，其费用是按与目标相联系的产出来预算的。如果项目要跨年度，则其预算也要跨年度编制，以表明其全部资源需要量和可能的后果。项目编制以后，一方面作为资源分配的依据，另一方面也是对项目进行考核评估的准绳。

（2）零基预算法。即为了防止"预算无效"，预算的编制不是根据上年度的预算，而是采用成本—效益分析方法对所有的项目进行重新排序，优选效益好的项目，通过预算优先保证这些项目所需的资源。如果项目的效益不佳，即便已投入大量资源也可能被筛选掉。

（3）灵活预算法。即在编制预算时根据不同的产量或销量水平，对所需原材料、人工和费用制定不同限额，允许费用随产出指标而变动。这种方法有助于增加预算的灵活性，同时防止下属搞"预算游戏"。

（4）产品生命周期预算法。任何产品都有其生命周期，在生命周期的不同阶段对资金有不同的需求，所发生的费用项目也不尽相同。产品生命周期预算法就是根据产品在其生命周期不同阶段的特征来编制各项资金支出计划，并据此加以考评。

三、资源积蓄和善用

企业在制定战略时，一方面要考虑战略目标与资源的匹配，另一方面也要考虑设定的目标是否具有挑战性，能否充分挖掘企业的潜在能力，从而将企业员工的聪明才智充分发挥出来。因此，优秀战略的一个重要特点就是其设定的战略目标大大超过企业现有资源所能达到的水平，在企业目标与资源之间存在着巨大的鸿沟，有意使目标与资源两者之间保持适度的不平衡状态，以便产生一种压力和驱动力，促使企业员工想方设法缩短两者之间的差距，弥合两者之间的鸿沟。日本许多企业成功的秘密即在于此。

由此可见，企业在配置资源时不仅仅是对现有资源进行分配，还有一个如何聚集资源、储备资源和善用资源的问题。

1. 资源的积蓄

资源的积蓄包括有形资产的积蓄和无形资产的积蓄。如前所述，企业的无形资产具有可共同使用、可重复使用、在使用过程中不断增值甚至产生相乘效果等特点，无形资产的积蓄可以带动有形资产的积蓄，甚至还能在一定范围内弥补有形资产的不足。因此，企业在为战略实施积蓄资源时，应特别注重无形资产的积蓄。

资源积蓄的途径有两种：一种是内部积蓄，另一种是从外部积蓄。在市场经济条件下,虽然企业所需的许多资源都可通过市场交换从外部积蓄,但从战略的角度来看,一些事关竞争优势的关键性战略资源必须通过企业内部来加以积蓄。道理很简单,外部因素一般不具有独占性,它们可以给任何企业带来相同的利益和机会,先期得到的企业可能会抢占先机,但它无力阻止其他企业的跟进和仿效。要想把这种"时间差"的优势维持下去,唯一的办法是通过企业内部资源的积蓄和创造。

(1) 内部积蓄。企业内部资源积蓄的方法主要有人才储备、技术储备、资本积累、资源保护、学习与创造。随着知识经济时代的到来,知识、技能、商标、商誉等无形资产在企业生产经营过程中所起的作用越来越大,加之它们具有可共同使用、可同时使用、在使用中不断增值等特点,因而如何通过学习和创造加速无形资产的积累是企业在积蓄内部资源时应着重考虑的一个问题。

学习包括个人学习和组织学习。个人学习应突破传统那种认为学习主要是知识的接受,并且只是学生时代的事情,不注重智能的培养和终生学习的学习观;组织学习应注重员工的继续教育和职业技能培训,为员工的终生学习创造各种条件。

仅仅是个人的学习还不能适应当今竞争的形势,企业在注重员工个人学习的同时,还应注重团队学习、组织的学习,使企业成为学习型组织。西方发达国家许多优秀企业都在向学习型组织转变,一些企业变得越来越像学校,其目的不外乎是营造一种有利于学习和创造的氛围,提高群体和组织的智商,加速知识、智力、技能、文化等无形资产的积蓄,进而带动有形资产的积蓄。

在构建学习型组织方面,国内一些有前瞻意识的企业家已走在了前面,如中国四川铁骑力士集团公司总经理雷文勇先生就提出了要把公司办成一所学校的构想。通过几年持续不懈的努力把这一构想已基本变为现实。凡到过该公司的人无不为其浓厚的学习氛围所感染。由于该公司注重组织学习,公司的无形资产快速增长,在很大程度上弥补了公司创业初期有形资产不足的局限。

(2) 外部积蓄。通过外部途径积蓄资源主要有结盟、委托加工和委托服务、许可经营、负债经营等形式。

结盟不仅包括获得合作伙伴的技术和资源,而且还包括对所获技术的消化吸收。消化吸收往往是比兼并整个公司更为有效的技术获取途径。因为在兼并过程中,兼并方不仅要付出巨额代价购买关键的技术,而且对那些它自身已拥有的或者在战略上价值不太大的技术也要全盘接收。在巧用结盟、借用外部资源方面,日本企业堪称高手。一位日本高级经理人员曾经说过:"西方企业伐木,而我们建房。"言下之意,就是让合作伙伴去干资源密集和科学探索的艰巨工作,而自己则利用对方的发现和发明去开拓新的市场。

委托加工和委托服务是一种被普遍采用的外部积蓄资源的方法。企业产品价值链的每一个环节几乎都可采用委托的方式来扩大自身资源。企业将零部件或一部分任务委托给别的企业加工,等于借用了这些企业的资金、人才、技术和设备等资源,将一些高度专业化的工作,如市场研究、广告策划、企业诊断、工业设计等委托给专业机构和咨询公司,等于借用了这些单位的智力资源。

许可经营也是一种简便易行的借用外部资源的方法。企业通过许可协议获得使用其他企业的专利、商标、专有技术或某项特殊营销技能的权利，可以克服自身无形资产不足的缺陷。

负债经营是企业以借债方式向金融机构或社会募集资金加速企业资金积聚的一种途径。

通过外部途径积蓄资源还有其他很多种形式，如协议合作（其特点是合作各方不需要向对方支付费用，但可利益共享）、与供应商建立紧密联系以便利用其最新成果、与主要客户共担开发风险、加入国际研究团体等。

通过外部积蓄资源虽然是一条见效较快的途径，但背后也潜藏着一些不易察觉的风险。例如，过度依赖外部资源会削弱企业自身的核心能力；对合作方产品的质量、成本、交货期等可控度低会影响企业的竞争优势。

因此，从长远来看，企业的资源积蓄应以内部积蓄为主，外部积蓄为辅，适当地借用外部资源。

2. 资源的有效利用

企业无论实力大小，其发展始终受到资源的约束。因此，除了多渠道积蓄资源外，还应认真研究如何善用资源，将积蓄的资源用好用活，发挥最大的能量。

善用资源的基本途径：将资源集中在关键的战略目标上，用一种类型的资源补充另一种类型的资源，保存资源，加速资源的回收，等等。

（1）将资源集中在关键的战略目标上，要求企业在使用资源时注意以下几点：①目标要统一。即企业的目标要明确，各种目标彼此之间应协调一致，企业各部门和全体员工对选定的目标及其优先顺序能达成共识。②目标要集中。即在特定时间内追求的目标尽可能专一，资源尽可能集中用于少数目标。如果目标过多，有限的资源分散在多个目标上，结果可能是所有方面都处于平庸状态。③目标要聚焦。即将资源集中用于对顾客能产生最大价值的高附加值领域和项目。目标聚集的关键是找出顾客认为最有价值的领域。例如，微软公司将其资源主要集中在操作系统、用户界面等能极大提高个人电脑使用价值的领域，因而获得了高额的回报。

（2）资源互补可通过融合和平衡两种方式加以实现。①融合是通过技术联合、功能联合等方式，将个别零散甚至功能不同的技术创造性地整合在一起，生产出独特的产品。就善用资源而言，技术融合与协调能力的重要性不亚于创新能力，而且也是追求一流产品的有效途径。然而，要做好技术融合并非易事，它需要技术通才、系统思维和从复杂技术的平衡中追求最佳效果的能力。②平衡是不同于融合的另外一种实现资源互补的方式。它要求企业资源在技术、生产、营销等价值链的关键环节上保持均衡，避免畸形、片面发展。所谓平衡，实际上就是通过补短的方式使企业资源发挥最大的整体效应。

（3）保存资源。保存资源可通过资源的共享和重复利用以及保护资源免遭竞争对手侵犯等方式加以实现。企业的许多资源，尤其是技术、专长和品牌等无形资源不仅可以重复利用，而且可以由企业所有部门、所有事业单位、所有产品共享。例如，日本佳能公司将其在光学技术方面的专长应用于照相机、复印机、眼科检测仪器、半导体生产设备、便携式摄像机等多种产品上。索尼公司所有的产品都使用一个共同的品牌，品牌的共享给索尼公司带来了巨额的效益。

（4）资源的重复利用。采用通用设备，增强生产制造能力的弹性和灵活性，也是重复利用资源的一种行之有效的方式。此外，将一种好的销售构想传给企业所有销售分支机构共享，将某种改进生产作业的措施普遍加以推广，不同的产品重复使用相同的辅助系统，都是实现资源重复利用的可行方法。

除了资源的重复利用以外，保存资源还可通过迂回竞争，将资源集聚在竞争对手疏忽的领域来加以实现。避免正面对抗，避实击虚，寻找市场空白地带，对实力弱小的中小企业来说尤为重要。

第四节　组织变革

根据系统论的观点，结构决定功能，同样的东西结构不同所产生的功能就迥然相异。例如金刚石和石墨，虽然都由碳原子组成，但由于碳原子的组合方式不同，其性质也就截然不同。金刚石由于碳原子分布均匀、结合紧密，是一种无色透明、外形为八面体的硬质晶体；石墨体的碳原子层之间的间距大、结合力弱，形成一种软质鳞片状晶体，其强度、塑性和韧性都接近于零。结构的重要性由此可见一斑，组织结构对组织功能的影响同样如此。

所谓组织结构，是指规定组织内部不同部门、不同层次、不同业务单位的职责权限以及它们相互之间的分工协作关系和信息沟通方式的一种框架性结构。它是实施企业战略的一项重要工具，应充分加以重视。

一、调整的依据和标准

组织结构决定组织功能，组织结构自身又是由什么决定的呢？美国管理史学家钱德勒曾通过大量实例对这一问题做过长期深入的研究，他发现组织结构与企业战略之间存在着一种相依关系，即企业战略决定着组织结构类型的变化。1962年，钱德勒在他所著的《战略与结构：美国工业企业历史的篇章》一书中进一步明确指出：战略与结构关系的基本原则是组织的结构要服从于组织的战略。

1. 组织结构调整的依据

战略决定结构，结构服从于战略，这一发现为组织结构的建立和调整提供了依据，同时也为战略实施提供了组织保证。按照这一原理，企业在制定战略时不应受现有组织结构的制约，而应更多地考虑外部环境的变化，考虑如何使组织与环境之间保持一种动态平衡。也就是说，企业在制定战略时，首先应考虑企业的愿景、宗旨和使命以及外部环境变化提供的机遇和挑战。然后，根据选定战略的要求来建立或调整企业原有的组织结构，使组织结构与战略保持高度一致，成为战略实施的强有力工具。

2. 组织结构调整的标准

组织结构调整的目的是为了使其与企业战略保持协调一致，成为实现组织目标的强有力工具。因此，组织结构调整的首要标准是组织结构与战略的一致性。

组织结构与战略是否一致，可从以下三个标准来加以判断：

（1）整合性。即组织结构能否将企业内部的多种要素和资源有效地加以整合，形成战略所要求的特有的核心能力。

（2）协调性。即组织结构能否使企业各部门、各事业单位、各层次相互之间保持协调一致，将企业全体员工的努力引向战略设定的方向，形成一股巨大的合力。

（3）适应性。即组织结构是否对外部环境的变化有很强的适应性，能否对外部环境和市场、顾客需求的变化及时做出反应。组织结构作为战略实施的一种工具，其是否有效最终要看是否有利于促进组织目标的实现。因此，组织结构调整的最重要标准是组织结构对实现组织目标所做出的贡献。按照这一标准，在进行组织结构调整时，应认真思考管理大师德鲁克提出的三个问题：

第一，为了达到组织目标，哪个领域需要优先考虑？

第二，哪些领域业绩不佳，将危及组织的效益乃至生存？

第三，什么价值观念对企业具有真正的重要性，是产品质量、产品安全性还是用户服务？

通过对上述三个问题的回答，便可以发现那些对实现组织目标至关重要的关键领域和活动，然后将这些关键领域和活动作为建立和调整组织结构的基础。组织的其他领域和活动应根据它们对实现组织目标的贡献进行排序，贡献大小决定它们在组织结构体系中的次序和位置。采用这种方法来建立和调整组织结构，将大大增强实现目标的可能性。

德鲁克指出，有效性很差的组织结构表现出以下共同的症状：

第一，管理层次过多，协调和沟通极为困难，机构臃肿，效率低下。

第二，由过多的人出席过多的会议，一些组织似乎就是按照开会是常规而不是例外的原则来建立的。

第三，过分注重照章办事，或者过分注重去解决部门间的矛盾，以致高层管理者无法集中力量去解决关键性活动和组织效益的问题。

3. 组织结构调整的准备工作

根据前述组织结构调整标准的要求，在进行组织结构调整时应做好以下几个方面的前期准备工作：

（1）确定战略实施的关键环节和活动。应根据制约战略成功的关键因素确定战略实施的关键环节和活动，以便将这些关键环节和活动置于优先位置。

（2）将战略实施活动划分为若干单元。即根据战略实施活动的性质和特点将其归类，形成若干战略实施活动单元,为组织结构的建立和调整提供初步框架。

(3)明确界定各战略实施活动单元的权责利。根据企业总体战略的要求,在对集权与分权利弊权衡的基础上对各战略实施活动单元的权责利加以明确界定。

(4)建立内在的协调机制。各战略实施活动单元由于受自身的局限彼此之间容易产生一些不协调现象,尤其是一些跨职能性的战略实施活动更容易出现扯皮、互相掣肘或者出现"真空"的现象。因此,除了明确界定权责,将各战略实施单位的考评与企业最终绩效直接挂钩以外,还可考虑建立一些跨部门的协调机构。

二、结构模式

在组织结构与战略相适应的多种模式选择中,有五种基本的组织结构模式可供选择。它们是职能结构、地域性结构、事业部结构和战略业务单位结构(又名超事业部结构)和矩阵结构。每一种组织结构模式都有其战略优势和劣势,并有其特定的适用范围和约束条件。

1. 职能结构

职能结构的特点是按一个组织最基本的职能或按具有战略关键意义的流程来设置组织结构。例如,一家企业可以按其业务活动的基本职能设立供应、制造、销售、研究开发、工程技术、人力资源、财务会计、行政等职能部门;也可以按基本流程设置部门,如一家制造企业可设立翻砂和铸造、碾磨、旋床加工、修整和热处理、检验、装载和运输、顾客服务、收款和记账等部门。

(1)职能结构具有以下战略优势:①简单易行,具有高度的明确性和稳定性。②有利于促进劳动的专业化分工,提高效率。③有利于对战略结果的集中控制。④有利于迅速做出决定。⑤当某种职能或某个流程的深入发展程度是成功的关键因素时,这种结构可以成为获得竞争优势的一个基础。

(2)职能结构也存在以下不足之处:①职能专业化容易导致战略关键性活动的分裂。②为创建跨职能的核心能力和部门间的密切协作制造了组织障碍。③容易形成部门本位主义,使职能专家将注意力向内集中于部门的事务和利益,向上集中于上司的偏好,而不是向外集中于顾客、市场和整个公司的利益。④容易引起职能部门之间的敌意和冲突,而不是团队精神和合作。⑤员工难以理解整体的任务并把它同自己的工作联系起来。⑥多层的管理官僚、部门本位思想以及集权式决策妨碍了企业对顾客、市场和技术的变化做出迅速的反应。⑦权力的高度集中使得盈利的责任集中于高层部门和管理人员,不利于一线员工积极性、主动性和创造性的发挥。⑧不利于创新和企业家精神的培养。

职能结构适合业务比较单一的中小型企业采用。同时,采用这种结构模式要求各职能部门之间彼此的依赖程度较低,企业内部能够形成一种相互配合、相互信任的氛围。

2. 地域性结构

地域性结构是以地理上的地区或区域为基础而建立的一种组织结构模式。

(1) 地域性组织结构模式具有以下战略优势：①使企业战略与每个地域市场的特殊需要相吻合。②将盈利和亏损的责任下放到最低的战略层次。③有利于增强目标市场内职能之间的协作。④有利于本土化经营，获得本地经营的效益。⑤有利于培训管理人员。

(2) 地域性结构的不足之处：①导致管理层次增加，部分业务重复，从而使得管理成本增加。②在各区域中保持一致的企业形象和声誉的难度较大。③难以决定在多大程度上保持地域的一致性。

地域性结构是在多元地域市场进行经营或服务于一个广泛地理区域的企业所采取的一种普遍的组织结构模式。它特别适合于那些在不同地理区域采用不同战略的公司。目前，许多全球性公司为了实现其"全球化经营、本土化运作"的战略，采取的就是这种组织结构模式。它的优点在于能够使企业的战略适应不同地区用户的不同特性与需求。

3. 事业部结构

事业部结构是以各业务单元为基本组织单位的一种分权式组织结构模式。其特点：重大决策和监督集权化，经营管理过程分权化，总部决定企业的主要目标和大政方针，各业务单位（事业部）作为独立的利润中心进行运作，负责日常的经营管理，对最终的经营结果全权负责。

事业部结构由美国通用汽车公司原总经理斯隆首创，尔后为西方许多大公司普遍采用。事业部结构可按地区、产品或服务项目、用户和工序或业务过程来设置，形成区域事业部结构、产品事业部结构、用户事业部结构、工序事业部结构等多种形式。

(1) 事业部结构具有以下战略优势：①责任明确，各事业部经理对销售和盈利负直接责任。②权力的下放使得各事业部管理人员和员工能直接看到他们绩效的优劣，因而士气普遍比集权式结构高。③使每个业务单位都能围绕它自己的关键价值链活动、业务流程和职能需要来进行组织，增强了企业的核心竞争力。④能根据不同地区、不同产品、不同用户的特点进行控制和管理，从而提高顾客的满意度。⑤有利于培养管理人员，并使企业主要领导人腾出时间集中精力考虑企业战略问题。⑥既有高度的稳定性，又有很强的适应性，能对市场变化做出快捷的反应。

(2) 事业部结构的不足主要表现如下：①由于总部和各事业部职能人员的重叠，增大了管理成本，丧失了职能部门内部的规模经济优势。②集权与分权的度难以把握，弄得不好，可能失去对事业部的控制。③各事业部的自治不利于不同业务单位之间进行合作，并使产品线之间的整合和标准化变得十分困难，因而难于实现资源共享。④各事业部对企业资源和受重视程度的争夺，容易导致彼此之间的敌对情绪。⑤企业高层管理人员变得高度依赖各业务单位经理人员，对企业的业务活动变得越来越生疏。

尽管存在上述一些缺陷，管理大师德鲁克认为事业部结构仍然是最接近于能满足各种组织设计原则的一种组织结构模式，它最适合于经营多种产品或服务规模较大的企业。

(3) 采用这种组织结构模式时应特别注意以下问题：①企业高层管理者在大政方针的决定、关键资源的分配和重要人员的任命及调动方面，一定要保持其最高权力。②各事业部负责人应有高度的责任心和自制力。③各事业部的规模不能过大，也不能过小。④为实现资源共享，可将相关职能集中于总部，如设立统一的研究与开发部门、销售公司。

4. 战略业务单位结构

战略业务单位结构又名超事业部结构。其特点：将类似的分公司或事业部组成战略业务单位，委派一名高级管理人员（通常为副总裁）对其负责，并直接向企业总裁报告工作。1997年海尔调整后的组织结构模式就是战略业务单位结构。它在原来设置的事业部之上新设了冰箱事业本部、冰柜事业本部、空调事业本部、洗衣机事业本部、金融事业发展部、生物工程事业发展部和工装事业发展部七个战略业务单位。

(1) 战略业务单位结构具有以下战略优势：①缩小了总裁的管理幅度，能够实现有效的管理。②有利于促进相关活动和业务的合作与协调，更好地利用战略性资源，并产生一种协同效应。③战略计划的制订能在企业最相关的层次上进行，从而使战略的制定和实施更有效。④有利于将企业资源分配给有着最大增长和利润机会的区域。

(2) 战略业务单位结构的劣势也非常明显，主要表现在以下方面：①增加了管理层次，降低了决策的速度。②总裁、战略事业单位负责人和业务单位负责人相互之间的职能权限难以准确界定，如有不当将使战略事业单位负责人处于"夹在中间"的尴尬境地，使其形同虚设。③战略事业单位内部各业务单位之间的战略合作和协调主要依赖于战略事业单位负责人个人的协调能力和责任心。

战略事业单位结构适合于多元化经营的特大型企业。世界500强企业中很多企业采取的都是这种结构模式。

5. 矩阵结构

矩阵结构是为了完成某一特定任务而从组织的不同领域抽调人员形成的一种比较灵活同时也最为复杂的组织结构模式。其特点：按项目组成若干项目小组或团队，项目小组成员同时接受职能部门和项目经理的领导，各个项目的决策责任由项目经理和职能部门负责人共同分担。也就是说，矩阵结构存在着两条或更多条指挥渠道、两条预算权力路线，它同时依赖于纵向和横向的权力关系和沟通渠道。

(1) 矩阵结构的战略优势如下：①各项目组目标明确，每个人始终了解整体工作并容易看到自己的工作成果。②纵横两条沟通渠道、两个上司和决策权力的分享，创造了一种新的组织气氛，有利于企业在不同的竞争性观点中达成平衡，减少决策失误，防止走极端。③有利于资源共享，集中优势兵力，组成最佳阵容。④有利于新思想和新工作方法的采用，推动企业的创新。⑤项目小组的组建和撤销比较容易，具有极大的灵活性和适应性。

(2) 由于矩阵结构是最复杂的一种组织结构模式，其战略劣势也极为明显。具体表现在以下方面：①由于结构和关系复杂，管理的难度较大。②双重领导和双重沟通渠道违背了统一指挥和统一领导的组织原则，容易导致项目小组成员的行为混乱和无所适从。③决策权力的分散使得项目小组难以迅速果断地采取行动。④大量的时间和精力消耗在会议和相互的沟通上。

尽管存在着这样一些缺陷，矩阵结构仍被许多企业所采用。它特别适合于那些广泛采取增加新产品、新用户群和新技术战略的企业，如建筑企业、保健用品企业、科研和国防单位。

三、变革趋势

20世纪80年代以来，在全球化、知识化、信息化三大时代潮流的冲击下，企业外部环境以"十倍速"的速度发生变化，企业之间的竞争由质量、服务转向了速度。在这种背景下，企业生存发展的关键在于如何对顾客需求的变化、市场和竞争的变化以及科技的变化做出迅速的反应。于是，许多企业开始了对新的组织结构模式的探索和创新，或对原来的组织结构模式加以变革和完善。变革的总趋势是向非层级制的方向发展，具体表现为组织结构的扁平化、柔性化、分立化和网络化四大趋势。

1. 扁平化

组织结构的扁平化是指管理层次的减少和管理幅度的扩大，组织结构形态由金字塔形向椭圆形转化。

扁平化是针对传统等级森严的层级组织结构体系的种种弊端而出现的。层级组织结构除等级森严外，还呈现出层级越来越多、机构越来越臃肿、信息处理和传递的速度越来越缓慢、对外部环境和市场变化反应越来越迟钝的趋势。进入20世纪80年代以后，美国不少企业开始对这种传统模式进行大胆的改革。改革的主要措施：对业务进行重新整合，加大管理幅度，减少管理层次，精简机构和人员。最典型的是通用电气公司。该公司新任首席执行官韦尔奇上任以后，为实施其"成为第一或第二"战略，发动了通用电气公司历史上规模最大、变化最深刻的一次重组。重组的主要内容包括分离部分业务，裁减近35%的员工（约14万人），加大各级管理人员的管理幅度，减少高层管理职位（每个企业只保留10个副总裁，其他类似通用规模的公司通常有50位副总裁），将整个公司的管理层次由9个减少至4～6个。重组使通用电气这个具有上百年历史的老字号重新焕发出青春，公司的销售额、利润和市场价值均以天文数字增长，成了20世纪末企业增长神话的典范。

20世纪90年代以来，西方企业更是掀起了一场声势浩大的企业改组和流程再造运动，其核心思想就是把原来的金字塔型组织结构扁平化。企业改组亦被称为缩小企业规模、企业规模适度化或减少组织层次。其出发点：通过减少员工数量、企业单位数量和组织的层次，缩减企业规模，使企业变得更灵活、更有效能。流程再造是指对工作、岗位和生产过程的重新设计和重新构造，其目的在于降低成本，提高产品质量和服务水平，加快生产速度和对顾客需求变化反应的速度。管理学家们在这场运动中起到了推波助澜的作用，企业改组和流程再造的首创者哈默和钱辟，二人毫不掩饰地鼓吹应彻底摒弃传统的劳动分工理论，管理大师彼德斯更是呼吁要摧毁公司的层级组织结构，认为有15个或20个管理层次的公司已经落伍了。

采用扁平化的组织结构需具备两个重要条件：一是拥有现代信息处理和传输技术，能够对大量复杂信息进行快捷的处理和传输。二是员工尤其是各级管理人员有较强的独立工作能力和自律能力。两个条件中前一个比较容易做到，后一个则比较困难，需要企业长时期的努力。

2. 柔性化

组织结构的柔性化是指将组织结构分为两个组成部分：一部分是为了完成经常性任务而建立的组织机构，这部分组织机构比较稳定，是组织结构的基本部分；另一部分是为了完成一些临时性任务而设立的组织机构，如各种项目小组、临时工作团队和咨询专家等，作为组织结构的补充部分。其特点：集权化与分权化统一，稳定性与灵活性统一。

使组织结构柔性化的主要措施：划小核算单位；权力重心下移，赋予基层组织和一线员工更大的自主权和主动权；简化各种烦琐的管理制度和程序，强化企业文化。

为了增强企业组织结构的弹性，使企业在激烈的竞争中游刃有余，越来越多的企业开始采取柔性化组织结构。

3. 分立化

组织结构的分立化是指从一个大公司里再分离出若干小的公司，把公司总部与下属单位之间的内部性上下级关系变为外部性的公司与公司之间的平等关系。分立一般有两种形式：一种是横向分离，即按照产品的不同种类进行分立；另一种是纵向分离，即按照同一产品的不同生产阶段进行分立。无论是哪一种形式，其实质都是用市场联结关系来代替行政管理关系。

组织结构分立化不同于划小经营单位，其主要区别：分立化是以一种市场平等关系来联结公司总部与所属各分公司和子公司，而划小经营单位仍然是以一种企业内部的层级关系进行管理；分立化是在产权关系上进行的变革，公司总部通过股权投资和股东管理等手段，对所分立的各个分公司和子公司进行控制，划小经营单位则是在管理权限上的调整，公司总部主要是通过行政管理手段对划小后的各经营单位进行控制；通过分立所形成的各分公司和子公司是独立的法人实体，拥有完全独立的经营地位，而通过划小经营单位所形成的各基层经营单位并不是一个独立的法人，不具有完全的独立经营地位。

分立化组织结构较传统的层级组织结构具有明显的优越性。通过横向分立可以最大限度地提高单个产品经营单位的自主权，在若干单个产品市场上形成自己的优势地位。通过纵向分立，可以进一步集中企业的力量，提高企业的专业化水平，增强企业的核心竞争力。

4. 网络化

网络化是指由若干相互独立的组织通过外包、分立、联合、并购等途径形成的成员不断变动的网络状组织结构。其主体由两部分组成,一部分是中心层,另一部分是外围层。中心层由单个企业家或企业家群体组成,直接管理一支规模较小、灵活而又精干的办事人员队伍,主要任务是从事企业战略管理、企业形象设计、筹资和管理控制等工作。外围层由若干独立的公司组成,这些独立的公司与中心是一种合同关系,这种合同关系经常变更,呈现出极大的不稳定性,各公司与网络中心之间的关系在紧密程度和优惠待遇上也有较大的差异。中心层与外围层之间主要通过电话、传真机、计算机网络等手段进行联系。

网络化结构与传统的层级结构相比,具有以下显著特点:

(1) 网络化组织的中心不同于传统的层级制组织中的公司总部,它几乎没有直属的职能部门,通常只是一个小规模的经理人员团队。传统职能部门的工作一律采用市场运作方式,分包给其他公司完成;中心经理人员不直接从事生产经营活动,而是对那些从事制造、销售和其他一些主要职能的组织相互之间的关系进行协调,通过外围层提供的职能和服务来开展各种业务。

(2) 灵活性。网络状组织中心将重点放在自己最擅长的职能工作上,其他职能和业务一律交给外围组织去做,从而使组织结构保持高度的灵活性。

(3) 虚拟化。网络状组织可以把许多并不一定隶属于网络中心的独立经营的公司或单位纳入自己的网络,具有虚拟化的功能。通过这种虚拟功能,可以突破资源的约束,在短期内将组织的规模和能量扩大若干倍。

网络化组织结构由于具有上述特点,自 20 世纪 80 年代以来,在欧美国家得到了广泛采用。例如,美国电话电报公司通过企业重组,将企业改造为由 20 个独立的经营单元组成的网络状组织,在公司的历史上首次让每个基层组织的领导人全面负责定价、销售、产品开发和营利等工作。

四、模式的选择

上述组织结构模式各有利弊,各有其适用范围,不存在一种普遍适用的组织结构模式。因此,在战略实施过程中,面对众多的组织结构模式,就有一个如何选择的问题。

如何选择组织结构模式呢?按照组织结构必须与组织所处的环境和组织战略保持协调一致的原则,组织结构模式的选择首先要考虑环境因素和组织战略。此外,还应考虑企业自身技术的特性、企业规模的大小和企业所处的发展阶段。

1. 根据战略环境的要求选择组织结构

一个企业的组织结构与其所处的环境有着密切的关系,不同的环境要求不同的组织结构与其相适应。环境的类型最简单的分法是将其分为相对稳定的环境和不稳定环境。前者指在相当长的时期内,环境处于相对不变化的状态;后者指组织所处环境处于经常性快捷变化的状态。两种不同类型的环境对组织结构提出了不同的要求。

相对稳定的环境要求一种机械式的组织结构与其相适应。所谓机械式组织结构,就是以权力集中、等级严明、权责分明、分工精细、制度烦琐等为特征的金字塔式组织结构模式。如果企业所处环境比较稳定，可考虑采用这种机械式结构。

不稳定环境要求组织具有弹性和灵活性，也就是说要求企业组织结构必须是一种有机式结构。有机式组织结构具有决策权力比较分散、等级制度不太严密、权责关系不太固定等特征，因而对环境的变化有较强的适应能力。因此，如果企业所处环境不稳定、变化较快应考虑采取有机式组织结构。

美国企业战略专家安索夫特别强调组织结构与环境和战略相互之间的一致性。他曾将企业所处环境细分为很稳定、稳定、不太稳定、不稳定和很不稳定五种类型。与环境类型相对应，组织结构模式应分别采用直线制、直线职能制、事业部制、超事业部制、柔性组织和矩阵组织。

2. 根据企业战略选择组织结构

战略决定组织结构，组织结构必须服从和服务于企业战略。因此，在选择组织结构时，应充分考虑企业战略的性质和要求。

如果企业采取的是单一经营战略，只生产一种产品或提供一种服务，面对一个独特的市场，在一个地区内扩大企业的产品或服务的数量，即可考虑选择直线职能组织结构。

如果企业采取的是市场开发战略，要求将产品或服务扩展到其他地区去生产和销售，扩大市场覆盖面，即可考虑选择地域性组织结构。

如果企业采取的是纵向一体化战略，企业开始向销售领域和原材料生产领域扩展，生产、技术、营销等业务变得与原来的业务大不相同，即可考虑选择事业部组织结构。

如果企业采取的是多元化经营战略，开始生产与原有产品不相关的新产品系列或进入全新的行业，即可考虑选择战略业务单位结构或矩阵结构。

就竞争战略而言，如果企业采取的是低成本战略，则要求企业组织具有严格的成本控制体系、经常和详细的成本控制报告、严密的组织和责任制度、量化的绩效评估和与绩效紧密相连的激励制度。也就是说，要求采取一种机械式的组织结构。

如果企业采取的是差异化战略，则要求企业组织在技术开发、产品开发、市场营销等方面有较强的协调能力，以主观测定和激励代替量化的绩效考评，同时创造一种对高技能工人、技术专家和制造性人才有吸引力的组织环境。这就要求采取一种有机式的组织结构，如事业部式或矩阵式组织结构。

3. 根据技术特征选择组织结构

企业所采用的工艺技术特征对组织结构也有特殊的要求。英国管理学家琼·伍德沃德曾经按照企业采用的工艺技术复杂性和连续性程度，将企业分为单件和小批量生产、大批量和大量生产、长期的流水作业生产三种类型。单件和小批量生产主要是根据顾客的"订货"或"订做"的产品进行生产，雇用的专家很少，适合选择直线制组织结构。大批量和大量生产企业的产品大部分是标准化或统一的，只是在外形上有一些变化，因而适宜于采用直线参谋式组织结构。长期流水作业生产企业所生产的产品是通过预先制定的工艺程序制造出来的，因而适合采用直线职能式组织结构。

4. 根据企业规模和成长阶段选择组织结构

随着企业的成长，企业规模由小到大，提供的产品或服务由单一到多样化，组织结构也逐渐由适应到不适应。研究企业的规模和成长阶段与组织结构之间的对应关系对于正确选择组织结构具有重要作用。

最先对这一问题进行研究的是美国管理史学家钱德勒。他研究了许多大公司，发现它们在早期产品品种不多时都采用集权式的职能组织结构，后来因产品品种增多，市场扩大，业务越来越复杂，原来的职能结构已不能适应，就转而采取分权式的事业部组织结构。

对这一问题做出全面深入研究的是美国管理学者葛雷纳，他发表在《哈佛商业评论》上的《当组织成长而出现的演变和变革》一文，根据企业规模和不同成长阶段的特征，将企业成长分为创业期、引导期、授权期、协调期和合作期五个阶段。随着企业由一个阶段向另一阶段发展，依次要经历领导危机、自主权危机、控制危机、官僚主义危机和合作危机等危机。为克服这些危机，适应企业成长的需要，组织结构必须不断进行调整和更新。一般而言，创业期适合采用非正式组织，引导期适合采用职能组织，授权期适合采用区域性事业部结构，协调期适合采用超事业部制，合作期适合采用矩阵式结构。海尔集团从1984年开始其组织结构的变革就是沿着这一思路进行的，目前已发展到超事业部制结构。

当然，并非所有企业都一定按上述阶段顺序发展，有的企业可能跳过其中某一两个阶段发展，有的企业发展到某一阶段后甚至可能沿相反的方向发展，组织结构也有返回到前一阶段的可能。

第五节 文化建设

引入一种新的战略意味着企业原有管理模式和行为模式的改变，同时意味着打破原有的利益格局，因而在实施过程中必然会受到来自各方面的阻力。为了确保战略顺利实施，需要营造一种有利于战略实施的软环境和舆论氛围。这种软环境就是企业文化。

一、内涵和特点

1. 企业文化的内涵

关于企业文化的定义有很多，根据各种研究形成的基本共识可以这样界定企业文化：企业文化是对企业理念和行为方式的总概括。它包括狭义的和广义的两种概念。

（1）狭义的企业文化是指以企业价值观为核心的企业理念或意识形态。如美国哈佛大学的狄尔·甘乃迪教授认为：企业文化由价值观、神话、英雄和象征凝聚而成，这些价值观、神话、英雄和象征对公司员工具有重大意义。他认为，构成企业文化的因素包括：①企业环境，是塑造企业文化目标的外部条件。②价值观，是企业的基本观念及信念，是构成企业文化的核心。③英雄模范，是企业文化的人格化，是企业员工进行仿效的典范。④典礼仪式，是企业文化的外在表现，是企业文化在生产经营活动中例行事务的行为规则。⑤文化网络，是企业先进的价值观和英雄意识沟通、传递的渠道。他把企业文化分成强人文化、拼命干尽情玩文化、攻坚文化和过程文化等类型。

美国加州大学管理学教授威廉·大内认为，企业文化是由其传统和风气所构成，同时，企业文化意味一个公司的价值观，诸如进取、守时或是灵活——这些价值观构成公司职工的活力、意见和行为的规范。管理人员身体力行，把这些规范灌输给职工并代代相传。

（2）广义的企业文化是指企业的物质文化、行为文化、制度文化和精神文化的总和。美国哈佛大学商学院约翰·科特认为，企业文化包括：①共同的价值观，即企业中多数成员共同拥有、能形成企业行为方式、会长期存在的重要目标和切身利益；②部门行为规范，即由共同价值观传播给新企业成员，同时企业实行奖善惩恶措施，形成能延续的普遍行为模式。

约翰·科特认为，企业文化有三种类型：一是强力型，企业文化具有强大的规范力量，不受领导者或员工个人的左右，可以长久地激发员工无限的积极性。二是策略型，注重企业文化对环境的适应性，强调根据环境的变化进行策略性的调整。三是灵活型，更加注重企业文化策略上的灵活性，企业文化模式要随着市场的变化随机地进行变化和调整。

2. 企业文化的构成

企业文化由精神文化、制度文化和行为文化三个层面构成。

（1）精神文化层面，包括企业的信仰体系、核心价值观和企业精神。

1）企业的信仰体系（企业信条）是指企业的价值观、信念、假设的总和。如《财富》杂志和何氏管理顾问公司评出的1998年最突出的公司是通用电气、可口可乐、微软、迪士尼、英特尔、惠普、证券及金融服务和辉瑞制药。它们的共同信仰：吸引、激励及留住优秀人才，团队合作、顾客至上、公平对待员工、积极进取及创新。

2）核心价值观是指贯穿于企业信仰体系中的核心理念和价值指向。如海尔的核心价值观是求是、创新。

美国兰德公司跟踪多家世界大公司20年，发现其中100年不衰的企业共同特点是，它们的核心价值观不再以利润为唯一追求目标，都有超越利润的社会目标。具体来说，包括以下三点：第一，人的价值高于物的价值。日本松下公司的领导人说："我们松下公司首先制造人才，兼而生产电气。"第二，共同价值高于个人价值。发扬团队精神，把个人的生涯计划和企业的成长有机地结合起来。第三，社会价值高于利润价值，用户价值高于生产价值。

西方企业的价值观经历了三个历史发展时期：最大利润价值观、经营管理价值观和企业社会互利价值观。

3）企业精神指企业的意志、毅力表现出的精神风貌和信心，如团队精神、创新精神、合作精神、必胜信心等。

（2）制度文化层面。企业理念必须借助制度才能获得实现的保证，企业的制度文化也必须在企业理念的指导下才能进行科学的设计和制定，而制度又是规范企业全体成员行为的规则。因此，制度是企业文化不可缺少的一个重要组成部分。企业制度是一个复杂的体系，包括企业的领导体制、企业的组织结构和企业的管理制度。但是最能体现企业文化特色的制度是企业的激励约束制度。在企业制度中，既有刚性制度对企业成员实行硬约束，如各种必须严格遵守的规则；也有软性制度对企业成员实行软约束，如职业道德规范。

（3）行为文化层面。行为是企业理念和企业制度的具体实施和落实，它主要表现在企业成员与客户的交往、生产线上的表现、技术创新和对企业发展的关心等行为活动上。一个企业的企业文化到底怎样，最终都要体现在企业成员的行为活动上。同时企业行为文化又是外部世界认知企业的重要通道。企业行为包括企业家的行为、模范人物的行为和企业员工的行为。

3. 企业文化的特点

（1）自生性。指企业文化产生的土壤在于企业自身的历史发展和所处的生长环境。企业文化可以借鉴，但不能从外面简单地移植和嫁接。

（2）自动性。企业文化不管企业的领导者是否进行有意的建设，它都会自动生成，只是生成的企业文化品质有良莠之分。

（3）融合性。企业文化具有很大的包容性，可以融合传统的、外域的、现代的各种文化要素形成自己的特色。

（4）适应性。企业文化具有很好的生存适应性，企业文化本来就是为了适应环境而产生的。企业文化是否具有生命力关键是看它能否最佳地适应它赖以生存的市场环境。

（5）稳定性。企业文化一旦形成便具有长期的稳定性，要想进行企业文化的根本变革是十分困难的。企业文化的这种稳定性甚至会发展成文化的保守性，而影响企业的进一步发展。

（6）变动性。企业文化随着企业赖以生存的周围环境和自身条件的变化会不断地进行演变，这种演变可分成进行性演变与退行性演变。进行性演变是企业文化为了适应变化着的环境不断地进行自我调整，以提高自身对环境的适应能力。退行性演变则是企业文化适应功能逐渐退化，最终招致淘汰。

（7）价值性。企业文化的适应性功能会给企业带来价值，企业之间的竞争归根结底是不同的企业文化之间的竞争。

二、文化与战略实施

企业文化对战略实施起着多重功能：

1. 凝聚功能

企业文化通过大家认同一致的企业价值观和共同理想将全体员工凝聚在一起，形成一支坚强的战斗队伍。

2. 激励功能

企业文化通过企业精神和共同的奋斗目标激励和调动全体员工的积极性，提高企业的核心竞争力。

3. 规范功能

企业文化通过制度规则和道德条律规范员工的行为，使员工按照企业发展的需要做好自己的本职工作。

4. 导向功能

企业文化通过其核心价值观确定的价值指向，指引企业和员工的行为活动，引导企业的发展。

5. 纽带功能

企业文化像一张无形的网将企业员工之间、部门之间连接在一起，形成紧密的互助合作关系。

6. 辐射功能

成熟的企业文化对社会、顾客和其他企业具有很大的影响力，企业文化的这种辐射能力会改变整个社会的文化氛围。

7. 整合功能

企业文化的影响力会有效地整合企业内部和外部的资源，使企业获得强大的资源基础。

总之，企业文化会形成一个管理场，这种管理场将与电磁场相类似，使处于管理场范围内（企业内外部）的事物处于被激活状态，从而不断提升企业的核心能力，增强企业的发展后劲。

三、建设

1. 企业文化建设的目的

进行企业文化建设的根本目的是提升企业的核心能力，营造出适应市场变化和具有自己特色的企业经营管理模式，使企业获得竞争优势，保持长期稳定的发展并实现企业的战略发展目标。当然，不同的企业在不同的时期和实施不同的企业战略期间，其建设企业文化也会有自己不同的目的。如有的企业把自己进行企业文化建设的目的归纳为三个方面：一是建设成通过满足顾客需要来保障股东利益的文化；二是建设成提倡变革，鼓励承担责任的文化；三是建设成为高素质人才提供发展机会和有吸引力的工作环境的文化。

2. 企业文化建设的原则

（1）从实际出发的原则。这里讲的"实际"包括企业的外部实际和企业的内部实际，就是说，建设企业文化要始终从自身和市场的实际出发，任何人为地拔高以及简单地照搬和模仿都是不行的。

（2）与战略相匹配的原则。建设企业文化始终要围绕着提升企业核心能力来进行。从企业理念到制度设计、行为修炼、形象塑造都要围绕着如何提升企业的核心能力，形成自己独具特色的经营管理模式来进行，这样才能有效地实现企业的战略目标。脱离提升企业核心能力的根本宗旨、大搞形式主义是企业文化建设的大忌。

（3）以人为本的原则。企业文化建设的主体是人，规范和影响的客体也是人，建设企业文化的本质是提高人的综合素质，因此企业文化建设必须坚持以人为本，把对人的研究放在首位，建设与以物为本相区别的企业文化。

（4）适应市场的原则。企业文化的本质特点就是对市场的适应性，因此在进行企业文化建设时，必须围绕如何最佳地适应市场进行设计和建设。

3. 企业文化建设的内容

（1）企业理念的培育。培育企业理念，首先，要从市场的实际出发，形成"用户意识"。其次，要从企业自身的发展历史过程中提炼企业的理念，尤其是要从企业自身历史发展过程中发生的重大事件和模范英雄人物的先进事迹中进行提炼。最后，可以将成功企业的企业文化理念与本企业现行主要领导人的价值观念进行整合，形成富有时代特色和个性化特征的企业文化理念。

（2）企业制度的设计。企业文化理念要通过企业制度来贯彻执行，在企业制度层面上，企业的约束激励制度和职业道德规范是最能体现企业理念和宗旨的部分，其中，岗位责任制、人事管理制度、分配制度、考核制度等是最重要的制度。

（3）员工行为的修炼。理念的体现、制度的执行都要通过员工的行为和工作作风来体现。因此，员工行为的修炼是企业文化建设的重要内容。员工行为修炼包括：①岗位训练。在自己工作岗位上进行制度规范所要求的行为模式修炼。②典型示范。通过典型的示范让其他员工进行学习和模仿，以达到修炼的目的。③封闭训练。通过封闭式的各种训练活动训练员工的行为，改善工作作风。

（4）企业形象的塑造。通过对产品和服务的精心设计和企业环境的精心美化来体现企业的理念和宗旨，同时对企业的色彩、服饰、标志等进行符合企业理念的统一设计。

4. 企业文化建设的程序

（1）理念发动。①理念提炼，形成企业的理念体系（企业信仰、核心价值观和企业精神）；②领导层发动，使领导层每个人都要高度重视并亲身履行企业文化的改造规范；③全员发动，动员全体员工参与企业文化建设并履行企业文化规范。

（2）制度设计。①寻找制度缺陷，找到不符合新企业文化的制度规范进行修改和调整；②重点完善岗位责任制和激励约束制度，将新的企业文化理念渗透其中；③组织整改，根据新的企业文化理念对企业的组织结构、制度规范、行为方式进行全面的整改。

（3）行为修炼。①开展岗位达标竞赛活动，进行岗位训练，使每个员工都能按照岗位职责要求规范自己的行为，胜任自己的工作；②树立典型，建立示范岗位，进行典型示范，组织员工向典型学习，尽快实现行为方式的转变；③针对难点问题进行封闭式训练，排除干扰，精心设计训练活动项目，专题进行强化训练，坚决摒弃不符合新企业文化规范要求的陋习。

（4）形象设计。①品牌打造，主要是对产品和服务形象进行设计，并通过一定的宣传手段向社会进行传播，这是形象设计中最主要的内容；②环境营造，主要是对工作环境进行改造，形成能够表现自己企业文化特质的工作环境条件；③视觉形象设计，主要是对企业的服饰、标志、主题色等进行符合自己企业文化特色的设计。

5. 企业文化建设的方法

（1）自然形成。通过日常的工作自然形成，这是一个渐进的过程，企业不刻意去塑造自己的企业文化。

（2）刻意塑造。通过自觉的建设和精心设计而逐渐形成企业文化，需要投入很多的精力和金钱。

（3）快速促成。聘请咨询公司进行设计，集中时间和精力，建立企业文化活动营对员工行为进行封闭式训练，以求在短时间内建成企业文化。

6. 企业文化建设的衡量标准

美国哈佛商学院提出"企业文化力量指数"的概念，作为衡量一个企业是否建设成企业文化的标准：一是公司经理们是否经常讨论自己公司的"模式"和行事方法？二是公司是否将自己的价值观通过准则、口号等公之于众，并大力动员员工遵守行事？三是公司是按照本身长期经营策略和经营行为方式进行运作，还是根据现任总裁的经营策略和行为方式行事？

许多专家把企业文化对市场环境适应程度的高低作为衡量企业文化形成与否和功能优劣的标志。美国管理学家约翰·科特对13家公司进行调查后发现：

（1）市场适应度高的企业文化具有以下特点：①在核心价值观方面。多数经理十分关注顾客、股东、员工等企业构成要素，重视对企业发展有益的改革。②在共同行为模式方面。公司经理密切注意公司构成要素的变化，特别是顾客要素的变化。为了维护这些要素的合法权益，即使承担一定风险也会果断采取改革措施。

（2）市场环境适应度低的企业文化具有以下特点：①在核心价值观方面。多数经理侧重于自己、与自己业务相关的产品（技术）的发展，并不注意激发创意型领导才能。②在共同行为模式方面。公司经理传统、守旧，行为显得谨小慎微，作风表现为武断官僚。其结果是无法在市场经营环境中迅速进行改革以获得改革的优势。

显然，适应市场环境的企业文化是一种优质文化，反之，则是一种劣质文化。从这些特点也可以判断一个企业是否建立起了一个有利于企业自身发展的企业文化。

根据企业管理实践判断一个企业是否建立起一个有效的企业文化最终归结为两点：一是企业的核心能力是否得到提升；二是企业是否形成具有自己特色的经营运作模式。

7. 企业文化建设的经验

国内外企业在企业文化建设的实践中都积累了许多宝贵经验。

（1）海尔集团。海尔集团建设企业文化主要通过三种方式：言传、身教、图腾。①言传，主要是通过宣传、媒介传播、相互传诵、讲故事等方式，传播企业的理念和核心价值观，从而得到企业员工和社会的认同。②身教，主要通过管理者和英雄人物的榜样行为影响员工和社会公众。③图腾，主要是通过塑造标志物（如五龙塔、海尔兄弟航海船等）传扬企业文化精神，影响员工和社会公众。

（2）联想集团。联想集团在企业文化建设方面总结出以下经验和体会：①企业文化是企业的精神支柱。②企业文化是效益文化，是管理的软指令。③市场决定企业文化的形成和发展，首先要形成"用户意识"。④企业领导人与员工的素质、文化水平是企业文化的基点。⑤企业文化的基本建设是岗位责任制和激励政策。要使员工认同企业文化必须使员工有一种满足感和归属感。企业文化建设，就其主体而言，实质上是企业员工队伍建设。要让用户满意，首先要让员工满意，要想使员工认同公司就要兼顾公司利益和员工利益，为此，就要有相应的制度保证。⑥企业文化建设的重点是提升企业的核心竞争力。⑦企业文化建设要对人进行定位，如企业员工是属于经济人、社会人还是文化人，或者是打工仔，要实行以人为本的原则。⑧干部文化决定着企业文化，干部队伍建设是关键，干部可以带动群众认同本企业的文化。⑨企业文化要解决的问题是要求员工从目标、观念、行为上明确"应该如何，不应该如何"。

企业根据战略目标的需要进行文化建设将会给战略的实施创造良好的软环境，使战略目标的实现得到可靠的保障。

【本章小结】

本章重点讨论了企业战略实施的任务和模式,为了实施战略如何制定和选择合适的职能战略,如何根据战略的需要设计企业的组织结构和实行合理的战略资源配置。为了给战略的实施创造一个适宜的软环境,还专门讨论了如何配合战略实施建设一个有效的优质企业文化。本章在讨论上述问题时,注意借鉴国际上发达国家企业的经验,并力求结合我国企业的实际,因而具有很强的可操作性。

【复习思考】

1. 企业战略实施的任务是什么?有哪些模式?
2. 以身边一个熟悉的企业为例,说明职能战略的具体内容。
3. 组织结构有哪些类型?企业组织结构调整的依据和标准是什么?
4. 企业进行资源配置的原则和方法有哪些?如何在企业经营过程中积蓄和有效利用资源?

【本章案例】

吉利的革命之路

2012年8月2日晚的杭州滨江区,李书福一身白色短袖,亮相在网易汽车《〈发现中国创造〉之走进吉利汽车》的席间,看起来状态相当放松。一上桌,他就开始谈论吉利汽车的防爆胎技术和汽车落水帮助逃生技术,吉利的安全碰撞成果,以及在沃尔沃看到的最新安全技术专利。当说起吉利进入世界500强,他笑着表示:"这不过是一个俱乐部而已,一个好玩儿的游戏嘛,不必太当真。"

他看起来不再激奋,也不再语不惊人死不休,而是更加平稳,他甚至时常会笑着看一眼公关总监杨学良的表情,婉转回避某些敏感话题。事实上,此刻的李书福有理由放松,虽然他还是不忘说:"吉利最大的挑战是明天就可能关门。"据说每当李书福最焦虑的时候,与人对话的口头禅是:"你是不是想把这个企业搞垮。"这是一种焦虑也是一种生命力。

2012年《财富》世界500强企业最新排名出炉。上榜的五家中国民营企业中,浙江吉利控股集团首次入围。吉利以营业收入233.557亿美元(含沃尔沃2011年营收)首次进入500强,车企排名第31位,且总排名从2011年的第688位跃升至第475位。根据吉利汽车8月发布的中期财报显示:2012年上半年,吉利营业收入为人民币111.77亿元,2011年同期为105.38亿元,同比增长6.1%。毛利润为18.34亿元。整体而言,吉利汽车上半年共售出22.24万辆，同比上升4%，实现全年销量目标46万辆的48%，在自主品牌汽车整体势弱的2012年，这份成绩单可谓亮眼，吉利汽车已连续数年保持了这种稳定增长和盈利的势头。

尤其是吉利汽车售后服务体系的日趋完善和进步，成为自主品牌汽车一个标志性的突破。J. D. Power公司公布了2012年中国售后服务满意度指数研究报告，相比大多自主品牌汽车售后服务排名满意度下降这一现实，吉利汽车却逆势上扬，旗下帝豪、全球鹰、英伦分别荣获自主品牌第一名、第二名和第四名，全部超过行业平均水平，甚至超越了一些合资和进口品牌。这表明吉利汽车通过整体转型力的增强，已将重心转移到体系的创新和掌控上，从而推动市场表现上扬。

1. 吉利5年

如果用5年一个维度来看一个企业，可以看到吉利这5年做到的：实现了从"造老百姓买得起的好车"到"造最安全、最环保、最节能的好车"的战略转型，这背后是从研发到市场到销售的体系化打造。另外，吉利完成了三桩海外并购案，其中吉利100%股权收购沃尔沃汽车。

同时，从"美日、豪情、优利欧"老三样，到卖"自由舰、金刚、远景"新三样，到如今吉利全球鹰熊猫、吉利帝豪EC7、吉利英伦TX4。安全碰撞CNCAP得分从吉利自由舰最早的2星到现在帝豪GX7的5星加。从卖三四万的产品，到卖突破10万元的产品。吉利汽车常常给人不知不觉中就进步了的深刻体会，这种一点一滴的进步最终会实现了蜕变，当自主品牌在国内深陷泥潭之时，吉利仍然高歌猛进，并且一路向国际化的公司狂奔。

历史总是螺旋式上升，波浪式前进。在这一轮高峰之前，吉利遭遇过非常严重的低谷。2007年，奇瑞汽车实现了100万辆的突破，比亚迪也成为一股野蛮而汹涌的力量。吉利汽车却在形势一片大好的情况出现大幅度下滑，滑出国内销量前10的位置。被寄予厚望的远景车型上市并没有得到热捧，同时却爆出很多品质问题。吉利汽车借助低价的差异化竞争策略在中国汽车市场上站稳脚跟，并通过借壳方式，于2005年5月在香港交易所上市。但随后，低价策略导致的低利润等负面因素开始显现，吉利汽车上市以来股价始终在低位徘徊。2008年10月31日，吉利集团旗下上市公司吉利汽车最低股价更是跌至0.15港币，快进入"仙股"（香港投资者称0.1元以下的垃圾股为仙股）阵营。吉利上下陷入一片紧张情绪，李书福强烈地意识到不能再靠低价策略走下去了，这条路走不通。

一番谋划后，2007年5月，吉利汽车借助全新车型"远景"上市之际，在事业的初创地宁波与80家经销商联合发表了《宁波宣言》，宣布正式开始战略转型之路，首次提出不打价格战，明确企业核心竞争力将从成本领先向成本、技术、品质和服务等全面领先转变。

吉利汽车于2007年12月31日将"老三样"豪情、美日和优利欧停产，用"新三样"自由舰、金刚和远景垂直切换。当时"老三样"约占吉利汽车总销量的70%。产品的垂直切换，加上2008年的金融危机影响，当年吉利汽车仅同比增长1%。

在一次吉利高层的头脑风暴会上，李书福提出了"造最安全，最环保，最节能的好车。"开始这个理念在内部掀起巨大波澜，高管层提出很多异议，甚至当面指出这样是在说大话，会成为行业内笑柄，因为这个"最"字实在是一个很难达到的高峰。但是最终经过李书福的分析、鼓舞，在匿名投票的情况下还是通过了这个方案。

事实证明，犯错并不是最可怕的，最可怕的是看到问题却采取鸵鸟战术，而承认错误的程度也有深浅，李书福是铁了心从根儿上拔掉问题，为此，他将原有的设备、模具全部换掉，连厂房都推平，李书福断了自己的后路，他必须重新开始。

2. 人和事的匹配

要提升品质和品牌几乎是所有中国自主品牌汽车所要面临的问题，但是为什么吉利能够很快地执行下去，并且经过一段时间的深耕就能够出成效？在更多的时候，是空有领导层的大局观和战略眼光，到执行层面却变得不堪回首，每一个链条的能量都呈负增长。

看吉利汽车的成长历史，让人印象极其深刻的一点是，这个平台同时也成就了很多人，那些被李书福信任并且花大力气挖来的人。这个团队目前看来非常的稳固，稳固的基础是相互的信任和了解，并不以短时间的成败论英雄，吉利还没有哪个高管因为业绩不佳而被调离并被排斥的。

李书福说，"人和人之间是有情感的，而这种情感是如何产生的？这是一个需要研究的问题。"那就是要彼此充分信任，相互尊重，而有些东西是先天的。但他同时又举例说明情感是情感，规则是规则，甚至有些是无缘无故的情绪。

人们看到吉利内部重要的高管成员基本分成三个类人，一类是跟随李书福十几年，从他做摩托车，建筑材料一路走到吉利汽车，其中副总裁级别以上的包括安聪慧、刘金良、杨健、顾伟明、潘巨林和俞学良等。这些人随着吉利的成长而共同成长，如1996年刚毕业就进入吉利的安聪慧，从基层干到吉利集团的总裁。刘金良也是李书福在海南相中的一个大学刚毕业不久的酒店门童，1995年加入吉利，后成为吉利集团副总裁，吉利汽车销售公司总经理。这些人和李书福的磨合，对吉利集团的了解程度都非常彻底，这些和吉利汽车命运与共的人依然是吉利的顶梁柱。而这群人和李书福的匹配，以及本身的进步程度将很大程度上影响到吉利未来能够走多远。

另外一批李书福麾下的重要人马来自其他国有汽车企业的管理者，也有来自家电机械行业中著名企业的管理层。其中最为人熟知的财务融资高手尹大庆，他曾经是仰融从美国杜邦公司挖来的财务高管，他在吉利各项海外并购项目中起到了关键性的作用。吉利在2003年底时只有38亿总资产，但是到了2010年6月底，吉利有了差不多360亿总资产，这些不是凭空得来的，除了企业自身发展、业务不断扩大以外，在资本平台的构筑和对外融资方面也起到了很大作用。也许挖人并不是最困难的事情，最困难的事情是挖到对的人，并让他们发挥自己的长项。

第三批重要的人则是海归，最为人所知的是吉利研究院院长赵福全，随着吉利海外并购行动的进行，更多海归已经开始加入吉利的队列。赵福全表示，加入吉利6年以来，最重要的是打造了一个科学的研发体系。这个体系理顺了产品技术，让其数据化、通用化和标准化，同时让研发从知其然到知其所以然的方向迈进。这也是吉利汽车产品能够在CNCAP碰撞得到五星加的强大支撑。这批人大多在国际知名企业有很好的从业经验，但是从一个成熟体系到一个需要去创新、重新打造一个体系是一个不一样的过程，这个过程有很多人水土不服，能到目前位置赵福全可能是在自主品牌里成果最显著的海归，这是平台和个人的双重努力。

吉利的梦想需要一群与之共同进步的人员相匹配，如果作为企业家的李书福能够高看一层，企业先走一步的前提是能把这些看到的东西执行下去。这事关的不仅仅是商业逻辑，很可能更多的是人性和情绪。

3. 赢在体系

当记者问及李书福，沃尔沃的品牌是否会被吉利品牌稀释的时候。李书福坦然表示："这个问题在中国是有可能的，在全球没有影响，2011年在德国增长50%，在日本增长也很快。"李书福认为，品牌的背后是一套系统来支撑的，供应体系、研发体系、质量管理体系、价值体系等，就像一个人，决定他是一个什么样的人是由教育背景、工作经历、身体状况来决定的，而不是由名字决定。这正好说明了李书福对品牌的理解和认识，"体系"正是2007年以来，吉利在不断重新构建的一个"工程"。

几乎所有的企业都在谈体系竞争力，而吉利打造的"体系"最大的竞争力反而是灵活性和很强的纠错能力。从最初吉利研究院不同基地开发的远景、金刚以及自由舰，虽然都是吉利产品，但是各自的数模竟然也不相同，以至于彼此之间进行交流还需要"翻译"图纸。到2006年赵福全加盟吉利，从2007年开始，用一年左右的时间，整合技术体系，成立了吉利汽车技术中心，这个技术中心分为三层次的管理架构，在集团层面上成立了吉利集团技术部，它不做任何具体的设计、研发工作，而是对整个吉利技术体系进行统一的规划、管理、考核、领导。同时把所有研发人员集中到临海吉利汽车研究院，形成吉利汽车研究总院，具体落实集团制定的战略目标，来执行所有新车型、新技术的研发工作。并且各个制造基地设立技术部，行政上归各个基地领导，在管理体系上则由集团技术部、技术中心进行统一的业务领导和指导。各个基地的技术部不再从事任何新产品的开发，只对已经开发出来的产品进行技术改进和工艺改良、质量改进。这样就很清晰地制定了战略、落实、产品质量改进三层次的管理分工明确的技术研发体系。

在赵福全的办公室，仅技术操作手册就有6卷52册，多达7万余字。事实上，吉利研发体系的构建可以说是吉利构建系统的一个缩影。如果说汽车产品是母鸡下的蛋，那系统好比是一只能下蛋的母鸡。赵福全曾经这样比喻打造系统的重要性，他认为一个好的企业就是一个好的体系，而产品仅仅是好体系下产生的副产品，打造好体系才是主业。

吉利研究院有一个展示吉利未来车型的大厅，2012年8月初在这个大厅里看到的景象和3年前完全不同，前者虽然也是产品众多，但是产品造型跟合资品牌有非常大的差距，而这一次却看到了整齐的产品序列，不同品牌的不同风格非常明显。而概念车在理念上也不仅仅停留在造型的夸张上，而是有很多非常好的用户体验以及生活方式的重新打造。

吉利在战略执行上的行动力和调度的灵活性不仅仅体现在研发上，同样体现在营销上。2007年，吉利汽车实施战略转型的一部分内容是在吉利母品牌下成立了3大子品牌——帝豪、全球鹰和英伦汽车，并分别成立了3个品牌的事业部，各自负责3大品牌产品在全国的渠道经营。回顾2007年扩张性品牌战略，吉利汽车高层表示，此一时彼一时，不同发展阶段发展策略自然不同。当时中国汽车业正处于高速增长期，多品牌、多产品有利于抢占不同细分市场，最终实现销量的大幅增长。目前中国汽车市场进入稳步增长或者微增长时代，品牌过多不利于资源合理分配。品牌方面将回归吉利母品牌的价值，更多地强调母品牌，旗下3大子品牌将酌情缩减。集中精力实现"品质吉利"的战略转型目标，通过集中资源来提高销量。

因此，2012年5月，吉利对营销市场管理模式做了一个调整，一个优化。以前是在吉利销售公司有3个品牌事业部：全球鹰品牌事业部、英伦品牌事业部和帝豪品牌事业部，分别负责全国3个品牌经销商的管理工作。经过变革以后，纵向管理的队伍变成3个团队，纵队变横队。我们把中国的市场分成了北区、中区、南区3个大区，由原来的3个品牌事业部变更成一个区域事业部，他们分别负责北区、中区、南区市场。这样做的考虑，应该说是基于更好的整合营销资源，如销量资源、经销商资源等。

事实上有吉利内部人士表示，吉利销售公司在营销市场管理模式的调整优化是经常进行的，纵向还是横向都是根据市场情况来制定，市场好的时候扩张，市场放缓的时候修炼内功，都是非常灵活的。

4. 安全驱动力

从某种意义上讲，安全技术体系将是吉利汽车站稳市场的重要支撑。8月1日，记者在吉利杭州研发中心见证了吉利内部一次正面碰撞实验。这样的专业碰撞实验场在汽车企业内部还是少见，这样一套体系三期投入超过3亿元人民币。安全是一个非常细致的体系工程，这不仅仅是碰撞实验，而得益于坚实的研发制造体系力量。最关键的是，汽车的安全系数是可以通过实验进行公开透明的数据化评估的，这是无法撒谎而且具体的竞争力。

李书福收购沃尔沃以后，很多人对该品牌的定位和价值提出了质疑，特别是李书福指出沃尔沃的品牌价值在其"安全性"上有非常大的优越性，很多媒体表示，安全应该是汽车的基本要素。对此，李书福非常不以为然，他告诉记者，沃尔沃在"安全"上是深入骨髓的，从安全带的发明、安全气囊的发明，到现在很多安全上的专利以及思考是别的品牌所无法企及的。李书福不仅仅思考驾驶舱安全性能的问题，而是让固定发动机的螺丝、螺帽更加智能，在必要的情况下自动爆破，在碰撞瞬间让发动机滚到汽车下面，让撞击的损害度降到最低。只有知其然，才能看深一层领先一步，这是沃尔沃多年的积累，不是其他品牌在短期内所能超越的。

事实上，吉利很早就把品牌价值定位在"安全"上，因此，李书福在2005年就已经萌发了收购沃尔沃的念头，而最终2010年收购沃尔沃成功，更是让吉利在"安全"定位上扎得更深，产生合力的可能性非常大。在配套体系上实现提高，使吉利汽车的产品结构、产品品质和盈利能力得到了快速改善。其中，吉利汽车安全技术体系的建立，已使吉利汽车的安全性成为自主品牌汽车的一个标杆。

他们将车型研发和安全碰撞对标结合起来；将品质对标和采购对标结合起来；将与沃尔沃双方安全技术交流结合起来。关键是吉利汽车以专业精神抓住了以五星安全造车技术的突破，吉利汽车已有四个车型获五星安全等级，其中，2012 年刚上市的首款 SUV 帝豪 GX7 还获超五星安全等级，这些车型逐一成为吉利汽车在国内外市场的主销车型，优势明显。

安全是马斯洛原理的第二层，是人类除了原始欲望以外需要被满足的重要需求。但是"安全"恰恰是很难用金钱买到的。关于深层次的安全，除了被动安全、主动安全，未来还将涉及智能安全、协同上的安全，吉利的安全之路还很长，但是至少革命路上的吉利已经把自己拉出泥潭，走向国际化之路。

（资料来源：胡玮炜. 吉利的革命之路 [J]. 商业价值，2012（9）：110-113.）

思考题

1. 吉利的转型战略实施经历了哪些过程？
2. 吉利通过哪些手段确保了转型战略的实施？
3. 在转型过程中，吉利的组织结构和资源配置发生了哪些变化？

第七章 战略评价与控制

【管理名言】

除非战略评价被认真地和系统地实施，也除非战略制定者决意致力于取得好的经营成果，否则一切精力将被用于为昨日辩护，没有人会有时间和精力开拓今天，更不用说去创造明天。

——彼得·德鲁克

【学习目标】

1. 了解战略评价的实用方法。
2. 理解战略评价对企业成功的重要性。
3. 掌握战略控制的基本程序。
4. 理解战略控制对战略管理有效实施的意义。

在企业实际的战略管理过程中，企业内外部环境会发生变化，此时企业战略该何去何从？如何才能保证企业战略沿着一个正确的轨道前行？怎样去评价企业战略？本章将讨论战略管理的最后一个步骤——战略的评价与控制。

第一节 概述

战略管理决策会对企业产生显著的和持久性的影响。错误的战略决策会给企业带来严重的惩罚，而且极难予以扭转。因此，绝大多数战略制定者都承认，战略评价对企业利害攸关，而及时的评价可以使管理者对潜在问题防患于未然。

一、性质

战略评价包括三项基本活动：考察企业战略的内在基础；将预期结果与实际结果进行比较；采取纠正措施以保证行动与计划的一致。

及时的反馈是有效战略评价的基石，战略评价不会比它所基于的信息更准确。来自最高管理者的过大压力可能会促使基层管理者编造统计数字，以令上级满意。

战略评价是一项复杂而又敏感的工作。过于强调战略评价可能会导致高额开支和不利的影响。没有人愿意接受过于严格的评价。管理者越试图评价他人的行为，他的控制力就会越小。然而，过少的评价和没有评价会导致更糟糕的后果。战略评价是保证实现既定目标的必要条件。

在很多企业中，战略评价仅仅是对企业绩效的评估。企业资产是否有所增加？企业盈利是否有所增长？销售额是否有所提高？生产效率是否有所提高？利润率、投资收益及每股收益率又是否均有所提高？一些企业争辩说：如果对上述问题的回答是肯定的，那他们的战略便一定是正确的。当然，他们的战略有可能是正确的，但这种推理方式会产生误导，因为对战略的评价必须从短期和长期两方面来进行。经营战略往往不会影响企业的短期经营效果，但到了发现战略失误时往往已为时过晚。

证明某种战略是最佳的或肯定能奏效几乎是不可能的，然而我们却可以通过评价发现战略的致命弱点。理查德·鲁梅特提出了可用于战略评价的四条标准：一致、协调、优越和可行。

战略评价之所以重要，是由于企业所面临的外部及内部因素往往发生快速而剧烈的变化。今日的成功不能保证明天的辉煌！企业绝不应为目前的成功所陶醉！无数企业在经历了一年的兴旺之后接着就要为第二年的生存而挣扎。

随着时间的推移，战略评价正变得更加困难，其原因是多方面的。以往，国内经济与世界经济比现在稳定，产品生命周期与产品开发周期更长，技术进步更慢，变化发生得更少，竞争者数量更少，国外竞争更弱，受法规管制的产业也更多。当今战略评价更为困难的其他原因来自如下发展趋势：一是环境的复杂程度急剧提高；二是准确预测未来更加困难。

二、过程

战略评价对于所有类型和规模的企业来说都是必要的。战略评价应能够做到：从管理的角度对预期和假设提出问题，引发对目标和价值观的审视，以及激发建立变通战略和判定评价标准的创造性。无论大企业还是小企业，在各个层级实行一定程度的深入实际式的走动式管理对于有效的战略评价都是必要的。战略评价活动应当连续地进行，而不只是在特定时期的期末或在发生了问题时才进行。如果只是在年末才进行战略评价，那将是马后炮。

连续而不定期的战略评价可以建立并有效监视经营过程中的各种考核基准。有些战略需要多年方能实施,因而,其实施结果可能在数年中都不会显现。成功的战略制定者应能将决心与耐心相结合,并在必要时及时采取纠正措施。企业中总是不时地需要有一些纠正措施。

企业管理者和雇员应保持对企业目标实现进程的了解。当关键的影响因素变化时,企业成员均应参与采取适当调整行动的决策。如果假设和期望偏离预期太远,企业则应重新制定战略,这也许就是在战略刚刚制定之后。在战略评价中,正如在战略制定和战略实施中一样,人是决定性因素。通过对战略评价过程的参与,管理者和雇员将自觉地努力使公司向既定目标不断迈进。

第二节　战略评价标准

关于战略评价方法的论述很多,下面介绍三种有代表性的战略评价方法。

一、伊丹敬之的优秀战略评价标准

日本战略学家伊丹敬之认为,优秀的战略是一种适应战略,它要求战略适应外部环境因素,包括技术、竞争和顾客等;同时,企业战略也要适应企业的内部资源,如企业的资产、人才等;再者,企业的战略也要适应企业的组织结构。伊丹模型的特点如下:第一,侧重资源、能力等内生变量。业务活动领域包括开发、采购、生产、流通等整个链条的设计和取舍,范围比安索夫所说的协同作用要广,接近价值链的思想,而且强调资源和能力的积累与契合,特别是无形资产,这显然来自日本企业的经营理念。事实上,资源学派和能力学派都与日本有一定渊源,一些代表人物,如 Prahald 和 Hamel 的研究基础正是日本企业。第二,更具动态性,三个要素都要分别描绘出当前状态和未来变化,把回顾同展望相联结,正是这一点使伊丹的模型与安索夫有了本质不同。第三,强调取舍和集中,三个要素都区分出了重点部分,表述精细化。第四,模型中没有了"竞争优势",淡化了行业竞争和定位,这和其强调资源、能力的观点相一致;相比而言,安索夫的模型是由外而内的,而伊丹的模型是由内而外的。

二、斯坦纳·麦纳的战略评价标准

美国战略学家斯坦纳·麦纳认为评价战略时应考虑六个要素:

其一,战略要有环境的适应性。企业所选的战略必须和外部环境及其发展趋势相适应。

其二,战略要有目标的一致性。企业所选的战略必须能保证企业战略目标的实现。

其三，战略要有竞争的优势性。企业所选的战略方案必须能够充分发挥企业的优势，保证企业在竞争中取得优势地位。

其四，战略要有预期的收益性。企业要选择能够获取最大利润的战略方案。这里所说的战略利润是长期利润而不是短期利润。其指标很简单，用投资利润率来评价。投资利润率即预期利润/预期投资总额。

其五，战略要有资源的配套性。企业战略的实现必须要有一系列战略资源作保障，这些资源不仅要具备，而且要配套，暂时不具备而经过努力能够具备的资源也是可取的。

其六，战略要注意规避其风险性。未来具有不确定性，因此任何战略都会具有一定的风险性，在决策时要认真对待风险。一方面，要有敢于承担风险的勇气；另一方面，事先要科学地预测风险，并制定出应变的对策，尽量避免孤注一掷。

三、战略地图

罗伯特·卡普兰和诺顿（2004）在平衡计分卡模型（BSC）的基础上提出了战略地图理论，其观点从"不能衡量，就不能管理"发展到"不能描述，就不能衡量"。和BSC相比，战略地图细化了各要素，同时增加了时间和行动方案两个维度，从而具备了完整描述战略的功能。其框架如下：①在财务层面，确定股东价值差距；②在客户层面，根据价值差距调整客户价值主张，有总成本最低、产品创新和领导、全面客户解决方案、系统锁定四种选择；③确定价值提升时间表；④在内部流程层面，根据客户价值主张确定战略主题，主要是分析和调整运营管理、客户管理、创新、社会四个关键内部流程；⑤在学习和成长层面，提升战略准确度，分析现有人力、信息、组织等三类无形资产，视其是否能支撑关键流程并予以改进；⑥制订行动方案并安排预算。

同前两个模型相比，战略地图的改进十分明显：首先，强化了要素间的因果关系，结合更紧密；其次，更细化，将竞争优势（即价值主张）分为四种，将内部资源划分为流程和无形资产，并做进一步分解，同时，类似于伊丹敬之的"重点"，强调关键环节的调整和提升；最后，通过时间和行动方案两项因素扩展了战略实施的描述。所以，战略地图得到了一定应用，产生较大影响。

第三节 战略评价框架

战略评价整体依赖的框架决定了战略评价的过程和效果，因此框架的构建就显得尤为重要，一般可以从以下三个方面给予考虑。

一、检查战略基础

可以用建立修正的外部因素评价（EFE）矩阵和修正的内部因素评价（IFE）矩阵的方法检查企业战略的基础（Reviewing the Underlying Bases of an Organization's Strategy）。修正的 IFE 矩阵（Revised IFE Matrix）应侧重于企业在管理、营销、财务、生产、研究开发及管理信息系统方面优势和弱点的变化。修正的 EFE 矩阵（Revised EFE Matrix）则应表明企业战略如何对关键机会与威胁做出反应，它还应对如下问题做出分析：

竞争者曾对我们的战略做出了何种反应？竞争者的战略曾发生了哪些变化？主要竞争者的优势与弱点是否发生了变化？竞争者为何正在进行某些战略调整？为什么有些竞争者的战略比其他竞争者的战略更成功？本公司竞争者对其现有市场地位和盈利的满意程度如何？主要竞争者在进行报复之前还有多大忍耐空间？我们如何才能更有效地与竞争者进行合作？

有众多的外部及内部因素会阻碍公司实现长期的和年度的目标。从外部来看，阻碍企业实现目标的因素包括：竞争者行动、需求变化、技术变化、经济状况变化、人口迁移及政府行动。从内部来看，有可能是采取了无效的战略或者战略实施活动不利，也可能是原目标曾制定得过于乐观。因此，企业目标未能实现不一定是由管理者和雇员的工作不善而造成，应使所有企业成员都明白这一点以鼓励他们支持战略评价活动。当企业战略失效时，公司领导需要尽快知道。有时候，工作在第一线的管理者和雇员会比战略制定者们更早地得知这一点。

对于构成现行战略基础的外部机会与威胁和内部优势与弱点，企业应不断地监视其发生的变化。实际上，问题并不在于这些因素是否将发生变化，而在于它们将于何时、以何种方式发生变化。以下是在战略评价中需要审视的一些关键问题：

我们的内部优势是否仍是优势？我们的内部优势是否有所加强？如果是，又体现在何处？我们的内部弱点是否仍为弱点？现在我们是否又有了其他新的内部弱点？如果是，它们体现在何处？我们的外部机会是否仍为机会？现在是否又有了其他新的外部机会？如果是，它们体现在何处？我们的外部威胁是否仍为威胁？现在是否又有了其他新的外部威胁？如果是，体现在何处？我们是否能够抵御敌意收购？

二、度量企业绩效

度量企业绩效也是一项重要的战略评价活动。这一活动包括将预期结果与实际结果进行比较；研究实际进程对计划的偏离；评价个人绩效和在实现既定目标过程中已取得的进展。在这一过程中长期目标和年度目标都普遍地被采用。战略评价的标准应当是可度量的和易于调整的。对未来业务指标的预测远比揭示以往业务指标的完成情况更为重要。例如，战略制定者真正想要知道的，不是上一季度销售额比预期水平下降了 20%，而是如果不采取一些补救措施下一季度的销售额是否又会比计划值低 20%。真正有效的控制需要准确地预测。

实现长期或年度目标的工作未能取得理想进展说明需要采取纠正性措施。许多因素，诸如不合理的政策，意料之外的经济环境变化，不可靠的供应商、分销商或无效的战略，均可阻碍企业目标的实现。问题既可能是源于缺乏效能（没有做该做的事），也可能是源于缺乏效率（没有做好该做的事）。

确定战略评价中最重要的目标是困难的。战略评价基于定量的和定性的两种标准。战略评价标准的选择取决于特定企业的规模、产业、战略和管理宗旨。例如，采取收缩战略的企业与采取市场开发战略的企业评价标准完全不同。各种财务比率被广泛地用作战略评价的定量标准。战略制定者们用财务比率进行三种关键性比较：一是将公司不同时期的业绩进行比较；二是将公司的业绩与竞争者的业绩进行比较；三是将公司的业绩与产业平均水平进行比较。一些关键财务比率尤其适用于战略评价：投资收益率、股本收益率、盈利率、市场份额、负债对权益比率、每股收益、销售增长率、资产增长率。

然而，采用数量标准进行战略评价也有一些潜在的问题。第一，绝大多数数量标准都是为年度目标而不是为长期目标而确定的。第二，对很多数量指标，用不同的会计方法计算会得出不同的结果。第三，在制定数量指标时总要利用直觉性判断。鉴于这些及其他原因，质量指标在战略评价中也同样重要。出勤率低、频繁调动、生产质量的下降和数量的减少及低雇员满意程度等因素都可以是绩效下降的潜在原因。营销、财务、研究开发及管理信息系统因素也都可以导致财务问题。

西摩·蒂尔斯提出了可用于战略评价的下述六个定性的问题：一是战略是否与企业内部情况相一致？二是战略是否与外部环境相一致？三是从可利用资源的角度来看，战略是否恰当？四是战略所涉及的风险程度是否可以接受？五是战略实施的时间表是否恰当？六是战略是否可行？

一些需要作出定性的和直觉性判断的附加问题如下：一是企业是否在高风险投资与低风险投资间保持了适当的平衡？二是企业是否在长期投资和短期投资间保持了适当的平衡？三是企业是否在对慢速增长市场的投资和对快速增长市场的投资间保持了适当的平衡？四是企业如何平衡对各部分的投资？五是企业的各种备选战略在何种程度上体现了对社会的责任？六是企业关键内部战略因素与关键外部战略因素间的关系是什么？七是主要竞争者对本企业的各种战略将做出何种反应？

三、采取纠正措施

作为战略评价的最后一项行动，采取纠正措施（Taking Corrective Actions）要求通过变革使企业为了未来而重新进行更有竞争力的定位。如向全球扩张是零售企业的一种很流行的纠正性措施。其他可能需要进行的变革包括：调整组织结构、对某一个或多个关键人员进行调换、售出企业分部、修改企业任务陈述、建立或修改目标、制定新政策、发行股票以筹集资金、增加销售人员、重新配置资源或采取新的绩效激励措施等。采取纠正措施不一定意味着放弃现行战略或必须制定新的战略。

当人员数量以算术级数增加时,发生错误及不当行动的可能性将按几何级数增长。任何对某项业务全面负责的人必须同时检查参与者的行动及其结果。这两者中如果有任何一者与预期或计划目标不符,都需要采取纠正措施。

没有一家企业可以在孤岛上生存,也没有一家企业可以逃避变革。采取纠正性行动是保证企业按既定目标前进的必要措施。阿尔文·托夫勒在其发人深省的著作《未来的冲击》和《第三次浪潮》中指出,商务环境正变得如此复杂多变,它以未来的冲击威胁着个人和组织。当变化的性质、类型和速度超过了个人或组织的适应能力时,这种冲击便会发生。战略评价可以提高企业成功适应环境变化的能力。布朗和阿格纽将此称为"公司的敏捷性"。

采取纠正措施会引起雇员和管理者的不安。研究表明,使人们参与战略评价活动是克服对变革阻碍的最佳方法之一。根据厄瑞兹和坎弗的观点,人们在理解了变革,感觉到可以控制局势并意识到为实施变革必须采取行动时,最容易接受变革。

战略评价可以引起战略制定的变化、战略实施的变化或两者同时变化,也可能根本不会引起任何变化。然而,战略制定者或迟或早都必须对战略及其实施方法进行修正。赫西和兰厄姆对采取纠正措施提出了如下见解:对变革的阻碍往往是基于感情因素因而不容易被理性的说教所改变。对变革的心理障碍包括害怕丢失地位、对自己现有能力隐含的否定,对在新情况下失败的惧怕、对未被征求意见的不满、对变革必要性缺乏理解以及对放弃传统方法产生不安全感等。因而,有必要通过促进员工的参与和对既定变革进行充分的解释而克服这些阻力。

纠正措施应当能够使企业更好地发挥内部优势,更好地利用外部机会,更好地回避、减少或缓和外部威胁以及更好地弥补内部弱点。应当为纠正措施制定明确的实施时间表和适当的风险允许度。这些措施既应当同企业的经营目标保持一致,又要向社会负责。最重要的是纠正行动会加强企业在产业中的竞争地位。连续的战略评价可以使战略制定者时刻把握企业的脉搏,并提供有效战略管理系统所需要的信息。卡特·贝尔斯对战略评价的益处曾进行了如下描述:战略评价活动或者能够进一步加强人们对现行经营战略的信心,或者能够指出需要克服的某些弱点,如对产品或技术优势的下降所需要采取的纠正行动。在很多情况下,战略评价会有更深远的意义,因为这一评价过程的结果可能产生一个全新的战略,它甚至将使已取得了可观利润的企业进一步大幅度提高盈利。正是这种可能性使战略评价具有合理性,因为其收益会是巨大的。

第四节 战略控制

战略控制是指企业管理者采取一系列行动,使战略实施工作与已制订的计划尽可能一致。在企业实际战略管理过程中,企业内外部环境会发生变化,此时企业战略该何去何从?如何才能保证企业战略沿着一个正确的轨道前行?怎样去评价企业战略?这些都涉及企业战略控制的内容。

一、战略控制的含义

企业战略管理中的一个基本矛盾是既定的战略同变化着的环境之间的矛盾。企业战略的实施结果与预定的战略目标会产生偏差，主要有三方面的原因：一是内外环境变化；二是战略设计存在问题；三是战略实施偏离。

如果出现上述偏差，就需要进行战略控制。控制是对各项活动的监督，从而保证各项活动按计划进行并纠正各种显著偏差的过程。战略控制主要是指在企业经营战略的实施过程中检查企业为达到目标所进行的各项活动的进展情况，评价实施企业战略后的企业绩效，把它与既定的战略目标和绩效标准相比较，发现差距，分析产生偏差的原因，纠正偏差，使企业战略的实施更好地与企业当前所处的内外环境、企业目标协调一致，使企业战略得以实现。

所有的管理者都应当承担控制的职责，即便他的部门完全按照计划行动。因为管理者对已经完成的工作与计划所要达到的标准进行比较之前，并不知道他的部门工作是否进行得正常。企业活动与预定的战略目标偏离时，如果不及时采取措施加以纠正，企业的战略目标就无法顺利实现。要使企业战略能够不断顺应变化着的内外环境，除了使战略决策具有应变性外，还必须控制在研究和开发、新产品和新市场、兼并和合并等领域发挥着重要的作用。

战略控制其实是对企业经营范围、经营模式、组织架构、激励制度、重要人事调动和长期投资所进行的具有全局性、长期性特点的控制，是战略管理的最后一个步骤。

二、战略控制的原因和目的

1. 原因

企业战略管理中的基本矛盾是既定的战略与变化着的环境之间的矛盾。在战略实施过程中难免会出现一些问题，使得企业战略的实施结果并不一定与预定的战略目标相一致。这主要有以下三个方面的原因：

（1）环境因素。制定企业战略的内外环境发生了新的变化使原定的企业战略与新的环境条件不相匹配。例如，在外部环境中出现了新的机会或意想不到的情况，企业内部资源条件发生了意想不到的变化等，都可能会促使企业改变战略实施计划。如20世纪耐克之所以能够打败阿迪达斯，使阿迪达斯丧失领跑地位，其实很大程度上是由于阿迪达斯公司除了低估了市场潜力之外，也低估了耐克公司和其他美国制造商的攻势，没有及时调整公司的战略以应对市场环境的变化。

（2）战略自身因素。企业战略计划本身有重大的缺陷或者比较笼统，在实施过程中难以贯彻，企业需要在实施过程中不断地修正、补充和完善。如当企业有了一定积累以后，是向专业化方向发展，还是向多元化方向发展，这是基本的战略决策问题。企业除了有一个很具体的发展思路之外，还要制定具体的实施策略。"太阳神"的陨落、"巨人"的倒塌等事例无一不说明了战略自身因素的正确性对有效实施战略管理的重要性。

（3）实施者的原因。战略在实施过程中，可能会受企业内部某些主观因素变化的影响，偏离了战略计划的预期目标。例如，某些企业领导采取了错误的措施，致使战略实施结果与战略计划目标产生偏差等。摩托罗拉公司铱星计划的破产就是一个典型的例子。该例从某种意义上说明企业经营者对企业战略的影响很大，企业战略不同程度上都折射出企业领导者本人的个性特征。由于以上这些原因，对企业活动与预定的战略目标偏离的情况如果不及时采取措施加以纠正，企业的战略目标就无法顺利实现。要使企业战略能够不断顺应变化着的内外环境，除了使战略决策具有应变性外，还必须加强对战略实施的控制。

2. 目的

一个企业要有效地进行战略管理，就必须在实施过程中对原有方案不断地进行评价、检验和调整，不断完善。因此战略控制的目的主要有两个方面：其一是为了保证战略方案的正确实施；其二是检验、修订、优化原定战略方案或实施战略转移。

三、战略控制的因素

1. 战略控制的影响因素

在制定和实施战略的过程中，必须考虑不确定性因素、不可知因素及人的心理因素等。

（1）质量和价值。顾客在做出购买决策时更加重视质量和价值，为此，公司应该致力于提高质量，降低成本，持续不断地用更少的成本提供更多的价值。

（2）客户关系。企业应该关注培养顾客的忠诚度，从注重交易过程转向客户关系建设。

（3）业务流程管理。企业应该从管理各自为政的部门转向基本业务流程管理，组成跨部门的团体来管理基本流程。

（4）全球导向。企业的无国界经营成为必然，于是，需要从全球化的角度进行战略思考，因此需要转变传统习惯去适应当地的影响力量。

（5）战略联盟。企业在发展过程中不一定能够独立获得所有的资源和能力，和其他组织进行合作是非常必要的，高层管理者应该把更多的时间用于设计战略联盟上，以此形成竞争优势。

2. 战略控制的考虑因素

（1）适宜性。首先，从企业所在外部环境来看，战略是否需要控制和调整，要根据市场竞争环境判断。在动态的竞争环境中，企业需要建立自有的观察机制，从环境的政策变化、技术变化来调整和控制自身战略；其次，从企业内部环境来看，战略跟企业自身是否契合，要看企业内部的企业文化、企业哲学。如果企业战略与企业自身基因不符，该战略很可能水土不服，难以落地。

（2）企业战略是多种多样的，无论是并购战略、加强战略或是规模战略，都需要企业自身具备符合的人力、财力或者是相关资源、技术等。因此，对战略进行控制，要时刻根据企业自身实力判断战略可行性。

（3）可接受性。与企业利害攸关的人员，是否对推荐的战略非常满意，并且给予支持。一般来说，企业越大，对企业有利害关系的人员就越多。要保证得到所有的利害相关者的支持是不可能的，但是，所推荐的战略必须经过最主要的利害相关者的同意，而在战略被采纳之前，必须充分考虑其他利害相关者的不同意见。

（4）利益的一致性。从理论上讲，整体利益和局部利益是一致的，但在具体问题上，整体利益和局部利益存在着一定的不一致性。企业战略控制就是要对这些不一致性的冲突进行调节。

（5）不确定性。企业的战略只是一个方向，但其过程可能是没有规律的，因此战略实施的过程就具有不确定性。虽然经营战略是明确的、稳定的，且是具有权威的，但在实施过程中由于环境的变化，战略必须适时地调整和修正，必须因时、因地地提出具体控制措施。

（6）伸缩性。战略控制需要认真处理，严格控制，但要适度、要弹性。如果过度控制，频繁干预，容易引起消极反应。战略控制中只要能保持正确的战略方向，尽可能减少干预实施过程中的问题，多授权下属在自己的范围内解决问题，对小范围、低层次的问题不要在大范围、高层次上解决，就能够取得有效的控制。

四、战略控制的方法

1. 战略控制方式

（1）按照控制时间点分类。战略控制方式按照时间点分类可分为事前控制、事后控制和过程控制。

1）事前控制。战略实施开始之前，高层领导人需要就实施此战略所需要的资源进行控制，诸如为达目的所需要的人员任命、合同签订以及设备购置等；同时，领导人需要制定各项控制标准，为今后经营活动的开展和绩效考量定下一个基调。

由于事前控制是在战略行动结果尚未实现之前，通过预测发现战略行动的结果可能会偏离既定的标准，因此，管理者必须对以下预测因素进行分析：①投入资源，即战略实施早期投入的资源种类、数量等；②早期产出，即战略实施前期的投入会带来的效应、效果，对企业内外环境产生的影响等。

2）事后控制。事后控制要求能够有效反馈战略实施效果，并且与事前控制所建立的标准进行对比，以保证战略的落地。由于事后控制与企业所有的经营活动有关，领导人考虑自身时间成本，必须建立行之有效的沟通、反馈程序，使琐碎的控制工作能够由下属单位和职能人员完成，进而汇报上级，再由领导人决定是否调整和控制战略。

事后控制方法的具体操作主要有联系行为和目标导向等形式。①联系行为，即对员工的战略行为的评价与控制直接同他们的工作行为联系挂钩，使个人的行动导向和企业经营战略导向接轨；通过行动评价的反馈信息修正战略实施行动，使之更加符合战略的要求；通过行动评价，实行合理的分配，从而强化员工的战略意识。②目标导向，即让员工参与战略行动目标的制定和工作业绩的评价，既可以看到个人行为对实现战略目标的作用和意义，又可以从工作业绩的评价中看到成绩与不足。

3）过程控制。过程控制即随时控制，企业高层领导者要控制企业战略实施中的关键性的过程或全过程，随时采取控制措施，纠正实施中产生的偏差，引导企业沿着战略方向进行经营，这种控制方式主要是对关键性的战略措施进行随时控制。

（2）按照控制主体分类。战略控制方式按照控制主体分为避免型控制和开关型控制。

1）避免型控制。即采用适当的手段，使不适当的行为没有产生的机会，从而达到不需要控制的目的。具体的做法有：①自动化。企业运用计算机或者企业自动化手段减少人为控制。计算机等自动化手段可以按照企业预期的目标恰当地工作，保持工作的稳定性，使控制得到改善。②集中化。把各个管理层次的权力集中在少数高层管理人员手里，避免分层控制造成的矛盾。③与外部组织共担风险。企业将内部的一些风险问题与企业外部的一些组织共同分担。如与保险公司签订合同，分担某种风险。④转移或者放弃某种经营活动。企业的管理人员可能会由于没有很好地管理某些生产经营活动的过程，感到难于控制企业中的某些活动。在这种情况下，管理人员可以采用发包或完全放弃该生产经营活动的形式，将潜在的利益与相应的风险转移出去，消除有关的控制问题。

2）开关型控制。开关型控制又称为事中控制或行与不行的控制。其原理是：在战略实施的过程中，按照既定的标准检查战略行动，确定行与不行，类似于开关的开与止。

开关控制方法的具体操作方式有多种：①直接领导，管理者对展览活动进行直接领导和指挥，发现差错及时纠正，使其行为符合既定标准。②自我调节，执行者通过非正式的、平等的沟通，按照既定的标准自行调节自己的行为，以便和协作者配合默契。③共同愿景，组织成员对目标、战略宗旨认识一致，在战略行动中表现出一定的方向性、使命感，从而达到殊途同归、和谐一致、实现目标。

（3）按照切入点分类。战略控制方式按照切入点分为财务控制、生产控制、质量控制和成本控制。

1）财务控制。这种控制方式覆盖面广，包括预算控制和比率控制。

2）生产控制。对企业的生产活动、生产规模进行控制，还包括产品的品种、数量控制。

3）质量控制。包括对企业工作质量和产品质量的控制。工作质量不仅包括生产工作的质量，还包括领导工作、设计工作、信息工作等一系列非生产工作的质量。质量控制的范围包括生产过程和非生产过程的其他一切控制过程，着眼于事前和未来的质量控制，其难点在于全员质量意识的形成。

4）成本控制。由于企业内部多数部门并非独立核算，隐性成本较多，为保证战略落地，必须对各项成本进行把控，除了看得见的生产成本、销售成本、人力成本，对于看不见的成本诸如沟通成本、人员流失成本等也需要建立相应的程序以求控制。

2. 战略控制过程

将实际的成果与预定的目标或标准进行比较，通过比较就会出现三种情况：第一种是超过目标和标准，即出现正偏差，在没有做特定要求的情况下，出现正偏差是一种好的结果；第二种是正好相等，没有偏差，也是好的结果；第三种是实际成果低于目标，出现负偏差，这是不好的结果，应该及时采取措施纠偏。

战略发生偏差（负偏差）的主要原因可以归纳如下：目标不现实；为实现企业目标而选择的战略有错误；用以实施战略的组织机构有错误；主管人员或作业人员不称职或玩忽职守；缺乏激励；组织内部缺乏信息沟通；存在环境压力。

战略控制过程一般由以下五个方面的活动所组成：

（1）设定绩效评价标准。评价标准采用定量和定性相结合的方式。无论是定量还是定性指标，都必须与企业的发展过程做纵向比较；与行业内竞争对手、产业内业绩优异者，参照其他企业进行横向比较；再根据战略目标，结合企业内部人力、物力、财力及信息等具体条件，确定企业绩效标准，作为战略控制的参照系。

（2）绩效监控与偏差评估。通过一定的测量手段、方法，监测企业的实际绩效，并将企业的实际绩效与标准绩效对比，进行偏差分析与评估。实际工作成果是战略在执行过程中实际达到目标水平的综合反映。要获取实际的准确成果，必须建立管理信息系统，通过信息系统把各种战略目标执行的信号汇集起来。

（3）偏差纠正。设计并采取纠正偏差的措施，以顺应变化着的条件，保证企业战略的顺利实施。

（4）监控外部环境的关键因素。外部环境的关键因素是企业战略赖以存在的基础，这些外部环境关键因素的变化意味着战略前提条件的变动，对此必须给予充分的注意。

（5）控制激励。激励战略控制的执行主体，调动其自控制与自评价的积极性，以保证企业战略实施得切实有效。

五、战略控制的内容

战略控制关心的是一个企业的战略如何有效地实现目标。战略控制通常针对企业结构、领导方式、技术、人力资源，以及信息和作业控制系统来实施。

1. 建立绩效考察标准体系

以企业战略为目标，结合企业自身资源，由上至下建立绩效考察标准。

2. 绩效考察与差别判定

通过绩效考察标准对经营活动人员的成果进行考量，判断偏差。

3. 制定补救措施并执行

对于执行人员的绩效偏差，采取措施进行补救，以免对整体绩效产生较大影响。

4. 建立观察机制

建立对企业所在外部环境进行观察的机制，时刻注意政策变化、技术变化以及人文变化、经济变化等，根据环境调整企业战略。

六、战略控制的特点

1. 整体性

从理论上讲，企业的整体是由局部构成的，整体利益和局部利益是一致的。但在具体问题上，整体利益和局部利益可能存在一定程度的不一致性，企业战略控制就是要对这些不一致性的冲突进行调节，使其符合企业整体战略要求。如果不从企业整体去调节战略控制，而仅仅把它看作是某个部门或少数人的一种单纯的技术、管理业务工作，就不可能取得预期的控制效果。有效的战略控制与评价必须将控制目标和各特定系统的绩效标准相联系，与资源的分配导向相联系，与外部环境的关键因素相联系，这样才有利于明确战略计划和人们的行为目标之间的联系。

2. 可行性

战略控制要考虑企业是否具有足够的财力、人力或者其他资源来推进战略计划。换言之，要看企业是否有有效实施战略的资源和能力。如果没有，就必须通过其他的途径来获取这些资源，否则要对企业战略计划做调整。

3. 灵活性

战略控制中如果过度控制、频繁干预，容易引起消极反应。因而针对各种矛盾和问题，战略控制有时需要认真处理、严格控制；有时则需要适度地、弹性地控制，只要能保持与战略目标的一致性，就可以有较大的余地。所以，战略控制中只要能保持正确的战略方向，应尽可能少地干预实施过程，尽可能多地授权下属在自己的范围内解决问题。对小范围、低层次的问题不要在大范围、高层次上解决，反而能够取得有效的控制。

4. 适应性

战略控制要保证企业战略的顺利推进，实现公司既定的财务和其他目标，为此，应使战略适应企业内外部环境的变化。许多企业的战略具有不确定性；有时，虽然战略是明确的，但在实施过程中由于环境变化，战略必须适时调整和修正，才能真正做到因地制宜、与时俱进。

5. 注重激励

一般来说，当人们的行为取得符合战略需要的绩效时会得到激励，但平时人们的期望目标不是十分清楚。而有效的战略实施控制提供了控制的标准，使人们的期望目标明朗化、具体化。它提供了人们行为的期望和战略目标之间的清晰联系，这时的控制评价就具有激励性的特点，这对有效地实施战略十分有用。

6. 可预见性

战略控制最好能建立"早期预警系统"，该系统可以告知管理者在战略实施过程中存在的潜在问题或偏差，使管理者能够及早警觉起来，未雨绸缪。

上面六点要求可以具体到以下八个方面：第一，领导与战略相适应，各级领导人必须负责研究战略、执行战略。第二，组织与战略相适应，战略要有合适的组织结构与之相配。第三，执行计划与战略相适应，战略必须有起作用的行动计划来支持其实施。第四，资源分配与战略相适应，资源分配必须支持战略目标的实现。第五，企业文化与战略相适应，特别是高层管理人员的心理必须与执行战略相适应。第六，战略必须具有可行性。第七，要有战略控制的预警系统。第八，应严格执行完善的奖惩制度。

七、战略控制的意义

企业战略控制是企业战略管理的重要环节，是企业战略有效实施的重要保证。战略决策仅能决定哪些事情该做，哪些事情不该做；而战略控制的好坏将直接影响企业战略决策实施的效果好坏与效率高低，因此企业战略控制对战略管理来说是十分重要的，也是必不可少的。

企业战略控制能力与效率是决定战略决策质量的一个重要制约因素。企业战略控制能力强，控制效率高，则企业高层管理者可以做出较为大胆的、风险较大的战略决策，若相反，则只能做出较为稳妥的战略决策。

企业战略控制与评价可为战略决策提供重要的反馈信息，有利于战略决策者明确哪些内容是符合实际的、正确的，哪些是不正确的、不符合实际的，这对于提高战略决策水平具有重要作用。

企业战略控制可以促进企业组织制度和企业文化等基础结构的建设，为战略决策奠定良好的基础。

八、战略控制的要求

1. 渐进性原则

虽然人们可能在平时的点滴想法中发现一些十分精练的战略分析内容,但真正的战略却是在公司内部的一系列决策和一系列外部事件中逐步得到发展,在最高层管理班子中主要成员们有了对行动新的共同看法之后,才逐渐形成的。在管理规范的企业中,管理人员会积极有效地把这一系列行动和事件逐步概括成思想中的战略目标。另外,管理部门基本上无法控制的一些外部或内部的事件常常会影响公司未来的战略决策。从某种程度上说,突发事件是完全不可知的;另外,一旦外部事件发生,公司也许就不可能有足够的时间、资源或信息来对所有可能的选择方案及其后果进行充分的、正规的战略分析。

认识到这些之后,高级经理们便经常有意识地采用渐进的方法来进行战略控制。他们使早期的决策处于大体上形成和带有试验性质的状态,可以在以后随时复审。在有些情况下,公司和外界都无法理解战略的全部意义,大家都希望对设想进行检验,并希望有机会获悉和适应其他人的反应,这要求战略控制必须具有渐进性的特点。为了改善战略控制过程,实践也证明最好是谨慎地、有意识地以渐进的方法加以处理,以便尽可能推迟做出战略决策,使其与外部环境变化相匹配和适应。

2. 互动性原则

现代企业面临环境控制因素的多样性和相互依赖性,决定了企业必须与外界信息来源进行高度适应性的互相交流。

对企业战略来说,最起码的先决条件是要有一些明确的目标,以便确定主要的行动范围。在这一问题上要做到统一指挥,留有足够的时限以使战略有效。要使公众形成对企业有利的观点和行动需要很长的时间,而这需要积极地、源源不断地投入智力和资源。由于许多复杂因素的影响,必须进行适当地检验、反馈和动态发展,注重信息收集、分析、检验,以便唤起人们的意识,吸收集体的意见,形成与其他权力和行为有关的行动。

3. 系统性原则

有效的战略一般是从制定战略的一系列子系统中产生的。子系统是指为实现某一重要的战略目标而相互作用的一组活动或决策。每一子系统均有自己的、与其他子系统不相关的时间和信息要求,但它又在某些重要方面依赖于其他子系统。在通常情况下,每一子系统涉及的人员和班子各不相同,但这些不同的班子一般并不组成独立的单位去单独实现战略目标。子系统各自有组织地针对全公司的某个具体问题(如产品系列的布局、技术革新、产品的多种经营、收购企业、出售产业、与政府及外界的联络、重大改组或国际化经营等)做出科学、具体的战略决策,且逻辑形式十分完善和规范。这是使企业总体战略科学、完善的关键。不过每个战略子系统在时间要求和内部进度上,往往很少能够满足同时进行的其他战略子系统的需要,而且各子系统都有它自己的认知限度和过程限度,因此必须采取有目的、有效率、有效果的管理技巧把各子系统整合起来。

4. 层次性原则

战略控制系统中有三个基本的控制层次,即宏观层面上的控制、业务层面的控制和作业层面的控制。宏观层面上的控制以企业高层领导为主体,它关注的是与外部环境有关的因素和企业内部的绩效。业务层面上的控制指企业的主要下属单位,包括战略经营单位和职能部门两个层次;它们关注的是企业下属单位在实现构成企业战略的各部分策略及中期计划目标中的工作绩效,检查是否达到了企业战略为它们规定的目标;业务控制由企业总经理和下属单位的负责人进行。作业层面上的控制是对具体负责作业的工作人员日常活动的控制,它们关注的是员工履行规定职责和完成作业性目标的绩效,作业控制由各级层主管人员进行。这三个不同层面的控制有以下四个基本区别:

(1) 执行的主体不同,宏观层面主要由高层管理者执行,业务层面及作业层面主要由中层管理者执行。

(2) 宏观层面控制具有开放性,业务层面及作业层面控制具有封闭性。宏观层面既要考虑外部环境因素,又要考虑企业内部因素,而业务层面及作业层面主要考虑企业内部因素。

(3) 宏观层面的目标比较定性,不确定、不具体;业务层面及作业层面的目标比较定量、确定、具体。

(4) 宏观层面主要解决企业的效能问题,业务层面及作业层面主要解决企业的效率问题。在进行战略控制时,必须按照层次有条不紊地进行工作。

【本章小结】

本章重点介绍了战略评价与控制的内容,概述了战略控制的含义、特点、内容、目的、意义和原则,还阐述了战略控制的程序和方法,从而提供了一个促使和指导管理者进行战略评价与控制并保证这一活动有效进行的框架。

【复习思考】

1. 战略评价的标准是什么?举例说明。
2. 为什么战略控制对战略管理的有效进行有着非常重要的意义?
3. 战略控制的程序是什么?
4. 结合本章内容,说说中国的企业经营者应如何进行战略控制。

【本章案例】

恒大集团战略演进的启示

恒大地产集团有限公司（以下简称恒大）是集民生住宅、文化旅游、快消、健康及体育为一体的现代化企业集团，总资产超过7500亿元，年销售规模超过3000亿元，员工人数86000多人，在全国180多个城市拥有超过500多个地产项目。从第一个项目奠基到全国150多个城市300多个项目的全面拓展，恒大集团始终秉持"质量树品牌，诚信立伟业"的企业宗旨，滚动开发，高效运作，以"规模+品牌"的发展战略形成了企业强大的竞争力。在二十多年的发展历程中，恒大先后制定出七个三年计划，通过科学、前瞻的战略规划，以及围绕战略的高效执行，确保公司创造出中国企业界独树一帜的辉煌成就。

一、恒大的主要发展历程

1. 1996～1999年艰苦创业，高速发展第一个三年计划

1996年，恒大在广州成立。公司从零开始，在亚洲金融风暴中逆市出击，凭借"小面积、低价格、低成本"的策略抢占先机，1997年开发的第一个楼盘金碧花园两个小时即抢购一空，实现销售额8000万元，获得了公司起步发展极其宝贵的第一桶金。经过三年艰苦奋斗，1999年恒大从2000多家广州房企中脱颖而出，成为广州地产10强。

2. 2000～2002年苦练内功，夯实基础第二个三年计划

从2000年开始，公司进一步夯实发展基础，着力于整合资源、规范流程、提升管理，陆续开发出"金碧"系列精品楼盘，企业品牌和实力突飞猛进，位居广州房地产最具竞争力10强企业第一名。

3. 2003～2005年二次创业，跨越发展第三个三年计划

2003年开始，公司实施紧密型集团化管理模式，采用统一规划、统一招标、统一采购、统一配送的标准化运营模式，确立了全精装修交楼的民生地产定位。2004年5月，公司砸掉金碧世纪花园耗资千万但不符合精品标准的中心园林，开始实施精品战略，不断实现产品升级换代。到2005年底，公司实现跨越式发展，为全国拓展奠定了坚实基础。

4. 2006～2008年拓展全国，迈向国际第四个三年计划

2006年开始，公司布局全国，从广州迅速拓展到上海、天津、武汉、成都等全国20多个主要城市，开发项目从2个增至50多个，跻身中国房企20强。同时，成功引进了淡马锡、德意志银行和美林银行等国际投资者，成为中国房地产企业迈向国际的标杆。2008

年底，恒大各项核心经济指标较2006年都实现了10~20倍的超常规增长，创造了公司跨越式发展的奇迹。

5. 2009~2011年稳健经营，再攀高峰第五个三年计划

2009年，恒大在香港成功上市，成为在港市值最高的内地房企。到2011年末，公司已在全国120多个主要城市开发项目200多个，土地储备、在建面积、销售面积、竣工面积、利润指标等重要经济指标均列行业第一，品牌价值突破210亿元，规模与品牌进一步取得大幅跨越。

6. 2012~2014年深化管理，稳定增长第六个三年计划

2012年起，公司全面实施向管理要效益的方针，深化基础管理、完善制度建设，提升各级管理团队和员工队伍综合素质。2013年，公司销售额首次突破千亿元。到2014年末，公司销售额、销售面积、净利润、开工面积、竣工面积等各项核心指标连续五年实现平均30%以上的增长，再创高速增长的新纪录。

7. 2015~2017年夯实基础，多元发展第七个三年计划

2015年，公司在进一步夯实房地产主业的基础上，拓展金融、文化旅游及健康等多元产业。2016年，恒大跻身世界500强，并成为全球第一房企。到2016年底，公司完成了多元化发展的产业布局，实现了由"房地产业"向"房地产+服务业"的转型，即由"房地产业"向"房地产+健康+旅游+金融"的转型，也就是由"房地产"向"房地产+服务老人+服务儿童+服务社会"的转型。

二、恒大的主要战略发展阶段

从公司成立之初，恒大就坚持民生为本、产业报国的发展理念，着力打造中国老百姓负担得起的高性价比精品住宅，并不断调整公司的战略重点，制定相应的中长期发展目标。在此理念指引下，恒大将企业战略划分为四大发展阶段，以科学、前瞻、有效的发展模式，逐步形成了规模战略、品牌战略、多元战略等战略，不断创造恒大跨越式发展奇迹。

1. "规模取胜"战略阶段

恒大集团1996年成立于广东省，公司从零开始，因此公司高层经过客观分析企业实际情况和当前市场环境，决定采取"规模取胜"的发展战略，以"小面积、低价格、低成本"的产品定位，迅速完成企业发展最基本的积累。为了明确企业未来发展方向以及解决发展初期规章制度体系不完善等问题，公司于1997年3月在西樵山召开第一次全体员工大会，确立了恒大宗旨、恒大精神和恒大作风，明确了队伍建设标准，完善了各项规章制度3000条，建立了与时俱进的激励机制和约束机制，创立了独特的"目标计划管

理"体系。2003年开始,公司在管理上实施了紧密型集团化管理模式,在运营上采用了统一规划、统一招标、统一采购、统一配送的标准化运营模式,同时确立了全精装修交楼的民生地产定位。到2006年,公司经过近十年的努力最终实现了"规模取胜"的战略目标,顺利跻身中国房地产20强。

2. "规模+品牌"战略阶段

2006年开始,公司总结企业发展经验,在结合房地产市场未来发展方向的基础上制定了从广东省走向全国的发展蓝图,决定实施了"规模+品牌"的发展战略。为了保障战略顺利实施,在管理方面,恒大确定了紧密型集团化管理模式;在运营方面,采用了统一规划、统一招标、统一采购、统一配送的标准化运营模式;在产品定位方面,确立了精装修交楼的民生地产战略。在"规模+品牌"的发展战略实施阶段,恒大集团也获得新一轮的跨越式发展。2006~2013年,公司从在广东省2个城市开发20多个项目,扩展到在全国150多个主要城市开发300多个项目,年销售额从21亿元到超千亿元,员工从1000多人到48000多人,土地储备、销售面积等多项核心指标平均增长46倍,并稳居行业第一,实现了超常规、跨越式发展。另外公司通过制定房地产开发全过程的6000多条"精品工程标准",与主体施工、园林建设、材料设备、装修装饰等行业排名前十位的龙头企业建立战略合作伙伴关系,确保了高品质、高性价比的民生住宅产品覆盖全国,顺利为了实现产品升级换代,使恒大品牌深入人心。

3. "多元+规模+品牌"战略阶段

在我国经济发展模式转型升级大背景下,面对住宅需求下降、金融资源配置的不利变化等情况,公司从2009年起开始尝试多元化发展。恒大集团组建庞大的调研团队,在多个领域、多个产业进行了大量的调研、投入、探索和实践,于2014年正式提出"多元+规模+品牌"的发展战略,在进一步夯实房地产主业的基础上,逐步拓展金融、文化旅游及健康等产业。2016年底,公司完成了以民生地产为基础,金融、健康为两翼,文化旅游为龙头的多元化产业布局,完成了由"房地产业"向"房地产+服务业"的转型,并跻身世界500强。

2017年,恒大地产由"规模型"发展战略向"规模+效益型"发展战略转变,由高负债、高杠杆、高周转、低成本的"三高一低"发展模式向低负债、低杠杆、低成本、高周转的"三低一高"发展模式转变,战略转型已取得明显成效。恒大集团目前已发展成为以民生地产为基础,金融、健康为两翼,文化旅游为龙头的世界500强企业集团,已形成"房地产+服务业"产业格局。到2020年,恒大的目标是总资产超3万亿元,房地产年销售规模超6000亿元。

(资料来源:梁祎玲. 集团公司多元化发展战略的多维反思——以恒大公司为例[J]. 中外企业家,2017,23:19;恒大官网http://www.evergrande.com/about.aspx?tags=5.)

思考题

1. 恒大集团的主要发展历程有哪些？分别采取了什么应对战略？
2. 恒大集团在"规模+品牌"战略阶段采取了哪些控制手段保障战略的顺利实施？
3. 恒大集团未来多元化发展过程中，哪些因素需要重点控制？

第八章
战略变革

【管理名言】

　　美国企业界存在的一个很大的问题是,当他们遇到麻烦时只会按照原方向加倍努力。正像挖金子一样,当你挖下 20 英尺但还没有发现金子时,你的战略会是再挖两倍的深度。但如果金子是在距你横向 20 英尺处,那么不论你挖多久也永远不会找到金子。

——爱德华·德·伯诺

　　我们中绝大多数人惧怕变革。尽管我们的大脑知道变革是正常的,我们的内心却在为将要发生的变化而颤抖。但对今天的战略家和管理者来说,除变革外你别无选择。

——小罗伯特·沃特曼

【学习目标】

1. 掌握战略变革的内涵,了解变革的类型与变革的动因。
2. 了解战略变革不同阶段的实施难点,理解战略变革实施的过程。
3. 理解战略变革动态能力构造的企业成长模型,认识战略变革动态能力建设的重要意义。

【本章引例】

让变革创造价值:海尔的五次战略变革

　　历经三十年的发展,海尔集团(以下简称海尔)从一个濒临倒闭的集体所有制小厂成长为如今全球白色家电第一品牌,海尔拥有全球数以亿计的用户,每天都有源源不断的海尔产品进入全球市场。这是人类工业文明的先进成果成就了今天的海尔,也是海尔一次次至关重要的战略变革成就了海尔的今天。

海尔所在的家电行业市场格局多元化，竞争激烈，具有产品生命周期短，资源同质性高，技术创新频出，竞争者不具备垄断优势，顾客依赖性低等特点。尽管有一些中国家电企业在保护、防御和拓展国内市场中取得了一定成就，但是，这其中仅有少数几家企业用业绩证明了自己是一个全球的竞争者。事实证明，海尔便是其中的领导者之一。海尔集团长期把培养核心竞争力作为企业的核心战略目标，尤其是充分激励和员工赋权（Employee Empowerment），促进客户和市场需求的挖掘。海尔产品的持续创新以及迅速对市场和客户需求变化做出反映是海尔可持续竞争力的源泉。海尔在与全球最强大的公司进行艰苦的竞争中取得了极大的成功，不断地思考并变革，重塑了能够支持和匹配其商业模式的组织文化。总之，海尔的制胜之道就是其能够采取缜密的、战略性且具有创造性的变革对市场需求的变化做出快速反应。

从1984年创业至今，海尔集团经过了名牌战略发展阶段、多元化战略发展阶段、国际化战略发展阶段、全球化品牌战略发展阶段四个发展阶段，2012年12月，海尔集团宣布进入第五个发展阶段：网络化战略阶段。那么，海尔是如何通过这五个战略变革阶段来创造自身价值的呢？

名牌战略变革：要么不干，要干就干第一

海尔公司从1984年创立到1991年，是名牌战略变革阶段，在20世纪80年代初，中国几乎没有现代化的家用电器，不是生产不出冰箱和洗衣机，而是当时的家电行业十分零散与落后，产品稀缺，价格昂贵，并且产品质量很差。尽管如此，市场状况仍然是供不应求。也因此，不管何种品质的冰箱，都不用发愁销路。

青岛电冰箱总厂是众多新兴家电制造商的一家，由于规模小，它在成立之初只生产冰箱。1984年，35岁的张瑞敏担任了青岛电冰箱总厂厂长，他一直怀有这样一种信念：青岛冰箱厂能通过良好的质量去打造强大的高价值品牌，击败竞争对手从家电市场脱颖而出。1985年的一天，一位失望的顾客退回了有质量问题的冰箱，张瑞敏陪同这位顾客去仓库换货，他吃惊地发现仓库里储存的400台冰箱里竟有20%是不合格品。这是他无法接受的，于是他让员工将不合格的76台冰箱搬到大街上，当众用大锤将这些冰箱砸碎，以此宣示公司要以高质量求名品牌，也砸醒了员工的质量意识。这把大锤已被中国国家博物馆正式收藏为国家文物。文物命名为"1985年青岛（海尔）电冰箱总厂厂长张瑞敏带头砸毁76台不合格冰箱用的大锤"。

在当时的家电行业很难找到张瑞敏这样的领导者，坚持品牌建设，致力于通过提高产品质量创造名牌形象，他没有盲目扩大产量，专心致志做冰箱，转变老思想，带来新变革。他认为当时的中国正在面临一场新的经济革命，会给市场带来颠覆式的改变。公开砸冰箱事件可谓是里程碑式的，被至少两代海尔员工和客户广为传颂，至今在中国消费者心中依然是海尔品质的象征。在张瑞敏所处的计划经济时代，他能够认识到质量和品牌的重要性，不故步自封，为企业带来具有前瞻性的战略变革，也把企业带进一个全新的阶段。

多元化战略变革：激活"休克鱼"

上一阶段的变革为青岛冰箱厂带来了优秀的业绩，也展示了张瑞敏卓越的变革领导力。1991年张瑞敏把青岛冰箱厂正式更名为"海尔公司"，1991~1998年则是海尔多元化战略变革的阶段。其多元化源自于"休克鱼"。借着邓小平同志南巡讲话的机遇，加上政府也希望张瑞敏和他的同事们能够帮助一些亏损的国有企业，或者说拯救那些濒临破产的公司，即"休克鱼"，海尔进行了一系列的并购。共兼并了18家亏损企业，从只干冰箱一种产品发展到多元化，其产品线迅速拓展到洗衣机、空调、热水器等。

那时，舆论称"海尔走上了不规则之路"，行业也认为企业要做专业化，而不是"百货商场"，面临着强大的变革阻力，海尔则认为"东方亮了再亮西方"，海尔冰箱已做到第一，在管理、企业文化方面有了可移植的模式。另外，不管是专业化还是多元化，本质在于有没有高质量的产品和服务体系。事实证明，开始坚持做专业化的企业后来也开始做多元化了，海尔起步比他们早了至少十年。海尔的兼并与众不同，并不去投入资金和技术，而是输入管理理念和企业文化，用无形资产盘活有形资产，以海尔文化激活"休克鱼"。海尔文化激活"休克鱼"这个案例在1998年被写入哈佛案例库，张瑞敏也成为第一个登上哈佛讲坛的中国企业家。海尔克服种种困难，以多元化的变革，以激活"休克鱼"的方式，以最短的时间、最低的成本把规模做大、把企业做强。这样，海尔在中国家电行业奠定了领导地位。近年来海尔的多元化还扩展到金融、银行与保险等领域，是海尔从制造企业向服务企业转变的第一个标志。

国际化战略变革：走出去、走进去、走上去

在张瑞敏到海尔任职的15年里，海尔的变革和发展一直保持着良好的势头。在中国市场取得了巨大的市场份额之后，海尔把目光放到了世界。1998~2005年，是海尔的国际化战略变革阶段，即海尔的"出口创牌，而不仅仅是创汇"。伴随着中国加入世贸组织的浪潮和其完成一系列"并购"之后，海尔没有停止变革的步伐，开始了它国际化的时代。国际化是一个艰巨的挑战，也蕴藏着极大的机会，要想实现国际化变革，海尔必须为即将到来的激烈竞争做好准备。虽然困难重重，但是海尔并未知难而退，海尔以自身出众的质量和良好的海外合作伙伴协作效应，成功地打入美国、德国等市场。

海尔打造国际化品牌就是按照"走出去、走进去、走上去"的"三步走"思路。"走出去"阶段，海尔以缝隙产品进入国外主流市场；"走进去"阶段，海尔以主流产品进入当地主流渠道；"走上去"阶段，海尔以高端产品成为当地主流品牌。这样，海尔逐渐在国际上树立品牌，成为中国品牌走向全球的代表者。

全球化战略变革：三位一体

从2005年到2012年，是海尔的全球化战略阶段。为了适应全球经济一体化的形势，运作全球范围的品牌，从2006年开始，海尔集团继名牌战略、多元化战略、国际化战略变革阶段之后，进入第四个发展战略变革阶段：全球化战略变革阶段。国际化战略和全球化品牌战略的区别：国际化战略阶段是以中国为基地，向全世界辐射；全球化品牌战略则是在每一个国家的市场创造本土化的海尔品牌。海尔实施全球化品牌战略要解决的问题是提升产品的竞争力和企业运营的竞争力。与供应商、客户、用户都实现双赢利润，实现持续发展。

其实，海外创牌之路很难，一般在国外培育一个品牌的赔付期是8~9年，所以，作为一个创自主品牌的企业，需要付出，需要有耐力。从中国品牌海外市场的占比来看，虽然中国家电产量占到全球的49.1%，但中国的品牌份额只有2.89%，而这2.89%里面有86.5%是海尔品牌，也就是说，每十台中国品牌的家电，有8台是海尔品牌。海尔在海外建立本土化设计、本土化制造、本土化营销的"三位一体"中心，员工都是当地人，更了解当地用户的个性化需求。2016年1月15日，海尔全球化进程又开启了历史性的一页——海尔与GE签署战略合作备忘录，整合通用电气家电业务，不仅树立了中美大企业合作的新典范，而且形成大企业之间超越价格交易的新联盟模式，《华尔街日报》形容海尔创造了"中国惊喜"。海尔在国际市场真正"走上去"，成为全球大型家用电器的第一品牌。海尔品牌在世界范围的美誉度也大幅提升。

网络化战略变革：共赢增值

2012年以后，是海尔的网络化战略阶段。在网络化战略阶段，海尔从传统制造家电产品的企业转型为面向全社会孵化创客的平台，致力于成为互联网企业，颠覆传统企业自成体系的封闭系统，而是变成网络互联中的节点，互联互通各种资源，打造共创共赢新平台，实现攸关各方的共赢增值。为此，海尔在战略、组织、员工、用户、薪酬和管理六个方面进行了颠覆性探索，打造出一个动态循环体系，加速推进互联网转型。在战略上，建立以用户为中心的共创共赢生态圈，实现生态圈中各攸关方的共赢增值；在组织上，变传统的自我封闭到开放的互联网节点，颠覆科层制为网状组织。在这一过程中，员工从雇佣者、执行者转变为创业者、动态合伙人，目的是要构建社群最佳体验生态圈，满足用户的个性化需求。在薪酬机制上，将"企业付薪"变为"用户付薪"，驱动员工转型为真正的创业者，在为用户创造价值的同时实现自身价值；在管理创新上，通过对非线性管理的探索，最终实现引领目标的自演进。

2016年海尔的战略方向是以诚信为核心竞争力，以社群为基本单元，建立后电商时代的共创共赢新平台。海尔重点聚焦把"一薪一表一架构"融入转型的六个要素中。"一薪"即用户付薪，是互联网转型的驱动力；"一表"为共赢增值表，目的是促进边际效应递增;"一架构"是小微对赌契约,它可以引领目标的自演进。三者相互关联,形成闭合链条,共同推进互联网转型变革。

海尔三十年的战略轨迹之所以让人赞叹,是因为它不断地积累和变革,从保卫和拓展本地市场到获取新的竞争力和新市场转变及发展,海尔释放着整个组织从上至下所有人才的潜能和创新思维,并敢于改变、勇于改变、勇于超越,不仅成就了海尔,成就了强大的领导团队,也成就了使这一切成为现实的员工。

(资料来源:比尔·费舍尔,翁贝托·拉戈,刘方. 海尔再造:互联网时代的自我颠覆[M]. 曹仰锋译,北京:中信出版社,2015.)

第一节 战略变革的界定

一、战略变革的内涵

战略变革是指当企业所处的内外部环境发生重大变化,企业为了实现自身的生存和发展需要,在原有的理念、制度、流程或产品组合上自主地进行的改变和革新。战略变革更多是一种突破性的、根本的变革,而不是在原有基础上的权变。

从战略和变革两个层次来分析战略变革,战略是企业从市场、产品以及竞争优势选择的定位,再加上企业内成员的思想、文化以及意识形态等观念;变革更多是在某些方面显示出差异性,尤其是在幅度/大小和状态/模式上的变化。学术界对战略变革的内涵已做了大量研究,根据不同的研究主题和研究方法,战略变革可划分为战略内容学派和战略过程学派。战略内容学派更加注重于战略变革的前因后果,以大样本和统计学方法为主要研究方法;战略过程学派则突出了战略变革的动态性,较多使用的是跨年度深度案例研究方法,与企业战略变革实践契合度较高。

二、战略变革的类型

在大部分情况下,企业战略的形成过程是适应其产生方式的,偶尔会发生一些质变式改变。Balogun 和 Hope Hailey 确定了四种战略变革类型(见表 8-1),这在一定程度上影响了战略变革的方式。

有证据表明,渐进式的变革性质更有利于变革的顺利实施,因为渐进式变革可以为企业内员工逐渐建立起个人技能、常规与信念,这样有利于提高变革效率并获得员工的支持。"一蹴而就式"的变革可能在某些情况下也是必要的。例如,如果企业正面临着危机,或者需要迅速改变其发展方向;但是这种变革方式会打破企业的连续性与一贯性,变革过程将会很痛苦,而且具有较高的风险性。就变革过程所涵盖的范围来说,需要考虑的

表 8-1 变革的类型

性质＼范围	转型式	重新调整
渐进式	进化式变革	适应式变革
一蹴而就式	革命式变革	重组式变革

资料来源：Adapted from J. Balogun and V. Hope Hailey, Exploring Strategic Change, Prentice Hall, 1999.

问题是是否可以在不改变企业当前范式（即企业当前遵循的信念与假设）的情况下实现这种变革。如果可以，这种变革就是对企业战略的一种重新调整，而不是战略方向的根本变革；或者这种变革是否需要对企业当前范式进行改变，如果需要，那么这种变革就是转型式变革了。将这两个轴线所代表的内容结合起来，就形成了四种战略变革类型：

（1）适应式变革是指在企业的现有范式内，渐进地进行变革。这是最常见的企业变革形式。

（2）进化式变革是指需要改变企业范式的战略变革，但这种变革需要较长的时间完成。管理者认识到有必要进行战略转型，然后开始对进化式变革进行规划设计，并确定实现变革所需的时间。

（3）革命式变革是指对企业战略和范式进行重大或快速改变的变革，这可能是因为上述战略偏移给企业带来了进行变革的巨大压力，例如，企业利润下滑或受到收购威胁等情况。

（4）重组式变革是指发生速度很快、可能还会在企业内部产生一系列急剧变化的变革，但这并没有从根本上改变企业范式。例如，企业对内部结构进行重大调整以应对动态变化的市场环境。

三、战略变革的动因

企业面对激烈的竞争与动态变化的内外部环境需要不断进入新的市场领域，或者逐步退出难以适应的现有市场。因此企业只有通过战略变革才能高效整合现有资源，培养自身核心竞争力并获得长期可持续的发展。战略变革的动因是指那些引起组织战略变革的一些关键因素，这些因素对于成功的战略选择与实施也起着决定性作用。深入探索推动企业在不同市场之间进行战略转移的变革动因，能够从根本上为企业战略转型提供系统性指导。

在管理战略变革时，需要认识到在实施战略变革过程中所面临挑战的多元性和复杂性。因此要全面考虑产生变革的动态变化环境、企业存在阻碍变革的具体障碍与可能存在的促进变革的因素、企业使命愿景及领导者对战略变革的重要影响等因素。

1. 环境动因

战略变革成功与否将取决于变革发生的大环境。对业务简单的新公司或创业公司进行变革与对大型且有悠久历史的企业或公共部门变革会截然不同。因为小型公司里受到良好激励的团队本身可能就是推动战略变革的主要力量,而大型公司或公共部门已经建立起了正式的组织结构规范,也就存在着大量阻碍变革的力量。这两类组织所处的环境不同,战略变革的方法也就有所差异。

(1) 环境不确定性。实际上,每个企业所要面对的环境不但复杂,而且其中各个因素都在持续变化,加上因素之间相互作用、相互影响,构成了一个复杂的环境系统。在这个系统里,企业与竞争者、政府、利益相关者、顾客、供应方等都在进行着复杂的互动,当这些环境要素发生变化时,其发生程度和变化的方向往往是难以预料的,因此带来了巨大的"不确定性"。这种不确定性又会在很大程度上影响企业的行为,甚至导致竞争格局的改变,也会使企业面临经营环境上比从前更复杂、更严峻的挑战。环境不确定性具体表现:①快速变化的环境。受科技创新、时代发展的驱动,产品的生命周期不断缩短,大数据、信息化、智能化都加速了企业内外部环境的变化。②多元变化的环境。来自国内与国际的政治、经济与文化各方面的变革趋势与内容,呈多元化的特征。③连锁变化的环境。经济的快速发展对市场的发展影响是全方位的,市场变革也更加迅速,因此,可能某种环境的变化会带来其后一连串的变化。

企业所处环境的不确定性往往使决策者因难以准确把握环境方面的信息而增加决策难度与决策风险,因为环境的剧烈变化使制定的企业战略所依赖的条件和基础在实施时可能都已经有了变化。企业对这种不确定的环境应引起足够的重视以采取措施应对环境的变化。1980 年,学者 Richard L. Daft 以环境的复杂程度把其分为简单与复杂两个层次,以环境的变化程度把其分为静态与动态两层次,共同来描述环境的不确定性(见表 8-2)。简单和复杂用来表示对环境影响因素大小,需要知识的复杂性和关联性强弱;静态和动态则用来表示环境变化程度与频率大小。

表 8-2 环境不确定性分析评估表

类别		环境复杂程度	
		简单	复杂
环境变化程度	静态	不确定性低 ➢ 环境影响因素数量少 ➢ 环境因素保持不变或变化的频率低	不确定性较低 ➢ 环境影响因素数量多 ➢ 环境因素保持不变或变化的频率低
	动态	不确定性较高 ➢ 环境影响因素数量少,且具有相似性 ➢ 环境因素变化频繁且无法预知	不确定性高 ➢ 环境影响因素数量多,且具有相似性 ➢ 环境因素变化频繁且无法预知

通过分析,在上述环境类型中,复杂动态型环境是最能体现当今环境变化特点的类型。在对不确定性来源的研究中可以发现不确定性一般来源于主体、竞争、利益相关者以及顾客的不确定性这四个维度。①主体。主体的不确定性是指事物发展的本质状态、发展与变化的形式、外部宏观环境影响因素等所导致的知识缺失与信息屏障。②竞争。竞争的不确定性指潜在或实际的竞争者的战略行动所引发的不确定性,而这种不确定性包含无知

的或战略的不确定性。③利益相关者。利益相关者的不确定性是企业合作者或交易伙伴的战略行动所引发的不确定性。其行为可能产生的不确定性来自于部分利益相关者事前或事后的机会主义可能性。④顾客。顾客的不确定性指顾客需求偏好的改变以及其消费行为等不断变化的不确定性。

（2）战略变革与环境的关系。企业无时无刻不与外部环境进行着信息、资金、人才、资源、市场、技术等的交流。当环境发生变化时，这些交流必然影响企业的资源及能力配置，进而促使战略发生改变。企业要应对各种变化并能够做出正确而快速的反应，就不得不及时、有效地进行战略变革。快速变化的不确定环境为企业战略管理带来巨大挑战。可以说环境决定了企业战略变革的内容与方式的选择。

近十年以来，企业所处的商业环境发生了急剧的变化，环境的复杂、动态性和不确定性特征使环境的可预测性大大降低。很多行业如金融、电信、航空等曾受政府管制的行业正在逐渐放松限制，行业竞争逐渐激烈，全球化带来的冲击使产业结构调整不断深化，企业开始通过创新寻找新的发展方向，顾客价值观和需求发生巨大变化，社会对环境问题关注的加深也影响到企业对战略选择。总体说来，新的战略环境呈现出复杂、动态、不可预测和不确定性特征，大大加剧企业环境动态变化的程度，增加环境管理难度。这种情况不仅会破坏那些曾经形成公司竞争优势的壁垒，使公司被迫陷入困境，也会给企业带来稍纵即逝的机会，在这种不确定性环境下，企业要想成功，快速扭转困境或利用环境中出现的机会，抓住机遇，变被动为主动，就需要企业以战略变革来应对。

2. 企业动因

在企业内部，也存在许多引发战略变革的因素，这种因素即为来自企业成长过程中带来内生变革力量的企业动因。企业内部的变革动因多而复杂，各种因素交织成为启动企业战略变革的内生变量。这些内部力量包括组织规模、前期战略、治理结构、先前决策与业绩、最高管理层的特点等。通常它们会给企业直接注入新的战略思维，直接或间接造成企业的变革与成长，给企业带来战略方向、组织结构、管理制度或文化上的变革。随着高层管理团队的年龄增长和任期增长，战略变革的可能性减少，而高层管理团队中人事变化容易引起战略变化，而且变革力度也比较大。

当企业自身的经营状况发生了变化，也会导致当时正在实施的战略方向或线路改变。企业创新能力也是极为重要的引发战略变革的内部因素。首先，企业技术创新能够提高其竞争能力，使组织比竞争对手推出的产品在技术含量、产品性能或产品成本方面更具竞争优势，而这样的创新必然反映在企业的战略变化上。

另外，从战略与技术动态互动角度看，技术的发展、扩散和创新，将对战略产生动态影响，推动战略变革的发展。技术创新动态地影响战略变革。不仅是企业自身的变革动因，当竞争对手在技术上取得重大突破与创新，也将影响其实施的战略，从而间接地影响战略选择。除了上述影响因素外，还可从企业生命周期、企业利益相关者、企业资源和企业愿景四个方面说明企业动因对战略变革的影响。

（1）企业生命周期。可以说，战略变革是企业生命周期中必然的转折过程和结果。

美国学者 Adizes 在《企业生命周期》一书中将企业发展阶段由出生到衰亡分为出生、成长、成熟、复兴与衰亡五个时期。随着生命周期的转变，企业在不同时期的不同阶段，其价值取向、战略方向以及领导风格，还有由此带来的组织结构、运作方式等都会发生改变。生命周期的改变使企业产生战略变革的需要与动力，使企业的深层结构逐渐被打破而趋于变革的临界点。

（2）企业愿景。愿景是企业对未来的期待与追求，是对企业未来蓝图的描述，是企业前进的方向、意欲占领的业务位置和计划发展的能力，它具有塑造战略框架、指导管理决策的作用。企业战略形式的选择往往能够反映其经营理念，而企业自身价值追求会受到企业愿景、企业文化的影响。企业愿景和使命的实现就必须通过变革，战略变革首当其冲。因此，战略变革应集中于影响和改变企业及员工整体的价值观、经营理念、文化和规则等方面。

（3）企业利益相关者。企业中存在的不同个体或群体各自有其不同的利益和目标，并且都希望能够通过战略变革去实现其利益。因而企业的战略变革决策必然受到不同利益主体的影响。变革不仅是企业和环境相适应的结果，还是企业中不同利益相关者为取得支配权而争斗的结果。经营者、股东与政府作为企业重要的利益群体，企业高层管理者的决策往往会受到它们三者中不同程度上的影响与制约。企业利益相关者出于自身的立场与需要，对企业战略变革决策施加各自的影响，希望其朝着有利于自身利益的方向发展。因此企业战略变革是企业各方利益集团较量和争斗的结果，一项战略决策的产生是在各方影响下所形成的谈判博弈均衡。

（4）企业资源。资源是企业战略得以制定和实施的保证，企业战略对其资源具有依赖性，资源的变动情况会对战略变革产生影响并决定企业战略弹性的高低以及战略变革的能力、路径和方向。企业作为资源的集合体，其资源状况决定了企业可利用的市场机会及竞争地位。资源成为支持企业战略范式改变的基础性战略要素，最有价值的资源能够支撑企业在市场上占据竞争优势。有力的资源优势还有为企业提供市场及产品支持的能力。

如果出现新的生产组织方式，或通过技术革新创造出可替代品，或新的资源被发现、开发以致供给增加等，企业原有资源基础的变化给企业战略变革提供了契机。企业独特资源与能力的拥有及其运用过程，实际上就是战略选择、实施与变革的过程。因此，企业资源的有效利用，不仅决定着企业活动的范围与效率，也左右着其战略变革方向与路径选择。

3. 领导者动因

企业战略变革从本质上是一种选择与判断。这种选择与判断会受到它们所在社会的局限、企业目标和偏好的约束，尤其是领导者的偏好和判断确实在决定企业战略和它采用的特定方法中起重要作用。领导者是整个战略过程的中心，这个中心决定了企业从自己的成功和失败中学习的能力，以及向外部利益相关者和环境力量变化中学习的能力。

（1）领导者的能动变革。企业领导者作为战略决策者对于决策过程是基于对战略改变的知觉与理解。新战略的形成与其内容的设定是领导者在察觉到外部环境发生变化时，基于对组织内部优劣势的认知发出的一系列适当决策。这里，领导者的变革意愿与变革能力决定和制约着战略变革的发生。领导者的主要能动变革能力如下：整合各种资源，协调各种力量，打造企业核心竞争力的能力；具有制定和普及企业价值观、共同愿景的能力；对企业战略干预的能力、战略变革的洞察力与感知的能力。领导者这种能动的对企业战略的变革能力在不确定环境下显得尤为重要。

（2）领导者认知与战略变革的启动。企业领导者对战略变革起着主导作用，企业战略变革发生的主要原因在于其对变革的认知与意愿。只要领导者对企业内外快速变化的环境和变革的必要性有所认识，就有可能启动战略变革。相反，如果企业领导者忽略企业内外环境变化的状态或安于现状没有变革意愿，则战略变革不会轻易启动。

引发领导者认知进而触发战略变革启动的诱因，主要来自于环境与企业的客观因素，如社会环境的变迁、企业权力系统的更迭、企业竞争地位与对手的变化、企业生命周期的转变等，在这些因素的影响和作用下，领导者的主观洞察力与认知到达其所感知的时间或事件的临界点，他就会启动战略变革。即如果领导者认为企业有变革的需要并因此产生足够的变革意愿，他会不断克服变革的障碍，打破企业原有的深层结构，进入变革阶段。

第二节 战略变革的内容

战略变革是一场全面、深刻的企业变革，它涉及企业的方方面面，使企业由内到外、从上至下各个层面都发生深刻的变化。企业应当根据竞争环境的复杂变化，不断对企业的发展战略、资源分配、行动计划，甚至企业的组织结构、企业文化以及管理系统等进行持续性的调整，以使战略不断适应变化，从而实现战略目标。企业必须持续关注内外环境，对内外环境进行重新的判断和革新，从战略制定、战略实施和战略评价三个管理过程实施有效变革。

一、战略制定阶段的变革

大多数企业的战略变革一般都会经历以下过程：首先，领导者明确阐述他们的企业愿景与使命，设定其战略目标和短期目标；然后，企业开发出导向机制来实现这些愿景使命；最后，对战略实施情况进行反馈及评价。但是 John P. Kotter 的研究表明，有 50% 的企业在第一步就已经注定要失败，也就是说，其失败原因就是战略出了问题，而在战略方面导致失败的关键因素包括清晰的愿景规划和合适的转型时机。

1. 制定清晰的愿景规划

企业愿景是企业未来的目标、存在的意义，也是企业之根本所在。它回答的是企业为什么要存在，对社会有何贡献，未来如何发展等根本性的问题。企业愿景是组织奋斗的目的和存在的理由，因此企业愿景要能在本质上明确企业的使命，揭示企业的目标，激发员工热诚，指引企业前进方向以及强化团队凝聚力。能够持续成功的公司都有着非常清晰的愿景规划，如"重视实际和价值"的 GE 公司理念，"尊重革新和创意"的 3M 公司理念，"强调持续革新和改善"的 Motorola 公司理念，"强调人类健康信条"的强生公司（Johnson & Johnson，JNJ 公司）理念等。更重要的是，这一愿景规划是公司全体员工共享的，这体现在清晰的战略理念以及是否在组织内部达成一致的战略共识。

清晰的企业愿景能够促使组织的所有部门拥向同一目标并给予鼓励。同时，它也是员工日常工作中的价值判断基准。因此，在制定企业愿景时应明确企业的提供价值和目的。企业的提供价值是企业本质的存在理由和信念。这不同于财务报表上的利润或"近视（myopia）"的期望值。企业愿景的另一构成要素是指示企业发展方向，并提供激励的基本框架，如 Merck 公司（美国默克集团）的"帮助同疾病斗争的人"等都是体现企业存在目的的代表例子。

清晰共享的愿景规划犹如大海中的灯塔，指引着人们向其努力奋斗。它代表的是企业所有员工的共同憧憬，从而激励每个人的热忱。很多企业的战略变革没有清晰的愿景及达成的方法，只知道自己需要改变，或即便有愿景，也只是领导者一厢情愿，没有同员工共享。一般来说，中国企业的愿景规划一般是由高层领导者或者领导团队提出，而在国外，有的公司也让员工共同参与制订，以增强员工的认同。

2. 选择合适的变革时机

合适的时机是企业新战略得以正确实施的重要前提，影响战略变革的成败。急功近利、变革太早，或者由于外部环境尚未变化，或者是企业内部调整未与新战略相适应，条件不成熟，都很容易导致失败。变革太迟，错失良机，则会在市场竞争中处于不利地位。

一般来说，战略变革时机有以下三种选择，有远见的企业管理者应该选择第一种变革，这样能够避免因为过迟变革而付出沉重代价。

其一，提前性变革。管理者能敏感察觉到企业内外部环境现在和将来的变化，及时地预测到未来的危机，从而提前进行必要的战略变革。能及时地进行提前性战略变革的企业往往是最具有生命力的企业，在变化莫测的市场环境中具有最强的竞争力。

其二，反应性变革。在这种情况下，企业已经存在有形的且可察觉的危机，并且已经为过迟变革付出了一定的代价。这种变革一般是企业前期没有有效预测即将到来的危机，等到危机已经开始发生后才采取相关行动进行反应性的变革。

其三，危机性变革。此时企业已经出现根本性的危机，到了倒闭和破产的边缘，再不进行战略变革，企业将面临生与死的挑战。危机性变革是一种被迫的变革，企业常常会付出较大的代价才能取得变革的成效，而且成功概率远远低于前两种变革方式。

然而，判断战略变革时机是否合适，却是一件非常困难的事。在危机状态下，企业被迫进行变革，这是非常明显的信号。但是，在非危机状态下要确定何时进行变革却是一件非常困难的事情。因为我们无法用可量化的绝对指标来评估和确定最合适的战略变革时机。

英特尔公司前 CEO 安迪·格鲁夫曾这样描述战略变革点，即战略变革时机：战略变革点其实并不是一个实际的"点"，而是一个过程很长、充满曲折的挑战；这些"点"会使人痛苦，但是它能够提供了一次机会，让你突破"瓶颈"的束缚，从而获得更大的成就；公司基层在没有高层引导下所发生的事情很有可能是至关重要的。因为在某些致命的危机性战略变革即将出现前夕，常常是最前线的基层员工最早感受到变化的压力。这些基层员工所掌握的众多信息能够为企业高层制定变革计划提供重要的参考价值。

在如何有效确定战略变革点这个问题上，格鲁夫建议首先思考下列三个问题：

第一，你的主要竞争对手是否正在变更他的战略？如果有一天你发现之前并不起眼的竞争者正在快速发展壮大并将要成为一匹具有较大竞争力的"黑马"，那么，这也许就是你的一个战略变革点。

第二，你的主要"跟进者"是否马上将要发生重大变化？如果之前一家对你来说非常重要的公司现在已经对你不具威胁性，或者说，那家公司也好像不再将你视为重要竞争对手，那么，这可能也是一个战略变革点。

第三，你所在领域中的人们看起来是否没有之前那样充满热情和信心？原来那些非常富有进取心的人（包括你自己）是否会突然觉得有些"失落"？那么，这很可能也是一个战略变革点。

安迪·格鲁夫从竞争对手、跟进者和行业信心的变化出发提出了三个确定战略变革点的方法。综合安迪·格鲁夫的分析方法，可以总结出以下重要因素来分析单一行业（见图 8-1）的战略变革点，从而确定较科学、合理的战略变革点。当然，我们还需要进一步综合企业的优劣势以及行业的机会与威胁（SWOT），才能最终确定是否要进行变革。

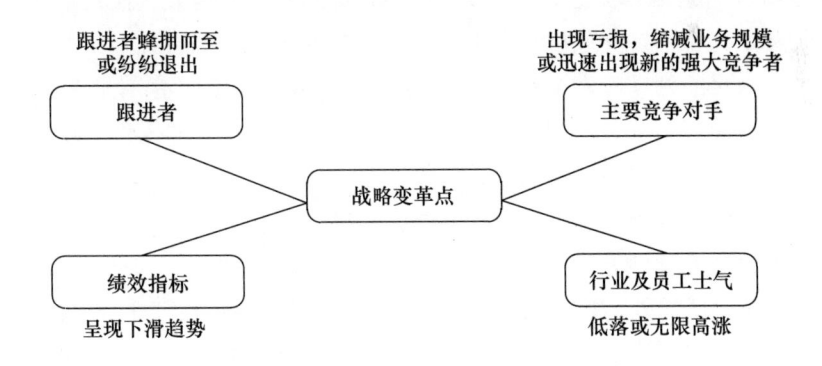

图 8-1 单一行业战略变革点分析

二、战略实施阶段的变革

在企业战略变革过程中，涉及企业原有运行模式惯性的改变甚至颠覆，必将受到员工的质疑甚至反对。企业领导者此时不可迷失方向和犹豫不前，而要从战略的高度审时度势地加以监督和执行。企业是在企业家的领导下从事某种生产经营活动，企业家的行为选择对企业的发展有着至关重要的作用。企业家的行为选择直接制约着企业的行为选择，企业行为选择不仅是企业家行为选择的直接映照，甚至是企业家行为选择的直接结果，从而直接决定着企业未来的行动是否有意义。企业家的行为不仅影响着员工的行为能否转变成对企业有效的贡献，而且其行为倾向也直接影响着员工的行为方式和行为力度的选择。企业家对员工的影响一方面要通过日常的直接管理，更多的则是通过塑造一定的企业文化来完成的。企业家行为长期化或短期化的特点会影响企业是强调现有生产经营能力的利用，还是偏重未来经营能力的再造或创造，从而影响企业的持续发展。在企业变革过程中，领导的作用更加突出。Norman R. Augustine 认为，在战略变革过程中，领导最重要的作用体现在以下方面：一是通过强有力的领导发动广泛的员工参与，至少是多数参与；二是塑造新的企业文化。

1. 带领员工广泛参与

在战略变革过程中，领导者不仅要清楚地意识到企业如何变，企业的目标是怎样的并能够做出正确的判断与选择，更需要领导者的智慧与领导变革的决心。要形成强有力的领导并使员工广泛参与，除了领导应具备的基本素质外，领导者必须要建立一支能领导变革并团结的团队，以及同员工进行广泛而持续的沟通。当员工同企业领导层就此达成一致时，战略变革就有了共同的基础。而沟通的手段必须是广泛的、持续的，还要将沟通同日常活动结合在一起。此时整个变革团队就发挥了作为中坚力量的重要性。在变革初期，需要不断地强调公司的发展方向和新目标，同日常工作评价相结合，使其成为习惯和标准。

变革团队应该由各个部门的关键人物构成。这些人对新的愿景和战略持有坚定的信念。当然，并不是一定要采取更换的手段来组建管理团队，因为大量换人容易引致士气动荡。但是在实际中，特别是在危机状态下，由于战略变革涉及深层观念变革，为了迅速达成变革的目的，众多的领导者常会采取"大换血"的方法为战略变革迅速建立一支合作的精英队伍。这支转型团队负有变革的全部责任，管理变革工作的操作问题，预测和处理变革引起的反应、问题和担心，协调变革工作等。

然而中国企业管理层的更换阻力更大一些，尤其是国有企业和家族民营企业。但无论是否更换管理者，其关键领导团队都有变换。因为旧管理者的学习速度跟不上变革的速度。除了建立变革团队之外，还需要同员工进行广泛而持续的沟通，同各层级员工进行沟通，以减轻阻力，让员工认识到企业的危机或机遇，以树立紧迫感；理解本企业的愿景与战略，明确公司的发展方向，并同员工的个人契约结合起来。

2. 塑造新的企业文化

企业文化是企业持续健康发展的重要保证，是一个企业的灵魂。文化建设对于企业生存发展至关重要。世界成功企业获胜的关键大多是拥有成熟深厚的企业文化与管理制度的支撑，它们令人瞩目的技术创新、优秀的管理都根植于其杰出的独特企业文化。战略变革既涉及战略和组织的变革，也是人们思想上的深刻变革，而企业文化的核心是全体员工的价值观和思想观念，它决定着企业成员的思维方式和行为方式。战略变革需要营造积极向上的开拓性企业文化，形成不畏风险的良好氛围。因此，战略变革需要用文化变革作支撑，为企业的变革和发展提供源源不断的精神动力。企业文化要与战略变革有机结合起来，为企业变革提供适宜的环境。

塑造企业文化，首先需要领导提出与新战略相适应的文化。接着是根植于这些新的文化，可以通过组织结构调整与员工培训来完成。新战略要求组织结构与其匹配，组织结构的变动让员工在组织中的位置发生了变化，而新位置的责任、权利和义务都会不同，从而对员工在思想上产生震动。培训是同员工沟通以改变员工观念非常有效的方法。在培训中传递公司的有关信息往往会起到事半功倍的效果。

制定了正确的战略，有了强有力的领导团队，还要注重实施过程。实施过程中涉及非常重要的一项活动便是改善关键业务过程。绩效的提高是职能部门、供应商、公司、客户从业务控制者到结果的所有过程，合理配置所有资源实现效果和效率的最大化，以实施战略和实现愿景。但在企业战略变革过程中，并非所有的过程都同等重要，某些过程对企业的财务绩效或客户满意度有更大的影响。这些过程之所以是关键过程，是因为它们反映了为顾客创造价值的关键活动及其与战略之间的紧密联系，也就是说，这些过程在所有的活动中是为顾客创造价值的最重要的活动，或者是瓶颈活动。成功的战略变革要求企业对变革涉及的关键过程进行改进。例如，如果说为顾客增加价值的业务链是企业最关键的过程，则需要重新定义和改进业务流程，通过跨职能部门的沟通以减少非增值的环节，改善瓶颈过程，从而提高运作的效率。在向多元化转型的过程中，可能进行并购活动，如果说并购后的整合是并购战略的关键过程，那么必须对购并后的整合活动进行详细的调查、计划、吸收消化。

三、战略评价阶段的变革

在战略变革过程管理中，既要注重实施过程，又要控制实施结果。过程的最终目的是为结果服务，结果应该起到推动作用。过程管理涉及非常重要的活动之一便是建立新的战略性绩效考评体系。

1. 建立战略性绩效考评体系

战略变革是企业在发展过程中必须面对的问题，其变革的好坏将决定企业未来发展的方向和前途，所以企业在制定战略变革方案时往往力求找到可参照的量化标准作为企业战略变革的依据。由于企业的战略发生根本性的变化，企业文化也因为基本业务模式的改变而改变。基本业务模式的转变、产品的转变，促动了公司内部一系列多方位的变革。人们在企业中的角色也要随之发生变化，在新的战略愿景下，如何评价个人对组织的贡献，如何确定企业的全体员工正朝着新的方向奋勇前进，如何及时纠正运作过程中出现的偏差，都要用新的绩效考评体系作为支撑。明确的绩效考评指标对改变员工的思维、指引方向、管理控制有非常重要的作用。

但是，绩效考评指标并不是一成不变的，在实施过程中，由于内外部环境的不断变化,企业要不断地对指标的合理性和适应性进行调整。战略性绩效考评体系,也不仅限于对员工个人的考核。大至公司层次,中至部门团队层次,小至个人层次,都应该有比较明确的指标来考核。

2. 收获短期成果

很多企业的员工经历了太多的战略变化、组织变革方案,早已经司空见惯,变得对每一个方案都持怀疑态度,通常都是抱着试试看的心态来完成这些方案。经过努力,如果收效甚微,就会对前景产生悲观情绪。特别是在危机状态下的转型,如果持续亏损,不见好转,则股东和投资者避而远之,员工的信心会遭受打击。企业必须谋划可见的绩效改进,实现这些改进,对参与改进的员工加以表彰和奖励,从而增加不断进步的动力。

3. 变革制度化

变革制度化要求企业及其员工持续不断地扫描战略环境及内部变动,不断地进行战略评估。巩固成果的同时,使变革思想深入人心,并逐渐加深,以维持紧迫感。同时清楚阐明新行为和公司成功之间的联系,雇用、提拔和培训那些能够实现愿景的员工。除了要建立不断创新的企业文化以外,还可以借用外部因素来推动持续的革新。总之,企业防止旧思维束缚是一个"解冻—变革—制度化—解冻"的循环过程,只有这样才能实现思维的不断更新,让持续改善的思想深入人心。

综上所述,战略变革在战略制定阶段,需要制定出清晰共享的愿景使命,洞察合适的战略变革时机;在战略实施阶段,领导者让员工广泛参与,重塑企业文化价值观,各部门协同一致,着力改善关键业务过程;在战略评价阶段,建立新的战略性绩效考评体系,持续改善变革效果。企业在战略变革过程中,必须对这些关键要素进行控制和执行才能取得战略变革的成功。任何要素没执行到位,都会使战略转型步履艰难,甚至中途夭折。

第三节 战略变革的支撑

市场环境的变化要求企业战略需要不断地进行修改和调整,从而使其能够保持持续竞争优势,获得更加长远的发展。动态能力理论的提出,将企业本身作为研究的主体,研究在动态变化环境中,为适应环境变化企业能力不断变化及提升的一个连续变化过程,并将企业动态能力作为企业战略变革的重要参考标准,为企业战略变革提供有力支持。战略变革作为企业对动态变化市场环境的一种适应性反应,对企业未来可持续发展具有重要促进作用。而企业动态能力作为企业一种核心竞争力的支撑力量,对企业战略变革成功与否具有重大影响。

一、动态能力的内涵及作用

在战略管理领域，企业竞争优势的寻求以及如何获得并保持可持续竞争优势，一直是管理界学者和企业界人士最关注的焦点问题。目前，理论界普遍认为：动态能力研究主要包括企业如何识别市场机会及威胁，并有针对性地进行相应资源配置，从而实现企业能力的重构与核心竞争力的提升，因此也是企业战略变革的重要支撑。基于动态能力理论的战略重点，是企业动态能力的培养，不断创造新的核心能力。动态能力理论整个实施过程就是按照灵活性、敏捷性的原则动态设计组织结构和系统，企业内外部资源的动态重构，形成有自身风格的系统，从而创造一个发展和赢利潜力大的空间。动态能力强调企业内部能力的不断培养、开发与创新，从而根据环境变化不断调整以获得竞争优势，并从整体上使企业保持持续的竞争力。

企业动态能力是企业在复杂变化环境中获得竞争优势和可持续发展能力的重要支撑，对于企业未来的成功具有举足轻重的作用。一般来说，企业动态能力对战略变革主要有以下几个方面的作用：

1. 影响企业家对变革方向及时机的把握

企业战略变革一般要经过变革的方向识别与时机把握、变革战略的形成和战略变革的推进实施三个阶段。其中，变革方向的识别及时机把握主要涉及企业对内外部环境的调查与深入分析、对自身资源能力的准确评估、对外部重要信息的获取、对企业现有战略的重新审视以及上述各方面的有机整合等过程。在企业战略变革的实践中，许多企业由于在变革的方向识别与时机把握上不够准确，存在失误，导致变革大多以失败而告终。因此，对战略转型方向的正确识别和时机的准确把握要求企业具有相关的能力，从而能够在最初就为企业的变革打下坚实的基础。这种能力使企业通过环境观察和分析把握国家宏观政策、技术发展趋势、产业发展趋势、竞争格局、利益相关者需求等的动态变化，敏感感知外部环境中的威胁和机会，同时也能对自身各项资源与能力进行客观评估，从而有效识别变革方向，把握变革时机。

2. 决定企业新战略的顺利形成

企业的动态能力为新战略的形成引入了动态特征，强调其对企业可持续竞争力的产生与提升的战略价值。从众多企业战略变革的实践经验来看，新战略的确立是企业战略变革的重点和关键，对企业变革最终的成败具有非常重要的影响。新战略的形成首先要求企业必须摒弃原来的战略逻辑和战略理念，重新确定企业前进的方向和发展逻辑。借助于变革更新能力和学习能力，企业能够较容易地克服上述困难，从而为新战略的制定奠定观念和认知基础；其次，战略的形成实质是实现外部环境与企业各项内部资源及能力的最佳匹配，依靠环境洞察能力，企业能够及时、准确感知环境中的机会和威胁、自身的优劣势以及它们的动态变化，从而为制定最佳的战略方案奠定重要的知识基础。

3. 促进企业战略变革的推进与实施

新战略需要企业有新的组织体系和组织制度来支撑，因此企业战略变革的成功实施必然要求企业需要进行相应的组织变革和文化变革。动态能力实际上是一种高阶的惯例和可识别的特定流程，用以改变企业传统运营的惯例和流程。企业依托学习能力能够使企业内部众多组织成员的隐性知识慢慢转化为对组织的新认识，并且产生新知识，进而通过企业变革更新能力去推动日常经营惯例和运营流程的变革。一般来说，企业战略变革的顺利推进需要相应的资源和能力有力支撑，因此企业需要对已有资源及能力进行重新整合与建构。正如前述，动态能力是能够改变能力的能力，同时也是企业整合的能力，因此它对于企业各项资源和能力的整合与重构无疑具有非常重要的影响和作用。

因此，通过企业的动态能力，企业能够实现有效把握各项资源和能力的构成现状，以及与战略变革相匹配的资源和能力的理想组合及架构；整合重构能力则能够帮助企业对现有的资源和能力进行优化调整，进而重新构建出新的与战略变革相适应的资源和能力基础。通过对企业相应动态能力的培育，在组织学习、知识应用和知识获取等机制的共同作用下，企业战略变革的顺利实施和最终成功将会具有坚实的基础。由上述可知，动态能力实际上是由组织惯例与流程调整、资源与能力重构、商业模式转变等机制共同促进了战略变革的顺利推进与实施。

基于上述认识，我们可以得出以下两个结论：①企业在市场动态变化的环境下能够成功实施战略变革的前提和关键是企业具有与环境变化相适应的动态能力，因为动态能力可以帮助企业有效感知并准确把握市场经营环境的动态变化情况，通过影响战略变革的诸多关键要素，进而对变革成效具有很大的影响作用。②在市场环境不断变化的情况下，动态能力对企业战略变革的影响是持续进行和不断提升的过程，具有长期性和持续性的特点。企业只有通过持续培育和提升相应的动态能力，才能顺利推进变革并取得最终的成功。

二、战略变革和动态能力构造的企业成长模型

企业所处的市场环境是不断变化的，因此对企业的长期成长和发展造成了很大挑战。研究动态能力是为了分析企业如何获得市场竞争优势，战略变革也是为了谋求实现企业的长期发展，两者都要求企业必须根据环境变化与发展需要进行相应的优化调整。从战略变革过程可以看出，企业在动态变化的市场环境下能够顺利推进战略变革并获得成功的前提和关键是具有与环境变化相匹配的动态能力。企业动态能力首先体现在它对机遇的准确感知、捕获机遇的能力及对内外部挑战的应变能力等方面，这些因素在很大程度上影响到企业对变革方向和时机的把握、新战略的制定及推进等，进而也影响到企业战略变革的成功。

1. 以动态能力为支撑的企业战略变革

动态能力作为企业战略变革的重要标志，主要体现在资源配置与整合能力以及价值链整合与重构能力两方面，并在两者的基础上共同形成战略调整能力。

(1) 资源配置与整合能力。资源配置与整合能力是指企业对不同来源、不同结构、不同层次、不同内容的资源进行识别与选择、汲取与配置、激活和有机融合，使其具有较强的柔性、条理性、系统性和价值性，并创造出新资源的一个复杂动态过程，从而使企业资源可以根据战略调整方向进行更新与提升的能力。

(2) 价值链整合与重构能力。价值链整合与重构能力是指根据企业战略需要以及资源配置现状，对现有价值链进行相应调整及重新设计的能力。价值链包括相关技术的研发、设计到生产、销售等价值活动的整个过程。当环境快速变化时，价值配置与重构能力能够使企业迅速完成相关价值活动的重构过程，同时实现创造性地开展相关价值活动，有效塑造和保持本企业的市场竞争优势。通过价值链的整合与重构实现不同价值活动之间的有机组合、企业内部价值活动单元之间的有效联系以及企业价值链之间的有效联系。

(3) 战略调整能力。战略调整能力是企业根据市场环境变化，预测未来发展变化趋势，及时应对变化、实现企业长期可持续的成长和发展。在企业战略调整前期的战略环境分析过程中，利用潜在机会实现从原有战略向新战略的逐步过渡，实现企业稳定性和灵活性的有机结合。其中，潜在机会往往和企业本身所拥有的各项资源密切相关。

2. 战略变革动态能力构造的企业成长模型

在这个模型里我们可以集中研究在基于动态能力的企业生命周期各阶段中企业通过怎样的战略变革能够有效促进企业的持续成长，这个由企业战略变革活动、动态能力和企业生命周期构造的企业成长模型，将基于以下基础：

其一，市场经营环境是动态变化的，因此企业为了能够持续生存所进行的各项活动也应动态变化，同时作为竞争优势之源的动态能力集合也应该是动态变化的。

其二，企业应该是一个开放的系统，处于动态和复杂变化环境中的企业要具有动态性的开放系统，才能通过战略变革去响应市场环境变化而产生的各种机会。

其三，处于动态环境中的企业战略管理人员应该能够认知和识别适应市场环境因素的动态能力，能够系统设计战略逻辑来识别企业动态能力，从而企业才能依靠这些能力在复杂变化的市场环境中获得竞争优势。

其四，具备整体观，只有企业管理人员将组织视为一个整体，才能使企业可以作为一个适应性的开放系统有效运行。

如上所述，战略变革可以理解为：企业为获得或保持可持续的市场竞争优势，根据不断变化的市场和环境，从而改变其目前的战略状态。战略变革是战略管理中的一个重要部分，有效了解企业对于动态能力的战略管理目的，将非常有助于战略变革相关活动的设计与实施。

企业生命周期在不同阶段具有不同的特征，所以在企业生命周期的不同阶段，基于动态能力的战略管理也具有不同的内容和特征。处于创业期的企业，相关动态能力的培育和构建最关键；而处于成长期的企业，动态能力的维护与提高最关键；处于成熟期的企业，动态能力的整合和扩散最关键；而对于处在衰退期的企业来说，动态能力的更新最为关键。随着企业的不断发展和壮大，其动态能力的管理必然从最初培育转向后续的维护、提高、扩散、整合，最后转向更新，并且在一定程度上，这种转换呈现出一种加速的趋势。依据这种战略管理的目的，在生命周期的不同阶段企业将会采取不同的相关战略变革活动来促进和提升动态能力的形成（见图8-2）。

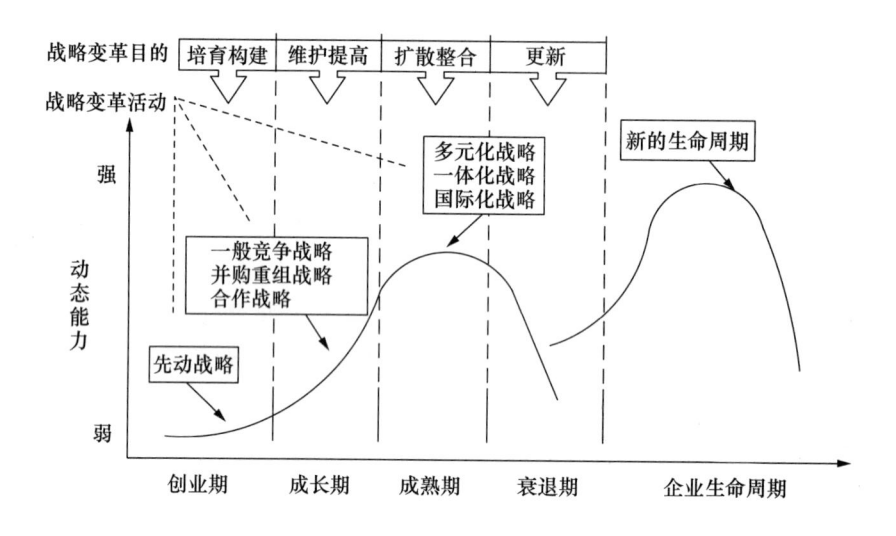

图8-2 战略变革动态能力企业成长模型

三、基于动态能力的企业战略变革实现途径

战略变革目标的生成和实施是使企业战略能够动态地协调企业和竞争环境，从而达到获取企业竞争优势的目的，企业家的创新精神和领导能力以及组织学习能力是顺利推动战略变革的关键。

1. 全方位渗透企业愿景，达成统一的战略共识

共同愿景的建立过程，就是团队价值观念和道德规范的挖掘、改造、实现共有的过程，也是调和分歧、相互认同、形成共同追求和共同理想的过程。首先，团队要鼓励员工提出个人愿景，挖掘出自己真正关心和希望的是什么，充分调动起大家的积极性。其次，在组织内部展开广泛深入的讨论，促使组织成员坦诚相待，互相分享个人的愿景；组织应紧密结合行业特点，维护良好的愿景。最后，公布、维护共同愿景，并根据环境变化，审时度势，适时做出修改愿景的决策，以建立新的共同愿景。建立共同愿景为团队成员共享知识、合作学习提供了强大动力，使团队得以将个人学习能力整合、提高团队的学习能

力。科学规划和建设企业愿景，使之能够得到明确和清晰表达，并通过所有可能的沟通传播渠道使之深入人心，让每个人都能够深刻理解和尊崇该愿景，从而利于在适当的异质性基础上对战略过程的相关关键事项达成一致。

企业愿景的作用是促使组织中的所有部门都拥向同一目标并给予适当鼓励，同时它也是员工在日常工作中的重要价值判断基准。共同的愿景反映了组织内部成员共同的利益，能够极大促进企业资源的有效集中、意志精神的统一、士气的振奋等。企业应把愿景细化为具体可操作的使命、目的和目标，使它成为指导企业各项活动的准则。如果想要使企业愿景能够清晰地表达、领悟，需要企业培育一种信任、关怀、平等、坦诚公开的企业文化，促进企业内部形成相互信任关系和统一价值观，使愿景和相关信息能够在广阔的范围内和不断变化的情况下自由流动，促进战略变革的有效实施。

2. 构建多元沟通渠道，实现民主决策

有效构建包括高、中、低三层管理者领导的战略变革管理机构，形成多元化、多渠道的战略管理团队，对企业战略变革实施系统与综合的管理。同时充分听取股东、员工、客户、合作商等利益相关者的相关意见，实现民主决策。彻底摆脱变革中领导"一言堂"问题，以及自上而下推动变革时员工被动状态的不理解甚至抵触现象。为了有效实现战略变革的目的，企业必须发挥高层、中层管理者及其骨干员工的关键作用，尤其要注意中层管理者和骨干员工的角色与作用。中层管理者具有承上启下的有机联动性以及骨干员工对战略执行第一线最为真实的感受和认知，是正确发起和实施战略变革不可替代的重要因素之一。企业管理者需要对企业所处内外部环境的变化保持清醒认识和敏锐反应。相对于外部环境变化引起的被动的强制性变革和企业内部情况变动造成的诱致性变革，管理者一般较易注意前者，但对后者也绝对不能忽视。除此之外，企业可以通过定期的管理轮岗，为管理层提供动态的经历体验，这对保持管理层动态能力多样性以及同质性和异质性的动态平衡生成起到非常重要的作用。

3. 提升企业管理者领导力，丰富组织创新精神

企业管理者或企业家的领导力和创新精神是企业战略变革的核心，对整个组织学习和整个变革过程发挥着重要作用，对于变革成败影响重大。另外，随着组织学习以及环境变化等驱动因素作用的不断加剧，战略变革的难度和强度都大大增大，因此对企业家的能力提出了标准和挑战。所以，企业高层管理者必须不断加强战略型企业领导者各方面素质的提升，从而增强战略变革的信心，培养战略变革思维。企业家不仅要具有主动变革的思维意识，还要有实现相关战略变革的综合素质，这一综合素质也是增强企业家领导力的基础和前提，包括建立企业家精神以及提高执行能力等。

4. 增强组织学习能力，不断提高企业战略弹性

企业的竞争力源泉将从原来有形的形态，转向无形的知识形态。只有那些实现知识快速创造和使用的企业，才能在未来的竞争中取得优势地位。在复杂多变的市场环境下，组

织惯性会在一定程度上抑制战略变革，增大企业战略变革失败概率。战略变革作为战略弹性最高的一种模式，而这种高战略弹性模式来源于企业战略学习机制，所以企业如果要顺利推行动态型战略变革就必须不断提高企业战略学习机制的活性。而提高的基础就是提高企业创新能力和组织学习能力，尤其要不断提高增强企业战略能力的组织学习能力。

通过相关学习不断提高企业员工对变革的认识和理解，从而使他们能够适应战略变革的工作新要求和新标准，有效激发员工潜力，增强人力资源弹性；通过组织学习还能够强化企业员工间的沟通和团队协作精神，使得企业组织结构不再仅仅局限于死板的职能划分，而倾向于更加富有弹性的组织结构进化，因此增强组织结构弹性。组织学习是一个不断获得新经验、新知识从而持续进化的过程，在行动中学习使得企业或组织能够有大量的机会随时检验行动效果并及时做出回应，从而有效调整企业行动的路线，增进变革的效益及速度，为下一次战略变革打下坚实的基础。

5. 合理设计、谨慎落实组织战略变革的各项措施

战略变革要先后经历发起、制订方案、贯彻执行等阶段，是一个长期的、复杂的和系统的过程，因此需要深入调研、充分沟通、认真制定推行和动态调整，不可以也不能一蹴而就。企业应该通过不断分析内外部环境变化和学习相关经验，准确识别战略转折点，进而制定明确的战略变革目标，从而使变革的方向更具针对性和准确性。另外，应当把企业战略的变革方案与实际的生产经营活动紧密有机地结合，使之有效内化，从而渗透至企业的各个方面。在制订方案时，要做好战略与环境、战略与组织、战略与资源、战略与企业利益格局等相对一致性的评估，并且要"未雨绸缪"，制定细致严密的克服可能战略变革阻碍的方案，做好系统完善的风险防范，循序渐进，步步为营。

【本章小结】

本章第一节介绍了战略变革的内涵、类型及战略变革的三大动因：环境动因、企业动因和领导者动因。第二节则在对战略变革有了基本了解的基础上阐述了战略变革的实施，通过对战略制定、战略实施、战略评价三个阶段来保证战略变革的顺利实施。第三节介绍了战略变革的支撑——企业动态能力的内涵、作用以及动态能力和战略变革共同构造的企业成长模型特点以及任务，并介绍了基于动态能力的企业战略变革实现途径。

【复习思考】

1. 简述战略变革的内涵及类型。
2. 战略变革的动因有哪些？你是如何理解战略变革这些动因的？
3. 战略变革是如何实施的？
4. 企业战略变革有哪些实现途径？

【本章案例】

柯达浮沉记

怀揣着"让照相变得像用铅笔写字那么简单"的愿景，出生于1854年的美国人乔治·伊士曼（George Eastman）于1880年发明了感光干板，避免了以往使用笨重的玻璃涂布且需要立即曝光冲洗的麻烦。他于1885年推出第一卷伊斯曼胶卷，使摄影成为一种大众艺术和娱乐方式。1888年，伴随着"您只需按一下按钮，其余的我们来做"的口号，乔治·伊士曼为消费者带来了第一部简易相机，并模仿快门的"咔哒"声给公司起了一个简洁响亮的名字——"柯达"，创立了伊士曼柯达公司。1889年，由伊士曼柯达公司完全自主研发的第一卷商业透明卷装胶片投入市场，之后推出折叠便携式柯达相机，该相机如今被视为现代卷装胶片相机的鼻祖。

柯达公司成立之后，开始大力推陈出新，使公司走上了飞速发展的快车道。柯达一方面收购其他企业增强自身实力，它先后收购了马萨诸塞州Peabody的一家明胶生产厂、德国斯图加特的Nagel相机公司和General Mills公司的股份，另一方面不断加大研发投入，开发出一大批先进的产品，如1932年推出第一盘8毫米业余电影胶片、摄像机和投影仪，1937年推出第一台幻灯片投影仪，1961年推出第一部极为成功的KODAK CAROUSEL投影仪。在此期间，柯达从未停止创新的步伐，一心做大做强。随后柯达选择多元化发展战略，向其他行业进军。已逾100年历史的柯达此时盛极一时，公司销售额在1981年已经超过100亿美元。1986年伊士曼药品事业部成立宣示着柯达跨入保健行业，之后柯达又与法国药业公司Sanofi签订协议，建立合作关系，不断拓展业务范围。

可以说自成立以来，柯达一直在全球影像行业中保持领先地位，它是世界上最大的影像产品及相关服务的生产商和供应商，柯达130多年的历史，可以说是世界影像行业发展的缩影。但是日新月异的科技变化给柯达提出了全新的挑战，改变柯达公司命运的也是这个数字时代。特别令人感叹的是，正是柯达自己最先研发出了数字相机。早在1976年，柯达最先研发出了数字相机技术，并将数字影像技术应用于航天领域，1991年柯达拥有了130万像素的数字相机。然而，由于数码时代的到来以及来自日本、中国数码制造企业的威胁，柯达原有的胶片业务开始大幅萎缩，直到2003年9月26日，柯达才宣布实施一项重大的战略性转变：放弃传统的胶卷业务，重心向新兴的数字产品转移，加大对数码产品的研发投入。但是，这一转型还是太晚，仍然没有扭转其经营颓势。2011年，柯达股价跌幅超80%，公司市值十余年蒸发99%。2012年1月3日，因平均收盘价连续30个交易日位于1美元以下，柯达收到纽交所的退市警告。2012年1月19日，美国伊士曼柯达公司提交了破产保护申请，宣布已在纽约申请破产保护，以争取渡过流动性危机，确保业务继续运营。此前该公司筹集新资金进行业务转型的努力宣告失败。2012年4月20日，美国伊士曼柯达公司正式宣布破产。

在柯达一连串衰退的数字背后，究竟是什么原因导致柯达战略变革的失败？长期以来，虽然柯达对战略变革的必要心知肚明，但是其对宏观环境以及产业环境的迟缓反映以及企业内部积蓄已久的弊端已经为柯达战略变革的失败埋下伏笔。

1. 错失变革的感知阶段（1975~1997年）

1975年，柯达研究院的电气工程师史蒂夫萨森研制出了第一台无胶卷相机——数码相机，当他抱着这台长得像烤箱、有着1万像素的机器找到柯达高层时，柯达的高层人士小声给了他一个建议："是个有趣的发明，但还是把它藏起来，别告诉其他人。"萨森事后回忆称，作为一家靠着胶卷发家、兴盛的企业，柯达高层看到数码相机时的心情是茫然、兴奋又担忧的。"他们根本不知道该将这机器怎么办。"

柯达前高管、罗切斯特大学西蒙商学院教授拉里马特森一针见血地道出为什么柯达高层会对数码相机一直表现出如此的态度："精明的商人认为不应该急着变革，因为投入1美元在胶片上面就能产生70美分的利润，而投入到数码影像上则最多产生5美分"。1996年，柯达全年的营业额达到了160亿美元，纯利润超过了25亿美元。20世纪最后十年，也成为柯达历史上业绩最辉煌的"黄金十年"。

柯达公司是第一台数码相机的发明者，然而，出于短期利益的考虑，在任的管理层并非完全没有意识到数码相机的价值，只是他们已习惯了胶片带来的巨额利润。面对数码化的预期不确定性，他们宁愿相信"胶卷行业最后的尾宴还没有结束，数码影像时代还远着呢"这样当下安全而舒适的梦想。所以，直到1997年，柯达公司关于数字化技术的感知并没有及时从个人的层次及时传导到企业的群体层次。但在1997年，数码相机技术飞速发展，佳能和尼康已经开始崭露头角，各家媒体摄影记者们都纷纷开始使用数码相机，而胶卷照相机早就被丢到了角落里。

2. 错失变革的选择阶段（1997~2003年）

1997年，当被问到如何给自己带领下的柯达打分时，上任已三年的柯达CEO费希尔满面红光地说道："哦，11分，现在我们已经达到了我们原本认为要用四年才能达到的目标。"通过三年时间，费希尔带领柯达进行了一次重要的转型：以强化传统影像业为方向，大力拓展以中国为代表的市场。1997年之后的短暂时间里，柯达迎来了回光返照般的业绩回升。2000年，柯达的传统影像部门销售利润达到143亿美元，而数码产品只卖到30亿美元，传统影像部门的销售利润几乎是2001年佳能数码相机业务利润的10倍。因此，柯达CEO费希尔的继任者邓凯达决心进一步加强胶卷行业的强势地位，暂缓数码化的步伐。此时的邓凯达将精力放到了两大业务之上：一是进一步扩张胶卷市场，尤其是在中国市场发起对乐凯最后的攻坚战；另一业务就是耗资巨大的一次性照相机。2001年，光是在厦门的一处一次性相机工厂柯达就投入了2000万美元。

然而，危机像一条蛇一样悄无声息地逼近。影像领域的产业升级，几乎使柯达的高管们措手不及。柯达在胶卷相机领域最大的竞争对手富士开始向数码相机转型并有所斩获，佳能和尼康也在数码成像业务的研发上投入巨资。2002年，老对手富士的产品数字化达到60%，新对手尼康、佳能纷纷推出各种新款数码相机，柯达产品的数字化程度仅为20%。面对突如其来的业务萎缩，柯达依然将巨额的资本投入到了与转型变革无关的业务上——2003年，柯达收购乐凯20%股份的协议最终完成。为了完成协议，柯达支付了约1亿美元的现金。很快柯达就尝到了自己酿下的苦果。2003年，柯达的支柱业务——传统影像部门的销售利润锐减至41.8亿美元，与其巅峰的2000年143亿美元相比，跌幅达到71%。

应该说从1997年开始，柯达已经强烈意识到了数字化带来的市场冲击，企业的管理层也面对着"数字化"或"传统影像"的选择。但令人遗憾的是，以柯达CEO费希尔为首的管理层选择的是"传统影像"。在巨大的利益面前，柯达决策层将原本"应该"（这当然是事后判断）应用于数码转型的巨额资本投入到了传统影像行业市场扩张之中。不能否认的是，柯达的确在短期内交出了非常令人满意的财务数字。然而，柯达过于依赖于自己擅长但相对落后的传统技术，管理层满足于传统胶片产品的市场份额和垄断地位，缺乏对市场的前瞻性分析，没有及时调整公司经营战略重心和部门结构，却永远错失了变革的良机。

3. 错失变革的整合阶段（2003~2007年）

面对着2003年利润的锐减，邓凯达终于在9月26日宣布放弃传统胶卷行业，重心转向数字产品。可是这时，数码行业第一波分割市场的浪潮已经结束，几大数码巨头都已经有了自己稳定的市场和相当牢固的品牌认知度。给人感觉"只会做胶卷"的柯达面对的数码市场绝不是风平浪静。

2004年，柯达终于推出了6款姗姗来迟的数码产品，但是这6款产品的利润率竟然仅为1%。没有市场、没有品牌认同、没有核心竞争力，柯达的数码业务给人以"打酱油"之感。同年，柯达的股价暴跌，并被驱逐出了道琼斯70指数行列。品牌价值从2003年的78亿美元暴跌至58亿美元。直到2003年为止，柯达每年卖出的彩色胶卷均超过了1.3亿卷，这为柯达带来了稳定而持续的收入。尤其是中国市场对传统影像依旧保持着上升态势的需求走向，让邓凯达坚信传统胶卷还有最后的机会。

面对残酷的市场竞争，以邓凯达为决策团队代表的柯达"胶卷"战略全盘失败。多年以后，邓凯达认为，自己最后悔的事情就是没有正确地估计到传统影像行业衰落得竟然如此迅速。特别是，柯达由于没有很好把握现有技术与新技术之间的过渡和时机，使大量资金依然用于传统胶片工厂生产线和冲印店设备的低水平简单重复投资，使公司陷于"知错难改""船大难掉头"的窘境。据统计，截至2002年底，柯达彩印店在中国的数量达到8000多家，这些店铺在不能提供足够利润的情况下，无疑也成为柯达战略变革的包袱。

当柯达公司的数字化变革不得不被动地开始实施时，原有企业组织成员的行为和思维惯例无疑也导致"成功成为成功的绊脚石"。直到2007年，绝大多数柯达的管理层都是传统行业出身，如运营系统副总裁Charles Barrentine是学化学的，数字影像系统美国区总经理Cohen是学土木工程的，等等。在任的49名高层管理人员中有7名出身化学，而只有 3 位出自电子专业。这间接带来了传统产业领导忽视了替代技术的持续开发，从而失掉了新产品市场应有的领导份额。因此，这导致柯达的决策层虽然清醒地认识到已经不得不进行数字化改革，其团队成员却很难达成集体共识，或者说当前的团队成员已经没有能力来适应新的变革之路，而柯达也没有更多的时间和机会来更新和安置庞大的功臣团队，其已有市场只有被动地不断被新兴的数字化技术领先企业蚕食。

4. 错失变革的规范阶段（2007~2012年）

10年后的2007年，柯达在CEO彭安东的带领下进行了第二次变革。这一次柯达踏上的是早该走的数码化转型之路，但因为晚走了几年，柯达付出了巨大的代价：柯达为此在全球裁员3万人，裁员成本达38亿美元。柯达在沉睡中错失了黎明。

无奈2008年的金融危机使市场需求萎靡不振，遏制了柯达继续复苏的势头，加上第二次重组的裁员费用，该年度柯达的亏损达到4.42亿美元；接下来的2年，柯达仍未能走出亏损的阴霾。

如果这是一个成功的案例，那么在变革的规范阶段，本应是柯达进行组织内数字化普遍推广的阶段，也许我们可以在此分析企业是如何把一部分人的共识推广应用到组织层次的共识，并配套相关的规章制度，形成各种新的意识和行为规范，从而更好地协调组织成员的行为，更加高效地适应新的环境，并由此进入组织学习的过程。然而，令人遗憾的是，这个案例我们只能缺失这部分的讨论了。想当年，柯达创始人伊斯特曼成功的秘诀就是大胆舍弃了传统的底片制作手法，而开创了胶卷行业划时代的篇章。曾经的柯达是敢于向传统挑战的急先锋，所以有了它132年的辉煌，而当有一天柯达迷恋于自己的过去不能自拔之时，它的霸业也就结束了。

数字化带来的影像产业变革，让柯达恋恋不舍地被动走上了一条痛苦的变革之路。然而，无论费希尔还是他的继任者，都没有带领柯达真正进行数字化变革。或许是对于传统影像带来的财务数据的迷恋，或许是这个年迈的巨人行动太过于迟缓，他们最终成为了温水中的青蛙。战略变革的结果更多的只是向着数字化挥挥手，却没有真正走出传统影像的舒适区。等到已经不能依赖原有的传统影像生存时，柯达已经没有能力参与新一轮的市场角逐。

柯达的陨落证实了拒绝改变的传统行业正在陷入一种比破产更可怕的命运：被抛弃与被遗忘。作为传统行业与文化的代表，柯达曾用胶卷记录了整整一个时代，然而，当人们欷歔于一代黄色巨人在技术革新浪潮中轰然倒掉，却也不得不遗憾地发现，除了那些多年前残留的记忆，柯达能够给我们的，似乎只剩一个影像帝国如何从盛极走向衰亡的失败案例。

（资料来源：吴湘繁，马洁，王永伟等. 基于产业技术变迁的组织变革模型：组织惯例演化视角——以百年柯达为案例 [Z]. 第八届（2013）中国管理学年会——技术与创新管理分会场论文集，2013.）

思考题

1. 结合本章知识，探讨柯达在面对数字化时代时，为什么会被市场无情地淘汰？
2. 柯达在战略变革过程中，都犯了那些错误？
3. 面对战略变革，柯达决策者的选择给你带来了哪些警示？

第九章
互联网时代的企业战略

【管理名言】

一些管理者开始意识到互联网能够颠覆旧的商业模式,但是很少有人承认在不久的将来,互联网将彻底改写我们从前的管理模式。

——加里·哈默

【学习目标】

1. 了解互联网时代企业的宏观环境与用户消费发展趋势。
2. 掌握互联网时代企业的组织结构与商业模式发展趋势。
3. 掌握互联网时代企业主要战略类型及其内容。

【本章引例】

苏宁云商的战略分析

苏宁云商集团是中国领先的商业零售企业,2016 年,苏宁以 1582.68 亿元的品牌价值位列《中国 500 最具价值品牌》榜第 13 名,稳居零售业第一位。成立于 1990 年的苏宁,坚持零售本质,面对互联网、物联网、大数据时代,持续推进 O2O 变革,全品类经营,全渠道运营,全球化拓展,开放物流云、数据云和金融云,通过 POS 端、PC 端、移动端和家庭端的四端协同,实现无处不在的一站式服务体验。

互联网技术的发展不断改变世界对信息时代的认识,其中大数据和云技术的出现无疑是颠覆性的。苏宁作为中国商业的引领者,率先抓住"云"机。2013 年,"苏宁电器股份有限公司"正式更名为"苏宁云商集团股份有限公司"。更名既是苏宁"去电器化"完成的标志,更使苏宁开启了全新的云商模式,从此步入"互联网+零售"时期。

1. 创新互联网时代渠道的内涵

互联网化升级实体店渠道是指商品从生产厂家到最终消费者手中经过的环节，传统的流通渠道包括生产厂家→批发商→零售商→消费者，随着接近消费终端的大型零售商在供应链话语权的提升，逐渐演变为生产厂家→零售商→消费者，实体店成为销售主渠道。互联网的快速发展，网络购物越发成为新的消费习惯，PC也成为一种消费主渠道。苏宁还在PPTV推出了一款PPOS系统，开放给所有智能电视厂商，购物也很方便。可见渠道的定义已经发生了革命性的变化，门店、PC端、移动端、TV端等，都可能成为消费者的购买渠道。因此，苏宁认为，渠道在互联网时代是商家所有与用户的触点，凡是能接触到用户的点都可能成为购买渠道。

在赋予渠道新的内涵以后，苏宁线上线下的互补关系、融合思路就变得更加清晰，网购的冲击迫使大量实体门店关闭的现象在苏宁也就没有出现。数量众多的线下门店优势通过互联网化提档升级得以O2O协同放大。

其一，互联网化改造店面。如店面的无线覆盖、电子价签系统、多种多样的顾客数据采集终端等。其二，模拟现实出样。其三，开放交互导购。不仅仅是销售人员与顾客之间的导购互动，还引进专业的第三方测评信息，如对产品性能的评价等，以产生诱导式消费。其四，增强生活体验。随着消费购物更多地转移到线上，实体店的销售实现价值在衰减，但提供的消费服务却始终不会改变。通过把实体店升级成消费者的社交场景，可增加顾客黏性。

开发嗨店、云店等新型业态，让互联网平台在线下以不同的形式与用户接触。嗨店，实质就是苏宁广场O2O体验店，包括线上线下融合交易体验、游戏互动体验、服务休息体验等功能专区。大到几万平方米的云店也是苏宁最重要的互联网产品之一，苏宁要将云店打造成零售业的苹果。云店通过融合线上线下，开设母婴、超市、百货、金融和海外购（展示日本、美国和香港公司的海外商品）等多业态体验馆，针对不同的客户群，满足客户的多场景需求，以提升流量、增强用户黏性。

升级实体店、开发实体门店新业态，通过虚拟展示、模拟穿戴和情景搭配，实现顾客、商品和应用场景的互动，目的是为了深挖实体互联网化转型的空间，融合线上线下平台的各自优势。如利用线上引客聚客、精准营销等优势，能够起到为线下做广告和平台推广的作用，而线下的真实体验和物流配送等优势则增加了线上的可信度和真实感。

2. 打造"三朵云"，推出云商新模式

云商模式可以简单概括为以云技术为支撑，开放线上线下两个平台，集电商、店商、零售服务商为一身。苏宁从最初的员工云服务、供应商云服务、零售商云服务，发展到融合互联物联、集成智能家居的消费者云服务，实现了服务全产业、服务全客群。

"三朵云"是指数据云、金融云和物流云。商流、物流和信息流构成了商品流通的基本内容，其中反映消费需求变化特征和趋势等的信息流一直是零售商的最核心资源。苏宁借助云技术，深挖线上线下数亿用户的消费数据，形成"数据云"。数据云使得苏宁从

"提供服务"升级到"寻找服务",并向部分平台商户和供应链合作伙伴开放零售大数据,以更低的价格向其提供精准营销等服务。

通过数据云获得客流量仅仅是O2O落地的开始,运用互联网平台将金融云化也是O2O闭环的关键一环。苏宁通过成立金融集团、小贷、消费金融等公司,为合作伙伴提供众筹、供应链融资和消费信贷等服务。例如,针对供应链不同环节的特点,推出订单融资、账期融资、存货融资等产品,最快1分钟系统自动放款、随借随还、协商利率,等等。"易付宝"已经登陆全国门店,并与新百、永辉等大型商超达成合作。具有信用消费功能的"任性付"为大量高单价商品的消费提供授信,单天授信最高突破了亿元。

苏宁物流经过20多年的资金、技术投入布局和经验积累,"物流云"可以媲美任何一家物流企业,完胜绝大多数制造企业。苏宁已建成的物流仓储及相关配套总面积达到452万平方米,形成了包含12个自动化分拣中心、60个区域物流中心、300个城市分拨中心以及5000个社区配送站的物流网络体系,可以在中国90%的城市实现"次日达"。云商模式的核心是开放线上线下平台。借助实体门店和线上社交网络平台的需求信息,形成核心资源数据云;利用云计算分析客流数据,构建相应的产品结构和营销策略;引流客户到线上平台或实体店,辅之以金融云,促使购买完成;再以密集的物流云送达,并将消费体验再次反馈到社交平台,实现口碑效应。

苏宁云商作为中国商业的领先者,其O2O模式已日渐成熟,但是"一花独放不是春",苏宁的目标不仅仅是自己做强做大,而是秉承"云商苏宁、云融开放"的理念,以带动整个零售业的线上线下协同转型为己任。尤其是苏宁与中国最大电子商务企业阿里巴巴的交叉持股,完成了中国零售史上最大的一次联姻。苏宁的1600多家线下门店、完善的物流网络、5000个售后服务网点与阿里的大数据实现了优势互补,可以进一步提升O2O运营效率。例如,"菜鸟物流"借助苏宁的配送体系,利用阿里巴巴大数据和云计算的优势,智能化定制最佳配送方案,能够实现最快两小时之内送达。

在苏宁与阿里巴巴达成战略合作的仪式上,苏宁董事长张近东更是提出了"苏宁希望做实体行业和互联网企业的接口",彰显了苏宁服务全行业、服务全社会的战略定位。苏宁是目前唯一一家实现了门店端、PC端、移动端、家庭端四端融合布局的企业,不同的商品,可以选择一个和用户最近、最顺应消费习惯的出口抵达用户,如消费者可能还是习惯在门店购买家电;可能更多地在线购买百货日杂,等等。苏宁在尽力做到随顾客所愿,最大限度地提供消费便利,顺应消费偏好,挖掘消费潜能。无论是入口还是出口,苏宁甘愿充当这样的接口,并全面开放各种接口,与其他平台企业、合作伙伴兼容并包。实体企业通过苏宁,可以直达互联网用户。互联网伙伴也可以通过苏宁接口,直达传统商家。苏宁在与同行共同打造零售生态圈,为合作伙伴提供全方位的服务,助推合作伙伴O2O转型。

(资料来源:闫星宇,闫自信. 苏宁云商的O2O落地模式研究 [J]. 北京工商大学学报(社会科学版),2015,30 (6):41-45.)

互联网时代,与传统的工业经济时代相比,企业的外部环境呈现出怎样的发展趋势?

面对日益复杂多变的外部环境以及激烈的市场竞争，企业应该如何应对？本章主要对互联网时代的企业宏观环境、组织结构、用户消费的发展趋势进行分析，并着重介绍互联网时代企业的三种典型战略。

第一节　外部环境发展趋势

当前，互联网经济在全球迅速兴起，呈现出超乎想象的强劲发展势头，摧枯拉朽般改变着世界经济、社会的原有格局。"互联网＋"行动的兴起，缘起于如下的"大趋势"。

一、宏观环境发展趋势

1. 信息技术呈现指数型增长趋势

人类社会发展从来不是渐进的平稳过程，少数重大事件决定了历史新阶段的到来。信息技术的快速开发和广泛应用，正是当下时代变迁的决定性力量。高难度模式识别、复杂沟通等领域难以逾越的高峰渐次被征服。依靠庞大数据、设备和模式识别软件，谷歌汽车实现了自动化控制。莱昂布里奇公司与IBM合作完成的机器翻译技术，实现了商用化目标。工业互联网力图将复杂机器同传感器、软件相结合，依托云计算、大数据技术进行系统级优化，显著加快了各行业推出产品或服务的速度。计算领域摩尔定律持续得到验证。

2010年10月，谷歌在其官方博客上宣布：改装后的丰田普锐斯汽车基本实现了无人自动化驾驶，行驶里程已达14万公里，仅有的一次事故还是被人类司机驾驶的汽车追尾；依靠谷歌地图和街景服务的庞大数据，摄像、雷达和光达先进设备，以及先进的模式识别软件，谷歌汽车实现了无人工干预的自动化控制，甚至比人类驾驶员反应速度更胜一筹。

2. 平台经济主导新商业生态

平台经济主导的新商业生态，成为信息经济不断发展壮大的中坚力量。如第三方交易平台淘宝网协同电子商务生态伙伴，以自身百亿元收入支撑了万亿元规模的网络购物市场。商业生态演化呈现出开放、自组织等复杂系统特征，其治理模式也应相应转变。平台经济是基于互联网平台，以新型基础设施为基础，以技术创新、商业模式创新为驱动，充分利用现有的信息技术优势、传播优势和规模优势，将相互依赖的各个群体跨界融合，通过互动创造价值的一种新型经济。

如今阿里巴巴、百度、腾讯和京东等互联网公司均是基于平台模式进行运营。淘宝作为一个线上交易平台，他将众多买方、卖方以及其他电子商务服务商聚集在一起，形成了一个"大平台、小前端、富生态"充满活力的产业生态系统。腾讯市值达3.45万亿元人民币，阿里市值达3.57万亿元人民币，两者市值总和超过7万亿元人民币，以百亿元收入支撑了更为巨大、万亿元规模的电子商务市场,体现了平台经济所主导的商业生态价值。信息经济中商业生态演化呈现出开放、自组织等复杂系统的显著特征,因此其治理模式也应相应转变。

3. 从线上到线下的全面拓展渗透

传统的工业经济,以行业分工为主要特征,各行业之间边界分明。而在新的互联网经济格局下,从强调价值链上下游分工到提倡价值网络上的交互、协同,从重视领域内的精耕细作到跨界的组合式创新,形成互联网＋金融、互联网＋商业、互联网＋制造业、互联网＋医疗、互联网＋农业、互联网＋服务业等中国"互联网＋"产业融合,为平台经济的发展提供了广阔的产业领域。"互联网＋"也是一个从线上向线下全面拓展渗透的行动计划,对其我们可以从宏观的拓展、中观的延伸、微观的渗透三个维度进行深入分析。

从宏观的拓展而言,经济全球化、世界多极化、社会信息化、文化多样化、国际关系民主化的发展,为"互联网＋"的全球拓展创造了良好的国际氛围。在2017世界移动大会期间举行的全球5G测试峰会上,由华为、英特尔、中国移动、大唐电信等联合发布宣言:通过5G测试,推动5G全球统一标准,加强电信运营商、设备商和垂直行业合作伙伴间合作,共建5G全球统一生态,5G时代的即将到来,让真正的万物互联逐渐成为现实。此外,互联网科技的全球化发展,结合"一带一路"倡议,电子商务得到快速发展,突破了传统商务贸易的界限,成为推进发展"一带一路"倡议的重要力量。跨境电商作为"一带一路"倡议中的"网上丝绸之路","互联网＋"让跨境电商插上腾飞的翅膀,有效地帮助"一带一路"沿线国家和地区资源的整合,加强经济贸易合作,实现互利共赢、共同发展。

从中观的延伸而言,线上线下结合的商业模式正在中国二线和三线城市进入数量增长阶段,"互联网＋"行动计划将为这一数量的进一步增长注入发展的活力,形成延伸发展的动力引擎。"互联网＋"行动计划,客观上将推动互联网与第一、第二和第三产业的整合,变革生产方式,引领产业转型升级。互联网不光意味着技术,而且是一种新的生产方式。互联网与零售、金融、交通、教育、医疗、养老等深度融合,发展出互联网金融、网络创新设计等新业态,创造出智能汽车、智能家居等新产品,培育出电子商务的多种商业模式和O2O的消费模式,逐步打造"互联网＋"新生态。尽管互联网发展促进了许多行业和领域的发展,但不少传统行业和领域网络化程度较低,通过"互联网＋"战略加快行业和领域尽快融入到互联网发展大潮。

从微观的渗透而言,互联网成为人们工作、学习和生活的"基础元素",除了传统的消费、娱乐之外,互联网在医疗、教育、金融等领域渗透程度不断加深,推动人们生活深度"互联网化"。互联网特别是移动互联网具有开放、全球化、便捷、高效等特点,在智能技术的支持下,广泛渗透到产品设计、采购、生产、流通、销售、售后服务等全过程,满足消费者个性化、多样化的需求;互联网融入到商业生态后,从第三产业向第二产业和第一产业渗透。电子商务、即时通信、搜索引擎、网络娱乐、互联网金融等经济活动领域进一步扩大,服务业形态发生根本性改变。电子商务将互联网从线上延伸到线下,降低了交易成本,方便了百姓生活,推动了信息消费。

面对产业互联网的机遇,我国政府在 2015 年提出了"互联网+"行动计划,这既是顺应互联网技术与应用的发展趋势,也是打造经济新常态下经济发展新引擎的战略决策。马化腾在 2015 年全国两会上提交了"关于以'互联网+'为驱动,推进我国经济社会创新发展的建议"的提案,这一提案的主题内容集中反映了"互联网+"正在成为中国全面创新发展的重要新引擎和新动力。互联网与传统产业的跨界融合形成全新业态、全新优势,加速传统产业向现代产业的转变。以人工智能为代表的新技术与产业融合催生新业态。

4. 大众创新不断涌现

经济活力包括:革新的动力、必要的能力、对新事物的容忍度、有关的支持制度。承载经济活力的大众创新,对一个国家从跟随到领先,甚至引领世界经济发展具有至关重要的作用。善用新基础设施、激活大众创新、发展新经济已经成为我国经济调结构、稳增长的关键。

从国际大趋势来看,许多发达国家都高度重视推进大众创新,激发全民、全社会创新、创业能力,推动积极的发展。2011 年,美国实施"创业美国"的计划,在创业者、企业、政府、大学以及投资基金之间创建协同创新机制,着力于激励社会创新活力;2013 年,欧盟启动"2020 创业行动计划",着力打造新一代创业者,振兴欧洲经济。在发达国家,知识产权保护、人才流动、成果转化等体系相对完善,能够为广大创业者提供方便和支持,因此在众多发达国家形成了大众创新创业的局面。

而对于中国,自 2008 年爆发全球金融危机后,面临着"国际经济结构大调整、世界经济形势不明朗、需进一步抢占国际市场"等许多挑战和机遇,而在国内也开始迈入经济新常态时期。在这种情况下,中国需要有新的发展驱动力来促进经济的发展,只有实施创新驱动战略,依靠各类创新的力量,才能应对当前国内外的各种经济环境,促进和释放国内市场的需求。

"大众创新,万众创业"的新态势,在实质上是一场新的经济革命,对中国新经济的发展具有重要的意义。

5. 互联网经济体崛起

近年来,随着信息经济的兴起与发展,互联网经济像一块新大陆,吸纳和改造着传统经济的各要素,创造出日新月异的新经济版图和商业生态圈。过去"金砖国家"这样的经济体,仅存在于地理界限中,而现在的互联网经济以技术为边界,将资源、要素、市场和技术进行整合,在全球范围内俨然成为一个新的巨型经济体——互联网经济体。

互联网经济是信息经济的核心,也是面向信息社会的新经济形态,互联网经济体正在成为引领全球经济复苏和发展的新动力。与过去的依靠追加要素投入而实现经济增长不同,互联网经济体具有巨大的协同效应和网络效应,能在很长的一段时间内避免传统经济增长模式固有的边际报酬递减的困境。同时互联网经济对国家 GDP 的贡献,尤其是对 GDP 增长的贡献逐年增加,正在成为全球经济增长新的驱动力。到 2016 年,二十国集团的互联网经济成为继美国、中国、日本和印度的第五大经济体,毫无疑问,互联网经济体已经崛起。

6. 跨境经济重塑全球经济格局

近年来,以电子商务为突出代表的信息经济体不断发展,充分体现了在重塑全球贸易格局中"跨境经济"兴起的态势。随着现代信息技术的发展和大数据分析的提高,促进了交易匹配、跨境支付、国际物流的不断发展,打破了地理空间的限制,将市场从国内逐渐延伸至"无国境"的全球市场。

在中国,2011年以后,随着国内电子商务产业的不断发展壮大,电子商务成为互联网与实体经济的"连接器",跨境电商作为其中重要的分支力量,越来越受到社会各阶层的广泛关注。许多已经发展成熟的大型电商纷纷开发了"海淘""海购"等新型购物渠道。

据商务部的官方统计数据,2015年我国进出口交易总额达到了30.7万亿元人民币,稳居世界第一。而其中跨境电商总交易额达5.4万亿元人民币,而到2016年,中国进出口跨境电商整体交易规模达到6.3万亿元,同比增长16.7%。有关专家预计,随着"一带一路"战略不断推广,至2018年,中国进出口跨境电商整体交易规模预计将达到8.8万亿元。跨境经济正在成为未来中国经济发展的重要引擎。

二、用户的消费发展趋势

1. 消费特点

(1)自由化。互联网时代,消费者的消费行为呈现自由化特点,尤其是移动互联网时代,与PC端的网络购物相比,移动终端的消费行为更加随意自由,基本不受时间、空间的限制。基于位置的服务让消费者实现更精确的搜索,便利地获取信息。只要智能手机等移动设备在手,消费者就可以随时随地利用手机和其他移动设备在网上浏览产品,并对产品进行比价,然后进行下单完成购物。智能手机作为移动互联网的最主要载体,成为人们不可分割的一部分,人们利用它随时随地进行社交,在现实或虚拟网络中认识朋友。此外,通过移动智能设备,我们可以做选择,从产品的价格、质量、评价等各个方面进行对比,帮我们挑选餐厅或店铺;它还可以帮我们随时随地进行理财,而不用去银行排队,浪费时间和精力。移动互联网最大范围地实现了互联网的终极目标:最便宜和最便利。

(2)在线化。移动电商兴起,导致移动互联网全面超越PC互联网的时代即将来临。更多移动互联网用户将手机作为他们首选或唯一的上网工具。《2014中国移动互联网用户行为洞察报告》调查显示,9%的中国移动互联网覆盖人群将手机作为唯一的上网工具,35%的移动互联网覆盖人群主要通过手机上网。调查显示,68%的消费者愿意选择手机作为网络购物终端,2014年近半年手机终端购物金额增长的用户比例达到70%。另外,91%的移动互联网用户表达了将会进行移动端购买或支付的意愿,预计未来几年移动电商和移动金融将迎来井喷。

进入5G时代之后，Wi-Fi已全面普及，绝大多数手机用户，可实现永久在线。移动互联网的发展，实现了任何人在任何时间、任何地点可以永久在线、随时互动。与PC端相比，移动互联网用户的上网时间远远高出PC端，尤其是手机用户，除了睡觉时间，几乎全部时间与手机在一块。移动互联网的发展，加快了人们获取信息的速度，时效性更强，信息量更大，甚至消费者可以一边工作，一边接受信息，发送信息，评论产品。

（3）碎片化。上网时间碎片化。在移动互联网时代，移动设备基本随身携带，尤其是手机基本24小时不离身，人们可以在上下班路上，甚至在床上、睡觉前等碎片时间进行网页的浏览、产品价格信息的对比、下单等各种活动，因此在移动互联网时代消费行为呈现出"碎片化"的特点。消费者接受信息非常方便，坐地铁、等朋友、吃饭的时候，可以随时随地掏出手机，发发微信、转转微博，接受信息。

消费需求碎片化。消费者可以因为朋友微信群里对小米盒子的评价，而改变购买电视机顶盒的决策，因为微博中的一个读书笔记而冲动地去买一本书，可以因为在大众点评网上的一个差评而放弃去一个餐厅就餐。以前完整的清单式购买也已经被拆解得七零八落，需求呈现出了随机性、多变性和碎片化的特点。

（4）个性化。原来模仿型排浪式的消费已经过去，个性化、多样化的消费已经到来。德鲁克曾经说过：所有的需求已经被满足。但这是基于消费者在工业化时代只能被动接收生产企业的产品而得出的，而在互联网时代，消费者不仅能够提出自己的想法，而且会召集一批朋友一起影响到企业的需求决策。"一千个人心中有一千个哈姆雷特"，移动互联网更加推动所谓的"长尾经济"出现。

因为商品供应量大大增加，导致消费者选择性呈几何级别增长；商品数量的增长，也激活了消费者个性的需求，大规模定制、订单预售等方式已经开始广泛出现，这些方式对传统的大批量生产产生严重的冲击和影响。所以，"核心竞争力理论"的创始人之一普拉哈拉德提出：在消费者和企业共同努力扩展的企业网络中，消费者社区正在日益成为共同创造价值的核心要素。

因为有了互联网，消费者面对的不再是稀缺经济或者超市的几个货架，而是互联网上一眼望不到边的产品列表；因为供应大大增加，消费的个性化需求迸发，大规模的制造变成规模化的定制，甚至是私人订制。排浪式的消费已经过去，个性化、多样化的消费时代已经到来。由于移动设备既具有个人生活，又具有信息传播媒介两方面的属性，与传统信息传播媒介形态相比较，手机等移动设备更加能显示私人所有的特性，基本上一台手机只对应一个用户，并且多数用户手机24小时不离身，具有强烈的个性化特点。

（5）去中介化。在传统互联网时代，消费者很多时候需要专家的专业指导，因此有很多"中介"工作，但是在移动互联网时代，消费者不再依赖于专家意见，可以随时随地通过网络来完成信息的获取。在传统时代，即使是传统互联网时代，一些工作也需要"中介"（黄牛）才能完成，但移动互联网和社交网络时代，信息的获取不再依赖于广告、宣传、软文或者平台，直接通过社交网络的"推荐"就能完成许多事情。对消费者来说，去中介化意味着可以使用手机、互联网来缩短传统的配送和零售渠道，直接通过工厂或者单一的中间商进行购买和采购，从而大大降低相应的时间成本和资金成本。

2. 消费群体

（1）社群化。物以类聚，人以群分。人们加入群体可以满足自身的地位感，帮助减小压力，还能与志同道合的朋友交流，不仅满足了人类交往的基本需求，还能丰富人生的意义。移动互联网和社交化媒体的叠加，使得我们加入群体已经非常方便和灵活，如加入一个微信群、一个豆瓣小组、一个QQ群，不需要烦琐的手续，不需要审批过程，不需要会费，只需要志趣相投，就能聚集在一起。这些群体有共同的价值观、共同的话题，甚至共同的行为。这些群体能够影响到企业的品牌、营销、传播、组织结构，甚至是企业形态。

虽然传统企业的产品用户数量很大，但是产品和用户之间的相互连接非常简单——用广告砸出来，然后通过经销商卖出去，之后除了售后服务之外没有更多的联系。而在移动互联网之下，产品与用户的联系却是直接、平等、交互、相互影响的，用户与产品相互交融，人与人之间口碑传播，紧密高频互动。

移动互联网让人与人之间的交流更加频繁；社交网络推动朋友之间的影响超过传统广告、传统营销的影响；移动互联网已经跨越时间和空间的控制，把朋友群的数量和总量不断地扩大；各种弱关系、强关系已经成为影响消费者决策的重要因素。

（2）权利更大化。以用户为中心，这次用户有了更大的权利——是移动互联网赋予的，移动互联网与社交网络以"人的行为为核心"的信息组织方式，赋予用户前所未有的力量和权柄。

单个用户依然是弱小的，但是移动互联网以快速、实时、紧密、无所不在的网络连接使用户抱团。成为一个强大的整体，使居于优势地位的企业组织成为相对弱势的一方。

没有互联网，单个用户的联系是一件比较困难的事情；有了互联网，让所有用户联系在一起对抗企业、影响企业、改变企业的决策，已经成为可能和现实。

有了移动化，再加上社交媒体，用户可以把真实的地理位置、真实的身份快速地绑在一起，可以24小时不间断地与企业实时互动。

移动与社交网络合为一体的用户所拥有的市场权利越来越大——互联网消除了信息不对称，使得消费者掌握了产品、价格、品牌方面更多的信息，互联网的存在使得市场竞争更加充分，市场由厂商主导转变为消费者主导，消费者"用脚投票"的作用更加明显，消费者主权时代真正到来。

消费者的主权还不仅体现于此，消费者所拥有的知识、时间以及创造力等"认知盈余"通过互联网的工具参与到产品的设计、开发以及品牌定位。麦当劳这样的大品牌都"心怀畏惧"，并"充分使用"互联网吸引消费者参与品牌定位的工作。

因为有体验经济，所以从产品创意到售后服务，消费者都有可能参与全程体验，即从线上流量到线下销售，然后又返回到分享、线上吸引流量的全线体验。

（3）多元化。在互联网时代，资源丰富，消费者不仅能够借助互联网进行快速方便的消费，而在物资匮乏的年代，消费者往往同时追求同一种产品或服务，互联网时代购物本身成为一种前所未有的体验。随着社会的进步和发展，单一的基本物质生活已经不能满足人们的生活需求，尤其现在互联网时代，人们喜欢多姿多彩的生活，追求不同风格的生活方式，更喜欢体现自我个性、身份、价值等，对个性化、多样化的需求越来越强烈，此时以互联网为载体的新兴互联网消费正好满足了人们的需求。

互联网时代的消费者除了购买生活和学习等必需用品外，还大量购买电子产品、旅游、礼品等。网络购物为互联网时代提供了更加多元化的购物环境以及更加多元化的商品，消费群体的消费更加逐渐趋于多元化。消费者借助互联网的各种特点，使自己能够体验到与传统消费模式截然不同的感受，消费过程与消费本身融为一体，体验中有消费，消费中包含体验。互联网逐渐培养了消费者享受快捷选择、快捷支付的方便性，而消费者也就逐渐习惯了互联网所提供的丰富多样的精神享受，互联网时代的消费模式进入了享受型和发展型消费的新阶段。同时，互联网时代的各种先进信息技术有助于实现空间分散、时间错位之间的供求匹配，从而更好地提高供求双方的福利水平，优化升级人们的基本需求。

（4）年轻化。移动互联网时代，消费群体呈现年轻化，"90后"甚至"00后"将成为消费主体。移动网络时代，一群年轻人无论何时何地，都能通过移动互联网设备让自己保持联网状态，他们利用这些设备可以从网上购买书籍、下载音乐、预约餐厅、比较选择电子设备等，并时刻与朋友、家人保持联系。他们拥有各种各样的掌上设备，能够快速应用他们，甚至每天全部时间离不开这些设备，并且十分依赖这些移动互联网设备。据统计，到2020年，"90后"一代将占美国、欧洲和金砖四国总人口的40%，占世界总人口的10%，他们将成为移动互联网时代世界最大的消费群体。

这群年轻化、高学历的一代，其消费更加追求高品质、高品牌、高品位的产品，通过在网络购买品牌产品来体现自己的知识涵养、价值观念、身份地位、生活方式等。使用品牌产品透露出自己与众不同的审美观，展现自己的个性魅力。

3. 消费动机

消费者的购买行为是理性选择的过程，消费者会根据自身情况筛选商品，消费行为受多种因素影响，主要由内部个人因素与外部环境因素共同作用产生。内部个人因素包括个性特征、心理动机。外部环境因素包括产品、家庭、网络技术、物流配送等。

（1）内部个人因素。移动互联网时代消费主力年轻化，有着独特的个性特征，他们好奇心强、喜欢新奇、注重品牌、追求标新立异，这些个性特征决定了互联网时代消费群体具有与其他群体不同的心理特征。

首先，移动互联网时代"90后"成为消费主体，他们80%是独生子女，思维活跃、视野开阔、人生价值多元化、追求自由、展现自我个性。同时，他们受教育程度高、伴随高科技成长起来，网络成为他们生活中不可分割的一部分。而在虚拟的网络市场，能够为消费者提供多样、新颖、个性化的产品，这进一步刺激了消费者追求个性化、时尚的心理。

其次，移动互联网时代，消费趋于理性化，网上消费时力求物美价廉、方便快捷，这是网络购物的主要因素。网络消费是在对产品价格、性能等反复比较之后做出的决定，注重产品的适用性和经济性。而网络市场不仅提供低廉、质优的产品，同时提供了方便快捷的服务。通过网络，消费者可以不受时间和地点的限制，货比三家，选择质量好的商品，节省体力和精神成本，这些都满足消费者经济实惠的心理。

（2）外部环境因素。

1）产品因素。互联网时代网上购物最主要的原因是商品价格低、种类多、选择性广，网店可以省去传统方式的一些费用，如租赁费用、人工费、各级销售商的利润等，从而使商品的附加费用较低，价格低于商场产品价格。网上商家经常利用节假日进行价格折扣、免邮等促销活动，吸引消费。另外，网上商品种类丰富，不仅吃穿住行等生活用品种类丰富，而且提供电子书籍、远程教育、游戏等虚拟产品。

2）家庭因素。家庭因素对消费行为的影响主要表现在两个方面：消费水平和消费观念。"90后"作为消费主体，大多数都是独生子女，父母宠溺，家庭的经济水平在某种程度上决定他们的消费水平。随着经济的发展，家庭收入水平不断提高，因此他们的生活费用也逐渐提高，网购频率越来越高，并追求高档、品牌化的产品。此外，近几年人们的消费观念不断发生变化，年青一代大多数在父母溺爱和细心照顾下长大，使他们养成了过度浪费、攀比、炫耀的非理性消费习惯。

3）网络因素。网络时代随着网络技术的发展，出现了手机网络、数字杂志等，这些载体不受时间、地点限制，商家借助他们载体对产品进行产品宣传、网络促销等，吸引消费者进行网上消费，激发购买欲望。目前人们生活越来越离不开网络，人们通过网络进行社交、娱乐等，同时商家可以利用网络进行产品品牌推广、形象宣传，迎合人们消费心理，刺激消费。

此外，网络技术的发展与应用，使得网络消费更加方便快捷。消费者通过网站获取产品信息，进行产品对比，利于做出购买决策。此外随着支付宝、网上银行、微信支付等网络技术的发展，为消费者提供了多种便捷的支付方式，一部手机即可完成支付手续，完成所有交易。同时网络技术加快了产品更新换代的速度，产品的市场寿命不断缩短，新产品在网络市场上以最快的速度与消费者见面，满足消费者个性、时尚的需要。

4）物流配送。网络购物的发展，促进了物流行业的快速发展，物流作为网络交易完成的重要保障之一，只有通过物流活动，产品和服务才能到达消费者手中，交易才能完成，物流配送的效率与服务水平也成为消费者衡量产品、选择产品的重要依据。现代化的物流在互联网时代得到飞跃发展，企业纷纷自建物流体系，第三方物流企业应运而生。尤其是第三方物流企业发展极为迅速，顺丰、韵达、圆通、申通等快递企业不断涌现，为消费者及商家提供物流配送服务。同时随着物流企业的增多，激烈竞争，促使他们提供快捷、高质的服务，也为网络购物提供了方便。

4. 消费行为

在互联网和移动通信技术高度融合的今天，消费模式也悄然改变，消费行为主要表现为：主动搜索—同类比较—产生兴趣—促成行动—秀出宝贝。

（1）主动搜索。消费者进入消费市场后，根据自身需要确认解决的具体问题，即确认消费者自身存在着的某种需求。消费者的需求一般具有层次性、复杂性、动态性的特点，可能主要来源于产品不足、新的信息以及需求扩大。在确定需求以后，消费者搜索需求品类或目标商品进行主动搜索，消费者可通过搜索引擎、电商网站、移动终端来进行搜索、获取产品信息。

（2）同类比较。消费者通过主动搜索会获取很多信息，然后需要对信息进行处理、获取有用信息，即进行同类比较的过程。消费者将各种渠道获得的信息进行整理、加工，对产品价格、性能、质量或服务等进行主动比较。

（3）产生兴趣。产生兴趣就是消费者在购买决策过程中根据同类比较、方案评价，决定购买产品的品牌问题。消费者根据实际情况，主动了解、比较产品后，对购买方案做出不同的评价，如果消费者仍认为存在需求则会对某一商品产生兴趣，产生购买决策。

（4）促成行动。在评价方案后，消费者将会做出自己认为最合适的购买决定，如果包括硬件、网络、站端服务器、支付系统在内的整个交易过程顺畅无阻，消费者就会完成购买行动。

（5）秀出宝贝。消费者在得到产品/服务后如果认为体验不错，一般就会通过社交媒体秀出来。消费者对于决定购买的产品期望值大部分来自于店铺介绍、相关群体评价或其他来源收集到的信息；如果虚假信息造成真实产品达不到消费者预期值，就会产生不满的情绪，给予产品较低的评价；如果与消费者的需求相符，则会加强对品牌的认识或好感度促成其他消费决策。

第二节　组织结构与商业模式发展趋势

移动互联网时代，技术、组织以及社会网络深度融合，产生了网络金融服务业等新型的商业形态。传统的工业企业，组织结构具有明显的等级已经无法适应互联网时代企业组织发展的要求。因此，互联网经济时代的企业组织机构将以信息为基础，以大数据为支撑，向着扁平化、边界模糊化、分立化、柔性化以及组织网络化等趋势发展。

一、企业组织结构发展趋势

1. 边界模糊化

传统的企业组织结构为了适应大工业生产的特点，企业之间具有明显的边界，企业之间在财产、经营范围、地理边界等方面具有明显的界限。而移动互联网时代，经济全球化、信息共享化，企业之间的合作成为企业竞争的重要特点，企业组织已经不再是传统的单个企业，更拓展到了产业组织领域，企业之间的合作关系成为组织的一部分。从企业组织结构来看，企业组织结构也不再局限于企业内部，而扩展到企业的外部，原先由人、财、物、信息等构成的经营实体，也转变为各种要素所组成的有机系统，不仅是企业内部各单位的有机结合，更是企业之间合作伙伴的紧密联系。从地理边界上来看，随着经济全球化的深入发展，企业不再局限于某一区域，而是通过信息共享实现全球化发展。同时，在互联网时代形成的许多企业战略联盟，尤其是一些虚拟企业，更加难以让人分辨企业的边界。

（1）组织内部无边界趋势。传统企业组织内部结构具有明显的等级制度，组织的各层级之间地位、权利分明，但往往这种层级制度会造成官僚主义。因此，必须将组织内部的垂直边界和水平边界模糊化，以流程为主要运行基准，加强企业各个部门、各级之间的相互联系，实现企业内部各种资源、信息的整合，获取更好的人力资源，得到更佳的决策和更好的执行。无边界的实质是在企业各部门的职能和界定依然存在的情况下，各个部门间的边界模糊化，实现更好的融合，组织作为一个整体，功能得以提高，而不仅仅是各个组成部门的功能。无边界的目的在于使各个部门之间相互渗透，打破部门之间的沟通障碍，利于信息的传递，使其界限越来越趋向于无形。企业不再受人员、地点等的限制，而是更加关注如何更好地利用这些资源，以尽快地将信息、人员、奖励及行动落实。

（2）外部组织边界模糊化。在互联网时代，企业之间合作成为企业发展必要条件，这也导致企业原有的外部边界变得更加模糊，趋于无边界化。企业合作使得企业间资源、信息共享，范围不断扩大，程度不断加深，企业之间利用互联网平台进行广泛的跨界合作，形成了许多企业战略联盟，因而使企业边界变得日益模糊。例如，互联网与传统农业相结合，形成"互联网＋"农业的新模式，农业经营范围从原来的"耕、种、收、销"体系，转为"新物种塑造、新型农业工厂、新能源开发、新的空间领域拓展工贸商相结合"的现代大农业体系。这种新型农业企业，可以通过互联网平台，实现生产经营的规模与范围的延伸与扩张，把企业经营延伸到一切可能到达的地方，这时的企业边界将很难用传统的企业边界标准进行衡量与评判。

另外，在当今互联网时代，在纯市场组织与纯企业组织之间，中间组织发展迅速，分布越来越广泛。根据 Booz–Allen–Hamilton 公司的估计，仅在 2011~2014 年，全世界大概出现了 3.2 万家公司的联盟，在全球最大的经济体美国特大公司中有 18% 的收入来自各个联盟。

由此可见，未来将会有越来越多的虚拟企业和战略联盟等形式的中间组织，企业边界将会是以自身核心竞争力为中心，通过各种形式的合作形式而形成的一种最优状态，而不再是明显的地域、经营范围等的边界，这也使企业朝着更加富有弹性、高效率和可持续的方向不断前进。在互联网时代，随着企业边界的模糊化，企业"大不一定好，小也未必弱"，无边界组织只要拥有核心竞争力，把握好自己的定位，打破原有的企业边界限制加强与其他企业的联合，便能实现企业价值的最大化，在竞争中立于不败之地。

2. 扁平化

组织结构扁平化，是互联网时代企业组织变革最显著的特点。传统的企业组织结构多为金字塔型，其优点是部门分工明确、等级森严、便于控制，但是在互联网时代，随着环境和市场需求的不断变化，传统组织结构呈现越来越多的弊端，例如，传统企业的组织结构等级森严，阻碍了各个部门之间的沟通交流，导致冲突增多，同时影响下属的积极性和创造性，不利于企业发展；层级较多，使得信息传递速度慢，且容易失真；权利划分明显，容易产生"公司内部的官僚主义"，管理效率低，灵活性和反应能力差，无法适应激烈的市场竞争环境。德鲁克所称的"不良组织病症"，也就是上面所概述的传统企业组织结构的弊端。他在《管理：任务、责任、实践》一书中指出："组织不良常见的病症，也是最严重的病症，便是管理层次太多，组织结构上一项基本原则是，尽量减少管理层次，尽量形成一条最短的指挥链。"

为了克服传统企业组织结构的这些缺点，现代企业可以通过减少管理层次、裁减冗余人员、扩大管理幅度来建立一种紧凑的扁平型组织结构。随着信息技术的不断发展和应用，过去由中层管理者承担的信息"上传下达"工作，现在可以由计算机承担，信息集成化管理，这样可以大量减少各部门和各单位之间的冲突。企业以流程团队方式运行可以大大减少管理层次，同时管理幅度的扩大也会使中间层减少。管理层次的减少，减缓了决策与行动时间延滞，使沟通顺畅，加快了对市场和竞争动态变化的反应速度，加强了组织结构的柔性化，反应更加灵敏，提高了组织的效率和效能。

扁平化组织具有以下特点：

（1）以工作流程为中心来构建组织结构。扁平化组织结构不再是以传统的职能部门为中心，而是以具有明确目标的几项"核心流程"为中心建立的，职能部门的职责也随之逐渐淡化。

（2）纵向管理层次减少，削减中层管理者。扁平化组织结构减少管理层次，扩大管理幅度，削减仲裁管理者，使企业指挥链条最短。

（3）资源和权力下放，顾客需求驱动。由于基层人员与顾客直接接触，更加了解顾客需求，权力下放能够使信息反馈更加及时，决策更加科学，改善服务质量，快速响应市场变化，真正做到让顾客满意。

（4）现代网络通信手段的应用。随着现代网络通信技术的发展，企业内部之间与企业之间通过使用 E-mail 电子邮件、办公自动化系统、管理信息系统等网络通信工具进行沟通，这大大提高了企业管理效率。

（5）实行目标管理。以团队作为基本的工作单位，员工可以根据自己的工作状况自主决策，并为之负责，每一位员工都成为企业的主人。

组织结构扁平化是为了更好地适应日益复杂的环境提出的，它的实现需要两个主要条件：①现代信息技术的发展。互联网时代，信息技术和大数据快速发展，能够对冗杂的信息进行有效处理和传输，这样能够减少中间管理层，缩短指挥链。②员工独立工作能力的提高。互联网时代，员工的知识水平和技术能力大大提高，与传统工业经济时代相比，员工工作能力增强，管理者向员工授权，组建工作团队，员工享受权利和承担责任，上下级的关系不再是指挥与被指挥的关系，而是一种新型的团队合作的关系，员工的工作积极性和创造性得以发挥。

3. 组织结构分立化

面对日趋复杂多变的信息时代，越来越多的企业家深刻认识到"船小好掉头"，缩小企业规模，已经成为现代企业发展的新趋势。不仅企业组织如此，就连国家机构也在向流线型和灵巧化方向发展，小巧玲珑的组织架构已成为当今世界一切组织的普遍追求。可以预料，随着移动互联网的发展，企业的组织结构将会逐步走向分立化。

尤其是 20 世纪 80 年代以后，企业层级制度越来越不能满足环境变化的要求，所以在企业内部出现了各种组织手段来代替层级制，其中，在企业内部实行市场机制来代替层级制是一个重要趋势，也是分立化的变革方向。一般企业分立化主要有两种方式：一种是横向分立，即按产品的不同种类进行分立；另一种是纵向分立，即按照同一产品的不同生产阶段进行分立。

组织结构分立化，是指从一个大公司里再分离出几个小的公司，把公司总部与下属单位之间的内部上下级关系转变为公司与公司之间的外部关系。其实质是在大型组织内部，用市场机制代替层级制的行政机制，以提高组织的灵活性与柔性。

组织结构分立化与传统的划小经营核算单位方式是不同的，他们之间的主要区别如下：

（1）组织分立化建立的公司总部与各分公司之间是一种平等的外部性关系，而划小经营单位仍然是一种企业内部的层级关系。

（2）分立化是在产权关系上进行的变革，公司总部对各个分公司或子公司通过股权投资或股东管理等手段进行管理控制，而划小经营单位只是对管理权限的调整，公司总部对所划小的各个经营单位是通过的内部行政管理手段进行控制。

（3）分立化形成的各个分公司是独立经营，具有独立的法人，而划小经营单位所形成的各个基层经营单位没有独立经营权，并不是一个独立的法人。

现代分立化的企业组织结构，是通过协商进行运作，具有"组织化市场"的功能。从外部来看，现代企业集团是由众多具有独立经营权的独立单位因为共同利益、共同目标而积聚形成的，各独立单位之间互惠互利、共同发展；从内部来看，随着信息技术和网络化的发展，集团内部实现信息共享、共同决策，通过互联网平台各个部门之间协同工作。因此，企业组织不再需要具有众多的业务部门和功能，也不需要聘用大量生产管理人员，管理中的程序化决策向非程序化决策发展，全员决策打破决策者和执行者之间的界限，各独立经营单位更多依赖与其他单位的协作和合作。

不管是海尔的自主经营体，还是华为的"班长的战争"，都是企业组织分立化，把大组织做小，管理去中心化，从中央集权变成小作战单位，这已经成为现代企业组织发展的趋势。把企业的价值创造活力作为组织变革的目标，组织越来越扁平化、管理层级越来越少，组织变得更简约，同时，该集中的集中，实现总部平台化、集约化，以此提高总部对市场一线的支持服务能力，这是未来组织变革的趋势。同时，资产运营、委托生产、业务外包等的不断发展已经为企业组织分立化提供了实现的条件。

4. 柔性化

柔性化是指企业组织面对日益激烈的竞争环境，能够迅速对外界变化的环境做出调整的能力。柔性化要求企业组织结构具有一种快速、有效地适应复杂环境的能力和特性，表现为稳定性、灵活性的统一，并且能够不断地变革与创新。

组织结构柔性化的目的是使资源得到充分利用，提高组织对内外部环境动态变化的适应能力，增强企业竞争力。柔性化的企业能够借助当前的信息技术对技术实施层加以指挥和控制，利用互联网收集各种资料和信息，加强企业内部员工的沟通，建立企业与顾客之间的联系平台，提高服务质量，增强竞争能力。企业组织柔性化主要表现为以下两个特征：

（1）集权和分权的融合。集权是指由高层管理小组制定公司战略方向，并确定其他小组，公司控制权必须由高层管理小组控制；分权是指权力下放，保持一种宽松的、少干预的管理方式，创建有利于工人独立思考和创造性发挥的工作环境。但并不是指绝对的集权或分权，柔性化表现为集权与分权的融合。一方面，它需要分权，以创建公司主动和快速反应的创造能力。另一方面，它需要有严格的集中管理，确定公司战略方向，管理相互依存的单元，减少决策与行动上的时间延滞。实现集权与分权的结合，关键是依靠正式和非正式的联系机制，建立管理层和员工的畅通联系渠道，提供对竞争和市场的发展迅速反应的能力。

（2）稳定和变革的融合。面对剧烈变化的环境，许多企业必须不断进行连续的变革和调整加以应对，许多高科技公司则通过雇用顾问、专家、临时工以增强柔性。但组织中的一些基本构成要素及其相互关系是在短期内不变的，这就要求在不断变革当中，也要保持其稳定性。经常的变化对组织而言，是具有破坏性的、没有益处的。因此，企业可以建立经常存在的稳定组织结构，而利用临时的项目小组来适应动态环境增强组织结构的柔性。

尽管柔性化是集权和分权融合，稳定和变革的融合，但柔性化更体现在组织结构的权力下放和不断变革上，柔性化的典型组织形式是临时团队和重新设计等形式。目前，在世界一流企业中广泛采用的精益生产（LP）、准时制生产（JIT）和敏捷制造（AM）的管理方法，都是柔性生产模式的具体体现。

5. 组织结构网络化

随着时代的发展，信息技术不断发展，网络在组织发展中引进新参与者和新内容的能力不断增强，网络化组织形态已逐渐获得独立的地位。组织结构网络化主要是指一些相互独立的业务过程或企业等多个伙伴，以信息技术和通信技术为基础，依靠高度发达的网络将多个独立而又有联结关系的企业或个体纳入一定的组织结构框架下形成联盟，对资源进行整合，形成新的价值链，拓宽组织模式的适应范围。各企业以网络的形式将利益共同体紧密联系在一起，打破原来的组织界限，每个伙伴在各自领域为该联盟贡献出自己的核心能力，并实现技能共享和成本分担，以把握快速变化的市场机遇，并使网络化组织结构具有开放性、交互性、平等性的优势。

根据组织成员的身份特征以及相互关系的不同，网络化组织结构可以具体分为四种基本类型，分别是内部网络、垂直网络、横向网络和机会网络。

（1）内部网络。内部网络是指在企业内部打破部门界限，减少管理层级，各部门及成员以网络形式相互连接，使信息和知识在企业内快速传播，实现最大限度的资源共享。该组织形式能够加快信息流动，减少部门之间的摩擦，快速识别顾客需求，并为顾客提供全方位的服务。

（2）垂直网络。垂直网络即由行业中处于价值链不同环节的企业共同组成的网络型组织，例如，供应商、生产商、经销商等上下游企业之间组成的垂直型网络。在网络之中的企业不仅进行产品、资金的交易，还进行技术、信息等其他要素的转移。垂直型网络内部企业合作紧密，能提高企业效率、降低成本。

（3）横向网络。横向网络指由处于不同行业的企业所组成的网络，这些企业之间发生着业务往来，在一定程度上相互依存。

（4）机会网络。机会网络是指由不同的组织为了实现一个共同目标而组成一个暂时的联合体，目标一旦实现，这种网络结构也就随之解体，它是网络型组织中最先进的一种。

组织的网络化使传统的层次性组织和灵活机动的计划小组同时存在，通过网络使各种资源的流向更趋合理化，凝缩时间和空间，有效整合资源，企业突出发挥核心能力，突出发挥各自的核心竞争能力，调高组织的效率和绩效，实现双赢。最为有效的网络型合作方式包括建立战略联盟、将非核心业务外包等。

网络型组织结构具有传统组织结构不可比拟的优势：

一是价值最大化。网络化组织是为了实现某一特定的目标而把相关企业结合起来的组织，它把某价值链上的有关企业组织起来，共创更大的价值，实现价值最大化。

二是效率最高化。网络组织把多个相关企业组织结合起来，实际是多种职能的联合体，各组织成员分别承担着传统职能型组织中的不同职能。这样，既提高了各企业的分工效率，又产生了协同效应，实现企业效率最高化。

三是能力最大化。网络型组织结构实现了"整体力量大于各自力量之和"，他把各个组织的核心力量结合起来，取长补短，实现了组织核心力量的最大化。

四是信息共享。构成网络型组织的各企业组织之间的合作是建立在信任基础之上的，互联网时代，网络技术的发展为信息共享提供了基础，他们通过网络平台完成信息共享，保证了组织的有效运行。

五是实现市场机制的有效运行。网络型企业组织的各成员都是独立经营体，他们通过以市场机制为基础的洽谈等形式签订契约联合起来，各自承担相应的责任和义务，又实现利益共享。

与传统的职能型企业组织不同，网络型企业组织是以协调为主、多组织结合形成的扁平型组织，它具有灵活性和动态性，更加适应互联网时代国际竞争环境，满足企业信息化发展。网络型组织结构已经成为互联网时代企业组织结构发展的趋势。

二、企业商业模式发展趋势

1. 企业商业模式创新的理论基础：网络经济理论

自2000年，全球经济在经历了接近四年的寒冬之后开始了其第二轮经济发展周期，同时，金融界、盛大网络和e龙网等中国互联网企业纷纷在美国纳斯达克上市，这也标志着，中国互联网企业进入了第二个黄金发展期。

网络经济是一种建立在由现代通信和计算机网络所形成的信息网络基础上的全球化经济，它以信息技术和互联网技术为基础平台，以技术创新为驱动，以电子商务主导商品流通，以互联网联系全球市场，是并行于传统经济的新型经济板块。从本质上看，网络经济是创新推动型经济、是直接交互经济、是全天候运作的全球化经济，还是无摩擦经济、虚拟经济、速度型经济、敏捷化经济和竞争协同型经济。

网络经济的发展为企业发展带来了新机遇，同时也使企业面临更加激烈的竞争环境。与传统的经济模式相比，网络经济时代企业生产发展环境发生巨大变化，具体表现：①面对更加复杂多变的市场环境，包括消费市场、技术市场、国际市场等。②竞争更加激烈，网络经济时代企业通过技术、产品、服务等方式来争夺用户、市场以及人才、资源等。③企业联系更加紧密。互联网时代，随着经济全球化、信息共享化的发展，企业之间的联系更加紧密，企业不能只考虑自身利益，而是考虑所有利益相关者的共同利益，实现利益最大化。

（1）网络经济运行的经济规则——边际收益递增。边际收益递增是网络经济有别于传统经济的最显著特点，它是指在生产过程中每增加一个单位的产出，总收入的增量将不断增加。简单来说就是，边际收益随着生产规模的扩大逐步扩大。传统经济学是从研究物质经济出发的，其背景是资源的稀缺性，因此提出了边际收益递减规律。而在网络经济中，由于信息资源生产的无竞争性以及消费的非独占性特点，在很大程度上解决了资源稀缺的问题，因此，在网络经济运行中边际收益递增规律将起到重要作用。

（2）外部性在网络经济中的作用更加显著。网络的外部性是指一个网络价值的大小，将取决于该网络连接用户数量的多少。连接到该网络的用户数量越多，则网络的价值就越大，连接到该网络的用户数量越少，则网络的价值就越小。外部性是一个网络具有的基本经济特征之一，因此在网络经济中的作用更加显著。从外部性的定义可以看出，网络经济的产出对用户具有依赖性。当用户达到一定数量后，网络经济将会迅速发展，网络经济的梅特卡夫法则表明网络的价值等于网络节点数的平方。

（3）正反馈在网络经济中发挥更重要的作用。正反馈是指物体之间的一种相互促进的作用，强化和放大原有的发展趋势，即使强者更强、弱者更弱。在网络经济中，正反馈起着决定性作用。正反馈机制在网络经济中表现为当互联网企业的市场规模达到一定程度后，其受到的阻力越来越小，市场规模呈现自发性扩张的趋势，即"强者越强，弱者越弱"。在网络经济中就是"赢者通吃"，正反馈机制在网络经济中比以往任何时候都更强大。

(4) 网络经济与传统经济学相比具有一些自身的特殊定律。

1) 莫尔定律。莫尔认为信息技术进步的速度,即每过 18 个月晶体管的集成量加倍,而价格减半。在网络经济时代,网络技术改变了传统经济的变化速度,网络经济是按照"英特网时"的速度运转的。该定律首先是由美国英特尔公司的戈登·摩尔在 1965 年提出并应用,因此被称为"摩尔定律"。摩尔定律是网络经济中企业必须遵循的一种学习曲线。网络经济是给信息增殖的一种经济模式,信息不断增殖产生更多的信息,这种不断循环的信息收集过程,被称为学习。而学习是网络经济中正反馈机制的核心部分,因为它以技术优势代替了物质优势。

2) 达维多定律。达维多定律强调的是创新在企业生存和发展中的重要作用,在网络经济中,一个企业若想在市场上占据主导地位,则必须第一个开发出新一代产品,并在行业中第一个淘汰自己的产品,即要自己尽快使产品更新换代,而不是通过激烈的竞争把你的产品淘汰掉。实质上,其实它是"马太效应"的一个应用,即使强者更强,弱者更弱。威廉·达维多在因特尔公司任副总裁时,意识到了提高产品更新速度的重要性,并提出了这一定律。英特尔公司的微处理器其实并不总是速度最快、性能最好的,但它的确总是新一代产品的首家推出者。同样,微软公司的 Window 系统也并不是当时最好的微机操作系统,但通过不断更新、推出新产品,最终成为市场的主流产品,并无人能与之抗衡。

3) 梅特卡夫法则。按此法则,网络的价值等于网络节点的平方。这说明,网络效益随着网络用户的增加而呈指数增长。互联网的用户大概每半年翻一番,互联网的通信量大概每百天翻一番,这种爆炸性增长必然会带来网络效益的高速增长。它揭示了短期内造就亿万富翁、YAHOO 的资产急剧膨胀的奥秘。

4) 马泰效应。在信息活动中,由于人们的心理反应和行为惯性,优势或劣势一旦出现,就会不断加剧而自行强化,出现滚动的累积效果。在某个时期往往会出现强者越强、弱者越弱的局面,而且由于名牌效应,还可能发生强者统赢、胜者统吃的现象。

2. 互联网时代商业模式创新的具体策略

随着互联网技术的不断发展,很多企业已经不再局限于传统的商业模式,而是开始重新审视自己的经营模式,进行创新,用互联网思维来表达互联网时代的商业模式,这对商业模式的变革起到了巨大的推动作用。

(1) 以顾客为中心是互联网时代的核心。传统工业时代,企业追求"以利润为中心",而在互联网时代,企业经营模式转变为"以顾客为中心"。在互联网时代,在商业模式的不同价值环节必须要树立以顾客为中心的基本原则,同时必须认识到顾客是价值的源泉。在传统的商业模式中,企业尊崇"顾客至上"的商业思维模式,但更多的是,只把它当作企业口号,而没有落到实处。在互联网时代,顾客通过互联网平台,决定着买什么,去哪儿买,以什么手段买等,由此可见,在互联网时代顾客之间的联系更加密切,顾客之间对商品的评价更加重要,因此,企业不得不真正地将顾客视为上帝。因此,在互联网时代,真正地以顾客为中心是企业发展的基石,更是商业模式的核心。

(2) C2B 模式的成长与扩散。关于 C2B 模式的概念，不如以简洁的视角把 C2B 理解为是一种无限接近个性化需求的过程。我们可以想象这样一种场景：在线条的最左端，生产厂家为大众提供千篇一律的产品，在线条的最右端，则是生产厂家为消费者提供个性化的产品，而 C2B 也就是说企业从最左端向最右端移动与无限逼近。

在 20 世纪 70 年代和 80 年代后期产品丰裕度显著上升，产品大大满足人们的需求，人们此时追求的是产品的个性化，我们从"我想做正常人"转向了"我想与众不同"。基于越来越肥沃的个性化需求的土壤，在云计算、大数据的商业环境中，C2B 模式开始逐步发育，其动力、形貌、机制、特征也已初步显现。当前正在发生的具有 C2B 属性的商业创新，在总体上呈现出这样的格局：以消费者为中心，去倒逼和促进新型的价值协同网的形成。

在互联网时代，合作企业通过互联网平台实施共享信息，大大提高了协同和决策的效率，为 C2B 模式提供了越来越坚实的支撑。而在云计算和大数据的影响下，产（B）消（C）双方正在开始新一轮的协同演化。

C 端消费者的角色与行为，借助互联网和云计算的力量正在实现根本性的转变，而 B 端的企业管理者一方面感受到了巨大的变革压力，另一方面也看到了真正实现以消费者为中心的 C2B 商业模式的迫切性与可能性。

通过对众多企业创新的概括，我们认为正在演化中的 C2B 商业模式将具备如下的显著特征：①消费者驱动：工业时代的 B2C 商业模式是以厂商为中心，而信息时代的 C2B 商业模式则是以消费者为中心。②以定制等方式创造独特价值：定制生产意味着消费者在不同程度、不同环节上的参与，将根据消费者的个性化需求进行创造。③网络化的大规模协作：过去二三十年发展起来的线性供应链，今天必须能够实现大规模、实时化、社会化的网状协作。④基于互联网和云计算平台：互联网时代，互联网成为商业发展平台，云计算成为商业基础设施。

C2B 的商业模式源于消费端的倒逼机制的持续演绎，在创造出无数商业契机的同时，也必将让那些未能及时理解和快速行动的企业在未来倍感压力。我们认为，未来所有的商业模式都将具备 C2B 的属性。

(3) 互联网改变了传统企业信息化的发展路径。传统的大企业信息化，大多是"由内而外"发展，即先实现内部信息化，再通过内联网往外部发展电子商务，实现与其他企业的连接、协同；而在互联网时代，大多数电子商务企业都是直接采用互联网"由外而内"地发展信息化。例如，淘宝网上的卖家，很多小型企业一开始都是直接利用互联网平台提供的订单系统进行电子商务，等企业进一步发展以后，才实施企业内部的 ERP 等管理系统，这就是典型的"由外而内"的发展模式，但两者最终目的一致，都是为了实现全流程的数据相通。

(4) 企业内部的价值再造与产业链再造同步发生。近些年来，我国的网络零售行业快速发展，以至于使公众对电子商务的认知几乎等同于网络零售，但目前看来，网络零售只是互联网的一个表象，互联网已经在更深层次上引发了更复杂的变化。互联网的快速发展促进了企业创造价值的能力，如企业价值主张、营销渠道等。就价值创造而言，互联网时代的价值创造与传统价值创造相比，有以下三方面的差异：①价值创造的逻辑发生改变转变。在传统工业经济时代，价值创造是通过组织创造，组织各部分都扮演着自己的角色。而互联网时代，顾客体验是创造价值的关键，传统价值已逐渐失去效能。②价值创造的载体发生改变。互联网时代，价值创造的载体由原先的"价值链"转变为价值网络与价值商店共同经营的发展模式，企业价值是通过为顾客解决问题来实现的。③颠覆了价值创造的方式。互联网时代，对企业来讲，顾客体验是重要的，企业价值都是由企业与顾客共同创造的。实践证明，消费者对于价值创造的影响是极大的。

（5）社群、平台与跨界。社群是指聚在一起具有相同价值观的社会单位。有专家认为社群是一个两两相交的网状关系，是一个自组织的过程。社群存在的地域一般很具体，也有的存在于虚拟网络中。关于平台，传统的平台是指计算机的操作环境，但随着经济的不断发展，平台的形式越来越多样化，如技术平台、商业平台等。在商业模式创新中，平台是重要的环节，平台的建立有利于提高企业决策水平，强化信息流动，保障供应商和消费者的利益。跨界是指跨领域和跨行业工作，跨界能够让不同的工作结合到一起，不断满足互创造新价值的需求。此外，跨界还能不断提高产品在新环境中的适应能力，延长寿命，降低成本。

第三节　互联网时代的企业战略类型

随着互联网技术的发展，世界经济的商业模式均呈现出新的格局，在这一背景下，企业为了能够迅速应对激烈变化的环境和日益激烈的竞争，必须及时制定和实施转型战略。不同于传统工业时代，互联网经济下，企业战略具有鲜明的时代特点。下面主要从柔性战略、平台战略和生态系统战略进行介绍。

一、企业柔性战略

1. 战略柔性的内涵

（1）对柔性的理解。对于柔性，人们经常谈起，但是至今没有对其概念达成共识。柔性研究的先驱者斯蒂格勒把柔性界定为"能够支撑较大产出变动的生产技术的特征"，并从企业成长曲线的角度来研究柔性；柔性是指企业能够快速、经济地应对外部变化的或新的情况的能力，强调的是适应性。

为了更好地理解柔性，可以从适应性、再适应性两个概念入手理解。适应性是指面对新的不断变化的环境所进行的一次性或永久性调整，柔性则是指对新变化的环境连续地做出临时调整，适应性是最常用且与柔性最接近的一个词。因此柔性是一个与动态环境相适应的概念，在这种不断变化的环境下，决定了一次性调整不可能成为管理变化的适当模式，必须进行不断调整。而再适应性与适应性相比，虽然没有适应性那么常用，但是他更等同于柔性，它更关注的是组织与环境之间相互作用的过程以及朝着彼此更能接受的方向演化的过程。因此，在组织面对外界不断变化的环境这一方面，再适应性与柔性更为相近。

（2）对战略柔性的理解。国际上对战略灵活性的讨论使用一个专门的术语，即战略柔性。在企业柔性的基础上，Ansoff 在 1965 年首先提出了战略柔性的思想。他认为，组织通过战略柔性对不确定的、快速变化环境迅速作出反应，并认为战略柔性是针对"突变管理"最有效的解决方法。柔性战略可以定义为，企业为实现自身目标，在动态变化的环境中，为适应变化、利用变化并提高自身竞争能力和适应能力而制定可选择的、可持续的战略方案，逐步形成以自身为主的战略态势，进而有效确立自身竞争优势，实现价值垄断和驾驭变化的超越竞争。从战略角度来讲，这种发展战略更符合当前的市场变化需求，它是企业应对环境变化，获取战略优势和绩效的源泉。

1998 年，汪应洛首次在国内提出柔性战略，他指出柔性战略是企业为更有效地实现企业目标，在动态的环境下，主动适应变化、利用变化和制造变化以提高自身竞争能力而制定的一组可选择的行动规则及相应方案。这里着重强调了五方面的内容：

第一，柔性战略强调战略的博弈性而不是计划性。由于企业面临的环境越来越不稳定，在不断变化的条件下，仅依靠实施战略计划是不可能获得竞争主动权的，因此，计划性是不能真实反映竞争情况并获取有效应对方法的。而博弈性则强调在可行的方案中采取行动，并将这些方案在动态条件下形成有效运行能力。

第二，柔性战略强调的是组织的整体创新意识。以往战略强调的是企业家战略，而在动态环境下实施的柔性战略，强调组织的整体创新能力，企业家是创新的组织者，而组织员工是创新的基础和执行者，充分发挥人的灵活性。它强调企业的累积性学习能力、协调能力、整合能力和灵活性。

第三，柔性战略强调主动利用和制造变化，而不仅仅是适应环境变化。环境的变化必然会引起战略变化，以往战略注重企业的环境适应能力，但却忽视了变化的不可预见性。以我为主，通过预测环境和竞争对手的变化趋势，主动利用和制造变化，创设新环境和新的规则，引导消费者和竞争者行为，并从中确立自己的竞争优势，是柔性战略的一个显著特点。

第四，柔性战略强调机会创造。一般战略是以目标为导向，而柔性战略是以机会为导向，即柔性战略必须保证企业有足够多的选择来应对动态的环境，所以创造机会是柔性战略的核心内容，柔性战略不只关心具体的战略程序，它更关心如何设计有利的博弈局势。

第五，柔性战略同时关注企业战略的转换效率和转换成本。柔性战略是企业在动态环境下保持自身行动的主动性和灵活性而采取的战略。因此，要求柔性战略能够使得企业在不同的竞争环境下能够快速地应对，使企业发挥自己的优势，同时使企业具有较低的转换成本，保持成本优势。

2. 战略柔性的范围

根据柔性战略的内涵，柔性战略是企业为应对动态环境而实施的，因此它的范围包括了竞争的各种因素，主要包括资源柔性、能力柔性、组织柔性、生产柔性和文化柔性。

(1) 资源柔性。基于资源的观点将企业资源视为所有可为企业使用的东西，包括有形资源和无形资源。资源柔性指构成资产与能力集合的资源的存量、组合与作用过程具有多样的可选择性与适应性。其中还包括了现在不是企业资源，但是通过措施可以成为企业资源的可利用性。因此，资源的柔性不仅指保持和增加现有资源的柔性，还包括挖掘新的资源和增强资源价值。

(2) 能力柔性。这里的能力是指使用资源以达到特定目标的力量。相对应地，能力的柔性包括了企业的学习、探索、创新和调整的力量显然，构成能力的上述要素如何能够相互协调作用，以使企业的能力在适应性、开拓性和竞争性上有充分的体现，是能力柔性效果的反映。另外，能力的发挥程度与资源的支持密切相关，因此，能力柔性不仅是自身构成要素的整体协调，而且是所涉及的资源与能力的相互促动关系。

(3) 组织柔性。组织柔性主要包括组织管理柔性和组织结构柔性两方面。在柔性战略中，组织结构不仅要满足企业目标的要求，还必须适应环境变化，因此组织结构是动态变化的，随着实际情况的变化而变化。组织结构柔性来源于组织内部的要求、组织结构的弹性、组织成员对变化的适应性及组织外部的竞争状况、技术变化及社会变革等。而组织管理柔性是指企业内部对人的管理以及部门间的沟通以适应变化或超前行动的管理制度、程序及方式方法所具有的灵活性。柔性战略的程度及其有效性的体现集中在组织结构转换的高效益、高效率及组织创造性的提高上。战略柔性的有效性主要体现在组织柔性上，但是组织柔性并不是否认严格的规章制度和管理，而是对严格管理的有效性提出了更高的标准，要求在实施管理制度时，必须着眼于内外部的环境变化。

(4) 生产柔性。生产是企业流程中的一个重要环节，根据企业生产计划安排组织生产，传统的生产部门追求稳定性，刚性强而柔性弱。在现代生产中，为适应外界环境的变化，要求企业进行弹性生产。如通过制定弹性的生产计划增加计划体系柔性采用柔性生产技术组织生产，强调技术和设备的可重用、可重组等。柔性生产是实施柔性战略的依托，因为企业只有在生产出适宜的产品和服务时，企业的目标才能得以实现。生产柔性是最基层上的柔性战略，但是他会影响整个局势，并体现在效益上。生产柔性一般包括柔性制造系统、柔性服务和柔性协作等。

(5) 文化柔性。文化柔性对战略的影响主要体现在企业价值观、经营理念、组织氛围和群体和谐性等方面。从柔性战略的实质看，企业价值观及经营理念的不断创新是战略形成的前提。观念的创新是保证企业使命达到相应程度的可变性要求，在互联网时代，组织的组成单位和对其对组织的影响程度都是不断变化的，因此任何一个单位的目标和使命都必须是不断变化的，以应对外部变化的环境。有助于企业的企业文化一旦形成往往是一股巨大的力量，成为企业的核心力量，但是企业文化的形成是一个长期的过程，并且企业文化的惯性也较大，因此在一定程度上制约了柔性战略的形成质量和实施效果，从这方面来说，文化柔性本身就隐藏着各利益主体的观念、利益调整的过程以及追求创新的行为方式。

3. 企业成长过程中战略柔性的动态演进

（1）企业成长过程中的四种状态模式。从企业发展环境来看，企业成长过程中面临的环境有以下5种：①静态环境，现在与未来完全相同。②动态环境，可以预测未来发展方向。③动态环境，可以确定未来发展的几种可能方向。④动态环境，只能预测出未来发展的范围。⑤动态环境，不可预测，存在很大的模糊性。这种情况下，不确定因素很多，导致管理者不可能预测未来环境，这种情况一般较少，但也是存在的。与上述企业面临的环境相对应，企业成长中的状态模式有以下4种，即与前3种环境类型相对应的刚性模式、计划模式和分别与后两种环境相对应的柔性模式与混乱模式。

1）刚性模式。该模式中，企业的战略柔性最低，组织资源的可变性较差，选择和变化的可能性有限，而且不可能进行改进，在成熟的技术、职能化与集中化的结构系统和保守的文化系统的作用下，企业不存在任何潜在柔性，整个企业没有任何活力。

2）计划模式。该模式中，企业的战略柔性仍相对较低，但与刚性模式相比组织资源的可变性稍高，柔性要相对完善。组织资源的刚性不是源于技术系统或结构系统的基本组织形式，而是结构系统中根深蒂固的过程规范作用的结果，如标准化、正式化、专业化和详细的计划与控制系统等。

3）柔性模式。此时，战略柔性相对较大，组织资源的可变性也很大。管理者具有独特能力，能够快速做出变化，有效应对环境的变化，同时常常会形成新的与环境相适应的文化系统。另外，现有的技术系统与有机结构系统具有快速适应能力，可以进一步促使相关的变革措施的实施。

4）混乱模式。混乱模式下，战略柔性水平最高，非常规柔性居于主导地位，但组织资源完全不具有可变性。一方面，变化的可能性是无限的，要求企业能够快速做出决策；另一方面，企业基本上没有专有资源，被环境左右，环境可能迫使企业向某一个方向发展。因此，虽然存在着许多变化的主动性，但企业却无法实施。

（2）战略柔性的动态演进过程。以上所述四种模式，反映了在某一时间，为了处理"变化"与"保持现状"的关系而采取的战略。如果企业柔性水平和资源的可变性不适应外部环境变化，则会产生巨大的推动力，使企业采取措施，去适应外部环境。结果，在这四种模式潜在的相互演变过程中，产生了不同的动态演进轨迹。如图9-1所示，是人们处理"变化"和"保持现状"的关系而产生的两种不同的战略转化轨迹：

图9-1描述了从混乱模式到刚性模式的自然发展的惯例化轨迹和从刚性模式到混乱模式的再生轨迹两种演化模式。其中，自然发展的惯例化轨迹主要存在于刚设立的单位或者是刚开展新业务的企业，是一种混乱经营。通常，为了抓住发展机会，即使知道早期的环境变化比较大，但是仍然会采取快速的行动，主要是以非常规的柔性为主，保持敏感性和迅速性。此后，为了能够保证企业健康成长，则采取严格的组织方式，摆脱推动因素的制约，走出前期的混乱经营模式。这就要求企业开发出必要的技术、技术、文化系统等，

环境的动荡程度逐渐增大
（简单、相对静态、精确预测）（较复杂、动态、可预测）（复杂、动态、不可预测）

资源的可变性（高→低）

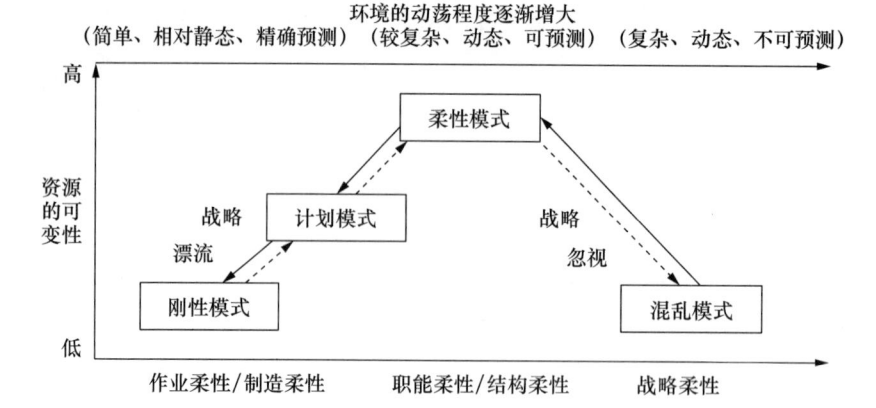

柔性模式

战略漂流 → 计划模式 → 战略忽视

刚性模式 　　　　　　　　　　　混乱模式

作业柔性/制造柔性　　职能柔性/结构柔性　　战略柔性

图 9-1　企业发展过程中战略柔性的动态演进模型

制定与实施集中一点战略，使企业向柔性模式转化。但是当主导环境变得越来越可预测性时，柔性组织又开始面临危机。结果，企业逐渐形成了相对保守的企业文化，形成规范和机械式的结构以及大量多样的作业惯例，同时其开发利用现有的知识与机会的能力得到增强。然而，在组织不断适应与改进的过程中，为了变得更加专注和专业化，企业日益关注大量、多样的作业程序与惯例的积累，从而使其面临着丧失柔性的危险，企业越来越呈现出刚性模式的特征。

虽然再生轨迹的转化是较难实现的，但是对于大多数企业而言经营环境由静态到动态的转化是努力去实现的目标，也是在竞争中取胜的必由之路。目前，如精益制造、合作竞争等管理思想备受企业关注，一个重要的原因就是他们希望能从刚性模式转向柔性模式。为此，这种企业必然面临着向回转化，即从刚性转向计划模式下的柔性组合和组织资源。这就要求企业彻底地、动态地从传统和刚性向适应性、多样化转变。

在转化过程中，最重要的是要密切关注外部环境的变化，发掘出自己的新市场力量。企业必须建立一套信息收集和处理加工程序，在柔性观念的指导下，利用信息加工能力，开发出先进的智能系统、完善的惯例标准以及结构化的过程规范。在这种情况下，企业产品线逐渐扩大，产品种类增多，业绩评价更加标准化和系统化，逐渐培养高层的专长，提高专业化水平。当这仍不能满足要求时，企业开始进一步向柔性模式转化。企业鼓励开发和利用新机会、新资源和新思想，并对企业进行重组，企业资源也朝着更柔性化的多用途发现发展，形成开发的企业文化。但是在成功转化的同时，也有可能会面临过犹不及并演化到混乱模式的危险。

4. 战略柔性的潜在危机——战略柔性陷阱

不可否认，战略柔性已经成为当今管理理论和实践的热点。在互联网经济背景下，企业成本不断提高、环境变化更加迅速、市场竞争日益激烈，这都导致企业必须建立并增强快速应对变化的反应能力。就目前的研究而言，较高的柔性是快速应对变化和竞争的理想方法，但这也意味着高成本，因此企业必须平衡好成本和潜在收益，否则，过高的柔性可能会给企业带来太高的成本。

无论是理论研究还是企业实践，我们都必须认识到：如果过度地追求柔性也可能存在着潜在的危险，即战略柔性陷阱。在不断变化的动态环境中，企业如果无法创造出"可持续柔性"（Sustainable Flexibility），而是过度追求柔性，则可能会让企业陷入困境，甚至面临生存危机。但实际上由于柔性陷阱的存在，可持续性柔性很难实现。

（1）战略柔性陷阱——构建全柔性组织。任何企业都希望具有无限的柔性——全柔性企业，指能够根据外界环境的变化快速调整企业状态，而且成本较低。从表面上看，在"全柔性"企业里，员工总是能够利用创新的方式出来外部环境的变化或解决问题，如新技术、顾客建议等，并为企业重新定位，从而使企业能快速应对变化的环境，而且在这一过程中成本较低。但是，如果深入分析就会发现，在不进行任何妥协的情况下，这很可能会把企业推向"死角"，构成了十分危险的柔性陷阱。威克（Weick）曾说过，柔性过大常常导致企业丧失连续性和一致性，也就是说，没有稳定性的柔性只会导致混乱。海姆（Van Ham）也曾指出：柔性中的稳定要素是保持一致性和组织的可控性所必需的。从系统理论观点来看，组织结构实际上是通过一般规则建立秩序的一种机制，在一定程度上可以用来约束企业员工的行为。也就是说，规则在一定程度上会阻碍变革但是如果妥善运用，这反而是规则的优点，很难想象一个完全没有规则的"全柔性"企业是如何运作的。实际上，如果一个企业没有任何规则，那么就无法建立标准化程序，很可能在创新过程中迷失自己，丧失高效的劳动分工和计划协调的基础，从而严重威胁到企业的生存。

然而，我们认识到上述潜在危险，并非主张企业不要实施变革和增强柔性，而是要注意在两种不同的组织能力之间寻求动态平衡，妥善处理"软要素"与"结构化要素"之间的关系，实现与环境相适应的动态组合，以便力争实现可持续柔性。

（2）战略陷阱——过度地追求连贯一致性。企业常常被看作是一个理性系统，通过清晰而结构化的方式把员工、机器、物料、资金和信息等不同要素组合起来，并制定出明确的计划，以达到一定的目标。把不同过程组合起来的方式越清晰，各个过程之间的兼容性越好，各个工作流程的一致性越强，最终效果越好。即企业存在一致的最佳行事方式。但是，在实践中，这种最佳行为方式存在严重问题，尤其是对总体组织柔性的贡献上。把企业的最佳行事方式记录下来，实际上不是减少而是增加了组织结构要素。从定义上看，标准化是在降低多样性，支持统一的行事方式。但实际上，标准化的程序根本不可能把所有的新情况都包括在其中，企业必须在多样性与一致性之间求得合理的平衡。一方面，为了求得一致性，企业需要制定众多的规则和规范；另一方面，企业必须同时面对不同的员工、不同的环境和不同的战略。此时，企业常常面临着三种基本选择：①寻求折中方案。例如，企业可能潜在地失去了发挥任何一种要素的优势的机会。②两者同时并存。例如，按照矩阵原则构建的组织结构。③按照一定的次序分别选用不同的要素。例如，代表不同利益群体的代表轮流"执政"。

因此，企业必须保持一定的多样性，以应对外部环境的多样性和复杂性。正如 Ashby 所说：只有多样性才能对付多样性。另外，企业需要以并行或顺序的方式组合多样性和一致性，以便求得适当的平衡。

(3) 战略陷阱——抵制不住精益的诱惑。大多数人认为，为了实施最佳实践，组织不仅是无限的、柔性的，而且在所从事的任务和所消耗的资源之间存在着严格的适合性。

伴随着全球化竞争的加剧，企业面临着越来越大的成本压力。在过去的 20 多年里，企业不断寻求降低成本的新方法，如大量裁员、减少雇佣新员工、企业并购等，其中，准时制生产和精益制造是两个典型的方法。准时制生产是通过需求导向型供应系统，把库存降到最低，从而降低成本，它的优势来源于库存成本是影响企业总成本的重要因素之一的假设。精益制造基本特征是由技能高超的员工组成的团队、柔性生产设施和协调一致的信息与物料流动以及较高的质量标准。精益制造的目的也是降低不具有价值增值能力的资源耗费。目前，这些方法已经在零售和分销等非生产性行业得到了广泛的应用。

上述方法给企业带来的优势十分明显，通过企业"减肥"，使其变得更加精干，这意味着降低管理成本、消除或减少资源浪费、不断增大的企业柔性，企业对投资者更有吸引力，能够更好地满足其资本增值需求。但是，如果对其进行更准确的分析，我们会发现这些取决于特定的条件，不仅能够带来好处，而且还可能对企业造成严重的不利影响。构建精益企业，有助于企业的重新定位、激发组织潜能、降低成本与提高利润、为新的竞争能力和员工创造机会以及为发起长期战略活动赢得时间。但是稍有不当，很可能会阻碍企业的学习与知识积累、影响员工的士气、降低企业的实力以及竞争能力。

总之，管理者的柔性体系必须与动态环境的相匹配，为了激活战略柔性体系并产生足够的柔性水平和特定的柔性要素构成，组织条件的设计必须提供足够的柔性潜力；战略柔性体系总体水平的足够性及其构成要素的合理性和组织条件设计的足够性，必须不断与环境的动荡性相匹配，切忌误入战略陷阱。

二、企业平台战略

1. 平台战略的定义

最初的"平台"概念是指工业企业中的产品平台，后逐渐演变成供应链平台、产业平台和多边市场平台。Lansist 和 Levien（2004）、Eisemnann（2006）、Boudreau（2010）指出众多行业搭建涉及多边行为契约的平台架构来适应互联网时代的发展，如当前发展迅速的移动通信、网上购物、网络搜索服务等。基于双边市场理论，谭瑞琼（2012）认为平台是一种促进双边或多边市场之间交易的便利性，并且努力吸引交易各方使用以收取费用的现实或虚拟空间。

平台战略则是指连接两个以上的特定群体，为他们提供互动交流机制，满足所有群体的需求，并从中盈利的商业模式。一个成功的平台并非仅是提供渠道和中介服务，精髓在于打造完善，成长潜能强大的"生态圈"，平台连接的任意一方的成长都会带动另一方的成长。基于平台战略而形成的业务结构，可以让企业有效摆脱在多元化和专业化之间的矛盾和游移，形成一种兼具稳固性和扩张性的业务战略。

实施平台战略是企业一种有意识的战略安排，目前大多数的企业欧拥有众多的业务，但是彼此之间联系较少，这样彼此之间既不能相互支持，也不能为开展新业务提供动力。而且随着企业规模的增大，管理难度越来越大，增大到一定规模以后难以继续成长。

2. 平台战略的核心思想

传统的产品和项目服务模式着眼于信息处理，而平台战略不同于传统的战略模式，其着眼于以高效率、低成本的方式提供信息服务，它的核心思想是"统一应用，统一平台，统一数据，个性化服务"。

（1）统一应用具有两层含义：第一，所有客户共享一套应用系统，因此系统开发成本由所有客户共同分担，有效降低了开发成本；第二，在平台内部各功能模块是相互独立而又相互协作的服务单元，各自功能不重合，有效减少了平台的开发和运营成本。

（2）统一平台也有两层含义：第一，规范业务信息服务平台和客户内部的核心系统，采用统一的消息交换、数据交换和服务整合标准；第二，平台内部采用统一的技术平台，企业根据功能服务而不是项目对技术的要求选择合适的技术平台，有效降低了整个平台的技术运营成本。

（3）统一数据也有两层含义：第一，业务信息服务平台是数据交换和数据整合的中心，数据应该做到一次采集大家共享；第二，在平台内部，各种数高度统一，应该是一个有机的整体，有统一的入口和出口。

（4）个性化服务是指业务信息服务平台满足顾客的个性化需求。一般具有3种方法来实现个性化服务：第一，在系统构造中坚持规则驱动，通过规则的设置来实现客户业务的可配置性；第二，把业务信息服务平台划分为前端系统和核心系统，前端系统用来满足个性化需求，核心系统用来满足共性的需求；第三，开放服务，就是指提供OPEN API，把核心服务在可管理、可控制的前提下开放出去，由客户自己定制需要的信息处理系统。

3. 平台战略的建立机制

（1）产业价值链重组——从单边到多边。平台产业与传统产业最大的不同点在于，平台产业塑造出了一种全新的产业模式，产业价值链重组——从单边到多边是平台战略最重要的特点。为了更好地理解，我们先看一个例子：出版业在互联网时代遇到平台战略后的变革。

传统出版业的产业价值链是单向的、直线式的，产生价值的过程是：作者在完成自己的作品后，通过经纪人将作品投稿到出版社。然后，出版社根据市场在书稿中选出他们认为有市场的作品，经过修改、编辑、封面设计等加工程序后，进行印刷出版。之后再运往各书店等场所进行销售。很明显这一配置过程是单向的、直线式的，产业链中前一个环节都与后一环节密切相关，每个环节的成本与利润层层相加，最后体现在书本的零售价格上。

而现在越来越多的是线上阅读平台，他们在互联网上建立一个虚拟平台，让作者直接刊登各种类型的文章，而读者则根据自己的兴趣爱好选择自己喜欢的文章阅读。这种价值链不再是传统的直线式，而是让传统产业两端的作者与读者直接接触互动，多样化的供给与多元化的需求正好相互匹配。同时，作者在创作过程中，也可以与读者直接交流，读者在一定程度上影响了内容的方向，也与彼此分享感受，平台连接了作者和读者，"弯曲"了原本单向、直线式的价值链条。

在传统产业里，产品的研发、生产往往需要投入大量资金来满足消费者不同的需求，如果销售不好，还会产生巨大的库存风险。但是不同于传统企业，大多数平台企业都是轻资产公司，不需要自主开发和囤积产品，只需要将多边不同的需求者和生产者拉拢起来，建立一个互动平台，便可以达到共赢的目的。当然，有些平台企业为了提高竞争能力走向了重资产的路线；其实，与重资产的结合，可能成为平台企业应对外在威胁的战略壁垒，也可能成为传统企业向平台企业转型的契机。

（2）关系网的增值性。平台商业模式的特点，就是利用群众关系来建立无限增值的可能性。学术界称此现象为"网络外部性"或"网络效应"。传统的经济认为消费时所获得的价值是个人层面的东西，与他人无关；但是现实中的一些产品与服务，它的价值会随着使用者的增多而增加。以电话为例，如果全世界只有一个人安装电话，那么电话的价值将无法实现，但是随着使用者数量的增多，那么他的使用价值越来越得以体现。同样的传真机、电子邮件信箱等都是相同的道理。在互联网时代QQ、微信等即时通信工具、微博等也都成为人们生活的重要部分，这便是"网络效应"——通过使用者之间关系网络的建立，达到价值激增的目的。

网络效应在平台商业模式中可以发挥极大的作用，而平台商业模式也需要利用网络效应持续增强竞争力。网络效应对人们生活也产生巨大的影响，即时通信工具QQ便是最好的例子。正值中国互联网产业的萌芽时期，腾讯在2000年推出了即时通信工具QQ，它有效提高了人们之间的沟通便捷性，促进了网民间的交流，共享与生活息息相关的信息。仅两年时间，QQ的注册账户就突破1亿人，之后1年时间，QQ的用户数量又翻了1倍，突破两亿人，2009年9月，注册账户达到10.57亿人。而在2010年3月5日，QQ创造了历史性的纪录，同时在线人数最高达到1亿人次，创造力单一应用软件的全球最高纪录。

QQ的快速增长，充分体现了网络效应，通过人与人之间关系网的不断扩大，最终变成中国人社会生活的必需品。而大多数的平台企业不仅能扩大单一群体的关系网，还能连接双边或多边群体，达到共同增值的目的。例如，证券交易所就是一个具备此特质的多边平台，证券交易所不但能从股票买卖方的规模中捕捉到网络效应，更能从他们与上市企业之间形成的庞大关系网络中，建立起强大的跨边网络效应。可见一个平台生态圈若拥有许多不同的建构团体，则可被称为"多边市场的连接体"。存在于这些群体之间的多重网络效应，为彼此注入强大的增值力量。

值得注意的是，这种增值力量是自然产生的，每个人在使用这些平台的产品或服务时，并非怀着为他人创造价值的心态，但实际结果却是整体价值的提升。因此，平台商业模式容易产生强者更强，更弱的现象赢家通吃、弱者只分得残羹剩饭的现象。

（3）发掘新的商业机会。人们对传统产业总有一种错误的认识，认为它与平台模式毫不相关。实际上，在今天平台商业模式为传统企业提供了转型契机。

首先，若要摆脱传统的思维模式，必须要改变产业链是单向垂直流向的看法。在平台产业里，以传统的眼光所定义的直线性产业结构不再适用了。平台视角认为，网民与广告商都是百度的"使用者"，双方对平台的发展有相同的贡献，因此平台企业（如腾讯）必须同时吸引这两方截然不同的用户以维持事业的发展。开始，搜索引擎刚开发时，百度等公司主要是将自己的搜索技术卖给一些大的门户网站，这种传统的上游给下游提供技术的方式让他们在企业规模相对较小、只能挣取很薄的权利金。后来，当关键词搜索的盈利模型出来后，百度等公司从传统的技术供应商，转为平台服务提供商。互联网上的所有人，包括企业或个人，都成了他们的使用者与顾客。这种将传统垂直价值链的视野转向平台视野的发展，使得公司开启了自己的生态圈，实现了高额盈利。

其次，越来越多的企业改变获取利益的着眼点，由传统的制造加工转变为从产业需求与供给之间的连接点寻找盈利契机。不同以往的是，硬件设备与有形的产品已不再是获利的关键。越来越多的企业开始变换商业模式，将自己打造成媒介角色的平台。

最后，挖掘消费市场中潜在的网络效应是转型和盈利的关键。平台企业不仅仅是提供渠道的媒介、提供机会的中间商，它的核心是建立起一个完善的"生态系统"，让利益相关者交流互动，实现价值的飞跃，达到"1+1=10"的效果。

（4）定位多边市场。许多典型的平台企业连接了两个完全不同的群体，例如，淘宝网的"买家"与"卖家"、起点中文网的"作家"与"读者"等。就连各城市经济开发区的发展也大多运用了平台模式的理念，如上海临港新城等，都需要企业、技术劳工、医院、学校、商店等各种配套服务群体的入驻。

由平台模式搭建而起的生态圈，不再是单向流动的价值链，也不再是仅由一方供应成本、另一方获取收入的简单运营模式。对于平台商业模式来说，每一方都可能同时代表着收入与成本，都可能在等待另一方先来报到，因此平台企业需要同时制定能够纳入多边群体的策略，讨好每一方使用者，这样才能真正有效地壮大其市场规模。平台企业找到了连接供给和需求间的契机，引发了积压已久的网络效应。

（5）激发网络效应。在人们接触平台生态圈的瞬间，他们便被多种精心策划的配套机制包围，这些机制吸引人们入驻到平台内，与其他用户互动交流，吸引他们留下来。这种配套机制所建立的体系，能达到有层次、循序渐进的多重目标。如何设计适合自己的产业与服务群体的整套机制是门艰深的艺术，而我们必须再次强调，这其中的成败关键便是如何运用网络效应。

平台模式中的网络效应包括两大类：同边网络效应和跨边网络效应。同边网络效应指的是，当某一边市场群体的用户规模增长时，将会影响同一边群体内的其他使用者所得到的效用；而跨边网络效应指的是，一边用户的规模增长将影响另外一边群体使用该平台所得到的效用。

一般效用增加则为"正向网络效应"，效用减少则为"负向网络效应"。通常平台企业所设的机制，都是为了激发网络效应的"正向循环"。

（6）筑起用户过滤机制。从前文我们知道，网络效应也有可能产生负面影响，也就是说，如果纳入水平不良的用户，可能会造成不良影响，甚至发生欺诈等行为。因此平台企业必须建立用户过滤机制，避免类似事情的发生。一旦平台企业建立了一套完善的配套机制，则不需要去害怕这些问题，过滤用户的主要方法有：

一是用户身份的鉴定，这是最基本的方法。在互联网时代，大部分平台要求用户进行身份注册，像阿里等互联网交易平台、新浪微博等，都必须进行实名认证。

二是制定奖励机制，奖励提供真实个人资料的用户。例如，在经过身份证、手机号码、认证等手续后，用户会获取积分等。

三是要求先完成支付手续，这也是一种在使用初期便过滤用户的机制。

四是让用户们成为彼此的监督者。例如，Facebook可以将现实社交状况转到线上社群的平台，然后借助用户之间的了解来确认信息的真实性。因此，建立一套多方参与评论彼此表现的机制体系，算是最有效的用户过滤机制。用户彼此评分的机制，一般比其他方式都有效，因为大家共同的意见结果一般更富有公信力。我们可以看到，电子商务平台建立的用户评分机制，包括京东、天猫、当当网等均汇集消费者的评价去健全交易机制、区分优劣产品进而提升整个生态圈的质量标准。评分机制是交易双方都需要的机制，当某用户的评分数量达到一定规模时，可以成为人们选择是否该与其进行交易的重要参考依据，而被评分者也在平台上依靠公信力打造个体品牌。

（7）赋予用户归属感。不知从何时开始，苹果每推出一款新产品就会掀起一股热潮，苹果的最大成功就在于，塑造了品牌与使用者之间的连接意识，让用户能够产生共鸣，认为该品牌是自己人格特质的折射。这种用户的归属感，并不是来自品牌的表面效应，它与服装的标签式吸引力不同，App Store、iTunes等软件平台吸引了千万软件开发商，在苹果平台整合后，将一系列丰富的应用软件呈现在用户眼前。用户自己挑选喜欢的程序进行安装，使其更加具有个性化，这种通过直接参与和自我决策所建立的归属感，才是真正的深入因素。因此如果企业能建立一套机制体系，协助平台用户对该生态圈产生归属，那结果将会非常惊人。首先，用户黏性在无形中大幅提升，而且效果往往比强制性的捆绑有效；其次，这些拥有强大归属感的用户，会自发地表达对平台的喜爱，为平台带来更多新用户。

不同的产业有其不同的着眼点，并不是所有的企业都要像苹果一样来着重研发硬件和界面系统。能够潜移默化地激发用户归属感的方法之一，就是"赋予用户权限"的机制。

（8）决定关键盈利模式。前面我们已经介绍了一些平台构建的机制，如果上述目标得以实现，那么平台生态圈将会快速成长，规模迅速扩大。那么，我们接下来面临的就是：平台企业该如何实现盈利？

平台模式有趣的地方在于，不仅它的商业模式千变万化，它的盈利方式也走向多元化。一般来说，消费群体是平台的主要收入来源，他们对价格的敏感度相对较低，因此成为平台收入的主要来源，包括进入平台的参与费、增值服务费等。

其实现实的情况很复杂，商业竞争态势多变，有时平台企业必须做出战略性调整，更正补贴模式，而原来的"被补贴方"可能就需要扛起"付费"的责任。另外，平台企业在扩大规模的过程中逐渐分散其盈利途径，以不同的方式向各群体收费。然而，无论是中国还是西方的平台企业均有着无言的共识：若要盈利，平台生态圈必须达到一定规模。

即使平台企业预计在数年后，或者用户数量达到某个门槛之后，才开始进行收费盈利，这些初步考虑依然是总体战略的重要环节，必须在构建生态圈的初期就进行规划。

一个平台企业的盈利模式会随着生态圈、竞争环境的改变而变化。同时，它也可能分散其途径，由多种渠道收费，达成盈利。但反观平台商业模式本身，有效的盈利方式通常具有下列两大原则：

其一，平台商业模式的根基来自于多边群体的互补需求所激发出来的网络效应。因此，若要有效盈利，必须找到双方需求引力之间的"关键环节"，设置获利关卡。世纪佳缘网、起点中文网均是通过类似的方式，在网络效应达到高峰时予以阻拦，设立关卡后从中获利的。

其二，平台模式与传统企业运营模式的不同之处在于，它并非仅是直线性、单向价值链中的一个环节而已。平台企业是价值的整合者、多边群体的连接者，更是生态圈的主导者。也正因如此，它以通过挖掘多方数据来拟定多层级的价值主张，进而推动盈利。这里的关键是"数据开采"，也就是有效挖掘用户的行为数据。Groupon、世纪佳缘、携程旅行网等电子商务平台，均是因有效进行双向数据挖掘而盈利的。

事实上，平台生态圈中各层面的机制与规则环环相扣，正是为了实现可持续性盈利的核心目的。本章开启了盈利模式的探讨，但此主题并不仅限于此；在之后章节中所举的各个案例，我们将接触到这些企业其他的盈利方式，以及平台企业如何通过不同的战略来实现盈利。

（9）实施定价策略，朝多元定价发展。前面已经提到，补贴模式是向一方群体收取费用，去补贴另一方群体，这是平台商业模式的关键环节，也是平台模式中惯用的定价策略。

在互联网经济中，许多平台企业提供的不再是可以明确计算成本的硬件，而更多的是服务。平台企业通过建立平台系统，寻求解决方案，满足彼此的需求。因此在很多情况下，平台企业的定价模式不能用传统的原料成本加上附加价值来定量。

对于平台企业而言，生态圈的初始建构成本是最高的，属于无法立即回收的沉没成本，而增加一名用户的边际成本反而相当低。就像社交网站在搭建的过程中，平台企业需付出高昂的沉没成本，但之后每多一位用户加入，它所增加的边际成本却趋近于零。因此只能以其所提供的服务价值为定价依据。然而，价值的多少一般去觉得要素太多，根本难以计量。在这里我们归纳出几项通用要素，每一个平台企业在定价时都应重点考虑：一是对每一边群体的定价策略，都会对其他群体产生影响；二是平台生态圈的发展阶段；三是产业竞争格局。

对于平台企业来说，定价策略的终极目标是多元化。在演化的过程中，平台企业可将产品或服务进行切割、打包，提供一系列多元的价格选择给多边群体市场。交友平台世纪佳缘为客户提供各个等级的会员价，以及看信、聊天等多元服务，还依据客户的使用周期进行打包，让用户可以购买三个月至一年的使用权，协助那些需求各异的人们找到自己能够接受的价位。平台生态圈体系每时每刻都在变动，多元定价策略可协助平台企业摸清市场的脉动，有效捕捉用户群，以实现成长。

三、生态系统战略

随着互联网经济、知识经济的兴起，全球经济的一体化，促使企业不得不面对比以往更为恶劣和残酷的竞争环境。在这种大环境下，企业竞争模式也在发生着变化，企业之间的竞争逐步演化为商业生态系统之间的竞争。商业生态系统是以产业融合和价值网络为特征，由相互合作创造并提供服务的供应商、生产商、客户、政府机构等各利益相关者所组成的经济联合体。在商业生态系统中，企业的价值网络特征决定了企业的价值战略模式，不同的价值战略模式企业在商业生态系统中承担着不同的角色。

1. 生态系统战略概述

（1）商业生态系统含义。1993年，美国的战略学家Moore首次提出了商业生态系统的概念：商业生态系统是由多个行业的生产和提供服务的组织和个人围绕某一核心技术相互作用构成的经济联合体，它们通过互动和互补，协同解决消费者问题。Power等进一步完善该定义，他认为商业生态系统是遍布世界的网络系统，是由与所处商业背景相关联的非生物因素组成的真实的实体系统，WWW是这个真实系统的网络虚拟栖息地。Peltoniem等则强调商业生态系统的结构性和关联性，商业生态系统是由相互关联的动态企业组织组成，其中包括供应商、生产商、销售商、社会公共服务机构和消费客户等。在经济全球化的大环境下，企业竞争由产品本身转为商业生态系统，企业的生存与发展不再仅仅是取决于企业本身，更多受到所处的商业生态系统环境的影响，企业能否成功很大程度上取决于生态系统。因此，企业在制定战略时，不仅要分析自身的能力和资源，更要从宏观的角度出发，分析其所属的整个生态系统，制定相应的战略。

（2）生态系统战略特点。生态系统战略是在传统战略理论的基础上，结合时代特点而产生的战略理论，因此它与传统的理论密切相关，同时又具有自己的特点。

其一，制定生态系统战略面临的环境不断扩大。在经济全球化的今天，企业制定战略不仅从企业自身来考虑，而试从宏观角度出发，从企业所属的生态系统来考虑。分析企业所属的生态系统是否健康、是否有竞争力等并以此制定相应的战略。

其二，企业之间的合作逐步取代竞争关系，竞争由直接变为间接；传统的单个企业与企业之间的竞争由企业所属的生态系统之间的竞争代替。

其三，企业从关注自身的资源到整合所有可利用的资源。传统的企业战略管理关注的是企业自身所拥有的资源，而在生态战略管理中，企业之间更多的是相互合作的关系，构成一个生态系统，因此企业不仅可以利用自身拥有的资源，还可以整合利用系统内其他利益相关者的资源，从而实现系统利益最大化。

其四，企业的绩效和价值不仅仅取决于企业内部管理的好坏和行业平均利润，而是生态系统和其利益相关者关系的函数。

其五，战略的制定从基于产品或服务的竞争，演变为在此基础上的标准与规则的竞争。

(3) 生态系统战略构建。从商业生态系统的角度来应对动态不确定的环境，为制定和执行竞争战略提供了一个新思路。那么，我们应如何利用商业生态系统来应对竞争，如何分析，如何作用内容？我们可以从以下四个问题开始分析：第一，该框架是否有助于商业生态系统的形成。该问题首先解决了商业生态系统从无到有问题，是新竞争分析的基础。第二，该商业生态系统能否维持或如何维持。第三，该商业生态系统能否发展问题以及如何发展。第四，该商业生态系统持续发展的机制或如何应对动态不确定环境。

通过对以上问题的考虑和分析，构建生态系统战略框架，可以从以下四个方面进行：

第一，围绕价值理念，识别关键驱动因素，形成商业生态系统。所谓价值理念，就是概括的、令人震撼的并憧憬其使用价值的诉求口号。所谓关键驱动因素，是指为了实现价值理念，而起到决定性作用的关键因素，主要包括关键主体和关键手段。价值理念和关键驱动因素是正确理解商业生态系统的核心，也是能否形成商业生态系统的关键。首先可以根据价值理念和关键驱动因素，吸引主要成员，构成一个生态系统。

第二，商业生态系统形成后，创建价值创造与分享机制。在形成生态系统后，必须创建价值创造和分享机制，这是能否留住该成员关键，也是要维持商业生态系统必须解决的问题。如果能够成功建立有效的价值机制，生态系统将得以维持，反之将会衰退。

第三，吸引辅助驱动因素加入生态系统。一个生态系统要想获得不断的发展，则需要具备开放的环境，不断吸引新的成员，与外界进行交流，把利益相关者有效结合起来，形成一个完整的价值链，形成系统。一个系统，如果没有支持、辅助驱动因素的加入，将难以在短时间内实现价值理念，并且系统将难以进行规模扩张。

第四，根据环境变化，重组或重构商业生态系统。今天，企业所面临的是不断动态变化的开放型大环境，要想应对不确定的环境变化，商业生态系统必须不断审视价值理念和关键驱动因素是否变化、如何变化，并根据变化情况不断自我改变与完善，尤其是其中骨干和核心成员，必须及时应对变化，起到号召作用；同时商业生态系统形成的是一个"共同进化"的机制，各成员要互相配合、共同进化，实现整个系统的利益最大化。

2. 生态系统战略途径

随着现代市场上竞争的日益加剧，商业竞争已经不仅是企业与企业间的竞争，更重要的是商业生态系统之间的相互竞争。因为企业作为系统内部的成员，系统的生存和发展对于存在于其中的企业至关重要。用生态学的视角来看待企业的生命历程，以及它与其息息相关的生态系统的相互关系。企业在制定自身的发展战略，不能仅考虑到企业自身的发展和利益，更要从整个系统全局出发，考虑与该企业息息相关的其他企业的利益和发展前景。因为每个企业都不能单独存在，企业的发展离不开系统以及其他企业的协作，只有将企业融入某个系统中，才能使企业有更广阔的发展空间。

（1）培育差异化的资源与能力。企业在对商业生态系统进行选择，参与商业生态系统的同时，生态系统也会对企业进行选择，既要考虑企业对系统的要求也要考虑系统对企业的要求。生态竞争排斥以及生态位分离等相关生态学原理表明，如果自然界中两个物种可以在同一生态环境中同时生存，那么这两个物种必然对生态系统有不完全一致的要求。因为对生态系统有同样要求则必然面临竞争，竞争的结果必然是淘汰劣者，适者生存。

首先，不断获取信息和资源以生存，为企业的成长汲取能量，提升企业的潜在增长力。其次，提升自身能力以发展，形成自己不可替代的独特优势，不断增强核心竞争力。作为一个有机结合的组织形式，企业本身就具有巨大的价值创造能力，这种升值潜力不仅体现在企业能够使自身价值增加以给自己更大的发展，而且能为系统内相关成员提供更多资源和信息，给其他企业带来发展和利益，即对系统有价值，有利于系统的发展。企业实现这一功能主要通过以下两个途径：一是企业利用自身经验和内部信息进行自我学习和积累，二是企业充分吸收和整合外部相关资源。这两种方法无一例外都涉及到资源的吸纳、整合、利用和分配。通常，企业会利用相对稀缺、具有较大增值空间、低成本的资源，企业现有的资源整合，通过资源整合后战略制定，使得企业的发展目标需要与生态系统的目标相一致。再次，企业的优势领域为生态系统的劣势领域，企业加入生态系统可以带来生态系统的提高，甚至可能让企业在生态系统中占据领导地位。又次，考察企业对环境的适应能力，看企业加入生态系统以后是否能够发挥自身的特长。最后，和目标生态系统中与本企业类似的成员进行比较，看企业是否相对于他们更有竞争优势。选定目标商业生态系统是一个相对复杂漫长的过程，企业在做决定之前必须要多参与各种商业生态系统的各种活动来充分认识各系统的节奏和速度，从而确定出最适合企业自身发展的生态系统。

（2）成为商业生态系统的重要成员。企业要加入生态系统，达到为系统增加价值的目的，除了要收集资源以外，还要提升企业自身的能力。主要包括企业的生产能力、产品研发创新能力、企业管理组织能力、销售商品的能力等。各类资源，不论稀缺性以及有效性，归根到底属于静态的，而能力则是动态的。企业拥有合理获取并整合利用资源的能力比拥有各类资源更具有意义。只有能充分利用拥有的资源，企业才能实现自身价值最大化，并为系统创造价值。企业的优劣势之分是因为企业之间存在差异，同样，企业集群的资源和能力也有差异。当企业因垄断优势或其他方式能够垄断性地获取某一资源时，该企业必定具有优于其他企业的竞争力。具有异构能力的企业即使不具备某种特定资源，也可以通过对现有资源的不同配置和使用，创建出一个竞争优势。

企业的目标不仅仅是成为商业生态系统的一员，而是成为系统重要的不可替代的一员。在企业加入系统后，就需要充分发挥自身优势并不断提升竞争力，为企业自身、整个系统以及系统内其他企业创造价值，产生价值增值。随着企业对系统的贡献不断增大，企业越来越成为系统不可或缺的重要一员，从而在系统内建立了稳固的地位，其他企业和系统对该企业的依赖性越来越大。商业生态系统是一个时刻都在自我更新和完善，时刻都在和外界进行信息交流的动态系统。企业在跟外界交流的过程中得到优化，系统运行的时候会自动排斥不符合系统要求的组织而吸纳能够对系统发展有利的组织，这样商业生态系统的整体能力就能不断地壮大。当企业成为系统的重要成员，不仅会增加系统其他成员对本企业的依赖，而且在生态系统运行过程中被取代的可能性也逐渐降低。这里要说明的是，系统内企业之间的相互依赖性越高，即黏合性越大，越有利于企业的相互发展共同进步。但是，企业对其他企业的依赖性越大，即对其他企业的黏合性越大，越有利于其他企业，而不利于该企业本身,该企业越容易被淘汰。同时,系统对企业的依赖性越高,即系统对企业的粘合程度越大,越有利于巩固该企业在系统中的独特优势。因此,为了保持企业在系统中不被淘汰,企业必须开创自己独有的优势,保持并提高自己在系统内的位置。

(3) 形成以本企业为核心的商业生态系统。企业在系统内的最终目标,不仅仅是致力于成为行业中的佼佼者,而应该致力于如何成为所在系统的领导者。企业的目标是成为生态系统的领导者,拥有核心地位。通过领导生态系统中一系列其他企业来完成企业不能够独立完成的目标。因此,企业必须拥有自身独特的核心竞争力,以长期维护在系统中的核心地位。任何组织都不可能做到绝对公平,因为完全的公平可以形成新的资源能力。稀缺资源的价值表现在两个方面:首先,作为一种公共资源,稀缺资源具有所有资源都具有的使用价值;其次,不同于一般资源,他们由于稀缺性而凸显出更大的市场价值。在整合利用资源时,对稀缺资源的选取以及匹配是关键。

企业在逐步形成以自身为核心的商业生态系统的过程中,可以通过自己的核心能力采取多种方式来实现,如对原系统进行调整改革以建立符合自己发展的系统,或重新构建一个全新的生态系统等。如果企业本身处于具有很大的发展空间的系统之中,企业可以首先发展自己,巩固自身在系统中的地位,然后采取对原系统进行调整,使优化后的的系统完全符合自身的发展,即创造出一个自身处于领导地位、围绕自身为主角的系统。反之,如果企业所在的系统不具有很好的发展潜力,而企业本身具有良好的发展前景,则企业可以根据自身能力,通过拥有的核心优势,自主选择适合自己发展的企业,共同建立一个新的商业生态系统,并逐步建立自己在生态系统中的核心和领导地位。

企业想要维持自身在系统中的领导地位,需有以下具体条件:第一,该企业要拥有系统内其他企业所没有的、但同时对于维持业务系统操作又是非常重要的那些生态核心优势,可以维护商业生态系统,为客户创造价值给成员提供一个良好发展的平台,否则就无法挽留其他优秀企业;第二,该企业要与其他企业共同分享系统的价值增值,用系统的价值成果来吸引其他企业。

(4) 维护商业生态系统的健康发展。生态系统战略是一种以生态为导向的系统管理思想,不仅包括企业自身将采取的战略,还包括对整个生态系统的识别、规划、实施、评价和自我更新等进化过程的管理。企业的生态系统战略要处理好三大问题:首先,要为生态系统设计一个有效的组织结构,从整体和发展的视角来规范生态系统内的成员关系问题;其次,要明确生态系统的整体功能,通过配备高效的配置、增值和缓冲功能,催生自组织、自催化的竞争机制以及自调节、自抑制的共生机制,以主导生态系统的发生与发展,保证生态系统的持续与稳定;最后,要规范整个系统的战略行为,从生态的角度,防止"近视"的资源开发行为和提高资源的利用效率。

因此,鉴于生态系统战略要考虑到整个系统的结构、功能和行为等因素,生活在其中的单个企业,只有通过不断调整自身并和其他成员保持协同才能适应系统环境。而各个企业的调整与协同是以系统内存在的生态位为目标和核心,是通过对原有生态位的改变和营造、追求新生态位来实现的。同时,对整个系统而言,系统整体的进化是通过不同商业生态系统之间的竞争、合作从而调整和变更自身结构、功能和行为来实现的,其中,系统之间的竞争合作，也是以各个系统内的成员企业对生态位的跨系统争夺和共同开发为核心目标的。因此，商业生态系统战略进化的本质是企业生态位的改变和创新过程。

【本章小结】

在互联网时代大背景下，物联网、大数据、云计算发展势头强劲，互联网经济在全球迅速兴起，世界经济、社会呈现出新的发展面貌，企业组织结构以及市场消费情况呈现新的发展趋势。传统企业为了更好应对激烈的市场竞争，必须制定和实施新的企业战略。因此本章主要对互联网时代企业面临的宏观环境、企业组织结构以及社会消费状况新趋势进行介绍，并在此基础上对互联网时代的柔性战略、平台战略以及生态系统战略进行详细介绍。

【复习思考】

1. 互联网时代企业环境发生哪些变化？
2. 与传统企业相比，互联网时代企业组织结构呈现哪些趋势？
3. 什么是组织结构扁平化？扁平化组织有哪些特点？
4. 企业组织柔性化主要表现为哪些特征？
5. 组织结构网络化有哪些类型？
6. 互联网时代消费趋势有哪些？
7. 互联网时代的企业战略主要有哪些？并描述其内涵。

【本章案例】

互联网时代战略转型的四个案例
——小米、海尔、华为与阿里巴巴

在互联网时代，企业发展战略、组织和人力资源究竟朝着一个什么方向发展？我们可以通过一些案例来判断趋势。

一、小米：组织扁平化、管理极简化

小米在全球手机生产商中产量排第三。在短短几年之内小米能进入前三名，主要得益于他们对互联网时代特征的把握以及在此之下的一系列创新实践。在管理方面，雷军和他

的团队也有很多创新的理念和做法。

1. 与最聪明的人合作

雷军认为，人力资源80%的时间应用在找人上，要找最聪明的人，跟最聪明的人合作。过去我们一直讲企业不一定要找最聪明的人，而是找最合适的人，但小米颠覆了人力资源的理念。小米强调一定要找到最聪明的人，为了找到聪明的人不惜一切代价。他们认为如果一个同事不够优秀，不但不能有效地帮助这个团队，反而有可能影响到整个团队的工作。你要把产品做到极致、要超越客户需求，人才必须要是超一流的，只有超一流人才才能做出超一流产品，那么，要找到超一流的人才，你就不能靠自己培养，而是要不惜代价去市场上挖。小米团队从14人发展到400人，整个团队平均年龄33岁，几乎每个员工都来自最优秀的公司，如谷歌、微软、金山、摩托罗拉。雷军的一半时间都用在招人上了，前100名员工，每位员工雷军都要亲自见面并沟通。所以小米认为管理者和人力资源最重要的任务就是得找到最聪明的人，人力资源80%的时间要用在找人上。这种理念不一定对，但不管怎么样它满足了一个公司在高速成长时候对优秀人才的迫切需要，而且那些优秀人才把别的公司的经验都带了过来。

2. 组织扁平化和管理简化

他们认为，互联网时代要贴近客户、要走进客户的心里，企业就必须缩短跟消费者间的距离，得跟消费者融合到一起。只有融合到一起才能跟消费者互动，才能把消费者变为小米产品的推动者，变成小米的产品设计研发人才。要实现这些就要组织扁平化，组织尽量简化。这就是互联网时代很重要的一个理念，叫简约、速度、极致。

小米的组织完全是扁平化的，7个合伙人各管一摊，形成一个自主经济体。小米组织架构基本上就是三级，核心创始人—部门领导—员工，一竿子插到底的执行。他不会让团队过大，团队一旦达到一定规模就要拆分，变成项目制。从这一点来讲，小米内部完全是激活的，一切围绕市场、围绕客户价值，大家进行自动协同，然后承担各自的任务和责任。在小米，除了7个创始人有职位，其他人没有职位，都是工程师。所以在这种扁平化的组织架构下，你不需要去考虑怎么能升职这样的杂事，一心扑在设计上就可以。

因为组织扁平化，在管理上就能做到极简化。雷军说，小米从来没有打卡制度，没有考核制度，就是强调员工自我驱动，强调要把别人的事当自己的事，强调责任感。大家是在产品信仰下去做事，而不是靠管理产生效率。管理要简单，要少管，少制造管理行为才能把事情做到极致、才能快。除了每周一例会，小米很少开会，公司成立三年多，合伙人只开过三次集体大会。

3. 强调责任感而不是指标

雷军说，小米一直是 6×12 小时工作制，坚持了近3年，靠的是大家的责任感。雷军在一份材料中写道，例如，我的代码写完了，一定要别的工程师检查一下，别的工程师再忙也得第一时间亲自检查我的代码，然后再做自己的事。其他公司都有竞争制度，大家都为了竞争做事情，为创新而创新，而不一定是为了用户而创新。其他公司对工程师强调是把技术做好，但小米的要求是，工程师要对用户价值负责，为伙伴负责，而不是为技术而技术。此外，小米强调要建立透明的利益分享机制。在互联网时代，企业赚多少钱都是透明的，所以企业必须建立透明的利益分享机制，基于每个人的能力跟贡献，分享利益。

4. 文化和价值观管理

很多人说小米是去文化管理，其实我认为它恰恰是文化和价值观管理。小米7个初始合伙人原本都是老板，能力和价值观不同，为了共同的理想和目标追求聚在一起，把这个事情做了起来，靠的就是文化和价值观的趋同和凝聚。靠价值观凝聚人、牵引人，一切围绕客户价值，组织扁平化、管理简单化，强调速度，这是我们从小米的实践中看到的互联网时代管理的创新。

二、海尔：自主经营体和员工创客化

海尔作为一个传统工业企业如何实现转型，张瑞敏对用互联网思维来升级传统制造行业提出以下理念：

第一，平台化企业与分布式管理。他认为，企业总部应是一个平台，进行资源的整合、运筹，形成一个生态圈，进行全球资源运筹与人才整合。第二，人单合一自主经营体。这在海尔推行了差不多七八年，以用户为中心的人单合一双赢模式。所谓人单合一双赢模式，就是他运用会计核算体系去核算每个员工为公司所创的价值，依据你所创的价值来进行企业价值分享，这叫双赢。这种模式就使几万人的企业在内部形成无数个小自主经营体，员工自我经营、自我驱动。第三，员工创客化。海尔现有专门的创业基金、有合作的投资公司，员工只要有好主意、好点子，公司就可以给你资金成立项目组，鼓励你组建队伍去创业，而且让你持股。这样的话，企业内部就能变成一个个创业中心。在互联网时代，员工的创造力需要发掘和发挥，你只要给他资源，他就可能做成功一个项目，或一个企业。海尔倡导员工创客化，那将来就有可能在内部创业出几百个公司来，海尔就变成一个创业的集合体，这时候企业的利益就不再简单地来自于做家电了，它围绕它的整个价值链，什么都可以做。值得注意的是，现在海尔很多新型公司都是员工创业的成果。第四，倒逼理论与去中心化领导。所谓"去中心化"就是让消费者去成为信号弹，让消费者倒逼员工提升素质、开发市场，让员工做CEO做的事情。每个人都是中心，人人都是CEO，管理者成为资源提供者。强调企业不要提"以某某为核心"，而是每个员工都可变成核心，人人都成为自主经营体。第五，利益共同体与超值分享。海尔提出，你只要超越你为公司创造的价值，我就让你分享这个超越的价值，建立分享的利益共同体。

像海尔这种传统企业，它已在用互联网思维来做产品和服务，用互联网思维在做管理。张瑞敏提出，海尔要实现转型升级就必须砸碎旧组织。所以2013年海尔就提倡企业平台化、员工创客化、用户个性化的"三化"改革。企业平台化是指总部不再是管控机构，而是一个平台化的资源配置与专业服务组织。同时还要管理无边界、去中心化，后端要实现模块化、专业化，前端（员工）强调个性化、创客化。而且张瑞敏最早提出"时代组织"概念，大家可看到海尔从商业模式到组织和管理的一系列创新举措。

三、华为：缩小经营单位，打"班长的战争"

任正非提出，"简化组织管理，让组织更轻更灵活，是我们未来组织的奋斗目标"。华为最近所做的一个大的改革，就是提出"班长的战争"。华为将从中央集权变成小单位作战，"通过现代化的小单位作战部队，在前方去发现战略机会，再迅速向后方请求强大火力，用现代化手段实施精准打击"，这就是所谓班长的战争。

要实现这种改革，就是要建立子公司的董事会。华为过去为什么要中央集权呢？就是要组织集团冲锋，因为火力不够，即企业资源不够，所以得把整个企业资源集聚在一起形成强大火力去冲锋。那么现在不一样了，现在企业的品牌资源、资金资源、客户资源都有了，这时就需变阵，把集中的权力下放，企业一些重大经营决策就要下放到子公司董事会，而不再是集团的董事会。

强调"班长的战争"，并不是说班长可以为所欲为，而是需要资本的力量监督，需要董事会来监督班长。所以任正非提出，我们既要及时放权，把指挥权交给一线，又要防止一线的人乱打仗，监控机制要跟上，所以要建立子公司董事会，由子公司董事代表资本实现对经营者的监督。

任正非认为，企业管理要学部队，他认为部队的组织机构是最具有战斗力的。像美军早就把作战单元变成旅，以旅为单位，作战能力更厉害。美军内部还在改革，未来的方向是作战单元有可能从军直接管到营，一个班的火力配置要达到一个旅级的配置，以后炮火就是跟着你的班长，提高一线的综合作战能力。

缩小作战单元，让前方听得见炮火的人指挥战争，提升一线的综合作战能力，总部变成资源配置和支援的平台，这是华为组织变革的一个趋势。所以，华为现在提出要简化组织管理，让组织更轻更灵活，五年以内逐步实现让前方来呼唤炮火；要缩减组织层次，缩小规模，几个组织合并成一个组织，进行功能整合，便于快速响应前方的呼唤。

当年美国打伊拉克，美军组建了"三人战斗小组"。第一个叫信息情报专家，他带着先进的设备就可以测出这个地方有多少兵力，确立敌人的目标方向后，把情报传递给火力战斗专家；火力战斗专家根据他的情报来配置炸弹，然后报告给战斗专家；战斗专家可能就是一个少将，他计算出必要的作战方式，按照军部授权，直接指挥前线炮兵开火，这就是"三人作战小组"。当然三人小组并不是说只有三个人，每个人可能又带领一个小组，但这三人小组本身来讲又是一个小组，是一个综合作战小部队。

缩小经营单位，这是未来组织变革的一个趋势。企业一做大往往就面临很多问题，其中一个就是搭便车、混日子的人越来越多，占着位子不作为、不创造价值的人越来越多。在互联网时代，要快速捕捉机会、响应市场，组织就必须得精简、简约，而不是搞人海战术，使每个人都成为价值创造者，使每个人都能有价值地工作。这就需要改变整个组织结构和组织模式，总部是要求提高专业化整合与管理能力，一线则是要提高综合作战能力。

大家看到，不管是互联网企业小米，还是传统企业海尔及华为，所进行的变革都是在走向组织精简扁平化，强调速度，强调客户价值导向。组织结构不再是过去传统的金字塔结构，企业的权威也不再是行政权威，它包括专业权威，也包括流程权威。

四、阿里巴巴：人力资本合伙人制度

除了组织变革外，在互联网时代还有一个重大变化就是利益分享机制的变化，从人力资源走向人力资本。未来可能是知识雇佣资本，一个人少量控股甚至不控股，他就可以实现对这个企业的有效控制，这称为人力资本合伙人制度。所以海尔提出超值分享，华为要实行获取分享制，总之企业的利益分享机制正在发生变化。

阿里巴巴从股权上来讲应是个日本企业。阿里巴巴的股权结构大家可以看到，日本软银集团孙正义占34.4%股份，雅虎占22.5%，马云只占到8.9%，蔡崇信占3.6%，陆兆禧等高管占1%，其他社会资本（包括员工持股）占30.6%。雅虎的股份也可能属于孙正义的，因此孙正义才是真正阿里巴巴的大股东。所以如果从股权来讲，阿里巴巴应算是个日本企业，但马云和他的创业合伙人实际掌控着企业的日常经营决策。

阿里巴巴为什么要在美国上市？就是因为美国承认人力资本合伙人制。人力资本合伙人制最大的特点是同股不同权，就是大股东并没有企业日常经营决策权，资本方不参与经营企业管理，企业的经营权、管理权还是由职业经理人、由企业创始人来行使。这就是为什么马云只占8.9%的股份，但他可以有效控制这个企业。

阿里巴巴的人力资本合伙人主要来自两方面：一方面是马云自己培养的合伙人，另一方面是空降的技术人才。就财富来讲，马云虽然只有8.9%的股份，但市值为130多亿美元。有人说阿里巴巴上市后，杭州一下子多了成百上千位千万级、亿万级富翁。所以大家可以看到，在互联网时代不一定要控股，只要你通过知识、能力，通过人力资源的付出，把企业做大、把企业价值做大，同样可以获得极大的财富和价值。

所以，未来将进入人力资本价值管理时代，它有三个特点：第一，人力资源成为企业价值创造主导要素；第二，人力资源不仅要获得工资待遇，还要参与企业的利益分享；第三，人力资本不仅要参与企业利益分享，而且要参与企业的经营管理。三大趋势：基于客户价值的商业模式创新、大组织做小、知识雇佣资本。

从以上内容可以看出，在互联网时代，企业在战略上、组织变革和人力资源管理上表现出几个发展趋势：第一，企业是基于客户价值进行商业模式创新，通过商业模式创新走进客户、走进消费者，依此来提升未来的战略发展空间。同时，企业围绕客户进行跨界经营，借助互联网寻求战略性成长。企业不再单一靠研发一个产品出来去渗透市场、扩大市场，而是围绕客户进行资源和价值整合，构建价值网，从而实现突破性成长。第二，从组织上的角度来讲，大组织做小、划小经营核算单位，管理去中心化，激发活力，从中央集权变成小作战单位。这是一个发展趋势。不管是海尔的自主经营体，还是华为的"班长的战争"，都是在把大企业做小，激发经营活力，提高各个经营体的自主经营能力。相应地，组织管理出现去中心化，从中央集权变成小单位，以激发组织活力。把企业的价值创造活力作为组织变革的目标，这就导致组织越来越扁平化、管理层级越来越少，组织变得更简约。同时，该集中的集中，实现总部平台化、集约化，以此提高总部对市场一线的支持服务能力，这是未来组织变革的趋势。第三，从人力资源管理角度来讲会出现几个特点：特点一，员工和客户的界限模糊化，员工是客户，客户是员工。客户会成为你的品牌推广者、产品服务设计者、生产参与者，员工也是你的客户，要用服务客户的思维管理员工。特点二，用会计核算体系去核算组织中每个人所创造的价值，进行人力资源价值管理。与组织划小经营单位相对应，价值创造的核算也会落实到每个人，对每个人的价值创造进行价值管理。人力资源价值管理时代将到来，即真正通过一种机制设计、制度设计去提升每个人的价值创造能力。目标就是让每个人成为价值创造者、让每个人有价值地工作，这是两个核心目标。互联网时代企业人力资源管理的核心就是通过价值管理激发活力、激发价值创造能力。特点三，建立人力资本合伙人制度和全面认可激励制度。人力资本合伙人制度就是强调人力资本要优先投资、人力资本参与利益分享、人力资本要参与企业的经营决策。对普通员工，现在提出要进行全面认可激励，就是员工只要是为企业做出贡献、符合企业价值的所有行为，企业都给予认可、给予评价、给予激励。让评价无时不在，让评价无处不在，使得评价体系变得透明，使价值分配有客观依据。特点四，激发所有员工的创新创业精神。海尔的自主经营体和员工创客化就是一种尝试，员工的一个点子、一个创意、一项能力，在企业的扶持下，它就可能会变成一个产品，再从产品变成一个公司，企业内部就激发了创新创业的活力，企业也就有了永不枯竭的持续创新动力源泉。人力资源的价值开始成为企业业务推进主要的动力来源，知识真正在雇佣资本，人力资本在优先发展，这些来讲都是在互联网时代对战略、组织和人力资源所提出的要求。

（资料来源：彭剑锋. 互联网时代战略转型的四个案例——小米、海尔、华为与阿里巴巴［J］. 企业家信息，2015（6）：48-50.）

思考题

1. 互联网时代，小米、海尔、华为和阿里巴巴分别实施了怎样的战略转型？
2. 本文体现了哪些企业组织结构变革的趋势？
3. 华为实施"班长的战争"战略有什么优势？
4. 根据本章介绍的内容，上述案例中提到了哪些商业模式创新？

参考文献

[1] 安德鲁·坎贝尔,凯瑟琳·萨默斯·卢斯. 核心能力战略:以核心竞争力为基础的战略 [M]. 大连:东北财经大学出版社,1999.

[2] 安索夫. 战略管理 [M]. 北京:机械工业出版社,2013.

[3] 阿里研究院. 互联网:从 IT 到 DT [M]. 北京:机械工业出版社,2015.

[4] 陈明,余来文. 动态环境下企业战略变革的主要影响因素及其对策 [J]. 当代财经,2006 (6):67-70.

[5] 陈惟杉. 董明珠:变革时代中格力的"坚守" [J]. 中国经济周刊,2014 (37):74-75.

[6] 陈新良. 钢铁产能过剩分析 [J]. 中国经济报告,2013 (4):66-69.

[7] 陈一君,郭耀煌. 企业核心能力的识别、构建与保持 [J]. 四川理工学院学报(社会科学版),2004 (3):40-45.

[8] 陈忠卫. 战略管理 [M]. 大连:东北财经大学出版社,2007.

[9] 程宏伟. 资源企业管理 [M]. 成都:西南财经大学出版社,2009.

[10] 程艳. 创业型中小企业战略管理探讨 [J]. 企业经济,2011 (1):22-24.

[11] 戴天婧,汤谷良,彭家钧. 企业动态能力提升、组织结构倒置与新型管理控制系统嵌入——基于海尔集团自主经营体探索型案例研究 [J]. 中国工业经济,2012 (2):128-138.

[12] 邓旭东,杜晓娟. 培育品牌生态环境 提升企业核心竞争力 [J]. 企业经济,2005 (1):46-49.

[13] 丁政,张光宇. 企业软实力结构模型的构建与解析 [J]. 科学学与科学技术管理,2007 (7):115-121.

[14] 窦广涵. 商业生态系统战略进化的机理研究 [J]. 改革与战略,2008 (9):43-45.

[15] 范保群,王毅. 战略管理新趋势:基于商业生态系统的竞争战略 [J]. 商业经济与管理,2006 (3):3-10.

[16] 弗雷特·R. 戴维. 战略管理(第 10 版)[M]. 北京:经济科学出版社,2006.

[17] 高传富. 企业战略管理模型 [J]. 现代管理科学,2004 (4):52-53.

[18] 高钰. 中国制造业跨国企业母子公司双向知识转移机制研究 [D]. 浙江大学博士学位论文, 2013.

[19] 格里·约翰逊, 凯万·斯科尔斯. 战略管理（第6版）[M]. 王军等译. 北京: 人民邮电出版社, 2004.

[20] 龚世文. 信息时代的企业组织结构变革 [J]. 市场周刊, 2006 (5): 10-11.

[21] Hitt M A, Ireland R D, Hoskisson R E. 战略管理：概念与案例 [M]. 北京: 中国人民大学出版社, 2013.

[22] 何超. 大学战略管理研究 [D]. 西南大学博士学位论文, 2006.

[23] 何腊柏. 联想与华为的战略差异 [J]. 企业管理, 2016 (9): 14-17.

[24] 亨利·布鲁斯. 战略历程：纵览战略管理学派 [M]. 北京: 机械工业出版社, 2001.

[25] 胡玮玮. 知识管理战略对组织文化的适应性研究 [D]. 浙江大学博士学位论文, 2009.

[26] 胡杨. 面向TBC环境的组织创新模式研究 [D]. 华中科技大学博士学位论文, 2007.

[27] 黄爱兰. "E+"时代企业战略人力资源管理新模式 [J]. 中国高新技术企业, 2016 (2): 165-167.

[28] 黄为. 企业远景：21世纪企业管理新模式 [J]. 国际经济合作, 2001 (11): 20-23.

[29] 黄旭. 战略管理：思维与要径 [M]. 北京: 机械工业出版社, 2015.

[30] J. 戴维·亨格, 托马斯·L. 惠伦. 战略管理精要（第三版）[M]. 北京: 电子工业出版社, 2004.

[31] 吴湘繁, 马洁, 王永伟等. 基于产业技术变迁的组织变革模型：组织惯例演化视角——以百年柯达为案例 [J]. 中国管理学年会, 2013.

[32] 纪华道. 企业组织结构的变革演化及趋势 [J]. 学术界, 2014 (11): 91-97.

[33] 季诚钧. 大学组织属性与结构研究 [D]. 华东师范大学博士学位论文, 2004.

[34] 简兆权, 李垣. 战略管理的演进与发展趋势 [J]. 科学管理研究, 1999 (3): 52-55.

[35] 揭筱纹. 战略管理原理与方法 [M]. 北京: 电子工业出版社, 2006.

[36] 金妮, 肖南梓. 兼并：企业集团重组之路 [J]. 重庆工商大学学报（社会科学版）, 2002 (4): 52-55.

[37] 金占明. 战略管理：超竞争环境下的选择 [M]. 北京: 清华大学出版社, 2003.

[38] 蓝海林. 企业战略管理：承诺、决策和行动 [J]. 管理学报, 2015 (5): 664-667.

[39] 雷俊忠. 中国农业产业化经营的理论与实践 [D]. 西南财经大学博士学位论

文，2004.

[40] 雷蒙德·E. 迈尔斯，查尔斯·C. 斯诺. 组织的战略结构和过程［M］. 北京：东方出版社，2006.

[41] 冷秀华. 组织转型中的人力资源管理策略［J］. 经济论坛，2006（16）：77-79.

[42] 黎群. 企业战略管理教程［M］. 北京：中国铁道出版社，2005.

[43] 李刚. 企业组织结构创新的机理与方法研究［D］. 武汉理工大学博士学位论文，2007.

[44] 李扣庆. 企业优化价值链的战略性思考［J］. 管理世界，2001（5）：207-208.

[45] 李强，揭筱纹. 基于商业生态系统的企业战略新模型研究［J］. 管理学报，2012（2）：233-237.

[46] 李玉琼. 网络环境下企业生态系统的形成机理探析［J］. 改革与战略，2007（8）：132-135.

[47] 刘劲松. 探析"互联网+"转型中企业边界的变化［J］. 技术与创新管理，2016（1）：43-47.

[48] 刘平. 企业战略管理——规划理论、流程、方法与实践［M］. 北京：清华大学出版社，2010.

[49] 刘润. 互联网（小米案例版：一本讲透"互联网"的书）［M］. 北京：北京联合出版公司，2015.

[50] 刘志强. 组织学习能力培养策略研究［J］. 中国新技术新产品，2009（14）：241.

[51] 卢静. 中国民营企业人力资源战略创新［D］. 厦门大学博士学位论文，2007.

[52] 鲁道夫·格里宁，理查德·库恩. 如何制定公司战略［M］. 北京：中央出版社，2005.

[53] 陆峰. 海尔平台化，如何革自己的命［J］. 互联网经济，2016（6）：46-51.

[54] 罗伯特·M. 格兰格. 现代战略分析［M］. 北京：中国人民大学出版社，2005.

[55] 罗珉，李亮宇. 互联网时代的商业模式创新：价值创造视角［J］. 中国工业经济，2015（1）：95-107.

[56] 比尔·费舍尔，翁贝托·拉戈，刘方. 海尔再造：互联网时代的自我颠覆［M］. 曹仰锋译. 北京：中信出版社，2015.

[57] 马浩. 战略管理学精要［M］. 北京：北京大学出版社，2008.

[58] 迈克尔·波特. 竞争战略［M］. 北京：华夏出版社，2005.

[59] 迈克尔·A. 希特，吕巍. 战略管理：竞争与全球化（概念）［M］. 北京：机械工业出版社，2009.

[60] 明兹伯格. 战略历程——纵览战略管理学派.［M］北京：机械工业出版

社，2002.

[61] 南洋．组织创新视角下的企业战略变革研究［M］．上海：复旦大学出版社，2013.

[62] 聂子龙．愿景驱动的学习型企业研究［D］．复旦大学博士学位论文，2004.

[63] 约翰·A. 皮尔斯二世，小理查德·B. 鲁滨逊．战略管理：制定、实施和控制［M］．北京：中国人民大学出版社，2005.

[64] 潘安成．企业战略变革动因理论的述评与展望［J］．预测，2009（1）：1-8.

[65] 潘飞．论战略设计与企业价值［J］．上海会计，2002（4）：3-6.

[66] 彭剑锋．互联网时代战略转型的四个案例——小米、海尔、华为与阿里巴巴［J］．中外企业文化，2015（2）：48-50.

[67] 强志源．当代西方战略管理学派评价与发展趋势［J］．天津师范大学学报（社会科学版），2014（3）：76-80.

[68] 乔治·S. 戴伊，戴维·J. 雷布斯坦因，罗伯特·E. 冈特．动态竞争战略［M］．上海：上海交通大学出版社，2003.

[69] 饶扬德．企业资源整合过程与能力分析［J］．工业技术经济，2006（9）：72-74.

[70] 邵一明．战略管理［M］．北京：中国人民大学出版社，2014.

[71] 邵祖峰．企业管理岗位工作分析定性模拟研究［D］．华中科技大学博士学位论文，2006.

[72] 申光龙．企业远景的新展开（一）——企业生存战略的探索［J］．化工管理，1999（12）：28-30.

[73] 石盛林，薛锦，王波等．企业战略管理的范式创新［J］．科技进步与对策，2009（8）：103-105.

[74] 宋启蓁．零售企业关键成功因素研究［J］．商业时代，2006（15）：18-19.

[75] 孙黎，邹波．再创能力：中国企业如何赶超世界一流？［J］．清华管理评论，2015（1）：78-84.

[76] 孙连才．商业生态系统视角下的企业动态能力与商业模式互动研究［D］．华中科技大学博士学位论文，2013.

[77] 唐国华．不确定环境下企业开放式技术创新战略研究［D］．武汉大学博士学位论文，2010.

[78] 唐振鹏，叶建木，田文江．跨国公司战略新趋势［J］．武汉理工大学学报（社会科学版），2001（6）：548-550.

[79] 田家欣．企业网络、企业能力与集群企业升级：理论分析与实证研究［D］．浙江大学博士学位论文，2007.

[80] W. 钱·金，勒妮·莫博涅．蓝海战略［M］．北京：商务印书馆，2005.

[81] 万晓榆，金振宇，古志辉等．企业战略变革为何步履艰难？——基于"认知—行为"视角的企业战略变革案例研究［J］．科学学与科学技术管理，2011（12）：123-

131.

[82] 汪应洛，李垣．企业柔性战略——跨世纪战略管理研究与实践的前沿［J］．管理科学学报，1998（1）：22－25．

[83] 王成慧．现代企业组织结构变迁五大趋势［J］．渤海大学学报（哲学社会科学版），2006（3）：67－70．

[84] 王德鲁．基于复杂系统观的产业转型企业柔性战略决策研究［D］．中国矿业大学博士学位论文，2008．

[85] 王方华，吕巍．企业战略管理［M］．上海：复旦大学出版社，2001．

[86] 王皓月，毕克如．论成本领先战略在企业中的实施［J］．品牌，2015（7）：215－217．

[87] 王宏，胡刚．现代企业持续发展的生态战略构建［J］．经济研究导刊，2011（3）：20－22．

[88] 王洪运．基于柔性的企业发展战略理论研究［D］．武汉理工大学博士学位论文，2006．

[89] 王吉斌，彭盾．互联网＋：传统企业的自我颠覆、组织重构、管理进化与互联网转型［M］．北京：机械工业出版社，2015．

[90] 王军成．互联网时代商业模式的创新［J］．现代商业，2016（23）：15－16．

[91] 王念新，贾昱，葛世伦等．企业多层次信息技术与业务匹配的动态性——基于海尔的案例研究［J］．管理评论，2016（7）：261－272．

[92] 王钦．海尔新模式：互联网转型的行动路线图［M］．北京：中信出版社，2015．

[93] 王世伟．万物互联时代的中国大趋势——对"互联网＋"的多维度观察［J］．人民论坛·学术前沿，2015（10）：15－24．

[94] 韦斯特三世．战略管理［M］．北京：中国人民大学出版社，2011．

[95] 魏江，邬爱其，彭雪蓉．中国战略管理研究：情境问题与理论前沿［J］．管理世界，2014（12）：167－171．

[96] C. W. L. 希尔．战略管理［M］．北京：中国市场出版社，2008．

[97] 希特·爱尔兰，霍斯基森．战略管理：竞争与全球化（概念）［M］．吕巍等译．北京：机械工业出版社，2012．

[98] 献君．高等学校战略管理［M］．北京：人民出版社，2008．

[99] 项保华．战略管理：艺术与实务［M］．北京：华夏出版社，2001．

[100] 谢海东．民营企业治理转型困境与超越——基于路径依赖理论的分析视角［J］．特区经济，2006（1）：77－79．

[101] 辛玉红，江炳辉．基于 Agent 的供应链演化及 Repast S 仿真［J］．科技管理研究，2011（8）：80－84．

[102] 邢书河．资源型企业的战略研究：合理性的视角［D］．武汉大学博士学位论文，2012．

[103] 熊素红,马君. 从企业环境的变化看战略管理思想的演变 [J]. 企业技术开发, 2006 (9): 53-55.

[104] 熊元. 沃尔玛"瘦身"[J]. 21世纪商业评论, 2012 (22): 64-66.

[105] 徐飞. 战略管理 [M]. 北京: 中国人民大学出版社, 2013.

[106] 徐静霞. 基于互联网思维的小米的商业模式创新及其困惑 [J]. 经济师, 2015 (3): 58-59.

[107] 徐全军. 企业理论新探: 企业自组织理论 [J]. 南开管理评论, 2003 (3): 37-42.

[108] 徐炜. 21世纪新环境下企业组织结构研究 [D]. 中国社会科学院研究生院博士学位论文, 2003.

[109] 许芳. 和谐社会理念下的企业生态机理及生态战略研究 [D]. 中南大学博士学位论文, 2006.

[110] 许晓明. 企业战略管理教学案例精选 [M]. 上海: 复旦大学出版社, 2001.

[111] 杨春华,徐江荣. 知识经济时代企业组织结构变革展望 [J]. 商业研究, 2001 (11): 43-46.

[112] 杨继瑞,薛晓,汪锐. "互联网+"背景下消费模式转型的思考 [J]. 消费经济, 2015 (6): 3-7.

[113] 杨家诚. 管理3.0时代: 互联网时代的组织进化、管理变革与战略转型[M]. 北京: 中国铁道出版社, 2016.

[114] 杨增雄,卢启程,陈昆玉等. 企业战略管理——理论与方法 [M]. 北京: 科学出版社, 2013.

[115] 于坤章. 论企业差异化战略 [J]. 财经理论与实践, 2001 (2): 18-20.

[116] 俞佩君. 企业战略理论发展阶段及趋势浅析 [J]. 理论前沿, 2008 (4): 46-47.

[117] 云绍辉. 学习型组织结构模型与评价体系的研究 [D]. 天津大学博士学位论文, 2006.

[118] 韵江,王文敬. 组织记忆、即兴能力与战略变革 [J]. 南开管理评论, 2015 (4): 36-46.

[119] 约翰·P. 科特. 变革加速器: 构建灵活的战略以适应快速变化的世界 [M]. 徐中译. 北京: 机械工业出版社, 2016.

[120] 翟姗姗. 网络经济的运行模式与竞争策略 [J]. 湖北经济学院学报 (人文社会科学版), 2008 (11): 36-37.

[121] 张会锋. 被忽视的企业战略描述——兼论4种经典模型 [J]. 现代经济探讨, 2013 (7): 34-38.

[122] 张强. 云计算时代的平台战略 [J]. 电脑知识与技术: 学术交流, 2010, 6 (6): 1350-1352.

[123] 张守凤. 基于超竞争环境下的企业柔性战略研究 [D]. 武汉理工大学博士学

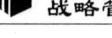

位论文, 2005.

［124］张为伟, 张学功. 浅论现代企业组织结构发展趋势［J］. 太原科技, 2006 (9): 31-32.

［125］张小宁, 赵剑波. 新工业革命背景下的平台战略与创新——海尔平台战略案例研究［J］. 科学学与科学技术管理, 2015 (3): 77-86.

［126］张晓满. 初探SPACE矩阵在企业战略管理的运用［J］. 经营管理者, 2014 (11): 79.

［127］张新芝. 加强中小企业的战略管理研究［J］. 管理观察, 2008 (4): 24-28.

［128］张燚, 张锐. 战略理论演化及战略生态研究综述［J］. 科研管理, 2004 (2): 98-106.

［129］周晶. "富士"与"柯达"转型成败观——企业战略转型基础分析［J］. 全国商情: 经济理论研究, 2013 (43): 28-29.

［130］周三多. 归核化战略［M］. 上海: 复旦大学出版社, 2002.

［131］周晓东. 基于企业高管认知的企业战略变革研究［D］. 浙江大学博士学位论文, 2006.

［132］朱昶. 企业绿色发展战略及其体系研究［D］. 武汉理工大学博士学位论文, 2003.

［133］朱文奇. 区域产业规划的新思维模式研究［J］. 中国市场, 2014 (7): 104-109.

［134］祝立群. 商业生态系统战略进化的作用机理［J］. 求索, 2007 (1): 40-42.

［135］宗月琴. 浅论互联网时代对人力资源管理的影响［J］. 人力资源管理, 2015 (6): 35-37.

［136］曾武成. 现代企业组织结构发展趋势及其变革的启示［J］. 湘潮 (下半月), 2012 (10): 53.

［137］Barker V L, Mone M A. Retrenchment: Cause of Turnaround or Consequence of Decline［J］. Strategic Management Journal, 1994.

［138］Barney J B. Strategic Factor Market: Expectation, Luck, and Business Strategy［J］. Management Science, 1986.

［139］Bebchuk L A. Using options to divide value in corporate bankruptcy［J］. European Economic Review, 2000, 44 (4): 829-843.

［140］Dessler G. Organization Theory: Integrating Structure and Behavior［J］. Water Resources Research, 1980, 39 (12): 281-289.

［141］Kogut B, Kulatilaka N. Real options pricing and organizations: The contingent risks of extended theoretical domains［J］. Academy of Management Review, 2004, 29 (1): 102-110.

[142] Neftci S. An introduction to the mathematics of financial derivatives (2nd eds.) [M]. New York: Academic Press, 2000.

[143] Perotti E C, Kulatilaka N. Time – to – market capability as a stackelberg growth option [J]. Ssrn Electronic Journal, 2000.

[144] Zardkoohi A. Do real options lead to escalation of commitment? [J]. Academy of Management Review, 2004, 29 (1): 111 – 119.